教育部哲学社会科学发展报告（培育项目）

滨海新区发展报告（2013）

The Annual Development Report of Binhai New Area（2013）

周立群　李家祥　主编

南开大学出版社

天　津

图书在版编目(CIP)数据

滨海新区发展报告.2013 / 周立群,李家祥主编.
—天津:南开大学出版社,2013.12
　　ISBN 978-7-310-04394-1

　　Ⅰ.①滨…　Ⅱ.①周…②李…　Ⅲ.①经济开发区—
区域经济发展—研究报告—天津市—2013　Ⅳ.①F127.21

中国版本图书馆 CIP 数据核字(2013)第 304621 号

南开大学出版社出版发行

出版人:孙克强

地址:天津市南开区卫津路 94 号　　邮政编码:300071
营销部电话:(022)23508339　23500755
营销部传真:(022)23508542　　邮购部电话:(022)23502200

*

唐山天意印刷有限责任公司印刷
全国各地新华书店经销

*

2013 年 12 月第 1 版　　2013 年 12 月第 1 次印刷
240×170 毫米　16 开本　24.25 印张　2 插页　405 千字
定价:48.00 元

如遇图书印装质量问题,请与本社营销部联系调换,电话:(022)23507125

滨海新区发展报告编委会

主　编　周立群　李家祥

作　者　（按姓氏拼音排序）

白红光　陈元清　杜德瑞

戴学来　董志勇　李　峰

李伟华　吕　波　吕景春

井建斌　马红瀚　马云泽

史　青　王　洪　王金杰

王　静　王庆芳　吴　桐

徐　虹　易志云　张　贵

作者及承担的写作分工

总　论　李家祥　周立群

第一章　杜德瑞

第二章　戴学来

第三章　王　洪

第四章　董志勇

第五章　马红瀚

第六章　周立群　张　贵　李　峰　李伟华

第七章　马云泽

第八章　王　静

第九章　徐　虹

第十章　易志云

第十一章　井建斌

第十二章　吕景春　白红光

第十三章　陈元清

第十四章　史　青

第十五章　吕　波

第十六章　王金杰

第十七章　王庆芳

大事记　吴　桐

后　记

总论 转变发展方式，走科学发展之路

继深圳和浦东之后，天津滨海新区成为中国经济发展的第三增长极，她充满生机和活力步入经济发展的快车道，在区域经济中的地位凸显。近六年来滨海新区以年均 20% 的增速领跑全国，成为了中国经济发展的新引擎，其诱人前景已吸引了世人更多的关注和期盼。

滨海新区作为国家重要的综合配套改革试验区，靠制度创新和机制创新探索实践，用新思路破解发展中的难题，用新举措拓展各领域的发展，全面展开了金融、行政、科技、土地等方面的改革实验。这是改革开放和社会主义市场经济发展的现实选择，也必将对中国未来改革和区域经济发展产生深远影响。

本书即是对这一"增长极"和"试验区"年度发展脉络的一个全面梳理，力求准确、客观地对滨海新区的发展状况和发展历程、经济社会主要数据、重要试验和事件、政策演进和制度创新等进行深度论述，对改革发展中的主要经验和重要问题进行专题研究和总结，对发展趋势和取向进行分析和预测，并从理论上加以概括和提升。

一、向世人展示"滨海板块"的崛起

天津市市委、市政府领导多次考察滨海新区，在肯定滨海新区发展成就的基础上，天津市委书记孙春兰在中共天津市委十届二次全体会议上指出："滨海新区不但要带动天津的发展，而且要成为区域发展的增长极，成为全国最具潜力、最具活力、最为开放的现代化新区之一。滨海新区开发开放的重大意义，不仅仅是建设一个高新技术产业集聚区，更重要的是在制度创新上先行先试。"

2012 年是滨海新区大有可为的战略机遇期，也是全面加速开发的黄金期。滨海新区所取得的成绩主要包括五个方面：

第一，经济快速发展，综合经济实力继续提升。2012 年，滨海新区完成生产总值 7205.17 亿元，占全市的比重已超过 55%，连续三年实现跨千亿元台阶。

在国内外经济复杂多变的环境下经济增长保持了平稳较快的势头，有力地支撑了全市经济又好又快发展。全口径财政收入达到 1655.80 亿元，同比增长 20.1%，工业企业经济效益实现平稳回升，规模以上工业企业累计完成主营业务收入 14572.85 亿元，同比增长 11.4%，实现利税 1965.52 亿元，增长 3.8%，实现利润总额 1276.61 亿元，增长 0.5%。其他主要经济指标也都保持了快速增长。

第二，高端制造业与现代服务业双擎驱动结构调整和发展方式转变。航空航天、电子信息、汽车与装备制造、石油化工、生物医药、新能源新材料等八大优势产业共完成总产值 13715.82 亿元，占工业总量约九成。全年建成钜宝电子、西子电梯等 71 个工业重大项目，新增工业总产值 285.17 亿元，大推力火箭、300 万吨造修船、长城汽车等项目加快推进。依托区内的科技创新、研发转化平台实施 200 项自主创新重大项目。随着经济增长方式的转变，节能减排也取得确切实效，全年万元工业总产值能耗同比下降 11.4%。服务业发展水平全面提升。楼宇经济、总部经济、新兴金融业、创意产业等现代服务业加速发展。引进卡梅隆佩斯集团、搜狐视频、华夏人寿等 37 个总部项目，总部企业超过 200 家。福丰达、兆讯传媒被评为国家文化产业示范基地。成功举办了第三届中国国际文化创意展交会、第三届滨海生态城市论坛及博览会、中国国际石化大会等 56 个大型展会。

第三，十大战役全面推进。新区完成固定资产投资 4453.30 亿元，同比增长 20.3%。南港工业区，中石化液化天然气、壳牌润滑油等 16 个项目开工建设。东疆保税港区聚集了一批规模大、影响大的航运业、物流业、租赁业和国际贸易等功能型项目。临港经济区形成了以制造业为主、其他行业为辅的行业格局，累计完成造陆 111 平方公里，港区吞吐量 1800 万吨。西部区域，开发区长城汽车一期、鸿富锦基地等重大项目建成投产，大众变速箱、三星电子等重大项目开工建设；空港经济区空客二期、欧洲直升机项目成功签约，GE 医疗、赫氏航空复合材料、央视未来电视等项目落户；滨海高新区未来科技城基础设施建设步伐加快，神舟飞行器、富通光纤预制棒等一批项目建成投产。中心商务区、滨海旅游区、北塘经济区等区域总部基地、楼宇经济、基础设施建设加快。核心城区，泰达 MSD 核心区建成投入使用，中新天津生态城 8 平方公里起步区基本建成，生态湿地得到有效保护，宜居生态新城区建设稳步推进中。

第四，对外开放门户作用进一步释放。天津港建成 30 万吨级深水航道一期工程，港口货物吞吐量 4.77 亿吨，增长 5.2%，居世界第四位。集装箱吞吐量 1230.31 万标准箱，增长 6.2%。港口和保税功能不断向腹地延伸，建成内陆"无水港" 23 个。东疆保税港区 30 平方公里整体成陆封关，国际贸易与航运服务中心投入使用，基本形成口岸"大通关"体系。滨海国际机场完成旅客吞吐量 814 万人次，增长 7.8%，货邮吞吐量 19.43 万吨，增长 6.2%，均实现较快增长。

第五，综合配套改革积极推进，十大改革成效显著。滨海新区以抓项目的方式推进改革，先行先试，将综合配套改革扎实向前推进。行政管理体制改革进一步深化，配合修订《天津滨海新区条例》，加快理顺区政府、管委会、街镇之间的权责关系，积极推进依法行政和依法治区。在金融改革领域，积极实践股权投资基金、融资租赁、创新型交易市场等多种模式，重点发展产业金融，强化科技与金融结合。现已建立知识产权、数字版权、碳排放、文化产权、股权等 10 余家创新交易市场，2200 余家股权投资企业及其管理机构在新区注册。在食品药品监管体制改革中，大胆探索食品药品"全覆盖"、"网格化"监管新模式。合力推进东疆保税港区向自由贸易港区转型，以中新生态城国际合作机制创新为重点，力求在对外交流合作上取得新突破。此外，在科技体制、国企改革、土地管理制度、社会管理等领域改革也都取得明显成效。

二、综合配套改革是新区发展的动力源[①]

1. 滨海新区综合配套改革试验区是我国新一轮改革中实现加强顶层设计与摸着石头过河相结合的重要途径。

自 2005 年起国家已陆续批准在浦东新区、滨海新区、深圳、成都、重庆、武汉、长株潭、沈阳、山西、厦门、义乌、黑龙江等省市设立了 12 个综合配套改革试验区。从推进改革的基本设计看，综合配套改革以科学发展观统领全过程，以完善社会主义市场经济体制为总体目标，以带动区域发展和探索科学发展重大课题的解决路径为侧重任务，以注重改革的全面性、系统性和配套性为内容标准，以改革举措的先行先试为核心特征，以地方政府与基层群众发挥能动作用为实施主体，因此，成为新世纪我国进入全面建设小康社会时期深化体制改革的一个特色与亮点。由于先行先试具有政策导向作用，各地予以密切关

---

① 李家祥. 深化综合配套改革　推进滨海新区发展[N]. 天津日报，2013.

注并积极争取成为综合配套改革试验区。

党的十八大以来，加强改革顶层设计的呼声进一步提升，带有局部性和探索性的综合配套改革试验区的地位也日显重要。新一轮改革推进的方式决定于改革面临的形势和要求。一方面，改革已进入攻坚期与深水区，许多重点领域的改革都会在相当程度上触动乃至打破现存利益格局，调整预期利益。因此，必须改变仅由某些系统或区域单独构思和推进改革的做法，强化国家整体层面的宏观思考与顶层设计，突破部门和地区局限，推进立足全局、系统配套的举措。另一方面，我国已高度融入世界经济，受到后国际金融危机时期的各种影响与制约，各地区发展又很不平衡，国情的复杂性决定了体制改革又不可能仅仅依靠国家层面的顶层设计，必须尊重基层和群众的首创精神，因此，摸着石头过河这一富有中国特色的改革方法不仅没有过时，还要根据新的需要被继续使用与完善。综合配套改革试验区正是将这两种方法有机结合起来的有效载体。

按照要求，试验区的侧重任务属于全国需解决的重大课题，推出的改革举措具有全局性、系统性、配套性和协同性，先行先试的设计需要置于全国的宏观层次进行协调和审批，拿出的改革成果应具有可复制性和普惠性，能够推广，这些决定了综合配套改革已是全局的有机组成部分，能够突破区域局限与全国改革的顶层设计紧密衔接。同时，这种综合配套改革又会在一个区域进行具体设计和试验，建筑在由基层单位和群众紧密结合实际开展实践探索的基础之上，提供了试错的余地与时间，这又为更好落实改革顶层设计方案和进行新的顶层设计奠定了不可或缺的基础性条件。由此可见，依靠试验区进行综合配套改革在新一轮改革中会具有更为重要地位。

2. 综合配套改革的天津实践积累了深化改革推动发展的有益经验。

《滨海新区综合配套改革试验总体方案》于 2008 年 3 月获国务院批准，此后滨海新区制定并完成了综合配套改革实验第一个三年实施计划（2008 年～2010 年）。在此基础上又进一步制定了综合配套改革试验第二个三年实施计划（2011 年～2013 年）。在实践中，滨海新区先选择重点领域和关键环节推出了"五大改革"，实现了率先突破，后又提出了"十二五"时期 10 个领域的改革创新任务，涉及了行政管理体制、行政审批制度、土地管理制度、保障性住房制度、医疗卫生体制、金融改革创新、涉外经济体制、城乡一体化、国企改革和非公有制经济发展、社会管理创新和公共服务等领域，设置了 26 个重点项目。十大改革贯彻落实科学发展观要求，围绕加快转变经济发展方式的主线，紧密结合实际，服务于实现中央对滨海新区的发展定位，发挥了积极作用。例如，在金融改革方面，设立了作为全国第一支产业投资基金的渤海产业投资基金，股权投资基金快速发展；连续举办了七届中国企业国际融资洽谈会，被喻为"资本的盛宴"，创造了"快速约会、资本交易、中介服务"的融资新模式，为中小企业搭建了直接融资对接平台；制定配套政策措施，从融资租赁公司设立、业务创新、物权保护、市场培育、税收优惠、风险防范等方面支持融资租赁业发展，行业领域已由航空拓展到工程机械、固定资产投资、市政建设等多个方面，业务总量一直约占全国的四分之一，单一项目融资租赁企业占到八成，居全国领先。这些探索及显著成果激发了金融创新活动。在涉外经济体制改革方面，以建设北方国际航运中心与国际物流中心为目标，以东疆保税港区为重点，既加强了基础设施建设，又在全国率先实施了国际船舶签认制度，内陆"无水港"建设也成效显著。在行政管理体制改革方面，建立了滨海新区统一行政体制框架，取得了突破性进展。在城乡一体化方面，结合"大城市、小农村"实际，开展了农村宅基地换房，形成了"三区"联动格局，推进了"三改一化"试点，使农民获得了"四金"收入，由农民转为市民，在小城镇建设方面走出了行之有效的天津特色之路。

这些实践探索借助并依靠了"先行先试"的平台，既取得了实绩，证明国家在完善社会主义市场经济体制阶段作出设立综合配套改革实验区的决策是必要的，有着长远意义，又积累了不仅符合天津实际而且可以扩大应用的经验。如注重坚持从实际出发，做到重点突破与整体创新相结合、经济体制改革与其他方面改革相结合、解决实际问题与攻克面上共性难题相结合；坚持金融改革服务实体经济，实现二者良好互动；坚持创新驱动内在增长，深化科技体制和职业教育改革，努力增强经济素质和产业竞争力；坚持互利共赢，提升外向型经济水平；坚持城乡统筹，实现城乡一体化发展；坚持绿色发展，建立循环利用机制，破解资源环境制约难题；坚持依法行政，创新政府管理体制，努力建设服务型政府等，这些在改革实践的基础上形成的理性认识，同样是一笔财富，表明滨海新区应当而且能够在新一轮改革中更好地深化综合配套改革，推进先行先试，率先构筑改革新优势，为进一步加快滨海新区开发开放和实现天津发展定位服务。

3. 改革是滨海新区开发开放的动力源，也是其最大"红利"所在。

滨海新区只有继续深化综合配套改革，进一步释放改革红利，才能形成新的体制优势，使率先建成小康社会的目标获得不竭动力源泉，才能破解实现科学发展、加快转变经济发展方式的难题，保证新区持续成为天津又快又好的重要引擎。滨海新区正积极学习借鉴其他综合配套改革试验区的经验，结合自身发展的实际，进一步强化改革举措的整体设计、全局谋划、总体配套，相互衔接、协同配合、良性互动，勇于并善于以开放促改革，抓住重点领域和关键环节，选择好突破口，以更大力度推动综合配套改革取得新成效，以富有活力的新体制支撑滨海新区发展实现新跨越。

三、用科学发展观统领滨海新区开发开放

张高丽同志以《加快滨海新区开发开放、当好科学发展的排头兵》为题[1]，从五个方面系统总结了滨海新区发展的全面推进：1. 按照中央定位要求，用科学发展观统领滨海新区开发开放。2. 转变经济发展方式，构筑高端化高质化高新化产业体系。3. 深化综合配套改革，更好发挥改革开放先行先试作用。4. 加快建设宜居生态型新城区，促进全面协调可持续发展。5. 加强社会管理和创新，保持社会长期和谐稳定。事实证明，转变发展方式，用科学发展观统领开发开放是滨海新区各项事业全面推进的必然选择和成功保障。2012年滨海新区积极应对国内外宏观形势的多重挑战，攻坚克难，奋力开拓，取得显著成绩。作为引领北方地区未来发展的战略要地，正在构建一个协调、和谐的可持续发展的新区。

为了科学、系统地记述和总结滨海新区的发展历程、重要事件和政策演进，并对其发展趋势进行分析和预测，并从理论上加以概括和提升，本书以转变经济发展方式、走科学发展之路为主线，对滨海新区整体概况、经济社会发展、区域影响及未来发展定位进行了专题探讨。全书共分四篇：第一篇，落实国家战略、开发开放全面推进；第二篇，构筑高端、高质、高新化产业体系；第三篇，社会事业与社会管理创新；第四篇，发展定位与区域合作。

第一篇以快速增长向科学发展的转变为主线，对滨海新区经济社会运行情况和正在实施的"十大战役"的进展和"十大改革"的推进与探索作了概述和整体分析。首先，滨海新区在九大功能区选取十个最具发展潜力的区域采取战

---

① 张高丽. 加快滨海新区开发开放、当好科学发展的排头兵[J]. 求是，2012（14）.

时模式，全力推进开发建设，并于 2010 年写入滨海新区第一届党代会报告。"十大战役"是滨海新区全面开发建设的重点和攻坚战的载体，体现其发展速度、发展质量和发展水平。"十大战役"的实施和落实每一战役工作，化解所遇到的困难和问题，积累了很多宝贵经验。"十大战役"已进入潜能释放阶段，本篇在详细描述各个战役的基础上，就滨海特点功能区开发建设模式作了探讨。其次，滨海新区综合配套改革已进入攻坚区、深水区，其复杂性、艰巨性、风险性明显加大，但改革空间和潜力仍然巨大，"十大改革"的实施标志着综合配套改革进入了全面深化阶段。在总结概括"十大改革"实践历程和基本经验的基础上，本篇对下一步的改革取向作了探索。最后，天津滨海新区的开发开放已显现出有别于深圳、浦东等地的独特性和创新性，在我国诸多新区、开发区中，滨海新区开发起步较早、规模大、节奏快、项目前景好、效果较为明显，并已形成现代制造业研发转化基地的框架雏形，对区域产业升级、战略性新兴产业的发展奠定了坚实的基础。自爆发国际金融危机以来，滨海新区主要经济指标增速均位居全国前列，高新技术产业和低碳、绿色产业发展迅速，以高端服务业为代表的第三产业蓬勃发展。目前的滨海新区的发展正在发生深刻的变化，在发展方式上由总量扩张的"速度型"向产业提升、结构优化的"质量型"转变；在发展路径上由大项目、好项目集聚向大生产网络、大市场网络的构建转变；在发展驱动上由要素投入向要素效率和自主创新效率转变；在发展方向上由经济发展向经济建设、生态文明建设、政治建设、文化建设、社会建设全面推进。

　　第二篇以构筑高端、高质、高新化产业体系为主线，全面分析了滨海新区高新技术产业发展的总体态势、主要经验和发展取向。滨海新区高新技术产业起点高、节奏快，布局广、呈多元发展态势，并已成为转变经济发展方式的引擎。作为我国高新产业发展的重要策源地，呈现三大梯队并行发展且互动协同的全新格局。现代制造业产业规模持续扩大、产业结构不断优化、创新能力显著增强、产业集群加快形成、产业地位稳步提升，一个高端、高质、高新化产业体系业已成型。本篇概括了新区产业发展的三条基本经验：第一，立足现实优势与抢占未来制高点，走出了一条双轮驱动的产业调整升级新路子，产业发展呈现既"大而快"又"高而新"的特征。第二，多路径联动并行助力高新技术产业协调发展，五种不同发展路径在五大产业主体和七大产业门类间转换与复合。第三，以"看不见"的项目为"看得见"的项目提供支撑，为产业可持续发展注入动力。同时还对新区高新技术产业发展的政策扶持、双轮驱动、项目引领、模式多样、聚合资源、体制创新等主要经验作了诠释。该篇还以较优较大的篇幅，对滨海新区航空产业、电子信息产业、电动汽车业、新能源、服务外包、特色旅游（邮轮旅游、工业旅游、海滨休闲）等产业的发展现状、特点与取向作了专题分析。这些专题分析多是在实地调研基础上完成的，除了对其现状和发展的客观分析外，也提出了一些建设性意见。在此基础上就制造业与现代服务业融合及发展机制、金融创新与多层次金融体系构建、港口经济及提升新区服务功能等专题作了阐述。

第三篇重点阐述和探索社会事业发展与社会管理创新。党的十八大后，滨海新区按照"五位一体"的总体布局要求大力推进社会事业发展和管理创新。新区学习借鉴世界先进城市的经验，在超越工业文明、创造社会文明、生态文明的框架中定位、规划和建设，使经济建设、政治建设、文化建设、社会建设、生态文明建设同步发展。该篇结合新区的发展实际，首先，就党建工作带动滨海新区社会发展作了归纳。党建工作始终是新区各项事业发展的政治保障。新区党建工作的扎实推进形成了理念新、脉路清、目标明、作法实的思路和举措，形成了党建思想建设提升创新能力、组织建设构筑人才高地、制度反腐保障廉洁发展的基本经验。其次，探索了社会管理的主要目标与工作任务，梳理总结了社会管理创新的工作思路及社区管理经验与启示。重点记述和总结了加强社会管理体制机制创新和发挥社会组织作用的新进展、新探索，如加强和改善各项社会服务推动新区民生事业，加强社区社会管理体系建设推动"强街强镇"工程，加强政府宏观管理构建企业和谐劳动关系、社会治安管理体系再建，保障居民生活安全有序等。第三，针对城乡二元结构问题，就统筹城乡发展探索作了系统的整理，结合近年来滨海新区的探索实践，对以宅基地换房模式破解农地难题、推进示范小城镇建设、"三区联动"发展、"三改一化"破除城乡体制机制障碍、以及以村镇银行为突破口推进农村金融创新等系列实验进行了解读，并从理论的高度就这些探索实践进行了概括。第四，概述了新区文化产业发展历程、主要成就与经验。滨海新区通过搭建"六大平台"、项目带动、培养骨干龙头企业、营造创新氛围等举措大力发展文化事业和文化产业，并梳理了抓思路创新促文化产业发展、抓资源整合促文化产业集聚、抓新兴业态发展新兴文化产业、抓项目带动助推文化产业繁荣、抓高端产业实施国际化发展战略等发展文化产业的路数和经验，展示了良好的发展态势。最后，对创建国家自主创新示范区的重点和路径作了梳理和阐释。滨海新区的目标是建立起以市场为导向，以企业为创新主体的技术创新体系，以高校与公共科研院所为主体的知识创新体系和以各类科技中介服务机构为主体的科技中介服务体系，形成高新区完整的自主创新网络。结合近年来的创新探索，逐步形成了与中关村"错位发展、互动合作"的发展格局、"研发转化基地"实现了从技术到产品再到产权层面的转化。

第四篇探讨了滨海新区的发展定位，并将其置于区域经济发展的大格局中展望其未来发展。京津冀、环渤海区域不仅是我国承接国际产业转移的重地，也是应对经济全球化和对接国际竞争的桥头堡。滨海新区在东北亚的崛起孕育着我国新一轮的发展机遇。"北京—滨海新区"将成为北方地区的轴线型增长极，滨海新区作为增长极点在区域一体化中将更多承担引领区域发展、区域创新和对外开放平台的重要功能。滨海新区开发开放是我国经济社会发展全局的重大战略部署，对于促进全国区域协调发展有重大意义。滨海新区的开放是对内、对外的全方位开放，该篇对对外开放的现状作了分析，对其加大对外开放的战略举措进行了阐述。

四、探索发展前瞻，为新区开发建设提供理论支撑

滨海新区已经站在了一个新的历史起点上，充满着生机和活力。开发者、建设者正在以新思路、新体制、新机制推动滨海新区不断提高综合实力、创新能力、服务能力和国际竞争力，在促进天津发展和服务环渤海区域经济振兴中发挥更大的作用。

虽然滨海新区的发展路径和机制架构还处于探索、创新过程中，但认真梳理总结发展历程、发展轨迹、分析预测其发展前景，科学地总结概括天津经验及有别于其他地区的独特发展道路，不仅有助于清晰发展思路，而且可以与其他地区的探索实践共同丰富中国的改革发展道路。

承担本书研究和写作学术团队力求站在实践的前沿，以尽可能新的数据信息记述和阐释滨海新区改革、创新和发展的历程，深度解读其改革举措、发展路径和实施效果。作为一部年度发展报告，笔者不仅重视对新区现实问题的追踪、分析、总结、概括，同时也注重提升到理论层面进行归纳。注重理论与实际的结合，以重大现实问题为导向推进理论探索和理论创新，以理论研究支撑应用对策研究，这也是本学术团队建设的特色和取向。

天津市市长黄兴国曾勉励我们说："滨海新区开发开放为高等院校与地方

的互动合作提供了难得的历史性机遇。近些年来高校和研究机构围绕滨海新区的开发开放，建立一批新的科研机构和创新平台，并以此集聚人才、整合资源、拓展科研、放大社会影响。我希望高校能进一步发挥人才和智力优势，积极承接经济社会发展急需的重大研究课题、发展规划、咨询项目，通过前瞻性、战略性、全局性的研究，真正成为党和政府的智囊团和思想库。"① 面对殷切的希望，天津的社会科学工作者责无旁贷，《滨海新区发展报告》的撰写与出版正是这样一种尝试。

---

① 黄兴国. 滨海机遇[M]. 北京：五洲传播出版社，2009.

目 录

第一篇

落实国家战略 开发开放全面推进

第一章 从增长向科学发展的转变

法国经济学家弗朗索瓦·佩鲁（Francois Perroux）将经济增长定义为"考虑到货币贬值情况下，一定时期某一单位（如一个国家或地区）相对于居民人数在物品和服务产出量上的规模扩大"。①经济增长偏重于数量的概念。诺贝尔经济学获得者刘易斯（Sir William Arthur Lewis）将人均产量的增长视作衡量经济增长的重要指标。人均产量或人均国内生产总值等数量指标往往对后发国家（地区）而言，具有非常重要的意义。②后发国家（地区）可以参照相关指标的数量和增长幅度合理配置投入要素，进而决定下一步的政策措施。

学术界普遍认为，发展（Development）的内涵远远超过增长（growth）。重视所在国家（地区）经济社会环境和个体生活是发展的核心目标。联合国发展计划署（UNDP）在 1990 年首次提出的"人类发展（Human Development）"的概念，指出："人类发展是一个不断扩大人们选择的过程，发展的过程应该为人们创造一种有益的环境，使他们能够独立地和集体地去发展他们的全部潜力，并有恰当的机会去实现与其需要和兴趣相吻合的值得珍视的和富于创造性的生活。"这一理念与《天津市滨海新区国民经济和社会发展第十二个五年规划纲要》中发展方式转变，民生福祉显著改善，生态环境良好的目标相一致。

"十二五"开局以来，滨海新区发展成效有目共睹。从数据上看：相较 2011 年，2012 年滨海新区全年共完成生产总值 7205.17 亿元，按可比价格计算，比2011 年增长 20.1%；第三产业比重提高 1.5 个百分点；在全球经济不景气的情况下，全年实际利用外资 98.07 亿美元，同比增长 15.4%③。从发展情况上看：2012 年，滨海新区的商业市场出现了前所未有的繁荣场景，4 家大型购物中心

---

① 弗朗索瓦·佩鲁.新发展观[M].北京：华夏出版社，1987.
② 刘承功，卢晓红. 用历史唯物主义的观点看经济增长与经济发展[J]. 复旦大学学报（社会科学版），2011（5）.
③ 相关数据来自滨海新区年鉴，滨海新区经济社会发展报告等。

同时开业；中新生态城、东疆保税港区、中心商务区等建设取得重大进展，现代化路网体系基本建成；城乡教育均衡发展；高标准完成 20 项民心工程；促就业政策成效明显。滨海新区正在实现从增长向科学发展的深刻转变。

第一节　发展成就与发展方式

2006 年至 2012 年（"十一五"时期和"十二五"开局）是天津市滨海新区发展改革进程中一个具有重要里程碑意义的时期：2005 年，以党的十六届五中全会为标志，滨海新区上升为国家发展战略；2006 年，国务院批准滨海新区为全国综合配套改革试验区，赋予先行先试的政策和任务；2009 年，国务院批准滨海新区设立统一的行政区，新区开发开放进入一个新的阶段。这一时期的发展，为滨海新区的下一步提升奠定了良好的基础，期间显现出的一些问题也为滨海新区未来的改进和发展指出了方向。

本节将以地区生产总值、产业结构、固定资产投资、实际利用外资等反映地区经济发展现状及其领先指标为线索，系统梳理前一时期滨海新区的经济发展成就。

一、经济增速趋于平稳，产业转型效果明显

滨海新区地区生产总值从 2006 年的不足 2000 亿元，上升至 2012 年的 7205.17 元，年均增长率达到 23.98%。2012 年地区生产总值是六年前的 3.63 倍。经济增速在 2010 年时达到最高峰，2011 年和 2012 年呈现趋缓的态势。就经济增速看，新区不仅在全国位列前茅，还远超浦东新区和深圳特区。新区的区域带动能力逐步增强。从地区生产总值看，新区占天津市比重逐年提升。作为环渤海的重要增长极点，其在区域一体化中将更多承担"引领区域发展、区域创新和对外开放平台"的重要功能，如图 1-1 所示。

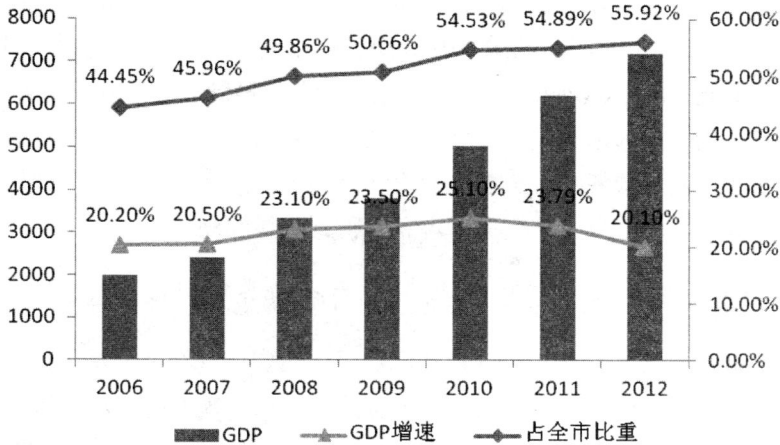

图 1-1　滨海新区地区生产总值情况

资料来源：天津市滨海新区统计年鉴，2012。

滨海新区经济增长势头强劲来源于第二产业的贡献，其中工业经济的贡献最大。2012 年规模以上工业企业完成工业总产值 14416.75 亿元，同比增长 15.8%。八大优势产业共完成总产值 13715.82 亿元，占全区规模以上工业总产值的 95.1%，拉动新区工业总产值增长 12.8 个百分点。2012 年滨海新区三次产业比重为 0.14:68.86:31.00，呈现"二、三、一"发展格局，如图 1-2 所示。

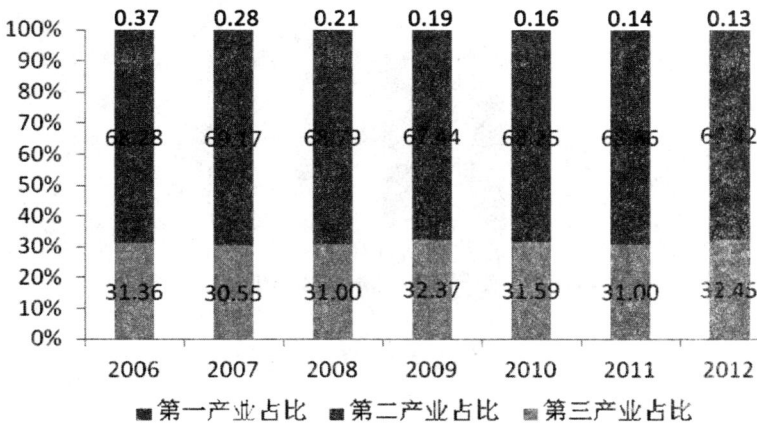

图 1-2　滨海新区三次产业情况

资料来源：天津市滨海新区统计年鉴，2012

滨海新区处于工业化快速发展阶段,第二产业占地区生产总值的比重远远高于第三产业比重。第三产业在 2012 年达到最高,占比 32.45%,与"北上广"等已进入工业化后期的一线城市相比,第三产业发展属于起步阶段。从全国看,新区的工业化进程远远超过其他城市或地区,未来其产业结构布局将更具有合理性和可持续发展的特征。根据 2013 年发展目标,滨海新区第三产业发展更多向高端服务业倾斜,产业结构失衡现象将得到明显改观。

二、固定资产投资逐年提高,结构趋向合理

固定资产投资是企业投资、建造和购置固定资产的经济活动,也是社会固定资产再生产的重要方式。固定资产投资是以货币表现的建造和购置固定资产活动的工作量,是反映固定资产投资规模、速度、比例关系和使用方向的综合性指标,也是衡量社会生产的领先型指标。滨海新区固定资产投资总量逐年提高,增速一直高于地区生产总值增速。这显示出未来强大的增长后劲。投资情况如图 1-3 所示。

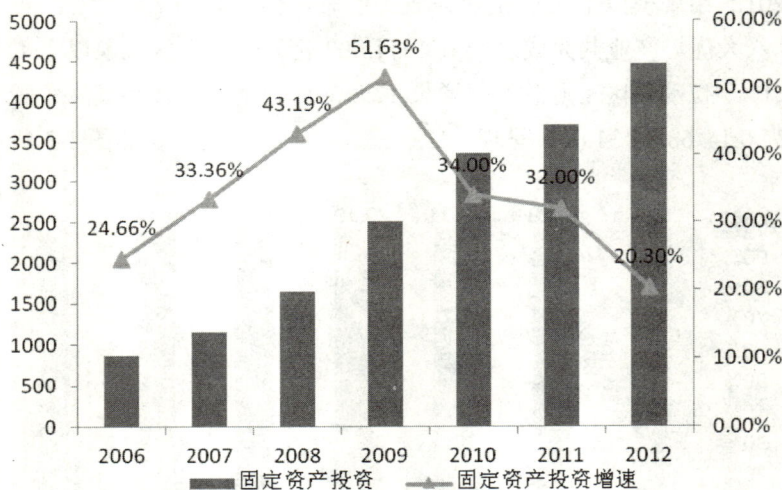

图 1-3　滨海新区固定资产投资情况

资料来源:天津市滨海新区统计年鉴,2012。

2012 年经济发展数据显示:重点项目共 1210 项,完成投资 2561.73 亿元,

占新区全部投资的 57.5%。在重点项目完成投资中，第二产业投资 1057.93 亿元，占重点项目投资的 41.3%，其中工业完成投资 894.08 亿元；第三产业完成投资 1492.31 亿元，占重点项目投资的 58.3%。上述情况表明，滨海新区正在将改造、升级、完善第二产业，加快高新技术产业的建设，同时引导大量资金进入第三产业加快发展生产性服务业和高端服务业。

滨海新区实际利用外资总体的水平和总量位居全国各城市前列，对外开发开放程度处于较高水平。2012 年新区实际利用外资 98 亿美元，约占全国 8.8%，成为我国引进外资最多最密集的区域之一，如图 1-4 所示。

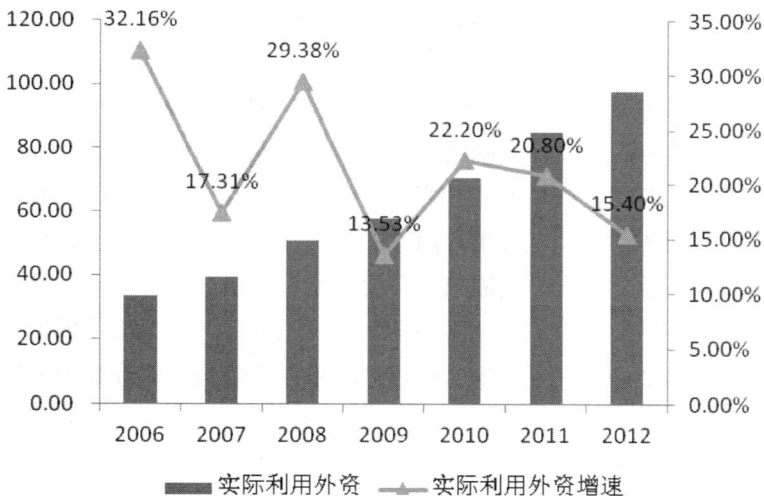

图 1-4　滨海新区实际利用外资情况

资料来源：天津市滨海新区统计年鉴，2012。

在金融危机和全球市场变化格局下，滨海新区能够吸引大量外资导源于其开发开放和快速增长，从而成为国际上关注和最具吸引力的区域之一。而滨海新区作为我国北方对外开放门户的开发建设也日益得到了世界的瞩目和青睐。

三、以创新为导向，循环为目标的发展方式

近年来，滨海新区之所以发展迅速备受瞩目，其主要原因可归结为：以现代制造业为主体的经济结构日趋优化，以开放型为主导的经济快速发展，基础设施建设不断完善，科技创新能力不断增强，区域服务作用明显提升。科技创新能力增强离不开航空、石化、新能源等大型高科技创新项目的快速推进。

滨海新区以提高自身自主创新能力、构筑自主创新高地、争创科技创新的领航区为主线，全力发展新区的科技创新事业。自2011年起5年内，滨海高新区安排10亿元财政资金，用于扶持科技型中小企业发展。

1. 以创新为导向的高端产业发展集聚模式

滨海新区产业规划目标为以高端制造业和高新技术产业集聚带动区域增长。科技创新提升在提升产业集聚向心力和增强知识溢散效应方面发挥了巨大优势。科技创新是维系和发展产业集群的源动力。高新技术产业集群内企业只有不断创新，才能保证集群内部的优势和集群租金的获得。从广义角度来看，创新既是产业集群维系的源动力，也是产业集群整体升级的必要条件。

产业集群整体升级比维系产业集群对创新的要求更高。单个企业或研究中心的创新信息通过有效的社会网络即可以达到产业集群内所有企业。维系产业集群的创新仅仅停留在产品形式，产品功能的创新。产业集群升级要求集群内部形成共同的创新动力，以及生产内容、生产流程的整体创新。这种支持产业集群升级的创新既要符合产业需求，又要与所处经济环境相一致。从下文可以看到，滨海新区的发展避免了英国马歇尔式"工业区"难以维系的厄运。

纵观我国产业集群发展情况，科技创新带动高新技术产业集群发展主要有三种模式：领军型企业主导模式[①]；区域创新网络模式[②]；公共创新平台模式[③]。纵观滨海新区的发展轨迹，其科技创新促进效应属于"领军型企业主导模式"和"区域创新网络模式"二者协同的方式。

滨海新区的领军型企业科技发展较为迅速。相较于上一年度，滨海新区大中型企业在有科技活动的企业数、企业办科技机构人员和专利申请数方面有较大提升。有科技活动的企业数目增加表示越来越多的企业开始从事科技研发和创新创造。企业开始倾向于招纳具有科技水平的人才，企业内部科技活动项目数提升表示企业对科技重视程度上升到较高水平。专利申请数增速提升超过20%。这表明，滨海新区的领军型企业主导模式正在日趋成熟。

---

① 王钦.技术范式、学习机制与集群创新能力—来自浙江玉环水暖阀门产业集群的证据[J].中国工业经济，2011(10)，141-150.

② 傅首清.区域创新网络与科技产业生态环境互动机制研究—以中关村海淀科技园区为例[J].管理世界，2010(6)，8-13，27.

③ 肖卫东，杜志雄.中小企业集群发展创新平台构建：鲁省案例[J].改革，2010(2)，98-105.

滨海新区的区域创新网络模式正在日趋完善。相较于上一统计年度，滨海新区专利申请、授权和有效专利量表现为企业、个人、科研单位、大专院校和机关团体协同增长。滨海新区鼓励区域创新创业的政策也得到了有效体现，新区内个人做专利主体进行申请、授权等总体数量排名第二，超过了科研机构的数量。创新创造正在为滨海新区未来发展创造良好环境。在完善的区域创新网络保障下，滨海新区企业开始发挥重要的科技创新作用。2011 年，滨海新区科技小巨人企业增加 124 家，科技型企业增加 2841 家，被科技部认定为国家火炬计划重点高新技术企业 11 家，占全市 68.71%，天津市首批创新工程奖中，新区 16 家企业入选，占全市的 64%。

2. 以绿色、低碳的循环经济为目标的长期发展模式

在近年来（2006 年至 2012 年）的发展中，滨海新区实现了经济总量提升，人民生活质量提高和低碳、环保可持续发展的三方面并进。滨海新区正在从追求短期经济"数量"向重视经济社会发展环境和社会个体的长远发展需求转变。滨海新区在绿色、低碳的循环经济发展模式下作出了有益的制度尝试，并收获了良好的效果。

滨海新区为发展循环经济进行了一系列有益的制度探索。2011 年，滨海新区区委组织专业力量，结合专家意见，编写制订了《滨海新区污水处理实施方案》、《滨海新区海水淡化产业分析研究报告》等一批具有指导意义的循环经济指导性文件。2012 年，即"十二五"初期，滨海新区印发了《滨海新区"十二五"主要污染物总量控制规划》《滨海新区"十二五"主要污染物总量减排工作实施方案》，并做好了签订减排责任书各项准备工作。同年，新区安排支持循环经济和低碳经济发展的专项资金高达 2000 万元，支持项目 18 个，总投资超过 12 亿元。

在相关政策的指导下，滨海新区循环经济取得了明显的成效。首先，2011年滨海新区单位地区生产总值能耗为 0.647 吨标煤/万元，下降了 4.5%，规模以上工业企业单位地区生产总值能耗为 0.72 吨标煤/万元，主要工业固体废弃物资源综合利用保持在 98% 以上。[①]

---

① 天津市滨海新区经济和社会发展报告（2011）[M]. 天津：天津社会科学院出版社，2011.

第二，能源消费有效降低。能源消费弹性系数控制在 0.69 以下。滨海西南区的主要污染物二氧化硫和化学需氧量排放有所下降，氨氮排放量得到控制。氮氧化物排放量的增幅有所下降。

第三，水污染、大气污染得到有效治理。滨海新区 2012 年着力加强水污染、大气污染防治，共计安排 18 个"水减排"和 23 个"气减排"项目。防治水污染方面，滨海新区政府指导成立了"滨海新区碧水低碳产业联盟"。联盟推动了污染物减排工作，并对企业负责人进行水污染防治教育。防治大气污染方面，滨海西南区对辖区内八家供热燃煤企业、53 台套燃煤锅炉及除尘脱硫设施进行专项检查，对新区二恶英排放进行重点监督，有效减少了有毒有害气体排放。预计未来，滨海新区将继续加大环境保护力度，提升区内环境质量，营造良好的生产生活环境。

第二节　新区区域竞争力显著提升

经过七年的发展，滨海新区已经成为国家级新区中最富有增长潜力和活力的地区之一。新区的地区生产总值和工业增加值已经超越浦东新区。新区建设的"十大战役"已经初具规模，"十大改革"正在有序进行，改革发展正显示出勃勃生机。

一、区域竞争目标定位

本报告将滨海新区与其他同类型 24 个副省级城市（地区）相比较，选取反映实际经济运行情况的三项指标（地区生产总值、第三产业占比、地方财政一般收入），投资指标两项（固定资产投资、实际利用外资），对外开放程度指标一项（进出口总值），民生指标两项（社会消费品零售总额、人均可支配收入），共计八项指标，如表 1-1 所示。

表 1-1　25 个城市（地区）2011 年 8 项经济指标数据

	地区生产总值（X1）	第三产业占比（X2）	固定资产投资（X3）	实际利用外资（X4）	进出口总额（X5）	社会消费品零售总额（X6）	地方财政一般收入（X7）	人均可支配收入（X8）
成都	6854.6	49.40	5006	65.5	379.1	2861.3	680.7	23932
大连	6150.1	41.50	4580.1	110.12	600.09	1924.8	651	24276
青岛	6615.6	47.80	3502.5	36.34	721.52	2232.88	566	28567
杭州	7011.8	49.30	3105.16	47.22	639.72	2548.36	785.15	34065
石家庄	4082.6	40.10	3106.6	8.1	141.7	1663	221.2	20534
哈尔滨	4243.4	50.70	3012	15.99	51.18	2070.4	300.3	22079.4
长春	4003	40.50	2433.4	30.8	173.4	1512.2	288.6	20487
西安	3864.21	51.60	3352.12	20.05	125.79	1935.18	318.55	25981
广州	12303.12	61.51	3413.58	42.7	1161.72	5243.02	979.47	34438
苏州	10500	42.70	4502	89.1	3000	2830	1100.9	33070
深圳	11502.06	53.50	2136.39	45.99	4141	3520.87	1339.59	36505.04
无锡	6880.15	44.00	3169.18	35.05	724.47	2122.72	615	31638
浦东新区	5484.35	57.31	1435.39	52.97	2260	1204.04	500.2	36815
唐山	5442.41	31.00	2546.11	10.97	108.63	1334.8	255.56	21785
长沙	5619.33	39.60	3510.24	26.01	74.89	2125.91	425.78	12717
烟台	4906.83	34.94	2883.8	13.39	453.49	1616.49	303.19	26542
郑州	4912.7	38.30	3002.5	31	160	1987.1	502.3	21612
南京	6145.52	52.40	4010.03	22.35	573.44	2670.3	635	32200
沈阳	5914.9	44.10	4560.6	55	106.2	2426.9	641.4	23326
滨海新区	6206.87	31.00	3702.12	85.02	711.21	887.53	917.27	30241
宁波	6010.48	40.30	2392.9	28.1	981.9	2018.9	657.6	34058
武汉	6756.2	48.90	4255.16	37.6	227.9	2959.04	510	23738.09
佛山	6580.28	34.60	1936.26	21.54	608.97	1931.41	360	30718
东莞	4735.39	49.40	1079.77	30.51	1352.24	1266.31	347	39513
济南	4406.29	53.10	1934.3	11	104	2023.1	325.4	28892

注：表中单位分别为亿元（地区生产总值、全社会固定资产投资、社会消费品零售总额、地方财政一般预算收入）；亿美元（进出口总额、实际利用外资金额）；元（城镇居民人均可支配收入）；%（第三产业占地区生产总值比重）。

资料来源：各省统计年鉴，滨海新区统计年鉴，2012。

　　由表 1-1 看到，本研究所采用的指标数量多，需要处理的数据量大，这就增加了分析问题的复杂性，大量数据经过反复处理也可能导致误差增大，影响分析结果的准确性，并且通过 SPSS 软件的计算结果可发现大多数指标之间存在较强的相关性，说明各指标中存在信息的重叠，因此可以考虑通过克服相关性，用较少的变量替代大量的原始指标，以降低问题的复杂性，增加分析结果的准确性，同时这种替代又包含了原来多个变量的大部分信息，这体现了一种"降维"的思想，主成分分析就是由这种思想衍生出来的一种多元统计分析方法，因此选取主成分分析为研究方法。

主成分分析也称主分量分析，它是将多变量（多指标）通过线性组合转化为少数几项彼此不相关的综合指标，综合指标即为主成分，所得主成分要尽可能多的保留原始变量的信息。同时，对各个变量进行主成分分析产生的主成分通过加权可得到综合评价函数，由此函数计算综合得分，能够对客观经济现象进行科学评价，这就为本研究涉及的 25 个城市和地区的评价体系提供了依据，通过计算综合得分对其进行排名。

实际上对经济发展水平的评价属于多指标综合评价问题，对这类问题传统上大都采用主观赋权的方法：根据主观经验或专家评判，来设定综合评价指标体系中各项指标的权重。主观赋权法尽管简单直观，但由于其没有考虑到各项指标之间的相关性、赋权方法的主观性又较强，因而这种评价方法的科学性往往受到质疑，评价的结果缺乏说服力。相反，主成分分析法通过线性变换的方式进行赋权，并同时消除了各项指标之间的相关性，从而克服了上述缺陷，是一种较为客观的评价方法。本研究应用 SPSS16.0 统计分析软件对数据进行主成分分析，具体分析步骤如下。

主成分分析适宜性检验。在进行主成分分析前，要检验所选取的指标是否适用于此方法，检验常采取的是 KMO 检验和 Bartlett 球形检验。检验所得结果显示 KMO 检验值为 0.523，大于 0.5，Bartlett 球形检验值为 0<0.05，说明所选指标适合做主成分分析，如表 1-2 所示。

表 1–2　KMO 检验和 Bartlett 球形检验

KMO 和 Bartlett 球形检验		
KMO 抽样适度测定值		0.523
球形 bartlett 检验	卡方	167.842
	自由度	28
	Sig.值	.000

经 0-1 标准化处理后的数据进行因子分析可以得到特征根和因子载荷矩阵。利用因子分析结果进行主成分分析可得主成分的特征向量矩阵，由此得到 25 个城市的三项主成分表达式，进而计算得出各主成分得分、综合得分及综合排名，如表 1-3 所示。

表 1-3　25 个城市和地区各主成分得分、综合得分及综合排名

	主成分 1	主成分 2	主成分 3	综合得分	排名
广州	4.33	-0.01	2.65	2.91	1
深圳	4.99	-1.65	-0.4	2.31	2
苏州	3.81	1.23	-1.51	2.19	3
成都	0.84	2.08	0.65	1.13	4
大连	0.54	2.43	-1.41	0.68	5
武汉	0.11	1.17	1.24	0.59	6
杭州	1.13	-0.26	0.11	0.59	7
南京	0.55	-0.02	1.09	0.5	8
沈阳	-0.08	1.79	0.25	0.46	9
青岛	0.19	0.11	0.3	0.19	10
无锡	0.26	-0.23	-0.15	0.06	11
滨海新区	**0.19**	**1.3**	**-2.81**	**-0.06**	**12**
宁波	0.05	-1.01	-0.64	-0.35	13
浦东新区	0.71	-2.56	-0.95	-0.43	14
长沙	-1.73	1.4	0.59	-0.5	15
郑州	-1.38	0.51	-0.1	-0.66	16
西安	-1.38	-0.24	0.97	-0.67	17
哈尔滨	-1.6	-0.18	1.19	-0.74	18
佛山	-0.98	-1.03	-0.61	-0.93	19
济南	-1.27	-1.55	1.05	-0.93	20
东莞	-0.45	-2.92	-0.83	-1.16	21
烟台	-1.82	-0.3	-0.38	-1.17	22
石家庄	-2.4	0.07	0.42	-1.26	23
长春	-2.17	-0.07	-0.18	-1.27	24
唐山	-2.46	-0.06	-0.53	-1.5	25

从上述排名中可以看到，滨海新区处于 25 个城市（地区）的中间水平。

我们还要具体寻找和滨海新区相类似的城市以确定滨海新区的定位。定位问题，需要寻求一种科学的方法对 25 个城市（地区）进行归类，这一问题具体到统计学中，属于对样品（或变量）进行量化分类的问题。在统计学中，解决此类问题常用的方法是聚类分析。

聚类分析需要依据样品性质上的亲疏程度进行分类，目前最常用的描述样品间亲疏程度的统计量是距离。根据所收集的数据，对 25 个城市和地区分类是 Q 型聚类，选取系统聚类法。系统聚类法的基本思想是：设有 n 个样品，每个样品测得 m 项指标，首先定义样品间的距离和类与类之间的距离。初始将 n 个样品看成 n 类，这时，类间距离与样品间距离是等价的；然后将距离最近的两类合并成新类，并计算新类与其他类的类间距离，再按最小距离准则并类。这样每次缩小一类，直到所有的样品都并成一类为止。系统聚类由于类间距离定义的不同而有多种分析方法，实际应用中，采用欧氏距离进行离差平方和法（Ward 法）应用比较广泛，分类效果较好。SPSS 给出聚类结果如下图 1-5 所示。

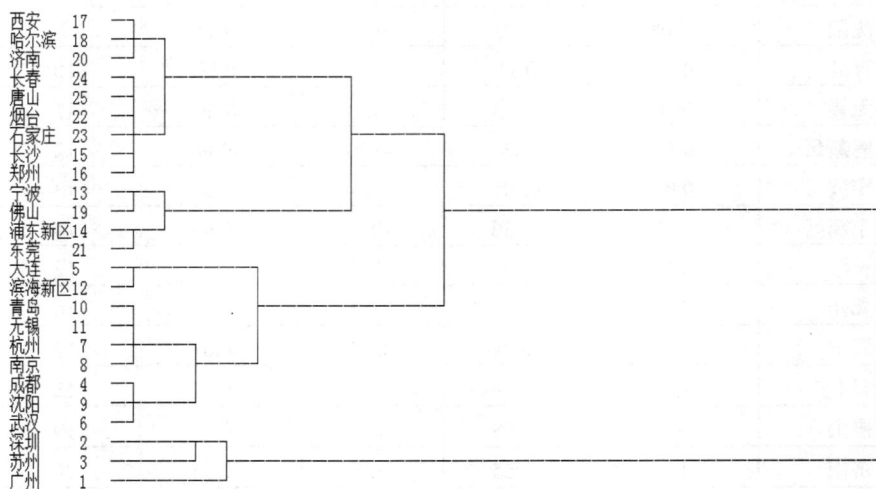

图 1-5　聚类分析树状图

资料来源：由 SPSS 统计软件生成。

SPSS 给出的聚类分析树状图描述了 25 个不同城市的分类情况，由右向左体现了城市的分类情况。由右向左看，所有城市最初被分为两大类，由广州、深圳、苏州所组成的一线城市类，由其余城市所组成的第二类城市。其他 22

个城市（地区）又可以进一步分为多种类型。从滨海新区所处位置来看，滨海新区与大连的发展情况最为相近。与滨海新区发展水平近似的还有武汉、沈阳、成都、南京、杭州、无锡和青岛。这些城市都是与滨海新区发展相近区域以及未来区域竞争目标、发展参考对象。

二、产业竞争能力大幅提升

滨海新区在吸引外资、产业集群、文化产业和人才建设等方面的竞争能力凸显。

第一，高端、高质、高新产业与外资集聚。

吸引外资是滨海新区又好又快发展的动力源之一。由于滨海新区为外商在区域内企业投资提供了一系列的优惠政策，因而越来越多实力雄厚的企业将资金投入到滨海新区的企业，很大程度上促进了滨海新区企业的发展和壮大。滨海新区吸引外资主要呈现出高端化、高质化、高新化的特点。首先，高端化的外资制造业落户新区。2012年上半年，滨海新区共计批准外商投资企业201家，主要为高科技企业、创业企业、低碳企业和融资企业等。其次，高质化的外资助力转型。新区企业外资招商对象正在从劳动密集型企业向服务密集型企业转变。在落户新区的外企及其项目中，呈现出以科技企业、融资租赁、创业投资等为代表的高投资额现代服务业项目呈加速落户态势。新批的外商投资企业中，近半数企业投资额超过1亿美元，维斯塔斯、中金再生资源、高银地产等知名企业位列其中，成为新区合同外资增长的重要驱动力量。[1]再次，高新化的外资创造生产潜力。新区吸引落户的外商主要为维斯塔斯风力技术集团、卡梅隆·佩斯集团、美联信金融租赁有限公司等低碳、绿色企业，并呈现出以科技企业、融资租赁、创业投资等为代表的高投资额现代服务业项目加速聚集的态势。[2]这些以低碳、绿色为主的高新产业为滨海新区的未来发展创造了无限潜力。

第二，高新技术产业集群优势初显。

实施"高新技术产业"集群，是滨海新区重要的战略。目前，这一策略已经转化为新区的核心竞争力。2005年至今，滨海新区的快速前进离不开高新技术产业集群带来的发展动力。首先，新区高新技术产业集群式发展克服了本地

---

[1] 上半年滨海新区吸引外资超200家呈高端化发展，北方网．www.enorth.com.cn，2012.
[2] 天津滨海新区服务业成吸引外资主阵地，人民网．www.people.com，2012.

区产业起步晚的劣势。滨海新区被纳入国家发展战略后即规划和实施了以高新技术产业为主体的产业集群布局模式。经过七年时间，滨海新区高新技术产业高速发展，较 2005 年增长五倍[①]。集群式发展提高了高新技术产业把握知识和更新信息的能力。新区内高新技术产业凭借高效的信息搜索能力降低生产和研发成本，实现产业的快速崛起。其次，高新技术发展为新区内其他产业发展奠定了良好基础。高新技术产业集群式发展带来了巨大的知识外溢效果。高新技术产业集群发展的强大知识外溢降低了其他产业的生产和研发成本，实现新区的快速崛起。最后，高新技术产业集群式发展客观促进了滨海新区配套制度和服务功能的完善。发展高新技术产业就不可避免的面临比传统产业更高的科研转化以及创新研发风险和高端人才安置问题。新区根据上述情况及时出台了完善高新技术发展的和鼓励人才引进的相关配套政策，在此基础上完善了政府的服务职能。这些政策的出台为地区发展提供了强大的动力。

三、北方"文化之都"

滨海新区在建设国家级文化产业示范园区，整合、开发天津市乃至环渤海地区文化资源方面具有较多建树。滨海新区努力建设中国北方重要的新兴文化产业发展的策源地和示范区。新区文化产业已初步形成文化产业门类齐全、文化设施投入加大和空间布局相对集中三大特点。[②]

国家级文化产业示范区建设以打造和深化文化产业集聚园为文化产业的主流形态，努力推动文化产业成为新区支柱性产业。现已建设完成政策平台、投融资平台、公共技术平台、人才交流平台、产品交易平台、行业服务平台"六大平台"，努力形成多元化、多层次的服务保障新格局。[③]

为推进产业发展和惠及民众相结合，新区建设成一套汇集新闻出版、图书音像、休闲娱乐、文艺演出、工艺美术、广播影视、群众文化等多种产业为一体的文化产业体系。这一体系内，新闻出版、图书音像、工艺美术和广播影视等已吸引到诸多投资和有实力的企业进驻。这些企业的进驻将完善产业链条，

---

① 2012 年滨海新区为 8600 亿元（资料来源："滨海新区已有市级以上创新研发机构 206 家，高新技术产业产值占新区工业总产值的比重提高到 43%。"天津滨海新区区长宗国英讲话）。

② 刘波，王欣，臧学英.积极打造中国北方"文化之都"增强滨海新区核心竞争力[M]. 天津：港口经济，2011（4）：17-19.

③ 2011 年度滨海新区文化产业发展概况 [EB/OL]. 滨海新区政务网. www.bh.gov.cn，2012.

实现文化产业的蓬勃健康发展。休闲娱乐、群众文化等惠及民众的产业也如火如荼展开。随着对文化设施投入的不断增大，文化产业的吸引力也在逐步提升

四、构筑"人才高地"

为加快"人才高地"建设，努力构筑支撑开发开放的强大人才优势，滨海新区于 2010 年末开始实施《关于加快滨海新区人才高地建设的意见》等多项政策。这些政策明确提出，滨海新区要真正成为全国开放程度最高、创新活力最强、创新成果最丰富的国际人才高地之一。目前，"滨海新区已经吸引了大批高素质人才的进入，人才竞争力逐年提高，具有较强的竞争优势"[①]。

滨海新区重视引进海内外高层次人才，并对有突出贡献的研究团队和个人按照不低于全市引进科技领军人才的标准确定资助额度和住房补贴。目前已在高新技术产业、高端服务业、新兴科技产业等方面引进并储备了一批具有明显带动作用的高层次创新创业人才骨干群体。同时还注重区内培养人才的创新能力，将实施创新创业领军人才及团队培养工程、人才国际化培养工程、高技能人才培养工程，加快培养高层次创新创业人才，进一步提高了人才自主创新能力。

总体看，滨海新区经济各项主要指标增速均位居全国前列，经济总量稳步提升。各项高新技术产业和低碳、绿色产业发展迅速，以高端服务业为代表的第三产业蓬勃发展。新区在发展中形成了吸引外资、产业集群、文化产业和人才建设四方面的核心竞争力，为未来的科学发展奠定了坚实的基础。

第三节　居民收入大幅增长，生活水平质量显著提升

一、城镇居民收入明显增长

滨海新区 2006 年城镇居民人均可支配收入为 17513 元，至 2012 年，城镇居民人均可支配收入达到 33869 元。城镇居民人均可支配收入在六年中实现翻

---

① 邢洁，王碧璇，基于 AHP 和模糊综合评价的天津滨海新区人才竞争力演进分析[M]. 天津：价值工程，2012（10）：121-123.

番，年均增长率为 11.62%。人民生活质量和水平均有明显的提高，社会更加和谐稳定如图 1-6 所示。

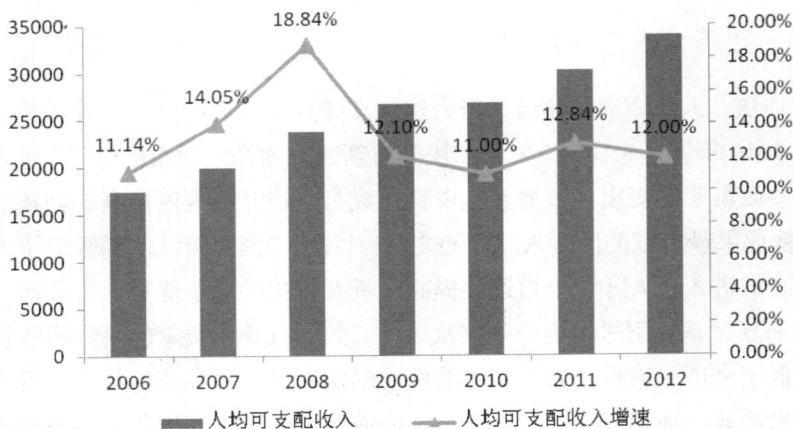

图 1-6　滨海新区城镇人均可支配收入情况

资料来源：天津市滨海新区统计年鉴，2012。

一般来说，城镇居民人均可支配收入与生活水平成正比，即人均可支配收入越高，生活水平则越高。滨海新区的城镇居民人均可支配收入已进入全国前列，虽然与"北上广"等城市还存在一定差距，但从其增长态势看新区可以较快达到全国一流城市水平。

2006 年至 2011 年，滨海新区的非农户口比例由原来的 76.77%上升至81.66%。从业人员为 974543 人，同比增长 59.7%。其中第二产业的从业人员人数和增长率均为最高，为 834952 人，同比增长 65.19%。从工资总额上看，按照国民经济类型划分，集体经济从业人员工资总额最高，且同比增幅最快，具体表现为：2011 年国有经济的从业人员工资总额为 39980.6 万元，同比增长68.6%；集体经济的从业人员工资总额为 5240443.5 万元，同比增长 67.1%；其他经济的从业人员工资总额为 2291528.6 万元，同比增长 56.0%。上述增长得益于各级工会组织和人力社保部门的细致认真工作和工资协商、完善配套政策等支持。滨海新区职工收入与企业经济效益同步增长，广大居民共享经济社会发展成果。

城镇居民经营净收入和财产性收入也呈现加快增长的态势。经营净收入提升体现了新区在扶持民营企业和私营企业方面力度的增强。同时，新区还制定

政策、创造条件鼓励和扶持城镇居民自主创业，截至 2010 年底共有个体工商户
28654 户，民营企业 33413 家，个体工商户注册资金总额达 14.06 亿元，民营企
业注册资金达 2905.52 亿元。[①]随着收入提升，新区居民的家庭财富积累逐渐增
加。更多城镇居民选择投资进行财富的再创造，居民财产性收入因此有较大提
高。投资股票、基金获利和房屋租金成为滨海新区居民财产性收入的主要来源。

滨海新区人均消费支出金额有较大提升，支出项目呈现出多样性的特点。
传统的食品、衣着支出增幅放缓，部分支出项目呈现出负增长的趋势。教育、
文化、娱乐用品服务和服务性消费等新兴支出项目呈现出高速增长的趋势。滨
海新区城镇居民收入提升正在引起本地居民消费习惯的改变。养生类食品和对
服务的支出逐年上升，方便、快捷的网上购物成为部分商品或服务的消费支出
主要方式。

滨海新区内部汉沽、塘沽、大港三个区的发展水平并不均衡，从 2011 年
数据看，塘沽区发展基础较好，因此其消费金额和消费项目都更具有引导性。
其家庭设备、用品及服务、杂项商品与服务等项目支出增幅较大，对交通与通
讯支出增幅较小。汉沽区的发展基础较弱，但人均消费支出提升较快，同比增
幅 24%，杂项商品与服务、食品和服务性消费方面支出增幅较大，而家庭设备、
用品及服务和医疗保健消费呈现出负增长的趋势。大港区的发展水平在三区中
较为平均，消费支出中，交通与通讯增长明显，达到 60.55%。其他支出增长较
为缓慢，服务型消费支出呈现负增长的态势，如表 1-4 所示。

表 1-4 滨海新区城镇居民支出情况（支出单位：元）

项目	塘沽			汉沽			大港		
	2010	2011	增幅%	2010	2011	增幅%	2010	2011	增幅%
人均消费性支出	20739	22612	9.03%	10550	13082	24.00%	17180	19230	11.93%
服务性消费	4815	5111	6.15%	1699	2237	31.67%	4343	4320	-0.53%
食品	7441	8082	8.61%	5199	6955	33.78%	5357	5536	3.34%
衣着	2766	3107	12.33%	1497	1848	23.45%	2413	2565	6.30%
家庭设备、用品及服务	1284	1593	24.07%	698	648	-7.16%	1078	1098	1.86%
医疗保健	1142	1205	5.52%	391	373	-4.60%	1223	1269	3.76%

① 孙有. 鼓励民营经济发展增强民营企业活力——滨海新区民营经济发展情况[M]. 天津：中小企业管理
与科技（上旬刊），2012（12）：124.

项目	塘沽			汉沽			大港		
	2010	2011	增幅%	2010	2011	增幅%	2010	2011	增幅%
交通与通讯	3009	3024	0.50%	792	984	24.24%	2654	4261	60.55%
教育、文化、娱乐用品服务	2186	2314	5.86%	682	869	27.42%	2281	2306	1.10%
居住	1822	2035	11.69%	988	964	-2.43%	1286	1295	0.70%
杂项商品与服务	1089	1250	14.78%	304	441	45.07%	888	899	1.24%

资料来源：天津市滨海新区统计年鉴，2012。

根据联合国规定恩格尔系数的大小判断，滨海新区整体恩格尔系数处于20%至30%之间，属于富足的水平。从支出占比情况来看，各分区主要消费支出均为食品和服务型消费。这说明服务型消费已成为主要消费项目，服务业的需求将引致和带动地区发展进入良性循环。

各分区消费结构也存在差异。塘沽区的恩格尔系数处于20%至30%之间，属于富足的水平，其支出占比排名前五的项目为：食品，服务性消费，衣着消费，交通与通讯和教育、文化、娱乐用品及服务。汉沽区的恩格尔系数处于50%至60%之间，属于温饱的水平，其支出占比排名前五的项目为：食品，服务性消费，衣着消费，交通与通讯和居住。大港区的恩格尔系数处于20%至30%之间，属于富足的水平，其支出占比排名前五的项目为：食品，服务性消费，交通与通讯，衣着和教育、文化、娱乐用品及服务，如表1-5所示。

表1-5 城镇居民支出占比情况（各分项支出/人均消费性支出，单位：%）

项目	塘沽			汉沽			大港		
	2010	2011	增幅	2010	2011	增幅	2010	2011	增幅
服务性消费	23.22	22.60	-0.61	16.10	17.10	1.00	25.28	22.46	-2.81
食品	35.88	35.74	-0.14	49.28	53.16	3.89	31.18	28.79	-2.39
衣着	13.34	13.74	0.40	14.19	14.13	-0.06	14.05	13.34	-0.71
家庭设备、用品及服务	6.19	7.04	0.85	6.62	4.95	-1.66	6.27	5.71	-0.56
医疗保健	5.51	5.33	-0.18	3.71	2.85	-0.85	7.12	6.60	-0.52
交通与通讯	14.51	13.37	-1.14	7.51	7.52	0.01	15.45	22.16	6.71
教育、文化、娱乐用品服务	10.54	10.23	-0.31	6.46	6.64	0.18	13.28	11.99	-1.29
居住	8.79	9.00	0.21	9.36	7.37	-2.00	7.49	6.73	-0.75
杂项商品与服务	5.25	5.53	0.28	2.88	3.37	0.49	5.17	4.67	-0.49

资料来源：天津市滨海新区统计年鉴，2012。

二、农村居民生活质量稳步提高

2012年农村居民人均可支配收入增长13%。新区按照"主攻工资性收入，大幅度提高财产性转移性收入，稳定增加家庭经营收入"的思路，提高和改善农村居民生活水平和质量，实现了农民收入5年翻番的目标。

工资收入成为农民主要收入来源。从滨海新区各分区的情况看，塘沽区和大港区的人均可支配收入主要来源为工资性收入，汉沽区为经营收入。伴随农业的产业升级和农村劳动力转移安置，大量农民脱离务农为主的生产经营走向就业岗位。新区以二、三次产业带动农民增收致富，减少农民外出务工的后顾之忧，如表1-6所示。

表1-6　滨海新区农村居民收入情况（收入单位：元）

	塘沽区		汉沽区		大港区	
	收入	构成	收入	构成	收入	构成
人均可支配收入	12745	100%	11755	100%	11876	100%
（一）工资性收入	6969	54.7%	4087	34.8%	9060	76.3%
（二）家庭经营收入	4537	35.6%	7087	60.3%	2698	22.7%
第一产业收入	450	3.5%	4870	41.4%	283	2.4%
第二产业收入	792	6.2%	975	8.3%	436	3.6%
第三产业收入	3295	25.9%	1242	10.6%	1979	16.7%
（三）转移性收入及财产性收入	1239	9.7%	581	4.9%	118	1%

资料来源：天津市滨海新区统计年鉴，2012。

现代化农业建设为农民增收创造了良好条件。从家庭经营收入来看，塘沽区和大港区的家庭经营收入主要来自于服务业，汉沽区家庭经营收入主要来自于农业。近年来滨海新区大力发展设施化农业，培育精品农业、生态农业和观光农业，农村的产业结构调整和第三产业的家庭经营收入和增长较快。政府给予的设施农业补贴、粮食直补、良种补贴等各项优惠措施也提高了来自第一产业的家庭经营收入。

农民生活质量稳步提高。从恩格尔系数来看，塘沽和大港区的恩格尔系数在40%至50%之间，汉沽区恩格尔系数较低，在30%至40%之间。在保障基本生活条件后，农民有较多财富用于其他方面支出。

交通和通讯支出占比增加。新区农民在交通和通讯方面支出增加呈现逐年上升的势头。交通费用的提升标志着农民有更多的机会外出交流，通讯费用提升意味着农民寻找和搜索信息和交往能力和水平的提高。

医疗保健和家庭设备、用品及服务的支出逐年增加。城乡居民家庭逐步开始替换大件家用电器，全自动、多功能，安全环保电器成为消费热点。同时，医疗服务广泛扩展到农村居民层面，更多的农民在享受免费医疗的同时，开始为健康进行投资，如表1-7所示。

表1-7 滨海新区农村居民支出情况（支出单位：元）

	塘沽区		汉沽区		大港区	
	支出	构成	支出	构成	支出	构成
人均生活消费性支出	6967	100%	6950	100%	5296	100%
（一）食品	2932	42.1%	2205	31.7%	2197	41.5%
（二）衣着	740	10.6%	475	6.9%	613	11.6%
（三）居住	923	13.3%	2087	30%	469	8.8%
（四）家庭设备、用品及服务	332	4.8%	321	4.6%	326	6.1%
（五）医疗保健	483	6.9%	578	8.3%	395	7.5%
（六）交通和通讯	942	13.5%	867	12.5%	762	14.4%
（七）文教娱乐用品及服务	435	6.2%	322	4.6%	401	7.6%
（八）其他	180	2.6%	95	1.4%	133	2.5%

资料来源：天津市滨海新区统计年鉴，2012。

参考文献：

[1] 刘承功，卢晓红.用历史唯物主义的观点看经济增长与经济发展[J].复旦学报（社会科学版），2011（5）：43-47，124.

[2] 孙静.试析经济稳定与经济增长、经济发展的关系[J].经济研究导刊，2011（20）：3-4.

[3] 林毅夫，苏剑.论我国经济增长方式的转换[J].管理世界，2007（11）：5-13.

[4] 赵江敏，张炜熙.天津滨海新区综合竞争力评估研究[J].贵州大学学报（社会科学版），2011（29）：102-106.

[5] 董尚斌，刘彬，韩传模.滨海新区与浦东新区企业核心竞争力对比分析

[J].现代财经，2009(5):53-59.

　　[6] 刘波.积极打造中国北方"文化之都"增强滨海新区核心竞争力[J].港口经济，2011（4）：17-19.

　　[7] 刑洁，王碧璇.基于 AHP 和模糊综合评价的天津滨海新区人才竞争力演进分析[J].价值工程，2012（10）：121-123.

　　[8] 王晓耕.天津滨海新区平台竞争力提升途径研究[J].天津师范大学学报，2011（5）：40-43.

　　[9] 高素英，郝晓华，刘建朝，丁梅.滨海新区城市进化评价研究[J].天津大学学报，2013（1）：15-20.

　　[10] 何楠.天津滨海新区居民消费的微观特征及政策扶持[J].时代金融，2012（9）：50-51.

第二章　滨海新区发展思路与特点

2011—2012 年是滨海新区落实科学发展观,实现"十二五"期间经济社会发展目标关键性的两年。新区发展面临复杂多变的国际国内环境带来的许多挑战,如全球经济复苏步伐缓慢,欧洲债务危机波及全球经济,国际市场需求不旺,国内各种刺激政策全面回收,货币政策趋紧,房地产调控政策从严,经济增速放缓等。"调结构"和"稳增长"成为新区在新时期面临的新考验。新区认真落实科学发展观,积极应对困境,调整发展思路,紧紧抓住"十大战役"这一主线加快区域开发,紧紧围绕"十大改革"加快综合配套改革创新,通过调整经济结构和产业结构,加快转变经济发展方式,通过加快完善社会管理的各项体制机制营造和谐稳定的社会氛围,新区经济社会实现又好又快发展,综合实力大幅提升,社会事业不断取得新进步,发展活力显著增强。

第一节　宏观形势严峻考验,新区面临新挑战

在全球经济缓慢复苏、欧债危机影响加剧、国际资本流动回转等背景下,我国国内各种刺激政策全面回收,货币政策收紧,房地产调控政策从严等多重因素的作用下,中国宏观经济增速出现放缓。通胀的高位徘徊,信贷政策的调整,不仅使滨海新区开发开放在"十二五"开局之年受到了前所未有的挑战,更使许多在建和续建项目面临融资困境,可以说,"调结构"和"稳增长",成为新区开局面临的新考验。①

1. 物价涨幅见顶回落,新区"十大战役"推进面临通胀压力。2011 年,

---

① 天津市滨海新区人民政府. 滨海新区年鉴—2011 [M]. 天津:天津社会科学院出版社,2012.

受国内外经济环境的影响，物价涨幅呈现出前高后低，徘徊不定，回落幅度有限的特征。造成物价涨幅高位运行的主要因素有：一是以美欧为首的发达国家为提振经济，解决就业难题，实行了量化宽松的货币政策，使得输入性通胀压力增强；二是国际油价的上涨和国际政治局势的动荡骚乱，推高了全要素商品价格的全面上涨；三是劳动力收入的改善，以及运输环节的增加，带动了食品价格的全面上调，全年 CPI 涨幅在 5.4%左右，GDP 平减指数为 6.1%，分别比 2010 年分别提高了 2 个百分点和 2.3 个百分点。物价上涨，不仅使得全社会通胀压力增强，更使得滨海新区"十大战役"运营成本增加，预期财政收入缩水，而劳动力、原材料叠加上涨，促使企业经营成本增加，企业运营陷入困境。

2. 信贷政策逐步收紧，新区投融资面临严峻的挑战。2011 年，面对物价上涨所带来通胀压力的增强和房地产价格调控预期效果不明显的局势，为防范地方投融资平台的债务高筑、银行表外信贷的膨胀，以及民间融资的泛滥，国家实施了更为趋紧的信贷政策，几次调高银行存款准备金率，为信贷总额降速，以期望货币供应和银行信贷能恢复到温和的水平。银行信贷规模的收紧，不仅使得滨海新区固定资产的投资受到了挤压，更使得民间融资成本增加，地方投融资平台面临债务风险的挤兑，这对于滨海新区许多在建和续建项目的建设，以及产业的转型升级，面临着融资难的困境挑战。

3. 经济结构调整任务艰巨，新区节能减排面临更大的压力。以依靠物质资源的投入和消耗来推动经济增长成为转变经济发展方式的突出问题。为应对全球气候的变化，减少环境污染，低能耗、低污染的低碳经济成为世界经济发展的趋势和热点。天津滨海新区作为综合配套改革试验区和首个成立的碳排放交易所，适应全球化的标准和产业发展方向，大力推进低碳经济发展成为转变经济发展方式，调整经济结构的目标所在。国家在"十二五"规划中设定了严格的节能降耗指标，在五年内单位 GDP 能耗和碳排放要下降 16～17%。这对于支撑新区发展贡献度较大的大石化、大乙烯、大炼油等企业发展来说，要在规定的时间内，完成节能减排的指标，将面临更大的压力。经济结构调整的任务面临着国内国外的双重重压，任务更为艰巨。

4. 国家区域战略调整不断完善，区域竞争更趋激烈。近年来，国家频繁出台了一系列区域规划，与以往国家制定和实施的区域战略、规划或政策不同的是，区域战略规划的制定与实施由中央政府自上而下主导向地方政府自下而上申报与中央政府相结合的方式转变。这种方式的转变既能细化宏观调控的空间指向，又有利于各地区比较优势的发挥。而随着这种区域战略调整的不断完善，区域经济发展进入新的重要转折期，区域发展格局由主要依靠珠三角地区、长三角地区、环渤海地区等少数区域的单极驱动，逐步转向多极化驱动，区域发展动力由优惠政策外生驱动向制度创新内生驱动转变。滨海新区作为较早获得国家批准的综合配套改革试验区，前面既有率先发展的浦东新区的标兵，后面又有新崛起的区域的赶超。在中央政府政策的支持和项目投资有限的情况下，要使区域资源要素在更大范围内得到利用与优化布局，如何突破原有的路径依赖效应，立足本地区实际，创新政策，先试先行，探索新的区域发展模式，将是滨海新区在新的区域竞争中，面临的新课题与新考验。[①]

新区经济发展面临许多挑战和新问题的同时，社会发展出现新特点和新挑战。近年来，随着经济体制改革的深入推进和经济快速发展，经济发展与社会发展不平衡、不协调的矛盾凸现，这些社会矛盾主要集中在国企改制、农村土地征用、劳资纠纷、医患纠纷、环境保护、公共服务均等化等问题。这些问题的出现严重影响着社会的稳定和经济的快速发展。[②] 此外，在推进文化大发展大繁荣的进程中，形成具有滨海新区特色的文化服务体系，提升新区文化的软实力和影响力，也是滨海新区在一段时期内面临的新课题。另外，在新区城乡一体化发展中如何实现城乡居民公共服务均等化，提高劳动力素质，城中村改造就地城市化等问题，同样对新区经济社会协调发展提出挑战。

第二节　明确新区发展思路，贯彻十项发展对策

滨海新区充分认识到 2011 年对于实现"十二五"规划目标的重要性。把这一年看作打好开发开放攻坚战、加快推进"十大战役"的关键之年，但所面临的形势也更加复杂。世界经济有望继续恢复增长，但不稳定不确定因素依然较多。我国经济发展态势虽然总体向好，但稳增长、转方式、控通胀、保民生的任务十分艰巨。新区需要在新环境下抢占先机，大胆突破，在新的起点上实

---

① 易志云等. 发挥滨海新区功能作用 促进港口腹地经济协调发展[J]. 环渤海经济瞭望，2012（6）.

② 天津市滨海新区人民政府. 天津市滨海新区 2012 年政府工作报告 [EB/OL]. 滨海新区政务网. www.bh.gov.cn，2011.

现新跨越。

因此，滨海新区政府将 2011 年的发展思路确定为：要全面贯彻党的十七届五中全会和中央经济工作会议精神，高举中国特色社会主义伟大旗帜，以邓小平理论和"三个代表"重要思想为指导，深入贯彻落实科学发展观。按照市委九届九次全会和区委一届四次、五次全会部署，以加快实施国家重大发展战略为使命，以科学发展为主题，以转变经济发展方式为主线，以调整优化经济结构为主攻方向，更加注重发展质量，更加注重保障民生，更加注重统筹协调；着力调结构、增活力、上水平，全力打好开发开放攻坚战，加快推进"十大战役"和"十大改革"，扎实推动"五个争创"重大任务的落实，进一步增强综合实力、创新能力、服务能力和国际竞争力，努力争当贯彻落实科学发展观的排头兵。[①] 为促进新区实现又好又快地发展，滨海新区政府制定了 10 项发展对策。[②]

1. 掀起"十大战役"新高潮。坚持建设与招商同步、功能与产业融合，争分夺秒，科学推进，形成谋划启动一片、开发建设一片、收益见效一片的生动局面。通过一批批重点项目的开工建设，加快功能区的开发与功能提升，推动新区经济快速发展。2. 锐意推进"十大改革"。在完成三年综合配套改革计划的基础上，制定实施综合配套改革新的三年计划，落实年度改革任务，敢闯敢试，先行先试，力争在十个方面的关键环节取得突破性进展。加快经济领域改革，特别是深化金融、涉外经济体制改革创新，深化国企改革和促进非公经济发展。加快社会领域改革，特别是深化城乡一体化改革、医疗卫生体制改革、土地管理体制改革、住房保障制度改革和社会管理创新。加快公共管理领域改革，尤其是进一步深化行政管理体制改革。3. 强化区域统筹发展。以整合公共资源和提高配置效率为重点，充分调动各方面积极性，形成相互依托、协调发展的良好局面。促进区域协调发展，加强区域分工合作，夯实基层发展基础。4. 调高调优产业结构。以高水平大项目好项目为抓手，全面提高三次产业水平，努力构筑高端产业高地。大力发展战略性新兴产业，加快提升优势产业。推动石油化工向精细化工、轻纺、建材等下游产业链延伸，确保 3000 亿元以上产业规模，拓展现代服务业规模，提高农业综合效益。5. 进一步提高创新能力。广

---

① 张高丽. 进一步加快滨海新区开发开放 为把天津建设成为国际港口城市北方经济中心和生态城市而奋斗[N]. 天津日报, 2012—5—28.

② 天津市滨海新区人民政府. 滨海新区年鉴—2012 [M]. 天津：天津社会科学院出版社, 2013.

泛吸收全球创新资源和最新成果，加快建设国家创新型试点城区。加快实施科技创新项目，促进科技型企业快速发展。加强创新环境建设，努力建设人才特区。6. 持续提升城市载体功能。通过重大基础设施项目的实施，着力解决影响新区大开发大发展的瓶颈制约。统筹推进海空港建设，加快完善大交通体系。增强资源能源保障能力。7. 不断加强生态环境建设。进一步提升规划水平，加快提升环境质量，提高城市管理水平。8. 促进文化大发展大繁荣。着力发展文化事业，积极发展文化产业，加强精神文明建设。9. 下大力气改善民计民生。集中力量实施新 20 项民心工程，使广大群众得到更多实惠。把就业作为改善民生的头等大事。发挥政府、工会和企业的作用，争创国家级和谐劳动关系试点区。切实加强社会保障工作，优先发展教育事业，大力发展医疗卫生事业。10. 加快建设服务型政府。以改革创新的精神，切实履行好职能，全面落实责任，不断提高行政能力和行政水平。落实重大事项集体决策制度，完善公众参与、专家论证机制，提高政府决策水平。

第三节 国内外环境复杂多变，新区发展新特征

2011 年滨海新区面对复杂多变的国内国际环境，利用发展中的有利条件和机遇，克服不利条件和挑战，迎难而上，实现了又好又快的发展。现根据滨海新区经济和社会发展统计数据[①]，将 2011 年滨海新区发展特征概括如下。

一、经济总量跃上新台阶，经济继续保持快速增长

尽管新区经济发展面临许多不利因素，但经济保持快速增长势头，经济总量跃上新台阶，综合经济实力进一步增强。2011 年，新区地区生产总值突破6000 亿元，达到 6206.87 亿元，同比增长 23.79%。虽然增速比上年略有下降，但高出"十一五"期间平均增速 1.3 个百分点，实现"十二五"良好开局[②]。其中，第一产业实现增加值 8.82 亿元，比上年增长 3.30%；第二产业实现增加值4273.89 亿元，增长 26.91%，其中工业增加值 4036.40 亿元，增长 27.94%，拉

① 天津市滨海新区统计局. 天津滨海新区统计年鉴—2011 [M]. 北京：中国统计出版社，2012.
② 张玉庆. 天津滨海新区经济发展研究报告（2013）[J]. 求知，2013（1）.

动新区经济增长 17.47 个百分点；第三产业实现增加值 1924.15 亿元，增长 16.93%。第二产业优势地位表现依然突出，增长快于上年，而第三产业环比增长则下降，长期形成的二、三产业的强弱格局在 2011 年没有改变。除地区生产总值外，其他主要经济指标也继续保持较快增长。全年完成财政总收入 1379.27 亿元，比上年增长 37.1%；规模以上工业总产值 12828.95 亿元，增长 27.1%；全社会固定资产投资 3702.12 亿元，增长 32.0%；社会消费品零售总额 887.53 亿元，增长 19.4%；外贸进出口 711.21 亿美元，增长 27.1%，其中出口 276.76 亿美元，增长 19.0%；实际利用外资 85.02 亿美元，增长 20.8%；实际利用内资 459.38 亿元，增长 30.4%。

二、投资仍为经济增长的主要动力，重点项目促进产业结构优化

投资推动依然是新区经济增长的主要动力。2011 年新区完成固定资产投资 3702.12 亿元，同比增长 32.0%，其中，城镇固定资产投资完成 3683.61 亿元，增长 32.4%，而农村固定资产投资完成 18.51 亿元，下降 19.1%。从产业结构上看，第一、第三产业投资增长快于第二产业。第一、第三产业完成投资额分别比上年增长 1.4 倍和 38.4%，第二产业完成投资 1324.71 亿元，比上年增长 21.1%，仍然属于高速增长。投资对新区增长的支撑还表现在重大项目的作用显著。据统计，全年 10 亿元以上的重点项目 162 个，完成投资 1499.27 亿元，占新区重点项目完成投资的 61.7%。另外，基础设施建设投资仍然是固定资产投资重点，全年区域开发基础设施、道路交通和海港空港工程共完成投资 966.35 亿元。

虽然三次产业结构变化不大，但通过重点项目建设促进产业内部，特别是第二、三产业内部的结构优化不断推进。2011 年，新区在重点项目建设推动下，以航空航天、石油化工、汽车及装备制造业、电子信息、生物医药、新能源新材料、轻纺和国防等八大优势产业为突破口，推进工业结构升级，不断向"高端、高质、高新化"发展。[①] 例如，航空航天产业全年完成工业总产值 227.7 亿元，产业规模位列全国第 4 位，在世界航空制造业中占有重要地位；汽车及装备制造业产值居各产业之首，随着长城汽车的投产以及麦格纳、英伟达和约翰迪尔等项目相继签约启建，产业链不断延伸，产业集聚效应日益凸显；在生

---

① 李燕等. 天津滨海新区制造业发展研究报告[J]，求知，2012（8）.

物医药领域，以超级细菌 NDM-1 的关键蛋白结构解析为代表的生物医药专利达 103 项，9 个临床项目通过专家评审并已产业化生产；在新能源新材料领域，风电设备生产能力约占全国 30%，全球排名前十位的四家绿色电池企业力神、比克、三星 SDI 和三洋能源均落户滨海，新区成为国内综合实力最强的绿色电池产业基地等。

从第三产业内部结构来看，2011 年新区大力发展现代服务业，加快促进新区从"世界工厂"向与"世界办公室"并举转变，结构优化进展顺利。在总部经济集聚、新型金融业、旅游及会展业、服务外包业、文化和创意产业等发展表现突出。例如，截至 2011 年底，滨海新区总部企业累计达到 188 家，实现了总部经济快速集聚。在股权投资基金、融资租赁、非上市公司股权交易、小额贷款公司、保理业务、消费金融等领域的发展是 2011 年新区新型金融业发展的亮点。值得一提的是，瀛寰东润作为国家工商局批准注册成立的我国唯一一家非银行独立保理商在经济开发区设立；捷信消费金融有限公司成为我国首家且唯一一家外商独资消费金融公司，天津成为继北京、上海和成都后的第四座消费金融公司试点城市。全年游客接待量突破 1100 万人次，旅游业发展喜人。[①]随着"国家软件出口基地"、"国家火炬计划软件产业基地"、"国家 863 软件专业孵化器"等众多国字号机构和企业研发中心、技术中心落户滨海，有力推动了滨海服务外包产业的发展。另外，2011 年，文化和创意产业完成增加值 286.58 亿元，比上年增长了 30.0%，占新区 GDP 的比重达到 4.6%，成为新区重要的现代服务业部门之一。

三、重点功能区开发建设提速，改革创新开启新篇章

功能区的规划建设和布局优化是近些年新区发展的重要特征，2011 年以"十大战役"为代表的重点功能区开发建设的提速，重点项目的全力推进，为新区经济增长，深入开发开放进程都起到重要作用。"十大战役"开发建设集中了新区重点项目，2011 年共引进安排重大建设项目 1224 个，其中工业项目 611 个、基础设施项目 220 个，服务业项目 335 个，累计实现围海造陆面积超过 180 平方公里。南港工业区的 5000 吨级通用码头建成，临港经济区 10 万吨级航道通航，于家堡铁狮门金融广场，中新生态城国家动漫产业综合示范园一期投入

---

① 天津市统计局. 2011 年天津市国民经济和社会发展统计公报[N]. 天津日报，2012－3－19.

使用等，都是重点功能区开发的重大建设项目。

作为国家综合配套改革试验区，改革创新是新区重要的区域特色，以改革促开放，开放促改革成为新区重要发展经验。2011年新区综合配套改革领域的突出特征是，承上启下，在完成第一个三年计划的基础上，全面启动新"三年计划"。按照天津滨海新区综合配套改革试验总体方案的第一个三年实施计划，新区在金融体制、涉外经济体制、土地管理体制、企业机制体制、行政管理体制、社会领域、统筹城乡发展、科技体制、环境保护制度、城市管理体制等十个领域进行了先行先试，推进改革。2011年开始实施的第二个三年实施计划，明确了之后三年深化行政管理体制改革、深化行政审批制度改革、深化土地管理体制改革、深化保障性住房制度改革、深化医疗卫生体制改革、加快推进金融改革创新、加快涉外经济体制改革、加快推进城乡一体化改革和科技体制改革、加快推进国企改革和非公有制经济发展、加快推进社会管理创新和公共服务改革等十个方面、二十个重点项目取得更大突破。2011年内，新区在大通关体系建设，实行土地统一整备、集中交易制度，构建统一的国资监管体制，完成行政审批职能归并，创建流动人口服务管理"三级平台"，出台完整的保障性住房管理制度等方面的重点改革项目取得重要进展。

四、直面社会发展新挑战新难题，高度重视民计民生改善

2011年新区对于社会发展、改善民计民生给予前所未有的重视，把改善民生作为正确处理改革发展稳定关系的结合点，尤其是在社会管理创新、文化大发展大繁荣、农村城市化等方面取得了较大成就。在新区经济体制改革深入的同时，社会管理体制创新面临新挑战。2011年，新区以建设全国社会管理创新综合试点区为契机，以体制机制创新为动力，以解决影响社会和谐稳定的源头性、基础性、根本性问题为突破口，扎实推进社会管理创新。基本建立了社会管理服务整体工作体系，形成了"三类人群三类管理"的流动人口服务管理滨海模式，制定出台《滨海新区构建和谐劳动关系指导意见》和实施意见，基层社会服务管理体系也日益完善。面对全国文化大繁荣大发展的背景，新区文化软实力提升面临挑战。2011年，新区把推进文化大发展大繁荣纳入提升新区软实力的重要工作来抓，取得文化事业和文化产业的双丰收。同时，新区还以坚持城乡一体化发展为目标，在农村城市化改革上实行了"三改一化"、大项目带动和城中村改造等多元化的模式，实现了土地的集约利用，并为经济发展拓宽

了空间。

五、改善城市基础设施和环境综合治理，生态宜居城市建设加快

2011 年新区对加快生态宜居城市建设高度重视。城市基础设施进一步完善。据统计，全年建设重大基础设施项目达 92 个，完成投资达 1100 亿元。继续以打造对内、双城、对外三个交通体系为重点，形成了层次鲜明、高效畅达的综合交通体系。在重大基础设施项目中作为北方国际航运、物流中心支撑载体的海空港功能完善又是重点，天津港南疆东外堤、国际邮轮码头、主航道拓宽等项目竣工，滨海国际机场扩建工程一期竣工，滨海国际机场扩建工程一期竣工、二期加紧建设。市容环境整治是生态宜居城市建设的核心内容。2011 年，新区在市容环境综合整治取得积极成效，市容整治向支路里巷延伸，向居民社区延伸，向百姓需求延伸。以创建国家环保模范城为重要抓手，新区城市环境治理工作扎实推进。推行城市分类管理标准，实现了管理的精细化长效化。

第四节　加快发展的新形势、新举措与新成就

2011 年是实施"十二五"规划的开局之年，而 2012 年则发挥承前启后的重要作用。2012 年，新区加快发展面临的形势依然十分复杂。从国际环境看，世界经济不稳定不确定因素增多，国际贸易增速放缓，经济复苏面临严峻挑战。从国内环境看，我国经济运行态势总体良好，但经济增长的下行压力和物价的上涨压力并存，不平衡不协调不可持续的矛盾和问题依然突出。新区在这一年中以全力实施国家重大发展战略为使命，以科学发展为主题，以率先加快转变经济发展方式为主线，以富民惠民为根本出发点，把改革开放和自主创新作为强大动力，以"十大战役"为载体平台，以"十大改革"为强劲动力，以"调结构、惠民生、上水平"为有效抓手，稳中求进、稳中求好、稳中求快、又好又快，全力打好开发开放攻坚战，努力成为深入贯彻落实科学发展观的排头兵。[①]

---

① 天津市滨海新区统计局. 天津滨海新区统计年鉴—2011 [M]. 北京：中国统计出版社，2012.

一、2012 年新区加快发展面临新形势

从国内外背景分析，新区加快发展面临的形势依然十分复杂。

1. 世界经济低速增长，我国经济增速回落。2012 年我国经济增长速度总体会低于 2011 年。原因是多方面的。一是世界经济增长低迷，出口增长乏力。从发展态势看，美国经济、日本经济仍将保持缓慢复苏态势，而欧元区经济出现衰退的风险加大。西亚、北非局势加剧了经济复苏的不确定性和复杂性。受到外部环境的制约，我国出口增长幅度可能会明显下滑。二是适度从紧的货币政策环境，将制约投资的快速增长。转变经济发展方式，增强内需增长的动力仍是 2012 年的主基调。国家会继续实行积极的财政政策和稳健的货币政策。适度从紧的货币政策调控投资，将会促使投资领域收窄和房地产相关产业增长继续受到制约，由此放缓经济增速。三是受物价上涨压力的影响，消费拉动作用减弱。由资源性产品所导致的大宗商品和生活品的全面上涨，加剧了通胀的压力，降低人们的消费水平，内需增长尽管在调整个税的刺激下有所改善，但效果并不明显。国际市场环境不乐观，对于以外向型经济为主的滨海新区而言，更多的是发展压力与挑战。

2. 国家宏观调控总基调适时调整，新区把握发展机遇。2012 年，"稳中求进"成为中央经济工作的总基调。"稳中求进" 强调的是三个方面的侧重和转变：一是在转变经济增长方式方面取得实质性的进展；二是在推进经济体制改革方面取得实质性进展；三是保障和改善民生方面取得实质性的进展。稳中求进的目标，一方面会抑制 CPI 高涨，挤压经济泡沫化；另一方面也加大了地方政府在投资拉动、融资平台以及财政增长方面的压力。面对压力，新区发展的机遇体现在，一是国家信贷政策调整，即适当宽松的货币投放，为新区在建项目的融资提供了契机；二是国家投资结构导向的调整，为新区短板产业的发展提供了释放空间，尤其是有利于新区第三产业发展和高新技术产业的国家级大项目聚集；三是国家财政政策调整的重点也为新区加快社会管理创新提供了契机；四是国家对重点领域的倾斜政策还为新区民营经济发展提供了机遇，等等。可以说，2012 年国家宏观经济调控对新区而言，挑战与机遇并存。

3. 国家区域战略布局全面展开，区域发展竞争面临新形势。自 2006 年滨海新区列为国家发展战略以来，国家相继批准设立多个综合配套改革试验区和经济发展区，这些区域的设立不仅意味着国家区域战略布局的全面展开，更意味着国家对区域协调发展战略的贯彻落实。这些区域的设立尽管时间不同，但都是在充分发挥各区域资源禀赋优势的基础上，通过点上问题的改革试验，降低改革的成本，从而达到解决全国面上的问题。2012年，区域经济竞争将向着纵深发展，区域发展总体战略将得到深入推进，主体功能区战略将全面实施展开。促进区域协调发展，是国家经济社会发展总思路、总战略中的重要组成部分。区域协调发展，一方面，要着力缩小地区间的经济发展差距，另一方面，通过加快重点地区的开发开放，将会对全国落实科学发展观和构建社会主义和谐社会起到重要的示范和推动作用。而随着区域改革的推进，区域体制性、机制性、结构性的矛盾也呈现出新特点，如经济发展与区域利益的矛盾、区域发展与要素流动问题、区域内部结构性问题等。滨海新区要在区域发展和竞争中取得更大突破，必须着力于在重点领域和环节上创新，实现和谐发展，率先发展，通过改革促发展，不断总结经验，在区域发展竞争中，取得新突破，为探索可复制、可推广的区域发展新模式奠定基础。

4. 转变经济发展方式紧迫性日益凸现，产业结构调整成为重中之重。总体上看，尽管我国经济指标比较平稳，但是产业结构失衡问题是最为突出的问题，产业结构调整势在必行。产业结构调整就是要由过去第二产业拉动经济增长转变为一、二、三产业协调拉动，由过去主要依靠物质资源的投入和消耗来推动经济增长，转变为更多依靠技术创新、劳动素质提高和体制改革。加快战略性新兴产业培育和现代服务业发展，推动传统产业转型升级、加大节能减排力度，降低单位GDP能耗和碳排放，成为2012年重点任务和产业发展方向。国家产业结构调整政策的转型，为滨海新区经济结构调整明确了方向，更为滨海新区战略性新兴产业、现代服务业的快速发展提供了政策支持和契机。[①]

5. 进一步推进社会管理创新，惠民生、实现公共服务均等化成为新目标。收入分配制度不合理导致国民收入分配扭曲，土地财政问题，以及公共产品提供不足、公共服务均等化需要提高等，使当前社会管理创新面临新课题。2012年，中央将继续加快教育、医疗和文化事业的改革发展：教育方面，将进一步增加教育投入，国家财政性教育经费支出占国内生产总值比例达到4%，中央预算内投资用于教育的比重达到7%左右。医疗和公共卫生服务体系方面，加强卫生应急和重大疾病防控，加快推进儿童医疗服务体系、重大疾病防控体系、

---

① 李家祥，肖雅楠. 天津滨海新区参与环渤海区域合作的思考[J]. 天津师范大学学报（社科版），2013（1）.

基层医疗卫生服务体系建设，实施基本公共卫生和重大公共卫生服务项目。文化事业方面，促进社会主义文化大发展大繁荣，实施一批重大文化产业项目，发展壮大传统文化产业，加快培育新的文化业态，促进文化产业与其他产业融合发展。而化解社会矛盾，保障社会和谐稳定则是2012年保障经济增长稳中求进的前提。在社会管理方面，加强以城乡社区为核心的基层社会管理服务平台建设，妥善解决群众合法合理诉求，促进公共服务信息和社会管理信息共享。与此同时，以信息共享、互联互通为重点，加快建设国家电子政务网，公正廉洁执法，强化政府社会管理的公正性、公平性、效率性管理则是政府管理创新的重点所在。而积极稳妥推进户籍管理制度改革，推动实行居住证制度，为流动人口提供更好服务，则是社会管理创新的具体体现。2012年，滨海新区要在社会管理创新上实现新突破，其面临的任务更为艰巨，就业、完善保障性住房改革，医疗卫生资源整合试水，破解群众看病难、看病贵的问题，实现为百姓服务的零距离，将是新区社会管理创新深入推进的新任务。

面对国内外复杂的形势，滨海新区也面临许多挑战。新区行政管理体制重大改革以来，区域整合还有待进一步理顺，区域开发动力机制有待进一步创新；"十大改革"进入全面推进态势，但改革面临更为复杂和艰巨；在经济体制改革深入推进的同时，社会管理和公共服务创新面临新课题，而结构转型纵深推进的同时，民生发展面临新难题。这些都对2012年新区加快发展提出的新要求新任务。

二、2012年滨海新区加快发展的重点及对策

2012年新区面对国内外新形势，实现持续快速发展，选择发展重点和发展对策，力争在带动天津发展、推进京津冀和环渤海区域经济振兴、促进东中西互动和全国经济协调发展中发挥更大作用。①

1. 运用新思路、新举措，持续推进"十大战役"。首先，努力探索功能区开发建设新模式。推动"十大战役"全面攻坚，以此为平台载体，争取有更多的大项目好项目落户新区。"十大战役"各区域要抓住当前战略机遇期和发展黄金期，高标准、高水平、高速度地推进开发建设，要坚持做到推动力度不减、投入强度不减、建设速度不减、质量效益不减，努力做到区域形象、产业实力、

---

① 薄文广，欧阳伟军. 天津滨海新区发展经验及制约因素[J]. 开放导报，2013（4）.

经济效益同步实现新提升。按照项目集中园区、产业集群发展、资源集约利用、功能集成建设的思路，整体布局，统筹推进，加快载体平台建设，形成"十大战役"开发建设的新热潮。其次，必须坚持联动发展。一要管委会与开发平台联动，各有分工，互相合作；二要城区和功能区联动，城区要重点发展社会事业，功能区要重点发展经济，经济建设和社会发展互为支撑；三要政策联动，用好用足用活现有政策优势，争取叠加放大，同时积极争取新的政策支持。第三，强化区域统筹发展。加强区域分工合作。充分发挥各方面优势，加强城区、功能区、国有控股集团相互合作，加强产业功能区与街道合作，通过"十大战役"，促进区域协调发展。通过"十大战役"，夯实基层发展基础，做强做大做优街镇经济。以整合公共资源和提高配置效率为重点，通过"十大战役"充分调动各方面积极性，形成相互依托、协调发展的良好局面。

2. 锐意推进十大改革，实现关键环节、重点领域新突破。全力推进"十大改革"，破解关键环节和重点环节发展难题，保障综合配套改革第二个三年实施计划顺利进行，为打好开发开放攻坚战提供制度保障和动力源泉。2012年，新区综合配套改革试验的主要任务是以"十大改革"为重点和抓手，在重点领域和关键环节上率先取得突破。包括：深化行政管理体制改革、深化行政审批制度改革、深化土地管理体制改革、深化保障性住房制度改革、深化医疗卫生体制改革、深化金融改革创新、深化涉外经济体制改革、深化城乡一体化改革、深化国有企业改革和促进民营经济发展、深化社会管理创新和公共服务改革等。新区要从指导思想到改革内容，以创新为魂，创造新优势，作出新示范，不断破除发展中的体制性障碍，激发各方面加快发展的活力，增强对全国改革创新的示范带动作用，为深入推进十大战役，努力成为深入贯彻落实科学发展观的排头兵提供强大动力和体制机制保障。

3. 以产业结构调整为依托，着力转变经济发展方式。从总体看，滨海新区现有的产业结构与其自身的功能定位及龙头地位仍然不相匹配[1]，2012年，新区必须把握住先行先试的优惠政策以及国际和国内珠三角、长三角地区产业结构调整和优化升级之机，坚持项目集中园区、产业集群发展、资源节约利用、功能集成建设，以产业功能区开发建设为载体平台，按照建设国际一流水平的现代产业体系的目标要求，下大力气搞好产业布局，促进三次产业协调联动发

---

[1] 天津市滨海新区人民政府. 天津市滨海新区 2013 年政府工作报告 [EB/OL]. 滨海新区政务. www.bh.gov.cn, 2012.

展，构筑高端高质高新化的现代产业体系，推动高端产业聚集区建设取得重大突破，促进产业结构优化升级，使产业结构优化升级成为引领和带动区域发展的强力支撑。首先，要继续坚持以大项目好项目为引擎，千方百计推动更多项目落地动建、建成投产，努力形成产业和项目两者间的良性互动，促进新区产业迅速提升到一个新层次。其次，以发展高端制造业为重点，以国际化视角抢占发展制高点，打造国家战略性新兴产业基地。第三，要以发展生产性服务业作为实现产业结构升级的突破口，与制造业融合发展中推动着产业向高级化发展。第四，新区还要提升现代化沿海都市型农业发展。第五，新区要加快构建绿色产业发展体系，建立生态工业体系、绿色服务业体系和现代都市农业体系，在实现产业内部协调发展的同时，实现产业间的协调发展。第六，要坚持自主创新驱动战略，不断提升新区自主创新能力。

4. 积极开展"惠民生"，推进社会转型发展。进一步推进社会管理创新，推动社会转型发展是新区加快发展的重点任务。新区要坚持以科学发展观为指导，大力推进社会领域的改革创新，实现经济与社会协调发展。而"惠民生"是新区社会转型发展的关键。天津市委市政府在 2012 年部署深入开展"调结构、惠民生、上水平"活动，是应对复杂多变的国内外经济形势采取的重要举措。新区要通过"调结构、惠民生、上水平"，进一步形成推动经济社会加快发展的强大合力。要在促进就业创新、提高收入水平、社会保障、住房保障、文化发展、社会管理、环境整治等，使民生工作取得新进展。

5. 全面推进新区城市化进程，完善现代城市发展整体格局。在新的一年，新区要全面推进城市化进程，在建设宜居宜业魅力新城，完善现代城市发展整体格局上取得新进展。坚持高起点规划、高水平设计、高标准建设、高效能管理，大幅度提升区域城市化、城市现代化水平，进一步优化城市发展格局，提升城市功能品质，加快城乡一体化发展。首先，要不断完善城市功能区载体功能，促进区域协调发展。十大战役全面展开，不断深入，新区从重点开发转入全面建设阶段。南港工业区、临港经济区、中心商务区、北塘经济区等区域开发建设，强化了新区内城市功能区功能的提升和完善，也为实现区域协调发展，优化空间布局打下良好的基础。其次，突出循环低碳特色，着力建设宜居生态型新城区。宜居生态型新城区建设是新区完善现代城市发展整体格局的重要措施和目标。按照生态环保的要求，统筹规划园区建设，加大政策扶持力度，建设国家循环经济示范区和低碳试点城市标志区，实现人与环境和经济社会的可持续发展。第三，要加快新区特色城市化步伐，全面实现城乡一体化统筹发展格局。正确选择全面实现城乡一体化发展的路径，深化城乡统筹发展改革，通过产业传动带动优势，创新示范小城镇建设推进机制，破解"三农"难题，成为城乡科学发展、和谐发展、统筹发展的排头兵。

三、2012 年滨海新区经济社会运行特点及成就

2012 年，滨海新区面对复杂困难的发展环境，积极运用科学的策略方法，紧紧围绕国家战略定位，加快推进十大战役、十大改革，坚持稳中求进、稳中求好、稳中求快，全力打好开发开放攻坚战。以转变发展方式为主线，以加快结构调整为主攻方向，以改革创新为动力，迎难而上，经济社会健康平稳运行，实现较快发展。[①]

1. 转型发展加快推进，经济综合实力再上新台阶。2012 年，滨海新区完成生产总值 7205.17 亿元，按可比价格计算，比上年增长 20.1%，有力地支撑了全市经济又好又快发展。从三次产业看，第一产业实现增加值 9.36 亿元，增长 2.9%；第二产业实现增加值 4857.76 亿元，增长 21.9%，其中工业增加值 4622.81 亿元，增长 22.9%，贡献率为 71.7%；第三产业实现增加值 2338.05 亿元，增长 16.1%，其中，金融业快速发展，实现增加值 248.46 亿元，增长 30.5%，贡献率为 4.8%。经济加快转型。三次产业结构由 2011 年的 0.1：68.9：31.0 优化为 2012 年的 0.1：67.4：32.5，第三产业比重提高 1.5 个百分点，服务业对新区经济的作用进一步加强。工业生产稳定增长。2012 年，规模以上工业企业完成工业总产值 14416.75 亿元，同比增长 15.8%。其中，八大优势产业共完成总产值 13715.82 亿元，占全区规模以上工业总产值的 95.1%，拉动新区工业总产值增长 12.8 个百分点。财政收入快速增长。财政总收入 1655.80 亿元，同比增长 20.1%。其中，地方财政收入 1122.60 亿元，增长 22.4%；一般预算收入 731.80 亿元，增长 22.9%，当年增收 136.4 亿元，占全市增收额的 44.7%。投资较快增长。全年完成固定资产投资 4453.30 亿元，同比增长 20.3%。三次产业投资比例为 0.6：33.1：66.3。另外，其他经济指标表现良好。如社会消费品零售总额完成 1015.36 亿元，增长 15.6%；外贸进出口总额累计完成 812.38 亿美元，增长 14.2%；累计合同外资额 142.54 亿美元，同比增长 10.1%。

---

① 天津市滨海新区统计局. 天津滨海新区统计年鉴—2012 [M]. 北京：中国统计出版社，2013.

2. 扎实推进十大战役，功能区开发实现新突破。2012年，是滨海新区实施"十大战役"的第三年。新区坚持以"十大战役"为载体，用新思路、新举措推进"十大战役"再上新水平，使功能区区域形象、产业实力、经济效益同步实现新提升[①]。开发区、保税区、高新区等区域利用已形成的深厚产业基础和品牌效应，加快产业辐射、区域扩张，进一步做精、做大、做强优势和特色产业，努力打造国内具有引领效应、最具活力的产业功能区；临港经济区、中新生态城、中心商务区、东疆保税港区、北塘经济区等区域，紧紧围绕产业发展的主导方向，积极进行产业链招商，形成项目急剧式增长态势，成为新的具备较强实力和影响力、竞争力的产业聚集区和繁荣区；南港工业区、滨海旅游区、轻纺经济区、中心渔港经济区等区域，坚持开发建设和招商引资并重，以最快的速度展现出区域整体形象，并在主要经济指标上实现了较大突破。北方国际航运中心和国际物流中心功能进一步提升，港口功能不断增强，天津港货物吞吐量达到4.7亿吨，相较2006年增长1.8倍；集装箱吞吐量达到1200万标箱，相较2006年实现翻番。2012年十大战役逐步进入潜能释放阶段，功能区开发出现一些新特点。如通过联动发展实现新探索，做到管委会与开发平台、城区和功能区，以及政策联动；区域统筹发展开拓新局面，以整合公共资源和提高配置效率为重点，通过"十大战役"充分调动各方面积极性，形成相互依托、协调发展的良好局面。

3. 深入推进"十大改革"，综合配套改革取得新进展。2012年，新区综合配套改革第二个三年计划实施第二年，是承前启后的关键一年。为落实全市"调结构、惠民生、上水平"活动总体要求，加快转变经济发展方式，以保障和改善民生为重点，推动滨海新区社会经济全面发展，新区实施"十大改革"细化深化综合配套改革，推动"深水区"改革目标的逐步实现。新区进一步完善管理体制、行政审批、土地管理、保障性住房、医疗卫生等五大改革，进一步深化并加快推进金融创新、涉外经济、城乡一体化、国企改革和非公经济发展、社会管理创新等五大改革，充分发挥先行先试的政策优势，形成了新思路，采取了新举措，争取在重点领域和关键环节上取得新突破。新区通过推进行政管理体制改革、转变经济发展方式、完善社会管理模式、加强文教创新，努力消除制约经济社会发展的突出矛盾和体制障碍，为加快推进"十大战役"，打好开

[①] 天津市滨海新区人民政. 经济平稳较快增长，转型发展加快推进——滨海新区 2012 年经济发展综述 [EB/OL]. 滨海新区政务网. www.bh.gov.cn，2013.

发开放攻坚战，努力成为深入贯彻落实科学发展观的排头兵，提供动力活力和体制机制保障，为全国发展改革提供经验和示范。通过金融、土地等经济领域的改革进一步夯实了示范带动发展的基础；通过行政管理与审批制度改革进一步完善了高效能政府运行机制；通过社会管理和公共服务体制改革进一步加强了和谐新区建设；通过文化教育科技体制改革进一步提升了新区发展内涵。例如，探索实施用地预审、征转用地报批、农民自行开发耕地等改革措施，扩大用地指标"增减挂钩"试点，完善土地集中交易制度，加大闲置土地处置力度，保证重大项目用地需求。滨海高新区被批准为全国非上市公司场外交易市场首批扩容试点。融资租赁由飞机、船舶拓展到动车组、地铁车辆等领域。意愿结汇和离岸金融在东疆保税港区和中新天津生态城实现了双向拓展。航运物流企业免征营业税、融资租赁货物出口退税等政策试点实现突破，转口贸易快速发展。综合配套改革为新区发展提供动力活力和体制机制保障的作用正在日益显现。

4. 持续改善城乡面貌，城市载体功能得到新提升。2012年，新区坚持规划提升、城市建设、环境保护同步推进，继续加快宜居生态城区建设，着力打造宜居生态新城区，力争创建国家园林城市。启动了新一轮城市总体规划修编，实现了核心城区城市设计全覆盖；实施了一系列重大基础设施项目，城市配套设施不断优化；加强了城市环境综合治理，改善市容环境，生态环境建设取得新成就。新区启动修编城市总体规划，全面提升分区规划、专项规划、重点区域规划和标志性建筑规划。加大基础设施投入，城市载体功能得到进一步提升。2012年新区投资930亿元，实施了135个重大基础设施项目，海运、空运、铁路、公路等立体交通网络进一步完善，城市配套设施建设不断优化。尤其是，天津港和天津滨海国际机场重大项目的实施和加快建设，进一步提升新区海空港功能；继续推进对外、双城、区内三个层面大交通体系建设，建设公交优先的城市交通模式和客货分离的集疏运模式，促进各种交通方式无缝衔接，有效转换；水电气热等城市配套设施进一步得到完善。2012年新区还全面加强了生态环境建设，城乡面貌持续改善。全方位加强了环境监管、监察和治理；扎实推进创建国家环保模范城工作；建成的数字化城市管理信息系统将城市管理触角和职能延伸至街道和社区，逐步成为新区综合管理服务平台等，新区面貌不断改善。

5. 全力发展社会事业，人民生活水平得到新提高。2012年新区坚持统筹兼顾，更加注重保障民生，更加注重社会建设，促进了区域均衡协调发展。全面落实 20 项民心工程。民生领域支出达 766 亿元，占财政支出的 82%。就业促进成效显著，全年新增就业 11 万人，城镇登记失业率控制在 3%以内，被国家授予"全国创业先进城区"。社会保障体系不断完善，参保人数稳步增长，参保结构稳步改善，保障水平稳步提高。社会服务水平进一步改善。启动新区第一、第二、第三社会福利院建设，新建老年照料中心 14 个；建成社区服务中心 5 个和社区服务站 23 个，社会组织服务管理中心投入使用。进一步加强新区教育设施建设，聚集优质教育资源。2012 年，新建、改扩建学校和幼儿园 27 所，南开中学滨海生态城学校启动建设；义务教育学校全部通过市现代化达标验收；引进北京东方剑桥幼教集团等名优教育资源等。医疗卫生设施进一步改善。空港国际医院、天津医科大学中新生态城医院开工建设，大港油田总医院迁建工程、开发区西区医院等项目主体完工，第五中心医院、港口医院和安定医院的新建工程投入使用。新建和提升了 105 个文化站、104 个文化广场、86 个农家书屋，举办了上千场各类文化活动，新区文化事业不断发展。

参考文献：

[1] 天津市滨海新区人民政府. 滨海新区年鉴—2011 [M]. 天津：天津社会科学院出版社，2012.

[2] 易志云等. 发挥滨海新区功能作用 促进港口腹地经济协调发展[J]. 环渤海经济瞭望，2012（6）.

[3] 天津市滨海新区人民政府. 天津市滨海新区 2012 年政府工作报告[EB/OL]. 滨海新区政务网. www.bh.gov.cn，2012.

[4] 张高丽. 进一步加快滨海新区开发开放 为把天津建设成为国际港口城市北方经济中心和生态城市而奋斗[N]. 天津日报，2012-5-28.

[5] 天津市滨海新区人民政府. 滨海新区年鉴—2012 [M]. 天津：天津社会科学院出版社，2013.

[6] 天津市滨海新区统计局. 天津滨海新区统计年鉴—2011 [M]. 天津：中国统计出版社，2012.

[7] 张玉庆. 天津滨海新区经济发展研究报告（2013）[J]，求知. 2013（1）.

[8] 李燕等. 天津滨海新区制造业发展研究报告[J]，求知. 2012（8）.

[9] 2011 年天津市国民经济和社会发展统计公报[N]. 天津日报，2012-3-19.

[10] 李家祥，肖雅楠. 天津滨海新区参与环渤海区域合作的思考[J]. 天津师范大学学报（社科版），2013（1）.

[11] 薄文广，欧阳伟军. 天津滨海新区发展经验及制约因素[J]. 开放导报，2013（4）.

[12] 天津市滨海新区人民政府. 天津市滨海新区 2013 年政府工作报告[EB/OL]. 滨海新区政务. www.bh.gov.cn，2012.

[13] 天津市滨海新区统计局，天津滨海新区统计年鉴—2012 [M]. 北京：中国统计出版社，2013.

[14] 天津市统计局. 2012 年天津市国民经济和社会发展统计公报[N]. 天津日报，2013-4-7.

[15] 天津市滨海新区人民政府. 经济平稳较快增长，转型发展加快推进——滨海新区 2012 年经济发展综述 [EB/OL]. 滨海新区政务网. www.bh.gov.cn，2013.

第三章　滨海新区"十大战役"

第一节　"十大战役"开发进展

一、"十大战役"提出的背景

滨海新区是继上海浦东新区之后全国第二个综合配套改革试验区，也是继深圳经济特区、上海浦东新区之后第三个全国区域经济增长极，所承担的历史使命，是要全面实现国家对新区的功能定位，全力打好滨海新区开发开放攻坚战，努力成为贯彻落实科学发展观的排头兵。

滨海新区被纳入国家发展战略迎来了前所未有的发展机遇，而面对加快转变经济发展方式，调整产业结构的紧迫需求以及体制机制落后、政策缺位、资源短缺、环境容量有限等瓶颈制约，在深圳特区、浦东新区等国内先进地区正在推动新一轮的改革发展，中部崛起、江苏沿海地区发展、横琴开发、辽宁沿海经济带发展等国家层面推动的区域战略与规划布局全面推开的大背景下，特别是自 2008 年美国金融风暴演变成全球经济危机之后，面对复杂多变的国内外经济环境，滨海新区领导按照天津市委市政府打好滨海新区开发开放攻坚战的总体要求，按照天津市委构筑"三个高地"、打好"五个攻坚战"的重大部署，紧紧围绕《天津市空间发展战略规划》确定的"双城双港、相向拓展、一轴两带、南北生态"的城市发展总体战略，以及滨海新区"一核双港、九区支撑、龙头带动"的总体布局，在深入分析国内外经济形势和产业发展趋势基础上，经过深入调查，反复论证，充分研究，在九大功能区选取十个最具发展潜力的区域，即南港区域、临港经济区、核心城区、中心商务区、东疆保税港区、中新天津生态城、滨海旅游区、北塘经济区、西部区域、中心渔港经济区，采取战时模式，全力推进开发建设，做出全力打好滨海新区"十大战役"攻坚战的重大决策。2009年8月12日，滨海新区举行新闻发布会，正式宣布：从2009年下半年开始，将全面部署实施"十大战役"。2010年，"十大战役"被写入滨海新区第一届党代会报告，如图3-1所示。

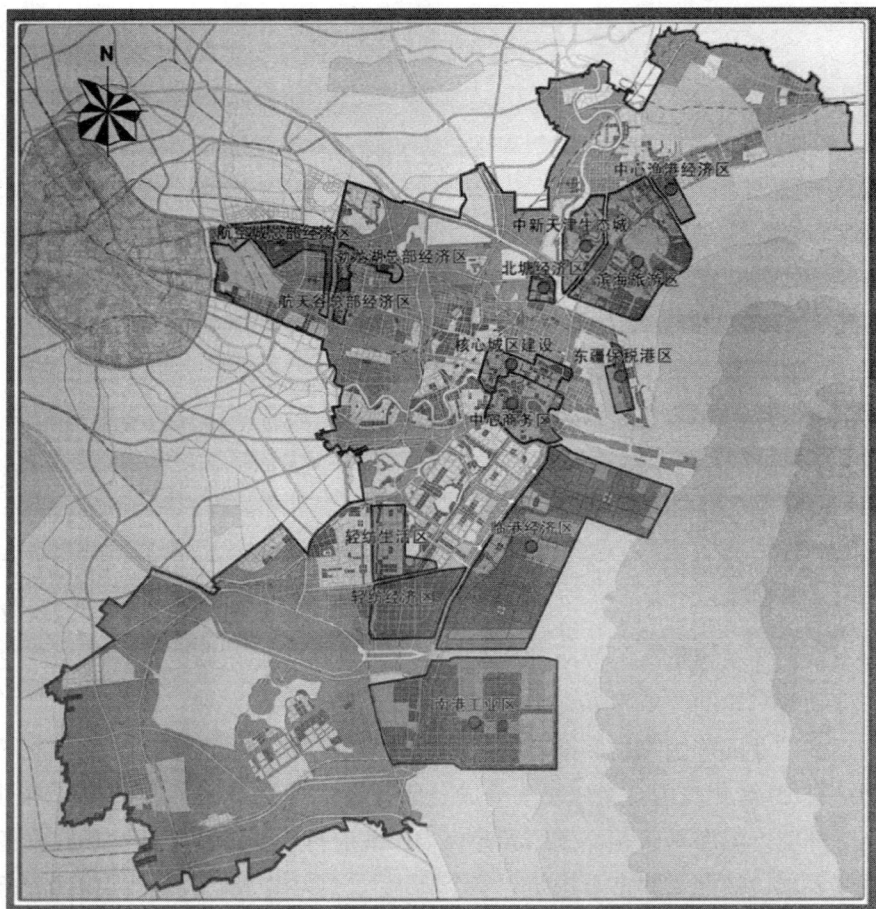

图 3-1 滨海新区"十大战役"示意图

资料来源：百度百科：滨海新区"十大战役". baike.baidu.com/searchword/?pic=1&w，2013-3-26。

根据区域经济理论，区域经济发展来源于少数几个"变革中心点"，这些"核心点"通过聚集效应并逐渐向外围扩散，最终形成多个核心区并联接成一体，"十大战役"正是能够带来这种效应的"核心点"。在"十二五"期间，滨海新区所处发展阶段和发展特点决定其开发模式的重要特征是高端集聚效应强于扩散效应。从国际分工、内外联动的视角，滨海新区未来发展路径应是"一体多元"。在宏观区域格局中，滨海新区作为经济增长极是一个由多元组成的有机整体，滨海新区在区域经济协调发展中的地位作用要求新区内部功能载体、发展战略、政策信息等方面实现一体化，同时，各功能区实现多元化发展，以各自的优势和特点，形成各具特色的经济功能体和服务区域经济的重要载体。通过"一体多元"模式，实现动态相辅和动态相乘效果，即实现资源共享和现有资源发挥更大作用的效果。

"十大战役"意义重大深远，将直接决定滨海新区未来的发展方向，决定滨海新区的发展速度、发展质量和发展水平，成为全力打好滨海新区开发开放攻坚战的载体平台，使新区从重点开发转入全面建设阶段。

二、"十大战役"开发建设的具体内涵

"十大战役"遍及整个滨海新区 2270 平方公里的土地，涉及总投资 1.5 万亿人民币。"十大战役"的主要内涵包括：

1. 战役一：南港区域建设

南港区域包括南港工业区、轻纺工业园、南港生活区。南港工业区规划总面积 200 平方公里，其中陆域面积 162 平方公里。轻纺工业园，规划面积 26 平方公里。南港生活区，规划面积 30 平方公里。南港区域将打造世界级重化产业和港口综合功能区。

南港工业区重点发展石化、冶金钢铁、装备制造、港口物流 4 大主导功能，同时互补发展海洋产业、新能源、环保产业。南港工业区规划发展成为石油化工、装备制造、钢铁冶金、港口物流、新能源新材料等产业门类高度集聚的综合性工业园区。同时，建立南港工业区内部物质与能量的循环关联系统，形成"资源—产品—再生资源"的循环经济流程，节约资源能源，努力降低能耗，重点产品能耗总体达到或接近 21 世纪国际先进水平。

轻纺工业园，主要承接石化中下游产业，建设大批错落有致的标准厂房，既可为产业发展提供载体，又能实现石化项目与生活区的有效隔离。

南港生活区，目的是为南港工业区和轻纺工业园提供配套，同时实现建设资金平衡。

开发建设南港工业区对天津而言,一是可以拓展与整合建港资源,挖掘港口经济的优势,对巩固天津北方地区现代制造业基地地位意义重大。二是缓解北港区与滨海新城的港城矛盾,支撑"双城"战略。三是打造北方参与国际化工业竞争的新基地,使之成为天津"十二五"期间最大的经济增长点之一。对区域而言,带动形成南港工业区——大港——静海——河北乃至中西部的新发展廊道,打破"京滨"单一廊道集聚现状,拓展滨海新区的辐射带动效应。[①]

2. 战役二:临港经济区建设

临港工业区规划面积 190 平方公里,空间布局为"一带三区",其中重型装备区 140 平方公里,港口物流加工区 20 平方公里,综合服务区 20 平方公里。

临港工业区的定位是"我国北方以重型装备制造为主导的生态型工业区"。按照功能定位,临港工业区将进一步完善交通体系,使南北交通更为便捷,配套设施更加完善,生态系统更加优化。临港工业区的目标是进一步完善基础设施,督促签约项目早开工,引进一批新项目,尽快建成中国北方高水平的重型装备制造业基地。

3. 战役三:核心城区建设

核心城区包括塘沽城区及开发区生活区,规划占地面积 53 平方公里。核心城区建设的重点是:全力打造现代、精致、大气、洋气、亮丽、繁华、完善的社会文化设施、和谐文明的生活环境和改革开放前沿特色的核心城区新形象。

开展大规模、高水平的市容环境综合整治,加快核心区市容环境建设,对于完善城市载体功能,改善发展环境和投资服务环境,吸引更多的人流、资金流和信息流,为百姓创造干净、美丽、舒适的生产、生活条件,具有十分重要的意义。

4. 战役四:中心商务区建设

响螺湾商务区占地面积 1.1 平方公里,总建筑面积 367 万平方米,投资单位 35 家,投资建设 38 个项目,项目占地面积 62.46 万平方米,总投资约 300 亿元。于家堡金融区区域规划面积 3.86 平方公里,建筑面积 950 万平方米,起步区规划面积 1 平方公里,建筑面积 300 万平方米,其中起步区一期规划占地面积 15 万平方米,建筑面积 120 万平方米。

响螺湾商务区重点建设外省市、央企驻滨海新区的办事机构、集团总部和

---

① 张泽伟,孙洪磊. 南港工业区:滩涂上崛起重化产业基地 [N]. 经济参考报,2013.

研发中心，主要功能是商务办公、宾馆酒店、公寓、商业等。于家堡金融区重点建设成为金融机构、金融市场、金融创新中心、金融信息中心及金融配套服务中心。

中心商务区的开发建设，将进一步加大招商引资和投融资力度，尽快聚集一批有带动效应的总部机构、金融机构，让中心商务区成为高端产业的聚集区和展示滨海新区核心区城市形象的标志区。[①]成为天津市乃至环渤海地区规模最大、高楼最集中的商务聚集区。

5. 战役五：东疆保税港区建设

东疆保税港区位于滨海新区最东端，天津港港区的东北部，2006 年 8 月 31 日经国务院批复正式成立，规划面积 10 平方公里，一期封关 4 平方公里。按照规划，东疆港区分为码头作业区、物流加工区、港口综合配套服务区，具备集装箱码头装卸、集装箱物流加工、商务贸易、生活居住、休闲旅游"五大功能"。

东疆保税港区将成为北方国际航运中心和国际物流中心，滨海新区实施综合配套改革的先行先试区，中国第一个自由贸易港区，中国新一轮开发开放的重要标志区。东疆保税港区将建成规划科学、功能完备、设施先进、政策宽松、监管有效、服务便捷、环境优美的现代化"港城"。

建设东疆保税港区是进一步发挥滨海新区临海优势和港口优势，加快中国北方国际航运中心和国际物流中心建设，在更高层次、更宽领域发挥新区服务、辐射和带动作用的重大举措。[②]

6. 战役六：中新天津生态城建设

中新天津生态城位于滨海新区范围内，毗邻天津经济技术开发区、天津港、滨海旅游区，地处塘沽区、汉沽区之间，总面积 30 平方公里，规划居住人口 35 万。中新天津生态城是中新两国政府间继苏州工业园后又一重大合作项目。

未来中新天津生态城将形成"一轴三心四片"的空间布局、"一岛三水六廊"的生态布局、"一谷两园四堤"的景观布局、"一带三园四心"的产业布局。生态城将自西至东开展生态建设，由南向北进行城市建设。生态城力争用 3 年时间基本建成起步区，10 年左右时间完成生态城整体的开发建设。

按照发展定位，生态城将建设成为综合性的生态环保、节能减排、绿色建筑、循环经济等技术创新和应用推广的平台，国家级生态环保培训推广中心，

---

① 龙飞. 天津市塘沽区中心商务区开发建设全面提速 [EB/OL]. 人民网天津视窗. www.022net.com, 2009.
② 陈璠. 滨海新区特别报道，十大战役 NO.3，东疆保税港区 [N]. 天津日报. 2009-9-10.

现代高科技生态型产业基地，参与国际生态环境建设的交流展示窗口，"资源节约型、环境友好型"的宜居示范新城。努力实现人与人、人与经济活动、人与环境和谐共存，为中国乃至世界城市的可持续发展提供样板和典范。[①]中新天津生态城将成为展示滨海新区"经济繁荣、社会和谐、环境优美的宜居生态型新城区"的重要载体和形象标志。

7. 战役七：滨海旅游区建设

天津滨海旅游区位于滨海新区北部生活片区，规划面积100平方公里(其中陆域25平方公里，海域75平方公里)。

在滨海新区"十大战役"中，提出加快滨海旅游区建设，做足临京、临海的文章，实现休闲旅游、商务和现代工业游齐头并进。吸引众多旅游类项目，这些项目包括各类主题公园、旅游地产、休闲总部、游艇产业等。滨海旅游区规划形成主题公园游、生态湿地游、黄金海岸休闲游、游艇度假游、海上观光游、高尔夫休闲运动等主要游线，与周边生态城、七里海、中心渔港、北塘、汉沽休闲农业园等主要景区景点形成连续一体的旅游线路。努力将滨海旅游区建设成为以世界级主题公园、游艇基地、海上休闲总部为核心的，京津共享的生态宜居海洋新城。

滨海旅游区是滨海新区唯一以旅游为主导的城区，它的建成必将带动天津旅游业和第三产业的发展，成为天津旅游业和现代服务业的新亮点。[②]

8. 战役八：北塘经济区建设

该项目总占地面积为13.1平方公里，北塘片区规划建设北塘国际会议产业区、中小企业总部区、北塘小镇、还迁生活区、北塘特色旅游区等五大功能区。国际会议产业区规划总用地250公顷，建成能够承办诸如达沃斯等高端论坛的滨海新区国际会议中心区域。北塘小镇区规划总用地约65公顷，通过炮台、兵营、名人故居、纪念堂等，展现历史文化，突出历史文化特色挖掘、整理、组织民俗活动，展示传统民风和渔业风情。中小企业总部及综合配套区的建筑形式以低层、中小规模为主，以"低强高密"的布局手法形塑类似五大道的城市街区特色。还迁生活区拆迁居民的集中安置区及应对未来服务人口增长的城市生活区，规划总用地约87公顷，建筑体量以多、高层为主。特色旅游区海鲜码头将作为特色旅游的重头戏，以海鲜特色餐饮为主，并建一批酒店、娱乐等

---

① 孙刚. 滨海新区特别报道，十大战役NO.8，中新生态城 [N]. 天津日报，2009—9—10.
② 陈璠. 滨海新区特别报道，十大战役NO.10，滨海旅游区 [N]. 天津日报，2009—9—10.

辅助设施。将打造具有中国北方传统小镇特色的集会议论坛、旅游度假、购物休闲、餐饮娱乐于一体的新型服务产业聚集区、小企业总部聚集区和生态宜居新城区。

9. 战役九：西部区域建设

西部区域建设包括开发区西区、滨海高新区和空港加工区的建设，形成几百万平方米的总部经济区和生活服务区。

开发区西区作为滨海新区现代制造业产业区的重要组成部分和天津开发区的有机延伸，致力打造成为"国内领先、国际一流"的现代化、生态型的工业园区。

保税区空港加工区建设成为产业聚集、功能复合、生态宜居、充满活力的临空综合经济功能区。

渤龙湖总部经济区将以渤龙湖区优美的滨水景观为依托，规划总部基地、生态居住、商业商务和公益性公共设施等功能区，以形成总部机构汇聚、公共设施完善、生态景观和谐的滨海新区活力地带。

10. 战役十：中心渔港经济区建设

中心渔港项目位于汉沽区营城镇高家堡村旧址，规划面积18平方公里，规划为"一港一城"，陆域"一城"规划面积10平方公里，主要为产业区和居住区，海域"一港"规划面积8平方公里，分为作业港区和休闲港湾区。

北方水产品加工集散中心。以立足京津、辐射西北为目标，依托中心渔港海陆联运和后方陆域园区配套优势，构建从冷藏船舶入港到消费终端的一体化物流供应链，引进战略性合作伙伴，搭建水产品物流平台。

北方游艇产业中心。该中心充分利用休闲港湾区1000个游艇泊位，为游艇下水、试航、停泊和运输提供必要水域条件，培育辐射京、津、冀的游艇消费市场，形成游艇制造、游艇会展、游艇俱乐部三大产业并举发展的游艇产业集群。

"2+4"的产业体系。中心渔港项目紧紧围绕"两个中心"的产业定位，通过开展适应多批次、小批量要求的冷链物流和清洁物流业务，大力发展"港口物流业"，带动"旅游地产业"，发展"企业会所业"以及游艇培训和4S店第三产业，全面构筑"2+4"产业体系。

中心渔港项目紧紧围绕"北方水产品加工集散中心"和"北方游艇产业中心"产业定位，将其建设发展成为一个以水产品加工集散、游艇产业为主，港口物流和休闲旅游相关产业竞相发展的现代化主题经济区。打造我国北方水产品加工物流中心和游艇产业发展基地。

中心渔港将建成环渤海地区最大的集海产品集散加工、渔业研发制造、休闲旅游于一体的现代化"渔港新城"，每年可为百姓餐桌提供超过 4 万吨海鲜，并成为滨海新区的又一特色旅游景区。

三、"十大战役"开发建设的进展

"十大战役"实施以来，新区始终坚持科学的策略方法，从客观条件和实际情况出发，精心寻找切入点和突破口，科学把握开发建设的节奏和时序，将有限的建设资金、土地资源和各类生产要素用于关键处，努力实现资源利用效率的最大化。坚持积极平衡、动态平衡，创新资本运作方式，建立了资金"借、用、管、还"的良性循环机制，实现了资产与资本相互转换的良性互动。充分发挥"启动器"的吸附作用。按照项目集中园区、产业集群发展、资源集约利用、功能集成建设的思路整体布局，坚持建设与招商同步、功能与产业融合，科学统筹推进"十大战役"，虽然"十大战役"中各功能区的基础和发展速度不一样，但由于新区掌握了这些科学的思想方法和工作方法，定位明确、思路清晰，各功能区在整个滨海新区的阶段性攻坚战中形成合力，保证了"十大战役"大规模开发建设的顺利推进，新区从重点开发转入全面建设阶段，形成谋划启动一片、开发建设一片、收益见效一片的生动局面。

2011 年，面对国际需求减弱、内需不畅等严峻复杂的经济形势，"十大战役"总投资 2300 亿元，占全年总投资的 63%，功能区开发取得新进展。2012年，面对风险上升、预期不稳的复杂困难发展环境，滨海新区紧紧围绕国家战略定位，加快推进十大战役，形成了功能区开发与优势产业集聚、产业布局优化同步提升的良好态势，如表 3-1 所示。

表 3-1 "十大战役"开发建设的进展情况

	2011 年	2012 年
南港工业区	项目用地达到 60 平方公里，建成 2 个 5000 吨级通用码头，南港港区开港试通航，中石油储备库等 4 个项目竣工。轻纺经济区，完成起步区开发，二期 19 平方公里基础设施全面启动，华恒包装等 6 家企业投产。	累计整理项目用地 70 平方公里，6 个通用泊位投入使用，中石化液化天然气、壳牌润滑油等 16 个项目开工建设。轻纺经济区，二期基础设施建设全面加快，中矿、罗莱家纺等项目顺利推进，入驻企业共计 222 家。

	2011 年	2012 年
临港经济区	新增造陆 23 平方公里，10 万吨级航道通航，中粮佳悦、北方重装基地竣工投产。	累计完成造陆 111 平方公里，港区吞吐量 1800 万吨，京粮、金天源食品科技等 18 个项目竣工投产，太重二期、春金棕榈油等 11 个项目开工建设。
核心城区	城市环境不断优化，开发区现代服务产业区核心区主体建设基本完成，服务外包基地二期工程开始实施；海洋高新区产业载体功能进一步增强。	城市环境不断优化，泰达 MSD 核心区建成投入使用，9 个金融机构总部和大型商贸类项目入驻，服务外包园二期、周大福滨海中心加快建设；塘沽海洋高新区、北方黄金珠宝基地一期、滨海信息安全产业园运营中心主体完工，智造创意产业园、华油研发制造中心等项目加快建设。
中心商务区	响螺湾 20 栋商务楼宇主体封顶，5 栋竣工，五矿大厦投入运营；于家堡"9+3"项目进展顺利，铁狮门金融广场、罗斯洛克金融中心等项目开工建设。	响螺湾 10 栋楼宇建成使用，20 栋主体封顶；于家堡铁狮门金融广场、罗斯洛克金融中心加快建设，7 栋楼宇主体封顶；滨海商业中心基础设施启动建设。
中新天津生态城	完成南部片区基础设施建设，国家动漫产业综合示范园一期投入使用，影视园、科技园、产业园和信息园全面启动。	起步区基本建成，商业街、中小学、幼儿园等公建配套设施投入使用；国家动漫园二期、国家三维影视园、科技园、产业园加快建设，引进通用新概念汽车、博纳影业等优质项目，注册企业累计超过 800 家。
东疆保税港区	实现整体成陆，二期具备封关条件，金融贸易服务中心加快建设。	实现二期封关运作，新注册企业 386 家，国际商品展销中心开业，奔驰汽车加工中心等项目竣工投产。
滨海旅游区	完成 16.4 平方公里土地吹填，启动器项目基本建成，天津世博馆竣工，名远文化商业城等项目加速实施。	5 平方公里基础设施基本建成，欢乐海魔方、渤海监视监测基地等 18 个项目开工建设，世界最高的妈祖圣像落成，航母主题公园改造全面提速，新增注册企业 115 家。
西部区域	开发区西区完成 35 平方公里土地整理；渤龙湖总部经济区新开工面积 80 万平方米；空港经济区天保商务园落成，40 家企业总部和研发设计机构入驻。	开发区西区基本摆满项目，长城汽车一期、鸿富锦基地等重大项目建成投产，大众变速箱、三星电子等重大项目开工建设；空港经济区空客二期、欧洲直升机项目成功签约，GE 医疗、赫氏航空复合材料、央视未来电视等项目落户，麦格纳、瑞士百超等项目竣工投产；滨海高新区未来科技城基础设施建设步伐加快，神舟飞行器、富通光纤预制棒等一批项目建成投产，在建项目 95 个，16 个央企研发及产业化项目签约落户。

	2011 年	2012 年
北塘经济区	企业总部基地一期基本建成，北塘古镇风貌初步显现。	总部企业基地一期全面竣工，北塘古镇投入运营，中银征信、万达信息北方总部相继落户，注册企业累计达到 230 家。
中心渔港	水产城等项目开工建设，鲤鱼门酒店正式开业，示范冷库、5000 吨级码头投入运营。	冷链物流项目 24 个，远洋捕捞、冷藏、加工、交易产业链初步形成，游艇产业稳步发展。

资料来源：根据天津市滨海新区人民政府：《2012 年天津滨海新区年鉴》，天津社会科学出版社 2012 年版和《2013 年天津滨海新区政府工作报告》整理而得。

第二节　"十大战役"效应分析

"十大战役"在滨海新区发挥了举足轻重的作用，滨海新区 85%以上的经济增长点在"十大战役"之中。"十大战役"全面优化了新区资源配置，聚集了竞争优势，充分释放了发展潜能，成为新区实现又好又快发展的强力支撑。

一、"十大战役"全面拉动经济增长

国民经济"三驾马车"即投资、消费和出口是拉动经济增长的最主要力量，"十大战役"的全面打响，极大地促进新区"三驾马车"的快速推进。面对国内外复杂困难的发展环境，新区在"十大战役"带动下，综合实力大幅提升，发展活力显著增强，各项主要经济指标保持快速增长。2012 年，新区生产总值达到 7200 亿元，比上年增长 20%，其中，工业增加值 4750 亿元，增长 21%。财政总收入 1655 亿元，增长 20%；地方财政收入 1123 亿元，增长 22.4%；一般预算收入 730 亿元，增长 22.6%。全社会固定资产投资 4450 亿元，增长 20%。社会消费品零售总额 1015 亿元，增长 15%。外贸进出口总额 818 亿美元，增长 15%，其中出口 310 亿美元，增长 12%。实际利用外资 98 亿美元，增长 15%。实际利用内资 604 亿元，增长 32%。城市居民人均可支配收入增长 12%；农村居民人均可支配收入增长 13%。万元生产总值能耗下降 4.1%，各项减排指标完成天津市下达的目标任务。[①]

---

① 宗国英. 2013 年天津滨海新区政府工作报告 [EB/OL]. 人民网. www.022net.com，2013.

二、"十大战役"加快推进产业结构调整

当前，滨海新区第二产业仍占主导地位，第三产业比重相对偏低，这就需要在未来的发展中，不断加大第三产业推进力度，同时坚持第二产业不放松，两大产业全面推进。要在高端产业的构建上，重点探索和引进低碳经济、循环经济，努力向高端制造业进军。通过"十大战役"，加快提升现代产业结构和产业能级，除了将加快航空航天、装备制造等现代制造业的发展外，还将重点加快发展现代金融、航运、旅游会展、文化创意、商贸物流、服务外包等高端服务业，聚集引进各种类型的总部企业，尽快提高滨海新区第三产业的比重，形成先进制造业与现代服务业良性互动的现代产业体系。一方面，南港工业区、临港工业区聚集一大批规模大、带动性强、技术水平高、影响长远的关键项目，高水平的现代制造业基地正在滨海新区初步形成。另一方面，响螺湾和于家堡中心商务区、中新生态城、滨海旅游区充分发挥自身优势，进一步提升生产性服务业和高端服务业的层次和水平，下大力量发展新型消费性服务业。此外，西部片区中的渤龙湖总部经济区重点发展以生物技术、高端信息制造与绿色能源产业为主导的高新技术企业总部、总部级研发机构及现代服务业，成为打造高新技术产业的聚集地和示范区。

新区八大支柱产业基本上都包括在"十大战役"之中，2012年，新区航空航天、石油石化、汽车及装备制造、电子信息、新能源新材料等八大优势产业实现总产值12670亿元。[①]其中，汽车及装备制造业规模突破4000亿元，石油化工突破3000亿元，电子信息突破2000亿元，粮油食品突破1000亿元；航空航天、新能源新材料、生物医药等战略性新兴产业加速成长，总产值突破1100亿元。实施了334个重大服务业项目，10个服务业聚集区快速发展。全年旅游接待量1500万人次，实现旅游综合收入100亿元。福丰达、兆讯传媒被评为国家文化产业示范基地。成功举办了第三届中国国际文化创意展交会、第三届滨海生态城市论坛及博览会、中国国际石化大会等56个大型展会。[②]

通过打"十大战役"，促进了新区经济发展方式的加速转变，战略性新兴产业、现代服务业呈现前所未有的发展态势，有效破解了新区发展中的结构性短板问题。

---

① 宗国英. 2013年天津滨海新区政府工作报告 [EB/OL]. 人民网. www.022net.com，2013.
② 宗国英. 2013年天津滨海新区政府工作报告 [EB/OL]. 人民网. www.022net.com，2013.

三、"十大战役"集中了新区主要的重大工业项目

滨海新区大项目发展迅速,一批新的大项目好项目落户,像已经建成投产的中石化大炼油大乙烯项目、空客 A320 总装项目、和谐号大功率机车项目等等,2012 年,新区建成中际装备、钜宝电子、西子电梯等 71 个工业重大项目,开工建设了久益环球采矿机械、联合利华等 126 个项目。这些大项目好项目为支撑新区发展提供了强大动力。

四、"十大战役"吸引众多国内外知名企业投资

招商引资是贯穿"十大战役"始终的生命线,众多国内外知名企业投资"十大战役",足以说明"十大战役"的生命力和发展前途。目前,美国古德里奇、CSC、PPG 航空涂料、法国泰雷兹、加拿大铝业、法国阿尔斯通、中航直升机企业在西部片区投资;中国国家动漫产业综合示范园、新加坡腾飞集团、瑞典恩华特集团和一批创业型基金项目和企业落户生态城;中船重工、铁道部机车修造基地、中海油工程、中核集团、中粮油、京粮油、印尼金光棕榈油、LG 等项目在临港工业区投资建厂。2012 年,新引进卡梅隆佩斯集团、搜狐视频、华夏人寿等 37 个总部项目,总部企业超过 200 家。

五、"十大战役"进一步增强自主创新能力

滨海新区结合"十大战役",发挥滨海高新区作为国家首批创新型科技园区的引领作用,同时建设开发区、空港加工区、海洋高新区三个科技园,努力引进技术水平高、投资效益好、辐射作用强的科技型项目,构筑高端产业基地。同时,滨海新区发挥政策和服务优势,积极吸引国内外领军人才落户新区发展,加大科技创新体系和公共技术平台建设,进一步优化服务环境,真正提升自主创新能力,2012 年,实施 44 项重大科技成果产业化攻关,形成了 30 项代表行业制高点的关键技术。新增国家级企业技术中心 2 家、市级企业重点实验室 14 家、市级企业技术中心 13 家、孵化器 9 家。市级以上认定的各类研发中心 235 家。新增科技型中小企业 4363 家、科技小巨人企业 260 家,总数分别达到 11023 家和 526 家。国家高新技术企业 740 家,占天津市的 71%。申请专利 13000 件。中国驰名商标 19 个,天津市著名商标 262 个,市级名牌产品 105 个,参与

制定国家标准、行业标准 10 项。科技创新能力进一步增强。[①]

六、"十大战役"成为建设北方对外开放门户的核心载体

国家要求滨海新区建设成为北方对外开放的门户，而"十大战役"之一的东疆保税港区则是实现这一功能定位的核心载体。2009 年东疆保税港区 4 平方公里封关运作，2010 年东疆保税港区国际邮轮母港建成开港，拥有亚洲规模最大的水运客运码头、两个大型国际邮轮泊位及配套客运站房，使滨海新区成为邮轮经济的新枢纽。2011 年，中国北方国际航运中心核心功能区建设方案获得国务院批准，准许东疆保税港区开展国际船泊登记制度、国际航运税收政策、航运金融业务和租赁业务创新试点。2012 年，实现二期封关运作，新注册企业386 家，国际商品展销中心开业，奔驰汽车加工中心等项目竣工投产。东疆保税港区将逐步成为各类航运要素聚集、服务辐射效应显著、深入参与全球资源配置的中国北方国际航运中心和国际物流中心核心功能区以及综合功能完善的国际航运融资中心。

七、"十大战役"进一步提升内外交通

《天津市空间发展战略规划》提出"双城双港、相向拓展、一轴两带、南北生态"的总体战略。要想真正发挥中心城区和滨海新区核心城区的同城效应，核心就是解决两者之间的交通问题。根据《滨海新区基础设施和环境建设三年规划》，滨海新区将在 3 年内实施 177 项重大工程，构筑区域一体化大交通体系，总投资约 2257 亿元。"十大战役"的实施，将通过天津大道、津滨高速、港城大道等建设工程，以及轨道交通的提升改造以及港口建设，在已有基础上加快在建工程进度，提升项目功能，加快形成双城之间、功能区之间、对外疏港和双港之间的现代化、国际化的高效立体交通体系。

八、"十大战役"促进了生态宜居城区建设

滨海新区不仅要追求经济的高速增长，不仅要打造中国区域经济第三增长极，更要构建一座生态宜居的滨海新城，成为贯彻落实科学发展观的排头兵和示范区。滨海新区核心城区将加强市容环境综合整治，大力推进核心城区绿

[①] 宗国英. 2013 年天津滨海新区政府工作报告 [EB/OL]. 人民网. www.022net.com，2013.

化、美化和亮化工程，全力打造精致、大气、洋气、靓丽、富有现代气息和改革开放前沿特色的核心城区新形象。北塘片区将用5年时间打造成为具有中国北方小镇传统特色的国际会议举办地和知名旅游目的地。中新生态城将建设成为综合性的生态环保、节能减排、绿色建筑、循环经济等技术创新和应用推广的平台，国家级生态环保培训推广中心，现代高科技生态型产业基地，参与国际生态环境建设的交流展示窗口，"资源节约型、环境友好型"的宜居示范新城。开工建设两年多来，已经成为当今世界上最大的生态宜居示范新城。滨海旅游区将充分发挥临京、临海优势，建设成为以主题公园、休闲总部、生态宜居、游艇总会为核心、京津共享的滨海旅游城。

此外，通过打"十大战役"推进了新区体制机制创新，各功能区、各部门都不断创新，"十大战役"不仅是开发建设的良好平台，更是先行先试、创新工作的良好平台。通过"十大战役"，新区培养、锻炼和造就了一批精干的干部队伍，形成团结一致、凝心聚力的创业氛围，为滨海新区成为科学发展排头兵注入强大动力。

第三节　"十大战役"成功经验

"十大战役"从2009年8月份打响之日起，新区始终面对着各种困难、压力和挑战。但新区始终保持着乐观主义精神，用开阔的视野、创新的思路、拼搏的精神去推动、落实每一个具体战役的工作，在实践中积极化解所有困难和难题，[1]积累了很多宝贵经验。

一、领导高度重视与建设者英勇奋战相结合

滨海新区的开发开放被纳入整个国家的发展战略，关系到整个中国未来的发展态势。胡锦涛总书记、温家宝总理亲自到滨海新区参观指导工作，这对滨海新区"十大战役"建设是莫大的鼓励与关怀。天津市委领导曾多次深入"十大战役"建设第一线听取汇报、视察工作，这对滨海新区"十大战役"建设是

---

[1] 李慧莲等. 滨海新区"十二五"迎来腾飞黄金期 [N]. 中国经济时报，2011—8—12.

巨大的鞭策和支持。2010年，滨海新区区委、区政府领导开展走进"十大战役"活动，按照市委"解难题、促转变、上水平"的总体要求，启动"十大战役"现场推动会，逐个战役进行现场解难题、出对策、提要求，这对于"十大战役"建设是极大的帮助与扶持。"十大战役"没有一成不变的固定格式，却有统一的"上水平"的高标准要求，这就是又好又快。"又好又快"是滨海新区新时期的发展基调，也是"促转变"的根本要求。现场推动会让各个战役的建设者们进一步提高了认识。新区建设者们，深感责任重大、使命光荣，更知机遇难得、时间紧迫。他们承担推进国家战略的重任，生逢其时，责无旁贷，始终以一刻也不耽误、一刻也不放松的劲头，坚定不移、毫不动摇地开展工作，向历史和人民交上一份满意的答卷。

二、坚持高水平规划与适时创新相结合

高水平的规划，是关系新区全局和长远发展的一个根本性问题，是一个区域开发的基本依据，是实现科学发展的重要前提。滨海新区"十大战役"总面积约八百多平方公里，这是一个很大的优势。为了使滨海新区潜在的资源优势转变成经济优势，保证各个战役顺利实施，使新区真正成为服务区域发展的增长极，展示出国际性生态宜居城市形象，新区在工作中坚持规划先行，坚持国内领先、世界一流，体现国家级新区标准的先进规划理念，广泛听取各方面意见建议，对新区的总体规划、土地利用规划进行修编。特别是针对控制性详细规划，成立了重点规划提升领导小组，对五十多项重点规划进行系统提升，确保达到高水平。①

"十大战役"的开发开放处处体现出长期性、艰巨性和复杂性，每个战役都不是短时间可以完成的，因此，"十大战役"在开发建设中，始终坚持规划的一致性，政府部门以及建设者们按照已经做出的科学规划推进"十大战役"，没有因为政府换届、领导更迭等原因改变甚至停滞。当然，坚持规划并不是一成不变地按图索骥、僵死静止，而是根据实际情况的变化做出适时的调整，坚持规划原则性和实践策略性的统一。

---

① 李慧莲等. 滨海新区"十二五"迎来腾飞黄金期 [N]. 中国经济时报，2011－8－12.

三、运用科学的策略方法进行融资思路的创新

为打好"十大战役",新区提出坚持先谋后动、动则必成,有所为、有所不为,积极平衡、综合平衡的科学策略方法。坚持先谋后动、动则必成,就是要善于算综合账、动态账、长远账,一旦做出决策,必须勇于担当,用心把握,狠抓落实,真正见到实效。坚持有所为、有所不为,既要尽力而为,又要量力而行。善于审时度势,正确处理好先为与后为、多为与少为、快为与慢为的关系,通过科学合理的配置,能够产生最佳的经济社会效益。坚持积极平衡、综合平衡。经初步测算,"十大战役"在3到5年内,需要总投资1.5万亿人民币,资金的来源、如何平衡这些项目、如何确保投入产出的效益,是亟待解决的难题,也是"十大战役"决战决胜的关键所在。而破解这些难题的钥匙就是强化"平衡理念",即量力而行,适度超前,积极平衡、综合平衡;既能建得起,还能管得起、用得起、还得起,能够使"借用管还"形成良性循环。"十大战役"将产业投资基金、创业投资、外汇管理、离岸金融、企业债权融资等金融试点改革创新与区域开发紧密结合,综合利用银团贷款、企业发债、私募股权融资、建设—转让等灵活多样的形式,使开发建设资金得到全面落实,为企业发展营造良好的投融资环境。既强化负债建设和经营还债意识,又创新资本运作方式,善于寻求资金投入产出的平衡点,资产与资本相互转换的良性转换,保障建设资金链的稳健灵活,使建设与招商实现同步,功能与产业实现融合,打开谋划启动一片、开发建设一片、收益见效一片的战略局面。

2011年中心商务区、滨海旅游区、中心渔港、轻纺经济区投资增速均超过50%。[①]

四、注重区域开发模式的创新

新区的"十大战役"各具特色。西部区域的空港经济区、渤龙湖等,是由开发区、保税区、高新区这些国家级开发区在开发建设,基础条件好、人员力量强、融资有保障;滨海旅游区、北塘经济区、中心渔港、轻纺经济区等大部分区域,基本上都是新开发区域,面对着各种各样的挑战。因此,区域开发最

---

① 李慧莲等. 滨海新区"十二五"迎来腾飞黄金期 [N]. 中国经济时报,2011—8—12.

为关键的是项目的引进，特别是大项目、好项目的引进。①

这些区域开发初期因为外部投资者怕投资有风验，常常持观望态度，企业投资积极性不高，给新区资金周转带来巨大压力。对此，为了打好"十大战役"，新区政府经过认真分析研究，提出必须坚持从"启动器"到"吸附器"的战略思路。以高标准的基础设施建设为先导，以项目引进和建设为关键环节，针对区域开发攻坚时期的特殊环境，需要强有力的启动器，在政策、基础设施、龙头项目、科技研发、文化服务环境等诸多方面形成开发建设的第一推进器。这一启动器的原始动力必须来源于政府的强力投入。形成启动器的最终目的是要将其快速转化为资金与项目的巨大磁场，通过启动器在龙头项目与开发政策等方面的叠加效应，为滨海新区开发开放源源不断地吸附更多的大项目好项目提供平台和载体，创造有利于战事发展的磁场，形成项目与资金的"吸附器"，牢牢掌握战役决胜的主动权，使项目快速聚集，区域开发进入良性循环。

五、坚持综合统筹与自主开发相结合

滨海新区"十大战役"是一个有机的整体，要想赢得最终的全面胜利必须要有统一的指挥和调度；同时，"十大战役"的每个战场又是一个相对独立的工程，必须给建设者一定的自由度和决策权，才能调动他们的积极性和能动性，加快战役的全面推进。

为了打好"十大战役"，新区提出"指挥部+管委会+平台公司"三位一体的战时模式，指挥部为统筹决策中枢，管委会承担综合服务功能，开发公司为战役主力，三位一体的运作模式成为全新的滨海新区区域开发模式。首先，"十大战役"是滨海新区开发开放不可分割的组成部分。无论从产业结构还是功能定位，都是为滨海新区整体推进服务的。在滨海新区一盘棋的要求下，为了避免盲目上项目、内部哄抢资源、建设重复浪费的现象，政府部门统一调配人员、资金、设备、项目等生产资源，达到生产资料的优化配置。其次，因为"十大战役"的每个战役都有特殊性，而这些具体情况只有一线的建设者才会最为熟知。因此，新区在统一指挥领导下，给具体建设者充分的信任和权力，发挥建设者的聪明才智，共同为"十大战役"的全面胜利献计献策。

三位一体"战时模式"，最大程度保障了发展战略统一部署，最大程度体

---

① 李慧莲等. 滨海新区"十二五"迎来腾飞黄金期 [N]. 中国经济时报，2011—8—12.

现了组织架构精简高效，确保了开发政策举措精确执行，保证了开发资源与要素的快速有效配置，实现了滨海速度、滨海质量与滨海效益，实现了统一指挥、高效运转、强力推进的工作机制，为全程优质"保姆式"服务与各类项目的顺利落地、建设和投产提供了坚强保障。

截至目前，"十大战役"以其独具的创新价值在国内区域开发中产生示范价值，并为其他区域提供经验。它形成的区域开发建设新模式，有利于探索新形势下深化改革开放的新思路，也有利于为其他区域提升国际竞争力、打造世界级城市群提供有益的借鉴。"十大战役"的实施将为我国推进区域开发建设、发挥经济中心的带动和辐射作用创造宝贵的经验，探索新时期区域发展的新模式。

第四节　加快推进"十大战役"的新思路、新举措

"十大战役"的建设水平和推进速度，决定新区开发开放水平的高低，决定新区经济实力的强弱，决定新区实现排头兵目标的快慢。当前，"十大战役"厚积薄发的效果开始显现，已进入潜能释放阶段。新区要坚持以"十大战役"为载体，推动开发建设再上新水平。

一、努力探索具有滨海特点的功能区开发建设新模式

随着国家推进区域协调发展的力度不断加大，国内很多区域的发展都已相继上升为国家战略。滨海新区作为重要的国家发展战略之一，"前有标兵、后有追兵"，必须保持清醒头脑，持之以恒地推动"十大战役"全面攻坚，以此为平台载体，争取有更多的大项目好项目落户新区。"十大战役"各区域要抓住当前战略机遇期和发展黄金期，高标准、高水平、高速度地推进开发建设，要坚持做到推动力度不减、投入强度不减、建设速度不减、质量效益不减，努力做到区域形象、产业实力、经济效益同步实现新提升。

已经成熟的区域要利用产业优势和品牌效应，以及多年积累的好经验好做法，吸引更多的国内外知名企业和重量级项目落户，努力成为全国功能区中的领跑者；正在成长的区域要围绕自身的优势产业，招龙头项目带关联项目，促

进产业链条式、集群式快速成长，形成更多各具特色的产业集群，形成谋划启动一片、开发建设一片、收益见效一片的生动局面；刚刚起步的区域要加快标准厂房、楼宇等"启动器"建设，抓好招商引资、配套设施完善等工作，使"启动器"迅速转化为"吸附器"，吸引更多项目。[①]

开发区、保税区、高新区等区域要利用已形成的深厚产业基础和品牌效应，加快产业辐射、区域扩张，进一步做精、做大、做强优势和特色产业，努力打造成为国内具有引领效应、最具活力的产业功能区；临港经济区、中新生态城、中心商务区、东疆保税港区、北塘经济区等区域，要紧紧围绕产业发展的主导方向，在产业链招商上下更大工夫，形成项目急剧式增长态势，尽快成为新的具备较强实力和影响力、竞争力的产业聚集区和繁荣区；南港工业区、滨海旅游区、轻纺经济区、中心渔港经济区等区域，要坚持开发建设和招商引资并重，力争以最快的速度展现出区域整体形象，并在主要经济指标上有大的突破。

二、必须坚持联动发展

滨海新区是我国对外开放形态的集成地，是各类先行先试政策的集成地，也是各种功能区开发实践的集成地。这些优势在全国屈指可数，如果把这种"集成"变为"集大成"，那么新区的潜力和后劲可想而知。做到这一点，就要求新区必须坚持联动发展。一是管委会和开发平台要联动。新区"十大战役"采取的是"三位一体"的战时体制，管委会和开发平台有分工，但更多的是合作，一荣俱荣、一损俱损。要做到规划与开发同步，开发与招商同步，招商与服务同步，服务与配套设施建设同步，齐心协力，齐抓共建。二是城区和功能区要联动。城区要重点发展社会事业，功能区要重点发展经济，这是综合考虑了各自的发展优势。但经济建设和社会发展互为支撑，必须联动推进。在今后的发展中，城区和功能区要相互促进发展，功能区要充分发挥产业优势，积极主动地帮助城区发展街镇经济，城区要发挥社会建设的优势，积极为功能区提供社会事业服务、社区管理服务和劳动力资源服务，双向延伸、互促互进、共同发展。三是政策要联动。新区现在有五个国家级开发区、四个市级开发区、三个区级开发区。国家级开发区有自己的功能优势和政策优势，要进行认真梳理，用好用足用活，争取叠加放大，同时积极争取新的政策支持。市级和区级

---

① 何立峰在滨海新区区委一届六次全会上的讲话。

开发区，要主动研究利用和借鉴这些政策优势，努力将其变成本区域乃至全区发展的核心资源。

三、强化区域统筹发展

以整合公共资源和提高配置效率为重点，通过"十大战役"充分调动各方面积极性，形成相互依托、协调发展的良好局面。

通过"十大战役"，加强区域分工合作。充分发挥各方面优势，加强城区、功能区、国有控股集团相互合作，推进开发区与大港新兴产业区、天津港集团与南港港区、保税区与轻纺经济区等方面的合作开发，不断创新发展模式，各展所长、合力攻坚。探索港口资源整合及分工合作的有效途径。加强产业功能区与街道合作，推进街道社会职能向产业功能区延伸，产业功能区经济职能与街道对接，建立起各司其职、优势互补的运行机制，实现主辅分离、集约发展。

通过"十大战役"，促进区域协调发展。强化"一盘棋"观念，对全局性、基础性工作进行统一布局，在更高层次上实现整体推进。构建"中服务、南重化、北旅游、东港口、西高新"5大产业聚集板块，提高产业集中度。

通过"十大战役"，夯实基层发展基础。深入实施"强街强镇"计划，做强做大做优街镇经济，形成"一镇一产品，一街一特色"的发展路子。推进街镇工业园区开发，基本完成胡家园工业区、中塘工业区、太平工业区的起步区和茶淀工业区南片的开发任务。支持有条件的街道发展商贸、楼宇、社区服务等特色经济，增强发展活力。[①]

四、努力解决资金瓶颈问题

受目前全球经济复苏放缓、海外投资商对外投资意向减弱、国内信贷政策收紧等因素影响，完成固定资产投资计划目标难度很大。如何更好的保障"十大战役"取得新进展，需要创新思路，重点解决资金瓶颈问题和招商问题。

"十大战役"的首要任务是完成基础设施建设，融资问题则是基础设施建设的核心问题，解决了这一问题，也就从根源上解决了基础设施建设问题，才能保障"十大战役"顺利进行。政府一直是基础设施的主要提供者，在长期的发展过程中，基础设施建设巨额的资金需求与政府有限的财政能力的矛盾表现得

---

① 天津市滨海新区人民政府. 2010 年天津市滨海新区人民政府工作报告 [EB/OL]. 滨海新区政务网. www.bh.gov.cn，2012.

越来越明显。此外，由于基础设施部门综合利润水平较低，自我积累能力较差，资金来源渠道较窄，在目前货币政策趋紧的金融环境下，银行贷款也较为谨慎，极大程度地制约了基础设施建设，进而会影响到新区开发开放攻坚战。即使在基础配套设施项目逐渐完成的情况下，要充分发挥功能载体作用，更需要有大项目和好项目落户新区，才能促进转方式、调结构和上水平的加快实现。因此，新区要创新思路，采取多渠道融资，下大力量招商引资，优化投资环境，全力以赴保障固定资产投资与项目及企业的引进。一是要明确政府角色定位，逐步强化投资监督人和招商主体者角色。二是在国有独资、控股和参股的融资平台基础上，加大本币和外币债券、股票、信托等融资渠道，积极鼓励 PE、VC 投资，大力发展公私合作项目（PPP）。三是政府可以采取多期特许经营权授予的方式，用"时间换空间"，不仅有利于政府在第一期特许经营期内对项目公司进行监控、考核，提高基础设施产品供给质量，也有利于项目公司在第二期获得更多的收益。四是要加大资本运营力度，促进"资源变资本"，盘活国有资产，加快有形和无形资产增值。五是制定吸引各种投资的优惠政策、税收政策、物价政策和货币贴息政策。可以将城市广告、地下管网空间、市政设施冠名权、市政道路两侧加油加气站等城市资源及特许经营权授权给项目投资公司，不仅盘活了资产，更有利于吸引企业进行项目投资。六是吸引更多资金流向支持第三产业和战略性新兴产业发展的基础设施建设，促进产业结构升级。七是提高招商引资的质量和水平，围绕战略性新兴产业、先进制造业和现代服务业，瞄准世界 500 强企业和中小企业总部，继续引进龙头项目，带动配套项目落户。

总之，在"十二五"期间，新区通过全力打好"十大战役"，全面实现高端产业聚集、自主创新能力提升、人才聚集、交通通达、改革先行示范、内外开放引领、生态宜居、社会和谐等功能，全面提升经济社会发展水平，成为贯彻落实科学发展观的排头兵。

参考文献：

[1] 马欣. 天津滨海新区"十大战役"全面快速推进意义重大深远 [EB/OL]. 人民网天津视窗. www.022net.com，2010-4-20.

[2] 张泽伟，孙洪磊. 南港工业区：滩涂上崛起重化产业基地 [N]. 经济参考报，2010-4-28.

[3] 龙飞. 天津市塘沽区中心商务区开发建设全面提速 [EB/OL]. 人民网

天津视窗.www.022net.com，2009-10-16.

[4] 陈璠. 滨海新区特别报道，十大战役 NO.3，东疆保税港区 [N]. 天津日报，2009-9-10.

[5] 孙刚. 滨海新区特别报道，十大战役 NO.8，中新生态城 [N]. 天津日报，2009-9-10.

[6] 陈璠. 滨海新区特别报道，十大战役 NO.10，滨海旅游区 [N]. 天津日报，2009-9-10.

[7] 天津市滨海新区人民政府.2012 年天津滨海新区年鉴 [M]. 天津：天津社会科学出版社，2012.

[8] 李慧莲等. 滨海新区"十二五"迎来腾飞黄金期 [N]. 中国经济时报，2011-8-12.

[9] 何立峰在滨海新区区委一届六次全会上的讲话。

[10] 天津市滨海新区人民政府. 2010 年天津市滨海新区人民政府工作报告 [EB/OL]. 滨海新区政务网.www.bh.gov.cn，2012.

[11] 汪光焘. 以法律引领和推进生态城（镇）建设 [J]. 新业主：现代物业上旬刊，2012（10）.

[12] 刘雪楠. 浅谈中新天津生态城轨道交通融资模式策略 [D]. 山东大学，2011.

[13] 黄富民. 低碳交通 [J]. 城市规划，2011（35）.

[14] 孙晓峰. 生态城市规划初探——以中新天津生态城总体规划为例 [J]. 建筑节能，2010（38）.

[15] 杨钊等. 中新天津生态城绿色建筑融资模式创新研究——基于碳排放权交易 [J]. 未来与发展，2012（35）.

[16] 王玺奇.ECO 公司融资方案研究 [D]. 南开大学，2010.

[17] 王晶. 城市湿地公园与水景观设计研究 [D]. 天津大学，2009.

[18] 邵俊. 中国典型生态城市建设反思 [D]. 华中科技大学，2010.

[19] 石玉. 天津滨海新区旅游开发研究 [D]. 天津大学，2010.

[20] 赵远哲. 中国，品味游艇生活 [J]. 中国海事，2010（9）.

[21] 张涛等. 从富豪"上船"到大众参与中国游艇产业拓展消费"新空间" [J]. 中国水运（上半月），2011（2）.

[22] 卢卫. 房地产业发展与经济衰退的相关性分析 [J]. 城市，2010（7）.

[23] 戴学来. 关于战略性新兴产业与服务区域经济发展的思考——以天津滨海新区为例 [J]. 城市. 2010（7）.

[24] 李建雪. 天津滨海新区旅游开发研究 [D]. 天津工业大学，2011.

[25] 邹玉娟等. "十二五"期间天津滨海新区加快建设低碳城区的思考 [J]. 城市. 2012（7）.

[26] 王宝辉等. 中新天津生态城绿色交通规划及新能源车辆引入研究 [J]. 第六届中国智能交通年会暨第七届国际节能与新能源汽车创新发展论坛论文集. 2011.

[27] 王婷等. 中新天津生态城可再生能源利用综述 [J]. 天津建设科技，2012.

[28] 宋秀莲等. 中新天津生态城市政配套工程中创新理念的应用 [J]. 2012城市道桥与防洪第七届全国技术高峰论坛论文集，2012.

[29] 常国桓. 低碳生态城市建设规划研究 [D]. 南开大学，2010.

[30] 田冼. 循环经济理念在生态城市建设中的应用研究——以中新天津生态城为例 [D]. 南开大学，2009.

[31] 张宇. 循环经济理念在生态城市建设中的应用研究——以中新天津生态城为例 [D]. 天津大学，2011.

第四章 综合配套改革全面深化与"十大改革"

2011 年 6 月，天津滨海新区在"五大改革"取得重大突破的基础上，启动实施了第二个综合配套改革"三年实施计划"，提出了"十大改革"的具体目标和任务，2011 年和 2012 年两年间，新区综合配套改革进入全面深化阶段。

第一节 综合配套改革的理论发展与创新

一、综合配套改革的理论发展

改革开放 30 年来，从经济特区到经济技术开发区再到综合配套改革试验区，体现了我国改革开放不同阶段的任务和目标，经历了启动、发展深化和攻坚阶段。与之相应，在不同的阶段设立的特殊区域类型有所不同，特殊区域所担负的具体改革试验任务有所不同，其主要支撑理论也会有所不同，不断创新发展，如表 4-1 所示。

表 4-1　改革开放试验区发展历程

时期	代表地区	类型	阶段	改革内容	主要理论
1978 年至 1984 年	深圳特区	经济特区	启动	经济体制改革	增长极理论
1984 年至 2005 年	浦东新区	经济技术开发区、保税区、高新技术产业开发区	发展深化	经济体制改革社会领域改革	增长极理论、系统理论、协同理论
2005 年至今	滨海新区等	综合配套改革试验区	攻坚	经济体制改革行政体制改革多领域改革	内生增长理论、制度变迁理论、可持续发展理论

1. 增长极理论

增长极是一种抽象的空间场中的优先启动和推动核心，它通过"极化效应"和"扩散效应"影响经济发展。这种效应是通过和周围腹地环境进行物质、能量和信息相互作用时产生的，在区域经济发展的不同阶段其效应作用强度也有所不同。在初级阶段，增长极的作用以极化效应为主，当增长极形成并发展到一定程度后，扩散效应会逐步增加并占据主导地位，推动周围地区经济发展并缩小地区差距。"极化效应"指增长极吸纳周围区域资源要素和经济活动主体，积累自身经济能量的过程。极化效应对区域经济发展的推动作用主要体现在三个方面：一是产生区位经济效益。区位经济的实质是通过地理位置的靠近而获得综合经济效益。二是产生规模经济效益。三是产生外部经济效益。外部经济效果既是增长极形成的重要原因，也是其重要结果。区位经济和规模经济往往可以使一些厂商以较低成本获得某些产品和劳务，从而获得整体收益的增加。极化效应是增长极形成的基本标志。"扩散效应"是指人力、物力等资源要素、产业项目、企业、制度创新等由增长极向外围地区扩散并由此带动腹地经济发展的过程，这是增长极带动周边落后地区经济迅速发展的过程，是使落后地区逐步缩小与先进地区的差距的过程。深圳经济特区作为我国第一批对外经济活动中实行特殊政策和管理的区域，是我国改革开放和现代化建设的窗口、排头兵和试验场，在中国改革开放历程中占有重要的地位，具有里程碑的意义。

2. 系统理论

系统指相互作用的诸要素的综合体。任何系统都是由要素、结构、功能、环境四个元素组成的。系统整体性原理是指，系统是由若干相互关联的要素以一定结构形成的具有某种功能的有机整体，这个整体具有各组成要素本身所没有的新的性质和功能。系统论的理论和方法为我国经济技术开发区的设立提供了强有力支持。因为我国经济体系的改革必然要与其环境进行输入、转换和输出的交流，以维持系统与环境的平衡，经济、社会、政治等子系统构成了社会大系统，经济体系的改革在这个大系统中动态进行。

3. 协同理论

协同是指系统内子系统之间或组成系统的要素之间的相干能力，表现了系统或要素在整体发展过程中协调与合作的性质。协同性就是相干性，这种相干性所产生的结果可称为协同作用。协同作用在各种类型的系统中都普遍存在，没有协同，系统就不可能存在。其中，自组织理论是协同学的核心理论，序参量在协同作用中形成后，便成为系统的控制中心，支配各个系统的行为，而这一过程正是系统的自组织过程，相应的描述就是自组织理论。协同作用是形成自组织结构的最根本的内在动力机制。也就是说，经济、社会、政治等子系统相互协调与合作，才能更好地维持经济发展大环境。

从 1984 年起至 2005 年，我国改革深度从经济体制的表层向纵深挺进，改革领域由经济扩展到科技、教育等社会各个方面，从微观层面逐渐上升到中观层面，中国先后设立了各类开发区，如经济技术开发区、保税区、高新技术产业开发区、边境经济合作区、出口加工区、特殊投资来源区（如台商投资区）等，这些开发区成为中国经济最为活跃的区域增长极。特别是上海浦东新区，作为改革进一步深化的典型区域，从浦东开发办公室、浦东新区管委会，再到浦东新区政府，城市和社会建设管理职能日益完善，进一步推动了浦东新区的开发开放。

二、综合配套改革的理论创新

综合配套改革与以往单项改革不同，在内容设计上要突出全面性、系统性和配套性，要求经济、政治、社会和文化等各个领域的改革要统筹协调起来；从改革的路径上看，综合配套改革作为一种系统的制度创新，要求改革必须坚持自下而上自主推进，同时也要求坚持自上而下的有序安排。综合配套改革试验区的设立，重要的目的就在于能够先行先试，通过在某一个特定区域内，推进具有综合性和配套性的整体改革，使得改革中遇到的难题和难点首先在试验区内加以解决，从而为破解全国改革进程中的一系列难题和矛盾，完善社会主义市场经济积累改革和发展的经验，为全国进一步深化改革开放提供示范性和带动性效应。社会的和谐、进步是实现改革与发展良性关系的重要前提。所以，"试验区"设立的现实基础就在于"综合"，即将强调经济增长与科学发展观、可持续的发展观、全面的发展观共同作为试验改革的立足点。

1. 科学发展观

科学发展观是马克思主义关于发展的世界观和方法论。内容包括了以人为本的发展观、全面发展观、协调发展观和可持续发展观，要求促进经济社会和人的全面发展，统筹城乡发展、区域发展、经济社会发展、人与自然和谐发展、国内发展和对外开放，全面推进经济建设、政治建设、文化建设、社会建设，促进现代化建设各个环节、各个方面相协调，促进生产关系与生产力、上层建筑与经济基础相协调。要求始终把实现好、维护好、发展好最广大人民的根本利益作为党和国家一切工作的出发点和落脚点，尊重人民主体地位，发挥人民首创精神，保障人民各项权益，走共同富裕道路，促进人的全面发展，做到发展为了人民、发展依靠人民、发展成果由人民共享。

我国建立综合配套改革试验区提出于 2005 年，既是贯彻党中央关于完善社会主义市场经济体制决定的载体，更是学习贯彻科学发展观的产物。天津滨海新区争当科学发展排头兵的理论与实际探索，正体现了科学发展观的指导和对科学发展实践的丰富。

2. 内生增长理论

内生增长理论认为经济能够不依赖外力推动实现持续增长，内生的技术进步是保证经济持续增长的决定因素。企业是经济增长的最终推动力，因为企业的不断积累知识，导致人力资本和技术变化，即增加人力资本、生产新产品和提高产品质量。知识和积累过程会出现外部性或知识外溢效应，需要政府政策的干预，扶持研究与开发、革新、人力资本形成甚至关键性产业部门。

3. 制度变迁理论

制度变迁理论是新制度经济学的一个重要内容，认为在决定一个国家经济增长和社会发展方面，制度具有决定性的作用。因为技术的革新固然为经济增长注入了活力，但人们如果没有制度创新和制度变迁的冲动，并通过一系列制度（包括产权制度、法律制度等）构建把技术创新的成果巩固下来，那么人类社会长期经济增长和社会发展是不可设想的。制度变迁的原因之一就是相对节约交易费用，即降低制度成本，提高制度效益。所以，制度变迁可以理解为一种收益更高的制度对另一种收益较低的制度的替代过程。

4. 制度内生增长理论

国家综合配套改革试验区模式是一种制度变迁内生化的变革模式，而以往的改革更多体现了制度变迁外生的改革模式。经济特区、经济开发区等实施有别于其他地区的特殊政策，都是自上而下按照中央政府的要求进行的改革。其核心特点是制度变迁外生化。中央政府给予特殊经济区域的特殊经济政策，具有直接的先行垄断优势，在一定阶段内具有独占性。特殊经济区域以政府为主导，以企业作为主要实施主体，基层的主动性与创新以赋予的体制政策框架为前提。而综合配套改革试验区则是自下而上的制度内生化的改革模式，中央政府给予这些改革试验区的先行先试规定是改革的权利，而不是改革给予政策本身。这就使得综合配套改革的制度变迁内生化，这些改革试验区针对当前国家和区域自身发展中存在的重大、重点问题进行改革和试验，中央政府在改革过程中负责宏观指导，实施的主体也发生了变化，包括企业、居民和地方政府等。

综合配套改革的制度变迁是内生的，其制度变迁的行为主要是通过综合配套改革试验区的社会主体进行的，通过不断的制度变迁行为，形成有效的制度变迁累积创新机制。同时政府通过有效的制度变迁，为制度传导扩散提供有效的保障，形成区域内、区域之间的制度变迁累积创新传导机制；形成以综合配套改革试验区为制度变迁创新源、以制度变迁辐射区为作用范围的创新型区域发展模式，达到提高区域乃至国家竞争力的目标。

首先，国家综合配套改革试验区作为区域发展创新模式中的制度内生增长极，其选取和设立不是任意的，需要满足相应的条件，除具备良好的自然禀赋和经济社会基础外，还必须能够形成制度内生累积创新的机制。其次，国家综合配套改革试验区的健康发展，不但要实现试验区的累积制度创新，更要为实现制度创新在周边地区的有效扩散、传导及有效促进经济增长提供有力的环境，同时要不断承接试验区的制度创新，并逐渐实现制度外生向制度内生的转变。再次，在国家综合配套改革试验区的运行过程中，要避免出现试验区制度创新的长期持续垄断优势、试验区与周边地区差距扩大现象，应尽快形成国家综合配套改革试验区与周边地区相和谐的制度环境，实现区域的协调发展。最后，作为一种新型的改革模式和区域经济发展模式，国家综合配套改革试验区的设立从根本上说是一种生产关系的变更，其发生作用需要一定的媒介，即国家综合配套改革试验区的制度创新要与技术创新和产业发展相联系，否则只能成为空中楼阁，无法有效地促进区域协调发展。

经过三十多年的努力，我国经济体制改革在理论和实践上取得了重大进展，但制约经济社会发展的一些深层次矛盾和体制障碍仍然存在，改革仍处于攻坚阶段，这都要求建立与之相适应的改革发展模式——国家综合配套改革试验区。现阶段，天津滨海新区综合配套改革的重要性、复杂性、艰巨性、风险性大大增强，改革的配套性、综合性要求更加明显。当前，改革虽已进入深水区，改革的空间和潜力仍然十分巨大，综合配套改革理论与实践亟待推进，由此进入了全面深化阶段。

第二节　滨海新区综合配套改革的实践历程与经验

2010 年，滨海新区在综合配套改革方面重点实施了管理体制、行政审批、土地管理、住房保障、医疗卫生"五大改革"，取得了重大突破。2011 年和 2012 年，滨海新区乘"五大改革"之势，全面推开包括十大领域 26 项重点内容的"十大改革"，为新区开发开放攻坚战提供了活力动力和体制机制保障。以"十大战役"为平台载体，以"十大改革"为发展动力，成为新区进入改革创新期、快速发展期打好"攻坚战"，争当"排头兵"的基本方略。

一、滨海新区综合配套改革的实践历程

1. 顺势而为，引领示范

2006 年国家确定了天津滨海新区的功能定位，国务院常务会议明确批准滨海新区进行综合改革配套试点。国家赋予滨海新区的使命是"用 5 到 10 年时间，在滨海新区率先基本建成完善的社会主义市场经济体制，推动新区不断提高综合实力、创新能力、服务能力和国际竞争力，使新区在带动天津发展、推进京津冀和环渤海区域经济振兴、促进东中西互动和全国经济协调发展中发挥更大的作用，为全国发展改革提供经验和示范"。至此，新区的未来发展宏图得以确定，从而成为继深圳、浦东之后又一个对国家整体战略布局产生重要影响的极点地区，是推动中国发展的"新领军者"。作为第一个由国务院文件公开明确的综合配套改革试验区，新区的改革在中国经历 30 多年改革开放之后具有新的特殊意义。

2. 五大改革，率先突破

2008 年 3 月 13 日，国务院正式批复了《天津滨海新区综合配套改革试验总体方案》，天津迅速出台了《天津市滨海新区综合配套改革试验总体方案三年实施计划》。目前，这个《三年实施计划》确定的主要任务已经基本完成。在"十一五"时期，滨海新区全力推动了行政管理体制、行政审批制度、土地管理体制、保障性住房制度、医疗卫生体制等"五大改革"，同时在金融创新、涉外管理体制、科技体制和社会管理创新等领域也取得了积极进展。

第一，行政管理体制改革取得重大突破

2009年，根据国家批准的方案，撤销了滨海新区工委、管委会和塘沽、汉沽、大港三个行政区，建立了滨海新区行政区。按照统一、精简、协调、高效、廉洁的原则，组建了全国同级区域中部门最少、人员最精简的工作机构。创新推行"指挥部+管委会+平台公司"三位一体的"十大战役"开发建设模式，形成了统一指挥、高效运转、强力推进的工作机制。制定出台《滨海新区关于促进街道发展的意见》，启动实施"强街强镇"计划，统筹规划调整街镇和社区布局。

第二，行政审批制度改革全面启动

2009年，结合新区机构改革，全面推进"职能归并"，在具有审批职能的新区部门统一设置行政审批处，成立新区行政审批服务中心和公共资源交易中心，开发建设行政审批网络系统，构建新区、城区（功能区）、街镇分类服务的审批体系。创新代办、联审联办、"十大战役"特办等服务机制，简化审批程序和环节，大幅提升了行政审批服务效率。建立完善"新区的事在新区办"的运行机制，积极承接市级下放和扩权审批事项110项。

第三，土地管理体制改革深入推进

2009年，新区研究上报《天津滨海新区综合配套改革试验区土地管理改革专项方案》，组织编制《滨海新区土地利用总体规划(2009～2020年)》，实行土地利用总体规划的动态管理。成立新区土地管理委员会，实行土地统一整备和集中交易制度，提升了土地供应调控能力和土地资源配置效率。改革农用地转用和土地征收审批制度，采取"宅基地换房"形式推进城乡建设用地增减挂钩试点。制定出台了《滨海新区土地"征转分离"实施方案》，对9个批次约315公顷用地实施"征转分离"。探索海洋滩涂开发利用与保护管理制度创新，采取"填建分离"的方式围海造地，建立了相对完善的海域使用权抵押贷款制度体系。

第四，保障性住房制度改革步伐加快

2008年，新区研究制定了《滨海新区定制商品住房建设与管理办法》和《滨海新区保障性住房建设与管理暂行规定》，探索经济适用房、公共租赁房、定制商品房、蓝白领公寓等各类住房保障模式。成立新区保障性住房管理中心，以"订单生产"、"阳光交易"方式与企业和群众直接对接。

第五，医疗卫生体制改革顺利启动

2008 年，新区实施医疗重组计划，以新港街、于家堡街社区卫生服务中心为试点，分离社区医疗服务中心和社区公共卫生服务中心，由第五中心医院实行一体化管理，实现医疗资源共享。建立第五中心医院与社区医疗服务中心绿色通道，促进双向转诊，引导居民就医合理流动。制定了《滨海新区社区基本药物目录》，在社区医疗服务中心对目录内的药品实行零差率销售，减免门诊挂号费，补助患者住院费用，减轻了患者就医负担。

第六，金融改革创新取得重大进展

2010 年，《天津滨海新区综合配套改革试验金融创新专项方案》获国家正式批复。总规模分别为 200 亿元的全国第一支产业投资基金——渤海产业投资基金和船舶产业投资基金成功运作，2010 年末在新区注册的股权投资基金及管理公司达到 660 家。成立了排放权交易所、贵金属交易所等多家创新型交易市场，天津股权交易所挂牌企业达到 68 家。创新开展"单机单船"等融资租赁和离岸金融业务，融资租赁业务总量占全国四分之一。中新天津生态城外商投资企业资本金意愿结汇改革试点顺利启动。与中国保监会共建全国保险改革试验区，引进保险资金投资新区基础设施建设。于家堡金融区启动建设，金融、中介、商务等高端服务业开始集聚。

第七，涉外经济体制改革成效显著

2008 年，新区研究上报《关于加快北方国际航运中心核心功能区建设方案》，在国际船舶登记、航运税收、航运金融和融资租赁业务创新等方面积极争取国家试点政策。口岸管理改革进一步深化，创新和完善了"大通关"体系，建立了口岸通关和检验检疫制度，"异地报关、异地报检、口岸放行"的口岸监管体制基本形成。建成了国际贸易与航运服务中心，加强了电子口岸建设，通关效率明显提高。建成亚洲最大的邮轮母港，开通了与台湾直航的货轮和班轮航线。与 13 个内地检验检疫机构实现区域合作，与 23 个关区签订了《区域通关备忘录》，在中西部地区建设了 18 个内陆无水港，实现港口功能向内陆腹地省市延伸。设立综合保税区和保税物流中心（B 型），滨海新区已成为海关特殊监管区种类最齐全、功能最完整、政策最配套的地区之一。

第八，科技体制改革成效明显

2008 年，新区启动实施国家创新型试点城区建设，深入推进部市共建、区企合作、区校合作机制，滨海高新区完成更名，被列入国家创新型科技园区和国家知识产权示范创建园区试点。完善科技投融资体系，建立滨海新区创业风险投资引导基金，成立科技担保公司。实施"滨海新区引智专项"，引进科技创新创业领军人才 20 名，培育重点创业项目 16 个，博士后科研工作站达到 88 家。

第九，城乡一体化改革取得较大进展

积极推进示范小城镇建设，截至 2010 年底，新区有 6 个街镇的 8 个项目列入全市示范小城镇试点。塘沽创新农民变市民征地安置模式，加快农村城市化步伐，研究制定了涉及土地征收管理、撤村建居、农民生活保障等方面的 28 项具体政策，初步形成"一套住房、一份社会保障、一次就业机会"及"一次性征地补偿费、一次性安家费"的"3＋2"保障体系。

第十，社会管理创新加快推进

积极创建全国社会管理创新综合试点区，建立新区、城区（功能区）、街镇、社区四级综治信访服务中心（站），实现综治信访服务中心联合调解信息三级联网，在功能区、街镇、社区（村）及重大项目建设工地创建流动人口服务管理"三级平台"，推行企业务工人员公寓式管理，探索建立建设者之家和农民工社区。制定实施《构建和谐劳动关系指导意见》，形成工会、企业、仲裁、司法"四方共助"的劳动争议调解工作模式。构建陆海空立体化治安防控体系，成立滨海新区应急联动中心。

二、滨海新区综合配套改革的实践经验

1. 高效自主

滨海新区行政区划的调整符合扁平化、精简、高效的原则，符合未来新区发展的方向。在机构设置上，一方面，新区政府领导职数和行政编制大幅减少，朝着避免部门间权责不清、相互扯皮，提高效率的方向迈出了坚实步伐。另一方面，将管委会体制移植到城区及功能区层面，能够切实地提高基层管理单位的行政效率。派出机构职能分类行使，这一创新性的举措对于新区的行政管理体制改革具有历史性的意义，它在一定程度上解决了原先的行政区与功能区社会管理职能与经济发展职能双向延伸的问题。"新区事新区办"的机制意味着赋予新区更大的自主发展权、自主改革权、自主创新权，激发出新区更大的活力，为新区所担负的体制创新、制度创新任务的达成提供了必要的保障。

2. 民生为纲

首先，建立了土地补偿机制，实施占补平衡，统一了农用地征用价格标准，以"上保险"加上"每年取得收益"的方式，取代了一些地方在耕地转为城市

建设用地过程中，一次性支付给农民征地费的做法，为失地农民长远的利益分配创立了一个可持续发展的利益保护机制。其次，杜绝城中村现象。针对村庄改造进度的不同是形成"城中村"现象的第一个因素，滨海新区采用由政府出面组织，以合作或联建的房地产公司为牵头单位，按房地产开发的有关规定进行土地出让、开发、建设、经营、物业管理及招商引资等，有计划地进行城市化建设，坚决杜绝城中村问题再出现。最后，村民社保，房产公司缴。滨海新区葛沽镇镇政府与房产公司成立合作公司，由这个公司负责住宅以及土地等方面的开发，并由该公司支付村民上保险的费用。

3. 创新为本

第一，股权融资创新发展。股权融资是指企业的股东愿意让出部分企业所有权，通过企业增资引进新股东的融资方式。滨海新区金融改革中的一项特色创新就是发展壮大股权投融资交易，股权融资所获得的资金，企业无须还本付息，但新股东将与老股东一起分享企业的盈利。第二，积极推进创业板上市。滨海新区在创业板启动的有利条件下，把推动企业上市，扩大直接融资规模作为缓解发展资金瓶颈、改善融资结构的重要举措。第三，建立和完善产权市场和技术市场。为高新技术企业提供一个固定的交易场所，使科技风险投资机构能够及时地获得各种项目信息，减少信息不对称，促进风险投资的进入；同时，风险投资支持的科技型企业成熟后，可以进入产权市场交易，使风险资本顺利变现退出。第四，挖掘民间资本。多方动员民间闲置资金，扩大风险投资资金来源，降低"挤出效应"。在风险投资基金有大规模的民间资本进入并有了较大发展后，国有资本可逐渐退出，并使基金逐步过渡到有限合伙制的组织形式。第五，大胆引进机构投资者。设计可供选择的风险投资方式和金融工具，支持大型企业集团参与风险投资，在滨海新区有条件的试点放开对养老、住房等社会保障基金、保险基金、信托投资基金、捐赠基金等机构投资者介入风险资本运作的限制。第六，坚持财政担保。以政府信用为风险企业提供担保，吸引银行等金融机构对风险企业融资。一方面可以缓解财政支出的压力，另一方面也利于减轻财政支出对民间资本的"挤出效应"，还可减少财政资金浪费现象。第七，政府主导下多样化的融资方式。滨海新区在建设过程中探索并实践了利用外资、BOT、集合信托等多种融资方式和融资渠道，实现了政府主导项目融资方式的多样化。

虽然五大改革等探索取得了显著成绩和初步经验，但是滨海新区综合配套改革与党中央、国务院的要求和定位相比，与先进地区改革创新的步伐和成效相比，仍有很大差距。比如，金融、涉外经济、国企改革和民营经济发展的举措和招法还需进一步创新，行政管理体制改革还需继续深入，行政审批效率还需进一步提升，社会管理创新、医疗卫生体制改革、城乡统筹发展等方面的任务还很繁重，改革的协同性还应进一步提高，改革的推进机制和法制保障还待进一步强化。这些问题迫切需要在"十二五"期间下大力气加以解决，"十大改革"应运而生。

第三节　滨海新区"十大改革"的举措与成就

2012 年，滨海新区为落实全市"调结构、惠民生、上水平"活动总体要求，加快转变经济发展方式，以保障和改善民生为重点，推动新区社会经济全面发展，开始以实施"十大改革"细化深化综合配套改革。新区以认真总结实施第一个三年实施计划为基础，统筹编制了天津滨海新区综合配套改革试验第二个三年实施计划，确定了第二批 10 大领域重点改革项目，提出要全力推进"十大改革"。其中，新区政府牵头组织实施的有 9 项，由新区配合市有关部门组织实施的 17 项，并对每项改革任务细化分解，共涉及 10 个领域、26 项重点项目、36 个部门和单位，进一步明确了新区今后改革的阶段目标和重点任务。"十大改革"既是"五大改革"的深化，也是新的改革领域拓展。2011 年和 2012 年是实施"十二五"规划的开局头两年，新区政府围绕综合配套改革试验第二个三年实施计划，以"十大改革"为重点和抓手，既完善了"五大改革"，又进一步深化并加快推进金融创新、涉外经济、城乡一体化、国企改革和非公经济发展、社会管理创新等新的"五大改革"，充分发挥先行先试的政策优势，形成了新思路，采取了新举措，在重点领域和关键环节上率先取得突破，体现了"步入改革创新期"。

一、滨海新区"十大改革"新举措

1. 继续完善行政管理体制与政府服务机制

随着综合配套改革的细化深化，新区以整合优化行政资源配置、提高公共服务效率为导向，继续深化和完善行政管理体制改革和行政审批制度改革。

一是继续健全"两级政府、三级管理"体制。宏观层面，新区进一步完善统一的管理体制，理顺区政府、各管委会、街镇之间的权责关系，统一编制修订全区城市总体规划、土地利用规划及产业布局、大型基础设施和公共设施等专项规划，建立财力与事权相统一的财政管理体制和财政预算体制。中观层面，加速推进"扩权强街"改革，深入实施"强街强镇"计划，明确街道事权财权划分，优化完善街镇管理，科学配置街道机构和人员编制，规范街道办事处工作内容和运行机制，建立责权到位、分工明确的街道管理体制，全面推进街镇行政服务中心建设，实行"一站式"、"一条龙"、"一口式"服务模式，促进街镇经济社会和谐发展。建立健全街道财政所和税收稽征机构，建立健全街道经济服务中心和事业发展资金，实行街道财力集中管理，提升辖区税收管理水平，促进街道事业发展。微观层面，不断完善基层服务和管理网络，健全新型社区管理和服务体制。加快社区综合服务中心（站）建设，不断完善社区公共服务设施，向群众提供多功能群众性文体活动场所。不断健全和完善新区、管委会、街道、社区四级工作推动机制，实现基本公共服务均等化。

二是继续深化行政审批制度改革。新区深入实施《行政许可法》，在承接好市级行政审批权限的基础上，加快落实"新区的事在新区办"的工作机制，进一步规范行政审批事项，压缩审批时限，减少审批要件，创新审批监管方式，提高审批服务效率。新区构建了一级政府、分类服务的审批体系，区人民政府职能部门主要负责整体统筹的审批事项，塘沽、汉沽、大港管委会突出社会管理和公共服务的审批职能，各经济功能区管委会侧重加强与经济发展相关的审批职能，各街镇主要实施辖区内的便民便企服务事项，合理划分了新区政府、管委会、功能区、街镇的审批事项和权限。新区开通了"网上审批"服务，成立了全市首家"项目代办服务中心"，进一步完善新区行政服务中心、社区便民服务中心，进一步减少审批事项、简化审批环节，推动集中审批、现场审批、联合审批和"一站式"集中审批服务，以及24小时"双轨服务"，健全和完善重大项目快速审批通道，为项目单位提供全程"保姆式"服务。

2. 继续完善市场经济体制和创新转型发展模式

在这两年里，滨海新区进一步解决制约经济发展的体制机制问题，力求在金融改革、涉外经济、国企改革和非公经济发展等方面取得重大突破，推动经济平稳转型发展，并带动文化产业、生活性服务业等一批新的经济增长点的形成。

一是深入推进金融改革创新，探索服务实体经济新举措。新区充分发挥金融支持经济增长和促进结构调整的作用，在金融业务、金融企业、金融市场、金融开放等方面加大改革创新力度，着力构建现代金融服务体系和全国金融改革创新基地。深化航运金融试点，开展离岸金融；大力发展产业金融，拓展产业投资基金试点，做大做强航空产业投资基金，促进金融资本与产业资本有机结合；支持私募基金规范发展，引导股权投资基金投资新区企业；大力发展科技金融，发展专业化小额贷款公司，组建科技金融集团。不断完善金融市场体系，吸引各类金融机构在滨海新区设立总部、地区总部及分支机构。成立了天津股权交易所、排放权交易所、天津金融资产交易所等创新性交易平台，促进了资金和资源的有效流转，创新型金融市场体系框架初步形成。深化外汇管理改革，扩大资本金意愿结汇试点，推进人民币国际结算、人民币境外投资等改革试点，逐步形成创新型市场体系，已有 6 家企业在中新天津生态城资本金意愿结汇试点完成意愿结汇。完善融资租赁业发展政策，探索融资租赁公司发行债券，做大做强新区融资租赁业。探索建立中小企业融资服务体系，有效增强金融集聚能力和服务功能。新区安排 2000 万元专项资金支持引进金融机构落户、金融交易市场建设和中小企业担保体系建设，安排 5000 万元上市企业培育和奖励资金，设立科技型中小企业利用股权投资基金融资专项资金。

二是继续加快涉外经济体制改革，提高门户开放水平。新区以落实国务院批复的《天津北方国际航运中心核心功能区建设方案》为契机，深化涉外经济体制改革，提高新区国际化水平，增强参与全球资源配置的能力，提升区域合作的层次，更好地发挥对外开放的门户作用。开展东疆保税港区离岸贸易、离岸金融、融资租赁业务试点，探索国际船舶登记和离岸船舶保税登记制度，完善退税政策，推进向自由贸易港区转型。完善无水港政策体系，创建国际一流的口岸管理体制，创新和完善了"大通关"体系，推进港口、口岸和保税功能延伸，探索建设"飞地工业园"，加快形成以东疆保税港区为龙头、以内陆无水港为节点的保税物流网络，"异地报关、异地报检、口岸放行"的口岸监管体制基本形成。开展邮轮、游艇登记管理创新试点，围绕邮轮母港，完善免签、落地签证、离境退税、离岛免税等配套政策。探索开放近海海域，设立环渤海游艇游弋区和游艇保税仓库。探索在滨海新区设立国家级游艇操作人员培训基地，对游艇的驾驶证进行全国统一认证。争取开放近海海域，促进邮轮游艇产业发展。完善中新生态城建设管理机制，创新生态城发展模式。安排3000万元外经贸发展专项资金，建立和完善出口风险管理体系，支持企业"走出去"参与国际经济合作。

三是继续推动国企改革和民营经济发展，激发竞争活力。推进和深化国有企业改革，支持和引导民营经济发展，积极营造各种所有制经济平等使用生产要素、公平参与市场竞争、同等受到法律保护的体制环境。新区实施大集团战略，加大了产业类和投资类国有企业的重组整合力度，整合组建了新区水务、公交、燃气等行业集团，国有资本分布由84个行业调整到65个，市属国有企业集团控制在35至40家，培育10家拥有自主知识产权、具有国际竞争力的大集团公司，优化了公用事业资源配置，提高了国有资源配置效率。加大国有企业资本运作力度，鼓励企业上市发展，提高国有资产证券化率，加强与央企对接。健全国有企业法人治理结构，加强企业董事会、监事会的建设。完善新区统一的国有资产监管体制，推进国有资本经营预算，建立国有及国有控股企业经营业绩考核体系和薪酬管理办法，探索建立公共资源交易体系。不断拓宽民间投资的领域和范围，完善特许经营制度，鼓励民间资本进入基础设施、金融服务、公共服务和社会事业等领域，引导国有企业有序退出一般竞争性领域，为民营经济发展腾出空间。完善财税、融资、工商、土地等政策支持体系，提供优质高效的"保姆式"服务，鼓励和保护民营企业依法平等参与市场竞争。支持民营企业转变经营机制，建立现代企业制度，增强质量、品牌意识，提高市场竞争力。培育和引进民营龙头企业和民营经济领军人才，带动形成民营企业集群。

3. 继续完善社会管理和公共服务体制机制

社会领域改革涉及土地征用、城镇化、医疗、住房等关系到群众最直接、最现实的利益问题，牵涉面更广，涉及利益更多。新区多箭齐发深化社会领域改革，"惠民生解民忧"，维护群众利益，促进社会和谐稳定。

一是深化土地管理制度改革，提升利用效益和效率。新区深化改革土地管理方式，创新土地管理机制，优化土地利用结构，提高土地利用效率，形成耕地资源得到切实保护、土地资产效益得到切实发挥的节约集约用地新格局，为滨海新区开发开放拓展可持续的建设空间。不断推进城市总体规划、土地利用总体规划"两规"结合，形成了"两规合一"的城乡一体化规划体系和格局。完善土地集中交易和集体建设用地使用权流转制度，推进城乡建设用地市场一体化，完善配置方式，实行土地用途管制审批。扩大土地征转分离和城乡建设用地增减挂钩试点。探索建立耕地保护基金，扩大"填建分离"试点范围，完善节约集约用地的体制机制，提高土地利用效率，其中建港造陆增加了150平方公里建设用地，提高土地单位面积投资强度和产出效率，使新区发展用地需求得到了基本满足。建立土地利用指标考核体系和总体规划实施年度评估制度，提高单位土地面积投资强度和产出效率。规范整合土地整理储备机构，集中力量整理储备土地资源，多渠道筹集土地储备收购资金，完善土地集中交易制度，形成土地整理储备和开发的良性循环机制，增强土地供给与调控能力。推进城乡建设用地"增减挂钩"和土地"征转分离"试点，探索实现耕地占补平衡的各种途径和方式。探索建立耕地保护基金，开展耕地分类分级保护和有偿保护试点，逐步完善土地收益基金专项管理制度，优化土地收益的支出使用结构。

二是加快城乡一体化改革，探索新型城镇化特色模式。新区以农村城市化和示范小城镇建设为重点，推进示范小城镇"三改一化"、"三区联动"，推进城乡就业、社会保障、公共服务的二元并轨，加快形成城乡一体化发展的格局。实施农村城市化，以"耕地换社保"，妥善解决被征地农民转为城市居民后的社会保障和就业保障服务。开展"宅基地换房"，推进示范小城镇建设。推进政府社会管理和公共服务向农村城市化、城镇化地区延伸，做好转型农民的就业服务和社会保障服务。实施农村居住社区、示范工业园区、农业产业园区的"三区"联动发展，壮大街镇经济实力，保障小城镇居民安居乐业。对于尚不具备农村城市化、城镇化条件的农村区域，加快建设社会主义新农村，建立健全基础设施，探索农村长效管理机制，完善农村地区社会保障体系，努力实现城乡基本公共服务均等化。逐步深化农村综合改革，推进集体经济组织产权制度由"共同共有"向"按份共有"转变，培育发展股份制、股份合作制等新型集体经济组织。完善农用地承包经营权流转机制，在尊重农民意愿前提下，稳步实施以居住地划分城镇户口和农村户口的户籍登记制度。

三是继续深化保障性住房制度改革，构建多层次住房供应体系。新区不断强化政府职能，完善配套政策，创新住房保障方式，形成低端有保障、中端有供给、高端有市场的多层次住房供应体系。加快公共租赁住房和限价商品房建设，做到应保尽保；建设蓝白领公寓和定单式商品住房两种政策性住房，满足外来务工人员和新就业大学生住房需求；完善规划、土地、建设和融资等配套政策，创新申请、退出和交易制度，完善定价机制，建立长效投入运营机制，扩大保障覆盖面，建立具有新区特色的保障性住房体系。

四是继续深化医疗卫生体制改革，建设覆盖城乡服务网络。按照"保基本、强基层、建机制"的基本原则，深化医药卫生体制改革，全面实施医疗重组计划，积极稳妥推进公立医院改革，逐步破解看病难、看病贵问题。加快构建新型社区医疗卫生服务体系，将社区卫生服务中心内部分置为社区医疗服务中心和社区公共卫生服务中心，社区公共卫生服务中心强化预防保健工作和基本医疗服务，社区医疗服务中心做好专科医疗和特色医疗。增强社区的医疗服务能力，落实家庭签约责任医生制度，合理构建家庭责任医生服务网络。积极探索公立医院政事分开、管办分开、医药分开、营利性和非营利性分开的有效形式。加快创建三级甲等医院，建设新区疾病预防控制中心、妇女儿童保健中心和卫生监督所等公共卫生机构，扩大了社区医疗服务中心分离试点，推行了大医院一体化管理社区医疗服务中心，卫生资源配置进一步优化。建立和规范国家基本药物采购机制，基层医疗卫生服务机构基本药物零差率销售实现城乡全覆盖，药品价格平均下降25%以上。

五是围绕加强和创新社会管理，推进全国社会管理创新综合试点区建设。新区以推进全国社会管理创新综合试点区建设为重点，深化社会领域改革创新，全面提升社会管理和公共服务的质量和水平，为社会和谐稳定提供体制机制保障。新区不断完善新区、功能区、街镇综治信访中心和村居综治信访服务站，健全社会稳定风险评估机制，构建公、检、法、司、信访互动的综合调解格局。进一步完善社会治安防控体系和应急联动指挥机制，切实提高突发事件的监测预报和处置能力。加强对流动人口和特殊人群的管理服务，建立完善政府、工会、企业、职工四方联动的劳动关系协调机制，构建和谐劳动关系。率先在全市建立"五位一体、四级平台、三调联动"的综治信访服务网络，构建了流动人口服务管理"三级平台"。建立健全劳动用工、劳动关系协商、矛盾争议调处等机制，保持劳动关系的平稳运行。成立"滨海新区应急联动中心"，建立立体化治安防控体系，增强人民群众的安全感。逐步完善社会救助评价机制和动态调整机制，实现城乡最低生活保障与专项救助、临时救助有效衔接，建立健全城乡一体化的社会救助体系。加大福利机构和养老设施建设力度，大力发展社会福利事业。深入推行"强街强镇"战略，由民政部门牵头大力推进街镇社区服务平台建设。

4. 继续创新文化教育科技体制机制

新区充分利用综合配套改革的契机，不断提升新区人文素养和精神面貌。

一是深化文化体制改革，创新公共文化提供方式。进一步整合新闻出版、广播电视、文化演艺、网络新媒体等各类文化创意产业资源，进一步规范文化市场体系，提高文化产品和服务的市场化程度。着力培育市场主体，引入竞争机制，加快推动培育一批骨干龙头文化企业，增强发展活力和市场竞争力。健全服务体系，积极推进1至2家文化企业上市。

二是深化教育体制改革，积极建设人才特区。新区不断加大财政投入力度，加快教育基础设施建设，鼓励社会力量以多种形式参与教育。积极探索职业教育发展新模式，推进教育督导体制改革试点，积极探索"建办分离"、委托管理、购买服务等管理模式。扩大中外合作，深化校企联合，深化工学结合，全面推进国家职业教育改革示范区建设。创新培训模式和培训机制，建设"培训超市"。以"滨海科技城"为载体打造人才高地，建设人才特区。创新教师培养模式，实施名教师、名校长、名学校"三名"工程，提高教师专业素质。深入实施素质教育，深化教学改革，改进教学方法，提升教学质量。改革职业教育办学模式，推行学历证书、职业资格证书"双证书"制度，完善"工学结合"的人才培养方式，推进校企合作办学和职教联盟建设，培养合格的高素质劳动者和技术技能型人才。新区组建了塘沽中等职业学校，组建了汉沽职业成教中心，完成了大港职业成教中心实训基地建设项目。推进滨海新区职业教育校企合作示范园区建设，与滨海新区现代制造业、现代商业、金融服务等企业紧密对接，首批引进6至8家大型企业进驻。依托行业企业，建设了10个技能型紧缺人才培养培训示范基地。新区投入300万元实施了"滨海新区外来务工人员素质提升工程"。

三是深化科技体制改革，提升新区内生创新能力。新区进一步创新科技中小企业发展机制，鼓励开展股权、期权激励试点，推进科技与金融结合，强化专业孵化器、大学科技园、创新创业园等载体建设，增强企业创新能力。进一步完善科技"小巨人"成长计划，引导和支持资金、人才、技术等创新要素向企业聚集。建立和完善国家、天津市、新区及管委会共同参与的重大科技平台共建机制，探索公共研发平台的商业化运作模式，促进产学研紧密结合。积极落实部市合作、院市合作机制，建立产学研联盟，完善科技中介服务体系，加快国际知识产权交易所和国家知识产权示范园区建设。全面推进"孵化器+产业化基地"发展试点，继续推进高新区软件与集成电路等 5 个基地发展，引导大港围绕石化产业、汉沽围绕现代农业、临港围绕装备制造业、轻纺经济区围绕精细化工与轻型纺织业启动试点工作。

二、滨海新区"十大改革"新成就

滨海新区通过"十大改革"发展经济固本强基，挖掘经济发展内在潜力，一些关键环节与重点领域获得了新突破，进一步释放了改革红利。

1. 经济领域改革夯实了示范带动发展新基础

新区金融改革创新拓宽了发展资金来源渠道，增加了金融新品种新业态。新区股权投资企业及其管理机构达 1988 家，注册资本有 4280 亿元；开发区融资租赁企业的融资租赁合同余额 1800 亿元，占全市 50%，占全国四分之一；获批成为商业保理全国试点，开发区已注册商业保理公司 9 家、融资性担保公司 10 家、小额贷款公司 9 家，还有近 500 家基金及基金管理企业在此落户；新区金融规模不断扩大，金融实力显著增强，股权投资基金、融资租赁、离岸金融、意愿结汇等金融新品种新业态格局基本形成。航运物流企业免征营业税、融资租赁货物出口退税等政策试点实现，其中，东疆保税港区实现我国第一笔融资租赁出口退税业务。意愿结汇和离岸金融在东疆保税港区和中新天津生态城实现了双向拓展，扎实推动与香港、澳门合作，成为全国 CEPA（即《关于建立更紧密经贸关系的安排》）示范区。新区全方位对外开放格局逐渐形成，北方对外开放门户作用明显增强。东疆保税港区二期 6 平方公里开关运营，成为我国开关面积最大的保税港区，东疆国际商品展销中心投入运营，搭建了"离岛免税"政策操作平台。中新天津生态城形成了"一岛三水六廊"的生态格局，由多个生态社区组成，同时倡导低碳生活，推广绿色交通、绿色建筑，注重水资源循环利用，开展生态修复与环境建设。国企实力显著增强，民企发展空间进一步得到拓展。初步理顺了新区国资监管体制，滨海公交集团实现重组，配套出台了支持民营经济发展的 38 项政策措施。截至 2011 年 6 月，新区国有资产总量已突破 6000 亿元，所有者权益 2375 亿元，民营企业达到 36779 家，注册资金超 6000 亿元，这些企业都成为滨海新区开发建设的先锋队和主力军。

2. 行政管理与审批改革进一步完善了高效能政府运行新机制

"一级政府、分类服务"的行政框架进一步加强，街镇发展基础不断夯实，已在新区街镇层面全部增设税务代征服务，提升了街镇经济自主权。同时，新区高效承接市政府第二批下放的 65 个审批事项和职能事权，先后两批次共争取 142 项市级行政审批事项、33 项职能事权事项下放新区，另外有 5 个市级部门在新区中心设延伸窗口，可办理 18 项市级行政审批事项，行政审批要件减少 30%，现场审批率达到 96.5%，审批效率提高 80%，基本实现了"新区的事新区办"行政运行新机制，因而获得了全国机构编制工作先进单位称号。新区将 25 项审批事项下放到中心商务区、22 项审批事项下放到临港经济区，中心商务区行政服务中心正式运行，响螺湾商务区行政服务中心正式启用。同时制定了《滨海新区街镇行政服务中心集中办理事项指导目录》131 项，街镇中心建设全市第一。专门成立了巡回服务队和青年服务队为客户提供预约上门服务，企业发展共享服务平台投入运行，设立企业发展综合服务窗口提供"一站式"服务，更加便捷、贴心的"保姆式"服务使新区审批效率和服务质量保持全市领先。

3. 社会管理和公共服务体制改革进一步完善了和谐新区新途径

一是统一高效的土地管理体制基本形成，利用保护效率明显提升。新区启动了集体土地房屋确权登记，建设了统一的集体土地权属登记网络系统、信息动态监管查询系统，实现了土地登记动态管理。中塘镇、新塘组团试点城乡建设用地"增减挂钩"，土地实现了统筹开发、集中交易、"打包出让"、超前防范。滨海新区房地产登记交易中心、房屋管理中心正式开始办公，同时出台了《天津市滨海新区人民政府关于进一步加强滨海新区环境保护工作的意见》，加强土壤污染综合防治，提高生态滨海建设水平。二是示范性城乡一体化新局面基本形成，城乡公共服务均等化日益完善。新区示范镇累计完成投资 168 亿元，135 万平方米安置房竣工，农民入住 1.4 万人。农业科技和产业园区累计完成投资 33.16 亿元，已建成 20 个现代农业示范园区、100 个现代畜牧业示范园区和 55 个优势水产品养殖示范园区，沿海都市型农业体系加速成型。加快推进小城镇全面小康进程，率先实现城乡基本公共服务均等化，更多农民得到了实惠。多层次重保障的住房体系逐渐形成，滨海模式示范作用显著增强。新区已开工保障性住房项目 12 个，农民还迁住宅 218 万平方米，竣工 151 万平方米。生态城公屋面向企业职工发售，港东新城保障房即将交房验收，临港经济区蓝领公寓开始租赁，欣嘉园保障房示范社区建成，中部新城北起步区订单式限价房启建。三是医疗卫生服务全覆盖格局基本形成，规模实力显著增强。新区二级以上医院全面推行预约诊疗、无假日门诊和优质护理服务；空港国际医院、天津医科大学中心生态城医院全面开工，大港油田总医院迁建工程、开发区西区医院等项目主体完工，第五中心医院、港口医院和安定医院的新建工程已经投入使用，并建成心脏大血管外科等 4 个国家级重点学科，8 所医疗机构确定为信息化建设试点，改造使用 22 个社区卫生服务中心，开设 21 个国医堂，成为全国基层中医药工作先进单位。实现基本养老保险参保超过 100 万人，医疗保险参保 100.5 万人，失业保险参保 75.1 万人，工伤保险参保 82.3 万人。四是社会管理探索出了特色模式，提升了公共管理水平。新区流动人口服务管理中心投入使用，作为"1234"系统工程重要平台的社会组织管理服务中心投入运行，积极完善修改《天津市滨海新区户籍制度改革实施意见》及一系列相关附件及操作规范，三年来已有 4000 名"优秀外来建设者"可以落户新区，全域覆盖的流动人口服务管理模式初步形成。实施积极就业政策，推动高校毕业生就业和农村劳动力转移，全年新增就业 11 万人，转移农村富余劳动力 7692 人，帮扶 1657 名就业困难人员就业，城镇登记失业率控制在 3%以内，被国家授予"全国创业先进城区"，评选表彰了 1800 名优秀外来建设者，被批准为全国首家构建和谐劳动关系综合试验区。大港胜利街以居民自治为引导，推行社会管理多元化，充分发挥党组织和党员先锋模范作用，积极推进实施"十大员管理"模式，有效提高了社区建设管理和服务水平。街镇社会管理和公共服务能力迅速增强。先期建成 22 个街镇社区服务中心，114 个居委会社区服务站，总投资 12.7 亿元。实行"一窗口受理，一条龙服务，一站式办结"的服务模式，简化了办事程序。建立"区政府——城区管委会——街道办事处"三级网络信息系统，实现街镇管理的信息化、网格化、数字化。2011 年全年累计发放救助金 7524 万元，为困难群众发放救助和一次性补贴 2109 万元，救助流浪乞讨人员 4310 人次。建立滨海新区应急救助准备金制度，设立专项资金 3500 万元，现已启用应急救助准备金 200 余万元用于救助困难群众。

4. 文化教育科技体制改革进一步提升新区发展内涵新高度

一是文化领域改革创新以民生工程为载体，公共文化服务能力显著提升。作为 2012 年 20 项民心工程之一，新区以满足人民群众文化需求、保障人民基本文化权益为出发点和落脚点，通过实施文化设施建设、文化广场"千百万"、文化交流展示、市民文化素质提升、外来建设者文化服务、滨海"2191"电影放映、公共文化场馆免费开放等七大举措大力推进文化惠民工程，新建和提升了 105 个文化站、104 个文化广场、86 个农家书屋，举办了上千场文化活动，157 项精品力作获省部级大奖，全区参加各种文体活动的市民达 120 余万人次，形成了覆盖城乡的"十分钟文化圈"，使新区的公共文化服务能力和水平有了新提升，人民的文化生活品位有了新提高。新区整合航母主题公园、北塘古镇、中心渔港等区内旅游资源，完善服务设施，全面提升旅游服务质量。二是以提升综合素质满足新区发展需要为导向，人才培养服务能力显著增强。近三年来，新区在新建功能区、新建居住区、老城区内分别新建、改造提升中小学、幼儿园 60 余所，实现了全区 3 个城区、11 个功能区的全覆盖，基本了解决新区居民和流动人口子女"上学难"问题。同时，全区 142 所义务教育学校和 2 所特教学校全部完成现代化达标建设。在教育文化方面，引进北京东方娇俏幼儿教育集团、天津外国语大学附属学校等名优教育资源。在外来人口教育方面，新区每年免费培训外来人口接近 20 万人，其中三分之一的外来人口在新区获得了职业技术等级证书，塘沽第一职业学校、滨海职业学院被评为国家和市级示范学校。三是以科技体制改革为创新驱动，为经济发展提供加速度。新区组建了滨海新区科技企业孵化器发展战略联盟，新增孵化器和生产力促进中心 13 家，经市里认定的科技型中小企业达到 10076 家，科技小巨人达到 476 家，其中今年以来新增科技型中小企业 3414 家、新增科技小巨人 221 家。新区着力建设一站式融资服务平台，柜台交易市场积极促进金融与科技结合，为中小企业提供优质培育指导和融资对接服务，帮助企业融资 13 亿元。新区推动一批技术创新平台相继建设，国家超算中心已经构建动漫与影视特效渲染、石油地震勘探数据处理、生物信息与生物医药数据处理等五大领域应用平台，服务用户超过 300 家；国际生物医药联合研究院新建动物实验室、GMP 车间。截至目前累计引进高质量项目 160 个、高端创业团队 80 余个；天津大学滨海工业研究院一期综合楼、孵化器建成，目前已有 17 个项目入驻；中科院天津育成中心成立 5 个分中心，前期培育的 16 个合作项目已入驻。新区已拥有市级以上各类企业研发中心 235 家，已建成太重集团国家工程技术中心、展讯通信公司区域总部研发中心、书生软件技术公司区域总部研发中心、华大基因北方研发中心等 30 余家具有国内顶尖水平的企业研发机构。新区 40 家企业入选百家"优秀科技小巨人企业"名单，69 个获奖项目中 59 个由企业完成的项目，57 项获奖项目已经开展了产学研合作。未来科技城内首个保障房项目一期已经竣工，为企业用人解决"后顾之忧"，进一步完善了未来科技城的综合配套水平。政府搭建平台、免费开放研发机构、加大科技研发企业落户、推动科研院所与企业对接等方式，积极扶持企业自主创新力促科研成果搭上投产"直通车"。

2012 年是滨海新区安排部署新区综合配套改革第二个三年实施计划的关键一年，面对复杂困难的发展环境，即有挑战也充满机遇，新区政府坚定不移地贯彻中央和市委的决策部署，落实责任，加快重点领域和关键环节的改革创新，取得一些重点领域和关键环节改革的较大突破，为全面推进"十大改革"，圆满完成"十二五"规划目标，打好开发开放攻坚战，提供制度保障和动力源泉发挥了重要作用。

第四节　综合配套改革的发展前沿与展望

一、综合配套改革面对新挑战

2012 年滨海新区虽然在"十大改革"领域作出了明显推进，但面对新形势和新区发展新要求，综合配套改革还需迎接多方面新挑战。

1. 行政管理体制改革面临整合优化新课题

十八大以来，党中央国务院非常重视行政管理体制改革，明确提出了推进行政管理体制改革的重大任务。新区行政体制改革虽然取得了重大突破，逐渐向统一高效的服务型政府转型，但在新时期依然面临新要求、新问题、新挑战。一是十八大精神提出了新要求。行政管理体制改革必须站在全局和战略的高度，以科学发展为主题，以转变经济发展方式为主线，正确处理政府与市场的关系，使政府管理"有形之手"与市场机制"无形之手"有机结合起来。不但要解决改革中的具体矛盾和问题，更要注重解决体制和制度层面的问题；不但要考虑行政体制改革自身的运作，还必须考虑与其他各项改革的配套和整体推进；不但要考虑国内出现的新情况新问题，还要应对国际上复杂的形势和挑战。这是转变政府职能的核心问题，也是深化行政体制改革的关键所在。二是顶层设计面临新挑战。面对强大的改革压力和并不宽松的外部环境，进一步深化行政管理体制改革需要进行顶层设计，消除制约经济社会协调发展的体制机制障碍。面对新形势新任务和人民群众的新期待，如何进行顶层设计推进改革的争论依然很激烈，这是一项繁重而艰巨的任务。当前，社会各方面对加快推顶层设计的呼声非常强烈，但不同方面对改革的需求不尽一致。总的来说有两个方面倾向，一方面把经济社会发展过程中必然出现的一些问题都归结为行政管理体制问题，都归结为政府改革的不到位；另一个对于一些需要在改革不同阶段解决的问题，寄希望于在一个时期、通过一次改革来解决。然而，我国改革已进入了攻坚期与深水区，行政体制改革会在相当程度上触动乃至打破现存利益格局，调整预期利益。因此，有必要强化国家整体层面的宏观思考与顶层设计，突破部门和地区局限，推进立足全局、系统配套的举措。三是八项规定、纠正"四风"提出了新考验。在新情况新问题不断涌现的形势下，党中央提出改进工作作风、密切联系群众的八项规定，要求深入扎实开展党的群众路线教育实践活动，政府转变工作作风、密切联系群众，树立良好的形象，切除形式主义、官僚主义、享乐主义和奢靡之风的病灶。四是政府职能转变尚未得到根本解决，缺位、越位、错位现象依然存在。政府仍然管了很多不该管也管不好的事情，行政审批事项过多。没有把本应市场管理的事情交给市场，没有把属于企业的权利交给企业，依然代替企业进行招商引资，决定建设项目。五是新区部门整合实践尚处于探索之中，仍然存在思想认识的差异，有的部门对改革存在抵触心理，有的改革由于权力关系的制约而推迟，导致改革进程放缓。有的仍处于貌合神离状态，有的新组建部门还处于磨合期，有的部门职能作用还没有发挥出来，职责分工尚未完全落实到位，应该整合的还没有完全到位。六是新区行政层级有待进一步优化。合理、协调的行政层级体系是行政管理顺畅运行的重要基础。但新区当前行政管理层级还没有完全理顺，各级政府的财权事权依然有不对称的情况，职能交叉、权责脱节，不同层级政策职能重点不突出，"上下一样粗，左右一样齐"的现象依然存在。因此，进一步深化行政体制改革是保障改革红利不断释放的基础所在。

2. 改革红利需要经济领域改革新突破

党的十八大报告中有 86 次提到"改革"，十二个部分中有两个部分在标题上出现经济体制改革，第四部分在加快转变经济发展方式的前面，又增加了一个"加快完善社会主义市场经济体制"，这就足以说明经济体制改革在十八大报告中的分量之重。"经济体制改革的核心问题是处理好政府和市场的关系，必须更加尊重市场规律，更好发挥政府作用。"由于政府手上掌握资源过多，过度介入微观经济活动，核心资源、要素、行业等领域的改革与进展有限，门槛很高，加大了寻租空间，也弱化了企业的创新意识和动力。加之当前中国的改革红利由于人口红利、资源红利的消失已经达到极限，制度改革和资源潜力释放的空间很大。如何把更多资源从旧体制中解放出来，形成新的制度优势，这是改革激活资源配置效率、释放改革红利的关键所在，也是经济体制改革面临的新挑战。一是现在的金融体系已无法满足当前经济所面临的复杂情况，金融改革创新迫在眉睫。金融行业更多关注于规模效益，以银行为代表的金融机构多以大中型企业为主要服务对象。小微企业贷款难、农村等偏远地区金融服务薄弱等问题，已经成为制约经济发展的主要原因。因为利率市场化进程较慢，民企长期融资困难，企业的经营成本居高不下，制约了企业的可持续发展。过去通过实际低利率、金融管制等各种金融抑制政策服务于实体经济发展的时代已经过去，推动金融体系从政府主导型向市场主导型转化具有一定的现实紧迫性。利率市场化可以降低银行利差收益，促进银行转型做其他中间业务。新区如何学习温州金融改革经验服务实体经济，如何进一步增强金融规模与实力，形成聚集效应和示范带动效应尤为重要。二是加入世界贸易组织使我国制造业优势在世界市场得以变现，并不可逆地融入经济全球化，但由于美国次贷危机和欧洲债务危机的影响，加之我国涉外体制的制约，国际贸易与交流合作增速大大下降。新区如何学习上海自由贸易区改革创新，不断推进东疆港区向自由贸易港转型尤为紧迫，如何进一步完善"大通关"体系、扩展内陆"无水港"、提升中新天津生态城生态宜居示范效应尤为重要。三是由于国企的长期垄断，压制了民企的发展空间，导致民间投资热情低下，制约了经济增长。国有企业如何进行资源整合、兼并重组、引进社会资本、战略投资者成为今后改革面临的挑战，进一步释放红利成为新难题。于是，改革红利再度成为社会热议的焦点。针对当前的社会经济危机，需要摒弃过往的发展方式，开辟出新的经济增长模式，解决当前改革红利面临的极限挑战，由制度红利向全球化红利转变。

3. 惠民生需要依靠社会领域改革新举措

经济快速发展的背后，社会的贫富差距却越来越大，惠民生需要继续深入推进社会领域的体制机制改革，不断巩固和扩大社会领域的改革红利，这是党的十八大报告奏响"民生改善"的时代最强音。土地、城镇化、住房、医疗、就业等社会建设的具体任务，件件都是人民群众普遍关心的问题。一是土地管理体制改革如何减少土地财政的依赖性、提高配置效率成为新区面临的新难题。新区虽然土地资源较多，但城镇建设用地规模严重不足、耕地占补平衡矛盾突出等问题将更加显现。着眼长远，如何应对新区快速发展对用地需求的日益增强和应对新区可持续发展对土地生态保护的关注尤为重要。二是城镇化不是简单的人口比例增加和城市面积扩张，更重要的是实现产业结构、就业方式、人居环境、社会保障等由"乡"到"城"的转变。必须逐步改变传统的增长导向型城镇化模式，以民生改善为根本目的，不单纯追求城镇化速度，更关注城镇化进程中人的生活质量的提高。如何解决半城市化、农民工市民化、公共服务均等化等问题尤为重要，这对新区推进土地确权、土地征收补偿、土地换社保、宅基地换房、三改一化、三区联动等改革提出了更高要求，这是把城镇化最大潜力和改革最大红利结合起来形成叠加效应的新挑战。三是普通民众怎样能够分享改革红利，对城镇人口和外来务工人员而言是解决住房问题，这是民生大计，也是保障和改善民生的重点。新区经济快速稳定发展吸引了众多企业集聚，也吸引了大量人口不断聚集，产生了大量住房需求，如何解决供应缺口、满足多层次人员需求成为新区保障劳动力供给需要采取新举措。四是医改涉及面广，政策性强，直接关系民生，是一项世界性的难题。如何解决医疗服务均等化、医药改革平民化是新区面临的现实问题，因此新区的医改还有很长一段路要走。五是社会建设和管理创新需要探新路、破难题。如养老金缺口、养老金储备量、养老金的投资运营、延迟退休等问题都成为新区面临的新挑战。特别是经济下滑引起普遍就业难现象，全年 12 万人就业目标使新区面临较大考验。同时，劳动力市场的信息不对称、劳动力素质技能与产业需要不对称产生的供需矛盾依然存在。随着经济发展、人们生活改善，各种社会性需求纷纷出现，如安全、公平正义、民主、法治等，表明老百姓的需求层次正在发生变化，民生问题也随之发生变化，改革制度红利的空间遭到较大限制，这对社会领域改革提出了更多更新更高的要求。

4. 内生发展需要依靠文教科改革新整合

社会经济发展不仅需要夯实经济基础，更需要人文精神支撑、高素质人才参与、科技创新内生驱动，这是十八大精神提出的新要求，新区文化教育科技领域改革也面临着多种挑战。一是人民精神文化需求日益增长带来了新挑战。实践证明，当人均 GDP 到 5000 美元以后，消费结构发生重大转移或者调整，对文化产品和服务的需求是井喷式的。新区人均 GDP 早已超过 5000 美元，全国领先，人民文化需求大幅提高与文化产品数量质量难以满足的矛盾依然存在。同时，文化大发展需要以文化产业、文化企业为载体，如何进一步改革文化单位体制、整合文化资源、适应市场竞争，如何改善社会文化道德环境、释放文化改革红利、形成与新区经济发展相适应的文化大环境也是当前面临的一大挑战。还有经济全球化带来意识形态日益多元化、复杂化，一些攻击和渗透以不同的文化形式和文化载体出现，民族优秀文化空间被挤压，反映出本土的创造性和地区竞争力的不足，如何增强文化产业实力、提升文化品牌，有利于新区全面小康社会建设和国家文化安全维护。还有对文物保护的力度有待加强，促进非物质文化遗产传承发展。二是对多层次复合人才需求日益增长带来了新挑战。新区开发开放的全面快速推进，对各层次人才产生了巨大需求。不仅需要能够带来资金技术的海外高层次人才，也需要满足企业用工条件的普通劳动者，更需要某一领域的领军人物，这对新区教育体制、职业培训、人才战略提出了新要求。如何实现教育均等化，合理配置、整合协调教育资源，培养适应新区经济发展的人力资源，对教师资源配置与综合素质提升也提出更高要求，需要新区创新思路。三是对科技创新内生需求日益增长带来新挑战。科技在经济发展中的作用日益凸显，新科技革命和全球产业变革步伐加快，新区科技体制改革既面临机遇，也面对严峻挑战。一方面是迎接新的科技革命和产业变革，应对国际金融危机深层次影响，另一方面是破解新区转型发展深层次矛盾、解决制约科技创新突出问题的迫切需要。新区经济发展为科技体制改革提供了基本条件，为历次科技体制改革取得的成绩奠定了良好基础。新区人才能否满足和适应快速发展的科技企业与产业集聚需要新举措，创新科技研发平台能否取得领先成果需要新突破，创新科技成果能否转化为现实生产力需要新思路，如何激发企业创造活力、推进科技与经济结合、实现创新驱动发展，都给新区科技体制改革提出了新要求。

2013 年是全面完成第二个"三年计划"的关键一年，也是滨海新区开发开放向更高目标迈进的关键一年，以全力实施国家重大发展战略为使命，以科学发展为主题，以率先加快转变经济发展方式为主线，以富民惠民为根本出发点，以"十大改革"为强劲动力，以"调结构、惠民生、上水平"为有效抓手，稳中求进、稳中求好、稳中求快、又好又快，全力打好开发开放攻坚战，努力成为深入贯彻落实科学发展观的排头兵，在带动天津发展、推进京津冀和环渤海区域经济振兴、促进东中西互动和全国经济协调发展中发挥更大作用。

二、综合配套改革展望

滨海新区完成综合配套改革第二个三年计划任务还剩最后一年，国家就新一轮改革将作出更具顶层设计的部署。新区作为国家综合配套改革试验区，必须充分发挥自身优势，不断探索新形势下发展的新路子，继续在改革开放中走在前列，发挥引领示范作用。新区需要就综合配套改革试验的整体思路做进一步谋划。

1. 继续解放思想和统一思想

党的十八大对深化改革作出了部署，明确了要求，为推进改革指明了方向，提出了任务。习近平总书记强调，改革开放是一项长期的、艰巨的、繁重的事业，改革已经进入攻坚期和深水区，必须坚持社会主义市场经济的改革方向，坚持对外开放的基本国策，更加尊重市场规律，更好发挥政府作用，以开放的最大优势谋求更大发展空间，以更大的政治勇气和智慧，不失时机深化重要领域改革。因此，必须进一步解放思想和统一认识，充分认清深化改革面临的形势和重大意义，勇于冲破思想观念的障碍，突破利益固化的藩篱，强化全局观念、责任意识和先行一步、先试一招的理念，以更大的政治勇气和智慧打好深化改革这场硬仗。

为此，要正确认识改革是最大红利。改革红利来自对社会主义市场经济的理论创新与实践探索，市场经济创新解放和发展了社会主义生产力，建立和完善社会主义市场经济体制的创新实践，是生成和释放改革红利的源泉。改革步入深水区，每一关都是"硬骨头"，牵一发动全身，需要聚合各项相关改革协调推进的正能量，以更大勇气去打破长时间形成的部门、行业利益和固有格局。只有这样，才能在释放新一轮改革红利中加快转变经济发展方式，激活经济社会发展蕴藏的巨大潜力。只有深化改革，才能加快建设社会主义市场经济、民主政治、先进文化、和谐社会和生态文明，才能进一步理顺政府与市场、政府与社会、经济与文化、人与自然的关系，才能确保改革红利在全社会的公平分享和永续利用。改革是生成发展红利的"活水"，是解决发展中突出矛盾和问题的"总开关"，是推动经济社会发展和民生改善的"动力源"。当前和今后一个时期，改革仍是最大的红利。

2. 结合完成第二个三年实施计划继续深化各领域改革

改革开放是一个系统工程，必须坚持全面改革，在各项改革协同配合中推进。改革开放是一场深刻而全面的社会变革，每一项改革都会对其他改革产生重要影响，每一项改革又都需要其他改革协同配合。滨海新区的"十大改革"围绕"深水区"关键问题细化深化了综合配套改革，要在继续完成第二个三年实施计划的过程中更加注重各项改革的相互促进、良性互动，整体推进，重点突破，形成推进改革开放的强大合力。要处理好"胆子与步子"的关系，注意在促进经济社会平稳运行和转变经济发展方式之间寻求平衡点和改革新突破，解决现阶段面临的经济稳定增长问题。

3. 找准新形势下释放改革红利的突破口

遵循牵动全局的主线理清新一轮改革的关键环节和突破口，在全面梳理改革各领域、各环节之间内在联系的基础上制定新的一系列重大改革方案。释放改革红利，不仅方向要对头，而且要选准突破口。很多问题判断与解决起来很复杂，难以较快达成社会共识。所以，可以优先选择社会共识程度高、阻力小、能实质性推进的大问题作为改革的突破口。

4. 探索顶层设计与摸石头过河协调配合的新机制

搞好全国实施新一轮改革背景下的综合配套改革规划，特别要有着眼于长远的顶层设计，并做到与摸着石头过河适时适度协调配合。主要包括：研究明确改革顶层设计的内涵和基本要求，在全球和全国视野下确定新一轮改革目标、内容与路线图；建立高层次的改革统筹协调机制，正确处理政府与市场、政府与社会的关系；以解决社会民生问题为导向，准确定位改革发展稳定的关系；尊重群众首创精神，采用适应新形势的新方法，积极开展基层单位和群众紧密结合的实践探索。

参考文献：

[1]（美）托达罗·史密斯著，余向华，陈雪娟译. 发展经济学 [M]. 北京：机械工业出版社，2009.

[2] 卢现祥. 新制度经济学（第二版）[M]. 武汉：武汉大学出版社，2011.

[3] 安虎森. 新区域经济学（第二版）[M]. 辽宁：东北财经大学出版社，2010.

[4] 郝寿义. 滨海新区开发开放与综合配套改革 [M]. 天津：南开大学出版社，2012.

[5] 王家庭. 国家综合配套改革试验区的理论与实证研究—以天津滨海新区为例 [M]. 天津：南开大学出版社，2009.

[6] 中国共产党第十八次全国代表大会报告 [EB/OL]. 新华网，http://news.xinhuanet.com/18cpcnc/2012-11/17/c_113711665.htm，2012.

[7] 李家祥. 我国综合配套改革试验区的理论价值与阶段特征 [J]. 经济学

动态，2007.

[8] 李家祥. 深化综合配套改革 推进滨海新区发展 [N]. 天津日报，2013-7-15.

[9] 余典范. 上海浦东新区与天津滨海新区、深圳特区的比较研究 [J]. 上海经济研究，2007（3）.

[10] 朴银哲，安虎森. 我国综合功能开发区创新型发展模式探索——浦东新区与滨海新区开发模式比较分析 [J]. 求索，2012（8）.

[11] 戴学来，董智勇，胡东宁，郭素芳. 发挥滨海新区在区域发展中的作用研究 [J]. 天津师范大学学报社会科学版，2011（2）.

[12] 李家祥等. 天津滨海新区战略发展报告 [R]. 2011—2012 年天津滨海新区年鉴，天津社会科学出版社.

第二篇

构筑高端、高质、高新化产业体系

第五章　产业结构调整：高端、高质、高新化产业体系

第一节　高新技术产业发展总体态势

一、产业规模持续扩大

"十二五"开局，滨海新区开发开放取得了重要进展，经济总量持续扩大，高新技术产业更是保持了强劲的发展势头。2011年，工业总产值达到12828.95亿元，增长27.1%；完成城镇固定资产投资3263.94亿元，增长10.4%。其中，高新技术产业总产值9061.87亿元，增长22.6%；在高新技术产业领域完成的城镇固定资产投资为1982.17亿元，增长3.1%。与2010年相比，虽然高新技术产业在工业总产值中的比重从73.3%下降为70.6%，而且增长速度低于工业整体4.5个百分点，但是却在城镇固定资产投资份额减少4.3个百分点的情况下，以3.1%的城镇固定资产投资增长实现了22.6%的产值增加，标志着高新技术产业已经成为转变经济发展方式、以效率提升带动效益扩充的主导力量。

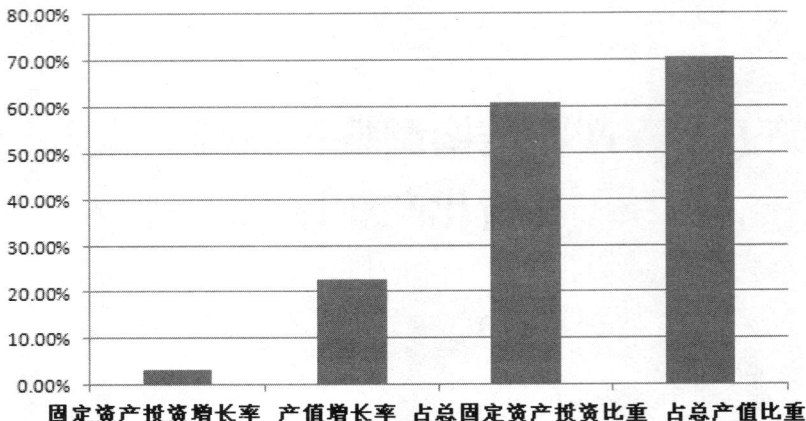

图 5-1　2011 年滨海新区高新技术产业固定资产投资与产值概况

二、产业结构不断优化

在产业规模持续扩大的同时，滨海新区高新技术产业的结构也在不断优化，向高端、高质、高效的方向发展。一方面，装备制造、电子信息、生物医药和高技术服务四大产业的优势地位进一步巩固。以大乙烯、大炼油、大机车等大项目好项目建设为契机，以轨道交通装备、工程机械和石油石化装备为主的高端装备制造产业已经成为产业升级的重要支撑力量；而以 RFID、物联网、云计算等新一代信息技术和生物制品、医疗器械创新为依托，电子信息和生物与新医药两个传统高新技术产业都焕发了新的活力，并衍生和带动了以信息和软件服务、服务外包、科技中介、文化创意为主要业态的高技术服务产业的迅速发展。另一方面，航空航天、新能源和新材料三大产业的战略能量加速释放。随着以大飞机、直升机、无人机、大火箭和卫星为标志的"三机一箭一星"产业格局的形成，滨海新区的航空航天产业进入快速发展期，产业链条逐渐完善，产业带动作用加快显现；而以风力及光伏发电、绿色电池和电子信息、化工、金属、生物医学、航空航天等新材料的研发和制造为主体，在现代冶金产业的辅助下，新能源和新材料产业体系也逐渐拓展和完善。在与其他产业相辅相成、良性互动、促进滨海新区经济发展的同时，更促进了资源节约型与环境友好型社会的形成。

三、创新能力显著增强

高新技术产业的快速发展，在很大程度上源于创新能力的显著增强。随着企业研发投入的加强与社会创新体系的不断完善，滨海新区在一些关键技术领域取得了重要突破，涌现出一大批高水平的专利成果。2011年规模以上工业企业 R&D 经费投入 144.43 亿元，从事科技活动人员 55505 人，实现新产品销售收入 2115.66 亿元。到 2012 年，新区将建成市级生产力促进中心 22 家，市级以上示范生产力促进中心 7 家（国家级 2 家），国家创新驿站基层站点 4 家，使市级以上各类研发中心达到 235 家（国家级 46 家）。2011 年，新区专利申请量 11855 件，增长 91.55%，其中发明专利申请 4235 件，增长 106.89%；获专利授权 5649 件，占天津市的 40.4%，其中发明专利授权 739 件，占天津市的 29.23%；累计拥有有效专利数量达到 11553 件，每万人发明专利拥有量达到 6.3 件。滨海新区成立三年，在装备制造、药物与生物医学、仪器仪表、计算机与自动控制、现代农业等领域，涌现出一批处于国际和国内领先地位的自主创新成果，14 个项目获得国家科技奖，225 个项目获得天津市科学技术奖，225 个项目获得新区科学技术奖励。

四、企业格局日趋明朗

作为高新技术产业发展的第一主体，高新技术企业不仅数量与质量同增，格局也日趋明朗，龙头企业、科技型中小企业集群、高新技术企业团队之间的协调互动关系日益形成。在摩托罗拉、三星电子、飞思卡尔、维斯塔斯、葛兰素史克、诺和诺德、中兴通讯等龙头企业的带动下，滨海新区科技型中小企业集群迅速壮大，科技小巨人企业迅速成长。涌现出以赛象科技、力神电池、曙光计算机、巴莫科技、凯莱英、国韵生物、膜天膜、天汽模、松正电子、清源电动车等为代表的一批知名企业，新能源、新材料、电子信息、生物医药、节能环保、航空航天等领域的科技型企业比重达到 90% 以上。2011 年新增科技型企业 4210 家，其中科技小巨人企业新增 259 家，科技型企业和科技小巨人企业总数达到 10870 家和 525 家；228 个项目获得天津市中小企业技术创新基金支持，111 个项目获得国家中小企业技术创新基金支持。通过集群效应的发挥和支撑，157 家企业通过新区高新技术企业认定，使级高新技术企业达到 552 家；130 家企业通过国家高新技术企业认定，使国家级高新技术企业达到 730 家，比 2010 年增加 15.1%。

五、产业集群加快形成

随着产业布局的优化、功能定位的明确和集聚效应的发挥，新区高新技术产业呈现出明显的集群化发展态势，高新技术产业集群正在加快形成。航空航天产业方面，空中客车天津总装有限公司、中航工业直升机公司、西飞国际航空制造天津有限公司等近 50 家大型航空航天知名企业、零部件及配套企业和相关机构落户滨海新区，航空人才培养和航空金融租赁也得到快速发展；电子信息产业方面，滨海新区集聚了摩托罗拉、三星、中芯国际、曙光等国际知名企业，中国 RFID 产业联盟 RFID 与物联网天津基地积极开辟重点示范行业和示范区域建设，并形成了较为完整的物联网产业链；生物与新医药方面，滨海新区集聚了包括大型生物医药制造企业、传统中医药生产企业、生物医药孵化器和医疗器械企业在内的 100 多家企业，年增长率接近 40%，国际竞争力日益增强；新能源和新材料产业方面，也形成了一定规模的产业集群，光伏电池产业发展门类齐全，涉及晶体硅制造、多晶硅电池、非晶体硅薄膜电池、非晶微晶叠薄膜电池、柔性薄膜电池、CIGS 薄膜电池、CPV 聚光电池、多晶硅电池组件等多个领域，并与以丰田和长城整车生产基地为核心的汽车产业集群协作，推动了以天津清源电动车公司为代表的、具有国际领先水平的专业新能源汽车企业的发展。2011 年汽车及装备制造、石油化工、电子信息和粮油食品四大产业集群产值分别超过 4000 亿元、3000 亿元、2000 亿元和 1000 亿元。预计到 2017 年，出现产值规模 8000 亿元的航空航天、石油化工和新能源三大世界级高端制造集群，以及产值规模 12000 亿元的信息技术、汽车及装备制造和生物医药三大国家级高端制造集群。

六、产业地位稳步提升

经过"十二五"开局的大力建设和快速发展，滨海新区已经成为我国高新技术产业发展的现实高地和战略源泉。与北京中关村、上海浦东、深圳、苏州等国内高新技术产业传统高地的差距显著缩小，国家电子信息产业基地和国家生物医药产业基地的地位进一步巩固，国家航空航天产业基地的优势迅猛建立，新材料和新能源产业迎头而上，高技术服务高起点立足，而高新技术改造传统产业的大规模、深层次开展更是为全国产业结构升级和发展方式转变树立了典范。在高新技术产业的支撑下，滨海新区的龙头带动作用愈加显现，区域影响力不断扩大，正在努力成为贯彻落实科学发展观的排头兵，努力争创高端产业聚集区、科技创新领航区、生态文明示范区、改革开放先行区、和谐社会首善区。为早日实现国家目标定位，成为我国北方对外开放的门户、高水平的现代制造业和研发转化基地、北方国际航运中心和国际物流中心，以及宜居生态型新城区奠定了坚实的基础，积蓄了充足的力量。

表 5-1　滨海新区国家级高新技术产业化基地

基地名称	依托产业
国家民用航空高新技术产业化基地	航空航天
国家风力发电高新技术产业化基地	新能源/装备制造
国家集成电路高新技术产业化基地	电子信息
国家纳米技术高新技术产业化基地	新材料
国家半导体照明工程高新技术产业化基地	新能源/新材料
泰达国家现代服务业产业化基地	高技术服务

资料来源：作者自行整理。

第二节　高新技术产业发展的主要经验

一、政策扶持

国际金融危机的爆发，对以外向型经济为主导的中国经济产生了巨大的冲击。但是，与珠三角和长三角的一些地区相比，由于经济对外依存度较低、劳动密集型产业比重较小，滨海新区受到的冲击是比较轻的。尽管如此，滨海新区仍然以国际金融危机的外部倒逼和国内改革开放的内部探索为双重动力，以大力发展高新技术产业为抓手，主动、切实转变经济发展方式，构建起"全方位、多层次、宽领域"的高新技术产业发展扶持政策体系。

为推动国家创新型试点城区的创建，研究制定《滨海新区国家创新型城区试点工作实施方案》和《关于滨海新区建设国家创新型试点城区的若干意见》，开展天津市滨海新区创建国家创新型试点城区战略研究，召开"滨海新区科学技术奖励暨国家创新型试点城区建设推动大会"，完成《创新型试点城区建设情况分析报告》，为全面落实和推进试点建设工作提供组织、制度和环境保障。

为加快科技型中小企业和高新技术企业发展，制定出台了《天津市滨海新区科技小巨人成长计划——科技型中小企业发展"十二五"规划》、《关于支持科技型中小企业发展的实施意见》和《关于支持科技型中小企业发展的政策措施》，设立了"滨海新区高新技术企业培育资金"，并出台《天津市滨海新区高新技术企业培育资金管理办法（试行）》和《天津市滨海新区高新技术企业认定管理办法（试行）》。

为加强知识产权管理工作，成立由新区各功能区管委会、区知识产权局、工商局、质监局、文广电局等27个单位分管领导组成的知识产权工作领导小组并下设办公室，制定了《天津市滨海新区知识产权"十二五"发展规划》和《天津市滨海新区贯彻落实〈天津市知识产权战略纲要〉实施方案》等规范性文件，初步建立起滨海新区知识产权管理体系。

为奖励对滨海新区科学技术进步做出显著贡献的个人和组织，激励创新活动，滨海新区政府常务会议批准设立滨海新区科学技术奖，并出台了《滨海新区科学技术奖励办法》与《滨海新区科学技术奖励办法实施细则》，包含即科学技术突出成就奖、技术发明奖、科学技术进步奖、科学技术合作奖，其中科学技术突出成就奖专门授予在科学技术创新、科学技术成果转化和高新技术产业化中，做出突出贡献，创造重大经济效益或者社会效益的个人。

二、双轮驱动

从国内外经济发展的实践看，高新技术产业的发展主要有两种路径。一种是渐进式发展，即在不压制传统产业发展的基础上，通过高新技术在某些领域的重点渗透和应用，推动部分传统产业向高新技术产业的转变，进而实现产业结构的优化升级。其优点是可以充分利用原有产业基础，较为平稳地实现经济发展方式的转型，而发展方向受限和发展速度较慢是其最为明显的不足。另一种是激进式发展，即在压制或放弃传统产业发展的基础上，以高新技术产业作为新的产业选择和产业发展目标，赋予高新技术产业绝对的主导地位，进而实现产业结构的重构升级。其优点是可以克服后发劣势的制约，较为快速地实现经济发展方式的转型，而发展根基不牢和发展风险较大也使其具有明显的不足。滨海新区高新技术产业的发展，则是从自身实际出发，将两种路径结合起来取长补短，既立足现实优势又谋求战略空间，既追求发展速度又力保平稳过渡，探索出一条具有滨海新区特色的高新技术产业发展路径。

一方面，立足现实优势，坚持渐进式转型，以高新技术改造传统产业。作为新时期天津市工业布局的重心，以石油化工、汽车制造、冶金和制药为代表的传统工业是滨海新区经济发展的重要支柱，也是滨海新区在天津市三区联动协调发展中龙头带动作用发挥的主要支撑。如果放弃这些传统产业领域的现实优势，不仅会因为大量前期投资无法收回产生巨大的沉没成本，而且一旦新发展的产业无法及时补位，势必会对天津市经济社会的快速稳定发展产生严重的消极影响。因此，滨海新区坚持渐进式的发展思路，通过高新技术的改造，以大乙烯为核心的现代化工产业、以大机车、新能源汽车和现代冶金为主要内容的现代装备制造产业、以生物医药和医疗器械为主要方向的生物与新医药产业蓬勃发展，既保持住了现实优势，又使传统产业焕发了新的活力、实现了产业结构的优化升级与经济发展方式的平稳转变。

另一方面，发挥战略眼光，坚持跨越式发展，白手起家谋划战略新兴产业。作为新的国家经济增长极，滨海新区不仅立足现实优势，更积极拓展战略空间，为自身、天津市和国家的可持续发展积蓄能量。对于自身没有基础的战略新兴产业，滨海新区找准切入点，以大项目为抓手、高起点迎头而上，短时间内就在航空航天与超级计算机领域实现了重大突破。随着 A320 系列飞机总装线和新一代大推力运载火箭项目的落地生根，大飞机、大火箭、直升机、无人机和航天器等项目迅速在临空产业区、经济技术开发西区和滨海高新区聚集，滨海新区已经成为我国重要的航空航天产业基地。以与国防科技大学合作建设国家超级计算机天津中心为契机，滨海新区形成了以"天河一号"超级计算中心、曙光高性能计算机、中科蓝鲸高性能存储器和腾讯天津研发与存储中心为主的一批高性能计算与存储产业集群，发展水平已处在国内领先、国际一流的领航位置。

三、项目引领

由于具有要素集聚快、投资周期短、乘数效应大等特点，项目引领已经成为国内诸多地区经济建设和产业发展的重要手段，滨海新区更是走在了全国前列。大计算机、大飞机、大火箭、大机车、大乙烯、大钢铁、大炼油等大项目好项目在滨海新区经济社会发展、特别是高新技术产业发展的过程中发挥了无可替代的重要作用。但是与其他地区不同的是，在这些"看得见"的项目之外，滨海新区高度重视"看不见"的项目即自设科技计划项目的引领作用。以财政投入为保障，以科技成果转化和产业化为目标，明确高新技术产业发展方向，以"看不见"的项目为"看得见"的项目提供支撑，为滨海新区高新技术产业的健康和可持续发展进一步增添了动力。

2010 年，滨海新区在成立伊始就设立科技创新、高新技术企业培育、科技奖励三类专项科技资金，并依据三类资金的特点设立八大科技计划。在科技计划执行中，聚集国内外科技资源，促进产学研结合，加快科技成果转化及产业化，培育壮大科技创新型企业发展，提升区域自主创新能力，完善以企业为主体、市场为引导、产学研相结合的技术创新体系建设。两年累计执行各类科技计划项目近千项，新区科技计划项目总经费投入近百亿。

作为主体的科技创新专项资金方面，从创新环境、产业发展、企业助推、社会发展四个角度，结合科技创新创业团队引进和知识产权保护两项行动组织安排相关资金。包括自主创新重大平台与环境建设项目 25 项，其中千万亿次高效能计算机应用平台建设及推广专项围绕"天河一号"超级计算机系统的应用平台建设和推广作为重点，首批在药物研发、动漫、高端制造、石油勘探四个领域启动药物设计、交互式渲染、工程仿真、石油勘探一体化处理应用平台建设；自主创新重大项目 83 项，其中以攻克关键技术和抢占技术制高点为突破口，力图在高端新型电子信息、新能源汽车、生物等产业领域突破 50 多项代表行业制高点的关键技术；"十大战役"重大科技支撑项目 11 项，重点围绕路基处理、航道建设、水文工程、循环经济、绿色能源、城市数字化等领域，开展相应的技术攻关、研究实验和示范工程建设，为"十大战役"重大工程建设提供支撑；科技创新创业团队培育计划项目近 20 项，使滨海新区人才总量突破65 万人，其中两院院士、长江学者、国家科技奖项带头人等高端人才 320 多名，进入国家"千人计划"30 人，天津市"千人计划"65 人；以及知识产权发展项目、科技小巨人成长计划项目、社会发展科技支撑实施项目等项目累计 200 余项。

四、模式多样

从我国高新技术产业发展的实践看，主体不够明确、动力不够充足、模式不够丰富是较为广泛的现象。由于政府在高新技术产业发展中的引导作用过于显著，导致企业、资本等产业发展主体的主导地位不够明确；由于固定资产投资在高新技术产业发展中的支撑作用过于强大，导致市场需求、成果转化等其他动力不够充足；由于政府和固定资产投资在高新技术产业发展中的地位过于强势，导致产业发展模式不够丰富。而滨海新区高新技术产业的发展，则呈现出企业、资本、科研机构、高端人才与政府等多类别主体并行，转型压力、逐利需要、成果转化、创业实践、宏观调控等多重动力耦合作用的特点，实现了多种发展模式的优势互补和协调共进。

一是企业转型促进模式，即随着产业生命周期和产品生产周期的演进，传统企业转型进入高新技术领域、生产高新技术产品以谋求发展空间，进而促进高新技术产业发展的模式。例如滨海新区石油化工产业的部分企业，通过技术改造和产品升级，减轻了环境承载压力，增强了企业竞争力，提高了石油化工产业的高新技术含量。

二是资本逐利带动模式，即随着滨海新区经济社会发展水平的提高和高新技术产业发展能力的增强，国际和国内资本在区域间和产业间流动的过程中，将其作为投资对象和盈利载体，同时带动高新技术产业发展的模式。例如以摩托罗拉和三星电子为代表的国际资本、以太原重工和长城汽车为代表的国内资本分别对滨海新区的电子信息产业和装备制造产业的发展起到了重要的带动作用。

三是科研机构成果转化支撑模式，即随着市场经济意识的普及和科技应用倾向的增强，科研机构为了服务经济社会发展和提升自身价值，独立或与其他经济部门合作开展科技成果转化，进而推动高新技术产业发展的模式。例如国家超级计算天津中心、中国科学院天津工业生物技术研究所、天津大学、南开大学等科研机构在科技成果转化方面的成功实践，为滨海新区高新技术产业的发展提供了强有力的支撑。

四是高端人才创业推动模式，即随着滨海新区人才高地建设的推进、创业环境的改善和创业氛围的增强，拥有开阔的视野、先进的技术或卓越经营管理才能的高端人才选择在滨海新区高新技术领域创业，进而推动高新技术产业发展的模式。例如在滨海新区生物与新医药产业和高技术服务产业发展的过程中，由归国留学人员创办的企业起到了重要的推动和示范作用。

五是政府宏观调控扶持模式，即在经济发展方式转变和产业结构调整的过程中，政府在资金补贴、税费减免、土地优惠、审批优先等方面向高新技术企业重点倾斜，扶持高新技术产业发展的模式。例如滨海新区航空航天产业的发展，与滨海新区政府的重点扶持是密不可分的。同时，滨海新区高新技术产业发展的其他模式大多是与此模式配合运行的。

五、聚合资源

作为国家综合配套改革试验区，滨海新区充分利用国家各部委支持滨海新区开发开放的各项政策，集聚融合各种要素资源支持高新技术产业发展。2010年1月，经过积极申报争取，滨海新区被国家科技部确定为首批国家创新型试点城区，力争在2015年在全国率先达到创新型城区标准。科技部持续加大对试点工作的引导支持，把推进创新型城区试点作为部省会商优先议题，共同研究解决重大问题。并结合试点工作实施方案，将滨海新区符合条件的重大科研任务、重点技术创新战略联盟、重点创新基地和创新服务平台、高层次创新人才培养和引进等，纳入国家科技计划和相关渠道优先支持。对滨海新区创新体制机制、构建区域创新体系、先行先试创新政策等，科技部联合发改委、财政部等有关部门和天津市加强指导、加大支持。2011年7月，作为科技部支持滨海新区开发开放的重要内容，滨海新区获批成为全国首个国家863计划产业化伙伴城区试点。科技部从支持金融创新、支持高层次人才集聚、支持高水平平台建设、支撑科技成果转化机制创新、支持加强基础建设和提高干部队伍素质等五个方面加大对滨海新区国家863计划伙伴城区建设的扶持力度，促进国家863计划成果在滨海新区转化和产业化，同时带动高端科技人才在滨海新区集聚，促进滨海新区的科技金融创新。

同时，滨海新区发挥"跳出科技看科技"的战略眼光，多部门协作合力引导要素资源向高新技术产业集聚。在作为科技主管部门的科委之外，发改委、经信委、财政局、人保局、工商局、质监局、知识产权局等政府部门均将扶持高新技术产业发展作为主要工作内容，从发展规划、项目布局、财政支持、手续审批、监督检验、产权保护等方面扶持高新技术产业发展，在加强政府要素资源投放的同时引导社会要素资源向高新技术产业集聚，为滨海新区高新技术产业的发展增加了动力和保障。

六、体制创新

以国家综合配套改革试验区的先行先试为依托，滨海新区积极开展科技体制创新，优化组织结构与运行机制，建立并完善科技管理体系和制度，为高新技术产业发展营造良好的外部环境。

在科技金融体制创新方面，滨海新区致力于建设中国基金中心，已经成为中国产业投资基金最为集中的区域。2006 年底，全国首只中资产业投资基金——渤海产业投资基金在天津设立；2007 年底，中国规模最大的政府创业风险投资引导基金——滨海新区创业风险投资引导基金设立；2009 年底，国内首只船舶产业投资基金落户天津；2010 年底，由天津滨海新区创业风险投资引导基金有限公司作为发起人出资设立的"海泰优点创业投资基金"成功获得了国家科技部和财政部 4000 万元参股支持，成为天津市第一只获得国家部委支持的基金，同时也成为国家部委支持的我国首只中外合作基金。2012 年，滨海新区与光大金控签定战略合作协议，设立光大滨海产业基金；创业风险投资引导基金完成四支基金、三个直投项目的投资；膜天膜在深交所创业板成功上市，鹏翎胶管通过证监会审核；高新区成为全国"新三板"首批扩容试点，锐新昌轻合金等 4 家企业成功挂牌交易。

在科技创新体系方面，滨海新区以天津国际生物医药联合研究院等机构建设为抓手，积极探索丰富创新主体、完善创新基础设施、充实创新资源、优化创新环境、加强外界互动的新路径、新方法和新措施。2009 年 6 月，以国家科技部、商务部、卫生部、国家食品药品监督管理局与天津市人民政府"四部一市"共建国际创新园为契机，天津国际生物医药联合研究院正式揭牌成立。两年来，联合研究院致力于通过搭建完善的新药研发技术平台，吸引、培育医药研发的高水平人才与团队，引进、创办医药企业、研发机构，加速培育具有自主知识产权的医药产品。先后成为国家人力资源和社会保障部、全国博士后管委会批准的"博士后科研工作站"，科技部批准的"国际科技合作基地"，中央人才工作协调小组批准的"海外高层次人才创新创业基地"，天津市人才工作领导小组批准的"海外高层次人才创新创业基地"。共承担国家科技计划重大课题 4 项，申请国家专利超过 100 项（拥有专利总数已超过 250 项），31 个项目获得"十一五"国家重大新药创制专项资金支持，44 个项目获得天津市科委国际创新园专项资金支持，15 个项目通过滨海新区促进经济发展专项资金评审，10 个项目通过滨海新区科技创新创业团队培育计划项目评审。共引进项目 114 项，入驻企业达到 71 家，其中 6 家企业已经投资建设生产车间，产品即将面世。在发展过程中探索并实践了"政府搭台、市场机制；国有资产、企业运行；

不设围墙、开放联合；国际认证、互利共赢"的"滨海模式"，并先后与默克、健赞、Vertex 等大型制药公司建立合作关系，与美国亚历山大不动产股份有限公司、创铸投资有限公司等投资咨询公司建立合作意向，与意大利卫生部、澳大利亚生物科技协会、哈姆纳健康研究院等国外科研机构签署合作协议，极大地推动了滨海新区生物医药产业乃至高新技术产业的发展。

第三节　创新驱动　建设科技创新领航区

一、开拓视野，顶天立地

滨海新区紧紧抓住经济全球化日益深化和广化的机遇，充分利用国际和国内两个市场，在更高层次上参与国际分工和协作体系。一方面要继续依托滨海新区开发开放的国家战略，创造积极条件吸引国际国内先进的企业和技术向滨海新区转移，尤其是跨国公司研发部门的转移；另一方面要积极利用国际国内两个生产要素和技术市场，提升滨海自有企业的自主创新能力。

1. 后危机时代世界高新技术产业发展的特点

金融危机后各国都在进行经济结构调整，高新技术产业发展呈现出一些新的取向和特点。

首先，巨头垄断、多头争雄的竞争格局日益形成。传统上，发展高新技术产业的主角是美国、欧盟、日本等发达国家，其他国家和地区基本都处于产业链低端，发展比较低级的传统产业。这些年来，尤其是金融危机后，世界产业格局开始发生深刻变化，尤其是以"金砖四国"为代表的新兴市场国家开始迅速崛起，经济转型加速，开始大力发展高新技术产业。

其次，高新技术成果转化速度加快。信息化大大加快了世界资源的流动速度，也加快了高新技术的研发和成果转化速度。对于一项新技术来说，研发速度和成果转化速度越快，产品市场优势就越大。高新技术产业的竞争越来越表现为"技术领先一步"的竞争。缩短研发和转化周期，不仅意味着节约时间和资源，也预示着更好的发展前景。

再次，高新技术人才竞争加剧。技术和标准的竞争，归根结底还是高新技术人才的竞争。所以，各个国家都把吸引和留住高新技术人才放在关键位置。欧美等发达国家具有无可比拟的人才吸引力，并正在积极采取多种措施吸引其他国家的高素质人才，一场全球人才争夺大战正在展开。

最后，"研发中心"的国际化趋势明显。高新技术企业的核心是"研发中心"，代表着高新技术企业的核心竞争力。随着全球化的发展，人才竞争的加剧，许多跨国公司开始在世界范围内转移和新建"研发中心"，以期利用世界各地有比较优势的资源，尤其是人才资源，使研发技术和产品适应当地市场。

2. 高新技术产业发展新取向

——电子信息产业。一方面，发达国家"再工业化"和重归实体经济的战略实施，各国在电子信息产业进行战略布局，技术二次开发和深度应用的融合创新成为产业发展重要特征。另一方面，新一代互联网、物联网、云计算等业态创新成为产业发展新趋势，高性能集成电路、基础设备、信息材料等核心器件与关键技术仍是未来产业发展的制高点。同时，该项产业的兼并重组力度加大，行业内的企业竞争更加激烈。

——生物与新医药产业。基于前期生物医药技术研发领域的大规模投入，未来生物医药产业化的进程将明显加快，市场规模进入快速扩张期；生物医药产业在一定时期内仍以美欧等少数发达国家占据主导地位，生物医药产业主要由跨国巨头和"重磅"产品主导，但亚太等新兴市场国家也在不断加大对生物医药产业的投资；战略性技术同盟将成为新药开发的成功模式；全球医药产业生态系统正加速向3.0时代转变。

——航空航天产业。从企业结构看，航空航天产业与高端装备制造业形成耦合，产业链的主要环节面临寡头垄断，产业竞争向产业集群竞争发展，世界上已形成以法国图卢兹航空谷、美国西雅图航空城和加拿大蒙特利尔航空城为代表的三大航空产业集群。从市场结构看，发包市场活跃，接包市场竞争激烈，获得垄断地位的航空寡头掌握着核心技术和标准并将不具优势的环节和领域外包给其他企业。干支线飞机、直升机、发动机、航电和机电设备、特种材料和涂料等诸多军民融合领域的发展前景不断明朗。

——新材料产业。首先，新材料多学科交叉，前沿性技术不断突破，产业进一步融合，各国政府高度重视新材料产业发展，重点发展方向主要集中在信息材料、生物医用材料、新能源材料、航空航天材料、生态环境材料、纳米材料、超导材料等领域。其次，新材料发展由军事需求为主转向民用需求，新材料市场需求旺盛，产品将进一步扩大，新材料产品标准呈现全球化趋势，高性能、低成本及绿色化发展趋势明显。再次，跨国公司对新材料产业发展的影响力加强。

——高技术服务产业。产业发展逐步形成良好循环的区域产业链和产业集群发展模式，并呈现出以都市区为核心载体的发展趋势，产业集群的发展方向受到各城市不同发展模式的影响，产业集群呈现多样化、多层次化、网络化的结构特征。另一方面，高技术服务产业在以信息技术为核心的高新技术向服务业快速扩散的同时，服务产品特性不断弱化，规模经济、资本密集性逐渐加强，金融、保险、通讯、咨询等高新技术服务业现代化的步伐越来越快。

——新能源及节能技术产业。一方面，全球新能源所占比重逐步增大，新能源中的太阳能光伏发电、风能、生物质能的供应量增速远高于传统能源增速，各种形式的新能源发展所占份额比例差别较大，其中可再生能源增速最为明显。全球能源供应区域分布的不均衡导致新能源开发主要由发达经济体主导。另一方面，世界各国新能源及节能技术产业发展政策将呈现不同特点，但从整体看全球新能源及节能技术发展遵循鼓励性与限制性措施、政策导向与市场机制相结合的特点发展模式。

——资源与环境技术产业。技术研发领域从单一环境要素向生态系统整体转变，研发方法向大力发展交叉学科促进技术创新转变。分子技术、生物技术、信息技术等逐步使环境科研与高技术发展融为一体，污染防治技术的研究从末端治理向全防全控转变，并将绿色技术融入各个领域，寻求可持续的生产和消费方式。另一方面，环境应急技术从事后应急向事前应急并重转变。建立环境预警体系，加强环境风险识别、评估、预防、应急处置等资源与环境预警和监控技术将成为未来世界环境科技产业发展的重点领域。

——高新技术改造传统产业。运用高新技术对传统产业进行改造，更强调向传统产业注入高新技术的活力，以自动化、新材料求生存。同时，通过技术引进与模仿创新改造传统产业，重点是发展应用技术，降低成本，以最快的速度改良传统产业的落后地位。自主性研究开发与技术自立改造传统产业。通过自主研发与技术创新形成独立完整的自主创新体系，使传统产业在升级改造中处于有利地位，促进产业经济持续发展。

3. 高新技术产业发展的重点方向

"十二五"时期，立足滨海新区产业的发展基础，放眼国内外高新技术产业的发展趋势，结合未来新区产业发展定位，未来重点建设五大高新技术产业基地。

——电子信息产业基地。积极创新电子信息产业发展新模式；积极布局下一代互联网、物联网，培育壮大云计算服务产业；尽快推动制造服务化，注重制造环节绿色化、智能化；加快兼并重组推动企业做大做强，建立产业联盟整合产业链；创新与应用相结合，在优势领域抢占战略制高点。整合高新区、开发区和空港经济区的研发基础和产业优势，推动新区层面技术及研发合作，共建产业共性技术研发平台，打造世界先进水平的电子信息产业基地。

——航空航天产业基地。根据当前航空航天产业发展阶段与特点，详细制定相关发展措施。完善"三机一箭一星一站"产业链，打造航空航天产业集群；延伸航空航天产业链两端，重点发展相关配套产业；大力推进军民融合和通用航空发展；用足滨海新区"先行先试"政策，建立金融支持平台；构建专业人才储备和"产学研"平台，建设国内顶级、世界一流的国家级航天产业基地。

——生物医药产业基地。抓住我国生物医药产业发展格局尚未最终形成的机遇，抢占发展先机，加快产业发展步伐、整合区域产业资源、发挥新区研发转化优势，增强产业竞争力，提升自主创新能力，构筑具有国家级研发平台支撑的生物医药产业基地。重点建设现代中药、生物医药和化学药产业集群；国际生物医药、中兽药研发转化和服务外包集群；医疗设备与器械专业化特色集群，以及化学药产业集群。

——新能源产业基地。密切追踪国际前沿技术发展趋势，吸引聚集新能源相关的研发机构，吸引扶持培育与新能源相关的风险投资机构，打造国际新能源产业高地的区域品牌。围绕产业发展重点，进一步优化新能源产业布局，建设国家重要的绿色能源研发制造基地、国内最大的风力发电设备生产基地。形成绿色电池产业集群，光伏产业集群，LED产业集群，风电设备制造与研发产业集群，海上风电装备制造产业集群。

——汽车及装配制造产业基地。把握国家发展战略性新兴产业的重大机遇，充分发挥在新能源汽车动力电池的研发与批量化生产，以及清源电动车整车生产等新能源汽车研发与生产领域的先发优势，培育新能源汽车产业。精选装配制造业中的战略性新型方向，并给予重点培育。依据整车与零部件生产的协同化、集群化发展要求，打造国内重要的轿车生产基地和电动汽车研发生产基地，及国家级重型装备制造业基地和特色化装备部件生产基地。

二、强化动力，完善体系

1. 国际区域科技创新体系的主要特点

世界不同地区在政治体制、科技资源禀赋、产业结构、人员素质以及历史发展进程等方面存在差异，导致各区域在推进创新方式、建立区域科技创新体系上形成不同的特色和模式。

首先，以市场为主导的美国硅谷地区科技创新体系。美国市场发育非常健全、市场机制相当完善，企业、高校和研发机构均具有很强的创新能力，各创新主体角色明确，以市场为导向，在创新链的不同环节进行自主创新，核心企业、关联企业、教育机构、研发机构、中介服务、风险投资等创新资源一起纳入区域科技创新体系，政府只是发挥辅助、协调和监管的间接作用，形成以市场为纽带的企业主导型创新网络，以及产学研合作型创新网络与中介引导型创新网络。

其次，以研发为主导的日本筑波地区科技创新体系。日本实施"技术立国"的国家战略，推动了科技创新资源向研发方向倾斜。日本的企业与大学、科研机构开展广泛合作，高效配置研发资源，在成功进行技术引进和应用创新的基础上，通过对各种技术加以消化吸收，进而发展到集成创新，最终推动"技术聚变"，促进技术体系在短期内普遍提升，推动日本经济快速发展。

第三，以政府为主导的韩国大田地区科技创新体系。韩国是典型的政府主导型区域科技创新体系。各级政府非常重视科技创新，提供大量税收优惠政策和政策性资金支援，此外还设立研究开发信息中心、科技成果转化机构与支援机构。重视技术的消化吸收，注重调整引进技术的项目结构，提高引进技术的标准，注重引进知识产权，将由引进技术形成的生产、经营比较优势及持久的产品竞争力作为企业引进技术的主要目标。

第四，以重点产业为主导的印度班加罗尔地区科技创新体系。印度软件业一直保持高速稳步增长，这一成果得益于印度采取的以软件业为重点突破口的区域科技创新体系。印度班加罗尔地区把软件业作为高新技术产业的突破口，将科技资源配置重点向软件产业倾斜，并颁布了配套的政策措施，制度安排和人才工程，发展软件产业集群。

2. 科技创新体系的建设重点

滨海新区科技创新体系由新区内的高新技术企业、关联企业以及政府、大学、公共科研院所、中介服务机构等参与主体组成，以市场为导向，构建以大学与公共科研院所为主体的知识创新体系，以企业为创新主体的技术创新体系，以各类科技中介服务机构为主体的科技中介服务体系为重点，形成新区完整的科技创新网络体系，如图5-2所示。

第一，以大学与公共科研院所为主体的知识创新体系。

一是重点突破关键技术。围绕战略性产业和优势产业，集中力量实施一批重大战略产品和工程专项，加快核心产品和新兴产业发展，培育新兴经济增长点和新业态，占据技术创新前沿。

二是打造优势学科，造就创新团队。部署基础科学和前沿技术，建设一流技术平台，开展前沿、尖端领域的国际合作；构筑创新型人才库，培育或引进一批优秀的领军人物，培养和造就活跃在科学前沿、具有创新活力的创新团队。

三是完善知识创新的投入体系，切实提高资金使用效率。调整科技投入结构，财政支出优先解决基础研究、社会公益研究和科技基础设施等市场资源配置机制不能有效解决的领域；运用政府政策调节手段，积极引导企业、非营利组织等加大对大学与公共科研院所的科技投入。

四是构建产学研紧密结合的知识创新体系，促进创新成果转化。着力打造一批高水平的国家级、省部级重点原创性知识与技术创新平台、技术转化平台，推进科技创新体系向知识高端演进；建立官、产、学、研等多方合作创新成果转化平台，共建创新成果转移平台及大学科技园等，实现多方资源共享，形成以市场为主导，知识创新和成果转化双重驱动下的具有新区特色的知识创新体系。

第二，以企业为主体的技术创新体系。

一是积极推进创新技术成果转化与产业化。支持企业科技孵化器建设，完善科技成果转化机制，围绕战略性新兴产业和优势产业，筛选一批影响较大的共性技术成果予以推广。鼓励企业与大学、公共科研院所及功能区合作建立中试、工程化、集成创新、二次创新平台，突破科技成果转化瓶颈，使创新优势转化为产业优势，推进新区优势产业化体系，形成产学研有机结合的、有新区特色的技术创新体系。

二是加强技术消化吸收与集成创新能力。鼓励引进国外先进技术，特别是产业关联度大、技术进步快的产业，制定政策和配套措施，强化技术消化与吸收，注重技术改进与创新；引导支持企业增加研发投入，建立工程技术中心、企业研发中心，推动技术集成创新与原始创新，提高技术创新竞争力。

三是实施专利、标准、品牌三大战略。申请一批高端技术专利，形成产品比较优势及持久产品竞争力，推进优势产品向产业链高端延伸；进一步引导和支持企业参与产品标准的引进和制定过程，有效提升产品品质和效益；打造具备国际知名度的自主强势品牌，提高品牌市场占有率。

四是大力发展高新技术产业集群。积极推进产品创新，提高产业集中度，形成强有力的产业群体与竞争主体；建设科技园区等产业集群基地，推动资源积聚与产业集中，形成高新技术产业向产业创新集群发展。

第三，以中介服务机构为主体的科技中介服务体系。

科技中介服务体系是将知识创新与技术创新纳入新区科技创新体系的纽带，主要包括技术转让与扩散机构、金融机构、咨询与评估机构、风险投资与信用担保机构、创新创业孵化机构等。

一是建立官产学研紧密结合的中介服务体系。提供创新资金、技术支持、人力支持等，将核心企业、关联企业以及大学、公共科研院所等技术资源和人力资源，一起纳入到科技创新系统中，形成完整的创新网络。

二是构建官产学研紧密结合的成果转化服务机构。鼓励支持中介机构提供创新资源投入，建立专门从事成果转化与创新创业孵化的机构，负责为大学、公共研究院所与企业间的科技成果转化工作服务，实现科技成果迅速高效转化。

三是深化中介服务机构的管理改革，完善监督体系与问责机制。鼓励和支持金融机构、咨询与评估机构、风险投资与信用担保机构参与成果转化；深化中介服务机构的管理体制改革，消除人才、技术、资金和信息等创新资源流动的体制障碍，提高各创新主体的创新能力和创新效率；完善政府在中介服务体系中的监督体系与问责机制，制定完整严格的科技成果转化程序。

四是明确划分政府行政管理部门和行业中介组织的职能，理顺管理体制。形成以中介组织为主体的科技中介服务体系，为科技中介机构在新区科技创新体系中作用的发挥创造更大的发展空间。

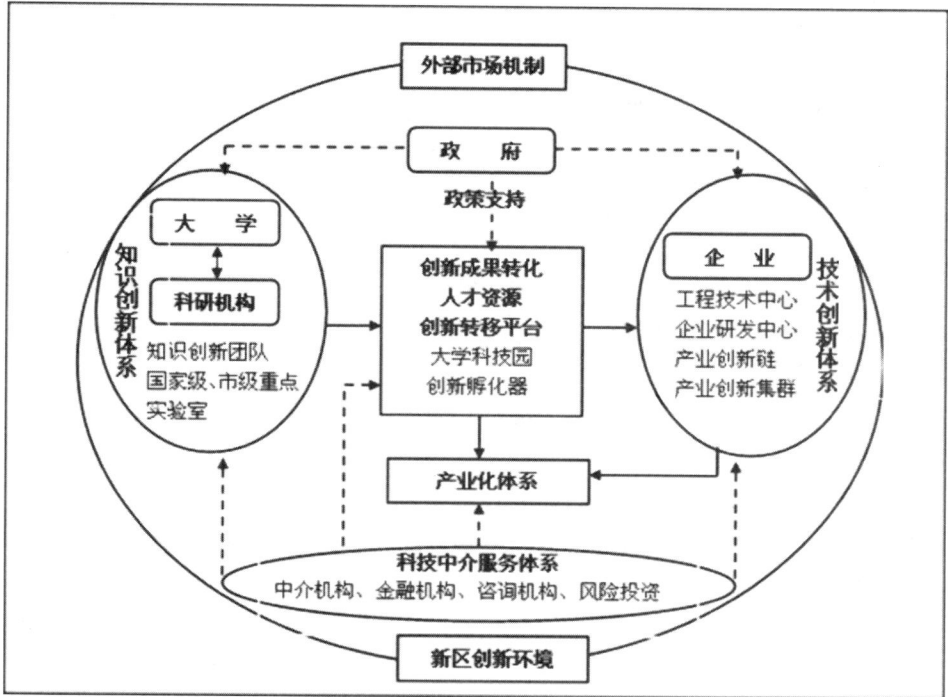

图 5-2　滨海新区科技创新体系网络图

3. 科技创新体系的发展动力

科技创新体系运行效率的高低取决于高新技术企业等创新主体的创新动力。根据自身的科技创新发展阶段和资源积聚特征，滨海新区探索出了一条政府与市场机制相结合的发展模式和科技体制创新机制。

首先，新区的科技创新离不开政府的支持与引导。一方面，发挥政府作用积极制定科学有效的新区科技创新政策体系。鼓励吸引外资和引进技术，鼓励各创新主体通过合作开展创新活动，鼓励"引进—消化—吸收—再创新"的科技创新战略，促进高端产业创新链和产业创新集群的建立，提升科技创新辐射作用。另一方面，加强对科技创新的资金支持，制定相关财政、税收优惠支持政策。加大政府财政拨款和各种政策性贷款，提供科技投资支持或技术开发津贴，加强政府采购制度，完善科技融资环境以及其他有利于科技创新的制度安排。同时还在促进成果转化和强化科技项目带动方面作了有益探索。按照"官产学研协同技术开发"，注重项目带动合作创新，建立公共科技创新平台，完善合作创新的成果转化机制；同时加大人才的引进与培养力度，加强科技项目资金投入。

其次，重视和依托市场需求与牵引。新区政府十分重视市场需求的牵引，并把建立以市场为主导的新区科技创新体系作为重要建设目标。按照市场与科技发展需求在不同创新阶段、不同创新主体间配置不同的创新资源，推动新区科技创新体系向高端演进。并将科学知识与市场需求对接，通过产学研共建科技创新转移平台等模式，孵化市场所需的高科技项目，提供科技创新成果和高技术人才，以应付快速变化的技术环境。同时，将技术与市场需求对接，寻求技术突破与创新，自发形成自下而上的创新力量，增强新区产业链条上下游各环节间的联结。新区政策还重视发挥科技中介服务机构的市场导向作用，完善科技创新成果转化的市场化运作，通过优质市场服务不断促进技术与市场的紧密结合，推进科技资源与社会资源优化配置。

再次，加快科技体制自身的改革与创新。一是建立以市场配置资源为主的新区科技管理体系。知识、技术、资金、科研成果、人才等资源，主要依靠市场来配置，逐步提高市场化程度，增强新区科技创新体系建设的内部自发创新力量。二是建立合理高效的所有制结构体制。大力推进科技型企业所有制结构调整，在市场中实施优胜劣汰，让真正具有创新实力的科技型企业脱颖而出，推进科技成果顺利转化。对于垄断行业要放宽入驻新区企业的转入条件，引入竞争机制，积极推选投资主体多元化。三是营造新区科技创新发展的良好环境。在市场准入、审批办照、行政服务等方面，创造有利于科技创新发展的宽松、良好的发展环境，加快新区科技创新体系的建立与完善。四是转变政府职能。对新区科技创新主体提供有利于成果转化和产业化的便利条件，减少审批项目，简化审批程序，把政府经济管理职能转化到主要为新区科技创新主体服务和建立健全与市场经济相适应的体制、政策、法律等创新环境上，加强科技创新体系的硬件建设，扩展科技创新的市场运作领域，营造有利于新区科技创新发展的具有竞争力的投资、创业和发展环境。

三、融合关系，拓展空间

"十二五"以来，环渤海区域发展出现了一些新的取向、新的特点，各省市以经济发展方式转变为主线，在发展定位、目标、路径及区域合作方面赋予了新概念或对原有概念赋予了新的内涵，这成为了滨海新区发展的时代背景。

区域内的"多极竞争—合作"成为环渤海区域经济发展的新趋势。因此，滨海新区的发展要依托环渤海，拓展空间，借力京津冀，深入开展产业分工与协作，突出产业发展重点，形成聚集效应。

首先，要明确区域产业分工定位。在大力发展高新技术产业和现代服务业成为区域共识的情况下，环渤海地区主要城市虽然形成了较为完整的产业体系，但是在"唯GDP"观念的作用下，主导产业大都集中在机械、化工、冶金、食品、纺织等部门，产业结构趋同化明显，重复建设和恶性竞争不同程度的存在，各省市的比较优势难以充分发挥。如电子信息产业、交通运输和设备制造业都被三省两市列为主导产业。同时，除北京以外，各城市的第三产业都不够发达，不能适应城市和区域发展的需要，影响中心城市职能的发挥。为避免产业的恶性竞争，各城市要在充分把握国际国内经济发展中出现的新情况、新特点、新趋势的基础上，确定具有自身特色与优势的主导产业，形成各具特色的产业中心，建立区域协调机制，加强区域内的分工协作，形成合理的区域发展格局，增强城市群落的整体竞争力。使环渤海区域在我国转变经济发展方式、实现产业结构优化调整中发挥更强的辐射和带动作用。综合来看，北京市应强化商务、金融、信息、科技创新等功能；河北省应加强发展重化工业、生态和特色农业，发展有比较优势的医药和纺织等行业；辽宁省要增强现代服务业功能，发展重型机械、造船、化工等制造业；山东半岛则应进一步发挥在海洋产业、装备制造、家电、轻纺等行业的比较优势；而包括滨海新区在内的天津市则要进一步增强现代装备制造基地和研发成果转化基地等功能。

其次，要实施包容性产业发展战略。为了积极拓展高新技术产业的发展空间，滨海新区要致力于与环渤海其他地区经济关系特别是产业关联的融合。在明确区域产业分工的基础上，通过实施包容性产业发展战略，提升区域产业协作的深度和广度，在区域间延伸产业链条，打造区域性产业集群。滨海新区首先要加强与北京、特别是中关村的合作，依托京津之间的交通优势、同城效应和产业合作基础，主动承接北京的部分产业扩散和功能转移，尤其是装备制造、电子信息等高技术产业的扩散和转化；其次要加强与河北省之间产业协调与合作，将河北省作为滨海新区重要的集聚来源和扩散目标，扩展滨海新区在金融、物流、新能源、高新技术等产业方面的优势；再次要联合河北、山东、辽宁等省的港口打造国际港口基地，推动滨海新区成为国际航运中心和国际物流中心，促进环渤海区域港口产业基地的形成，为滨海新区高新技术产业发展服务。

再次，要深化区域合作的领域和层次。环渤海地区要积极构建合作机制，在一个高起点、高层次的框架内展开区域协作与融合，尽快将区域的潜在优势转变为现实优势，提高区域经济的整体竞争力，为新区发展高新技术产业提供广阔腹地。（1）建立区域政府协商机制。在多年形成环渤海区域市长联席会制度的基础上，可以试着考虑在每次定期联席会议前确定本次联席会议的主要议题，这样在联席会议期，通过多方充分的交流和沟通，可以形成各城市或地区间的产业合作框架或者初步的合作项目建议，并在会议后按照合作框架或者项目建议继续推进产业的合作事宜。（2）形成环渤海区域规划引导机制。区域经济合作应采取规划先行的做法，本着全局性、战略性、长远性的原则，研究区域经济社会发展的方向和重点，明确区域的功能定位和战略目标；切实提出促进区域发展的产业政策，成立区域产业发展基金，推动环渤海区域经济合作扎实、有序开展。（3）共建环渤海区域联动推进机制。积极引导环渤海区域企业合作促进会、医药管理协会、产业协作会议等行业性组织充分发挥职能作用，建立灵活务实的合作机制，推动区域优势行业、企业的联合，形成政府、企业、民间组织互促共进、推动区域合作的新模式。（4）建设环渤海区域生态补偿机制。环渤海各省市在制定规划时必须进行相互磋商，都要以区域的大战略、大目标为发展前提，既要考虑本地区的自身利益，也要顾及对周边地区的不利影响，对自然资源开发与管理、生态环境建设和资金投入与生态补偿的方针、政策、制度、措施进行统一的规定和协调，实现区域生态补偿的制度化、规范化和长效化。

四、人才为先，体制创新

1. 打造高端人才高地

滨海新区高新技术产业的发展要以人才体制机制改革为动力，聚集和留住高层次科技人才和经营人才，打造高端人才高地。通过实施科技人才"领航工程"、技能人才"蓝海工程"和服务人才"港湾工程"，形成与滨海新区产业结构层次配套的人才结构。要聚集高端的科技和经营人才，必须营造尊重高端人才的氛围，形成尊重知识、尊重人才、尊重劳动、尊重创造的良好社会氛围，还要搭建支持人才自主创新的事业平台，完善相关优惠政策。

要优化人才政策环境，建立人才专项资金，形成集一流的创业平台、特殊的薪酬方式、方便的进出境服务、灵活的身份管理、完善的生活服务等为一体的创业氛围；建立统一规范的人力资源市场，发挥"津洽会"、"滨海国际人才市场"等平台作用，举行海外人才招聘会，建立滨海新区海外人才引进平台，创新海外领军人才定向招聘机制；鼓励国内高校、科研机构在新区举办各种科研活动，吸引世界顶尖人才来新区进行学术交流；在引进策略方面，采用柔性的高端人才引进策略，鼓励"不求人在，但求人来"的兼职就业方式；创新人才分配方式，制定和完善技术、管理等要素参与收益分配的政策，探索建立高层次人才持有股权、期权的激励制度，形成一流贡献、一流报酬的分配机制。

聚集和留住高端人才的关键，不只是福利待遇问题，高端人才真正需要的是事业平台，需要风险投资，需要研发团队，需要人力资源服务，需要销售市场和政府采购，需要产业链条配套，需要更少的行政干预，要为他们营造良好的创新创业氛围，实施"保姆式"人才服务，将打造政策优势与优化引才服务更紧密地结合起来，消除引进人才的后顾之忧。聚集和留住高端人才不仅是滨海新区的事，更需要全社会的大力投入。

2. 创新人才引进方式

鉴于高端人才在高新技术产业发展中的核心地位，滨海新区的各相关企业要进一步创新人才引进方式，完善人才管理、培养、服务、激励、保障新机制。包括建立合理的人才选拔制度、引进制度、户籍制度、教育培训制度、休假疗养制度、薪酬制度、奖励制度、发展专项资金管理制度等。

应借鉴深圳和上海等地开展大规模的招贤纳士活动的经验，加大宣传力度，面向全世界、全国进行大规模的招聘。既是引进人才的过程，也是塑造新区形象的过程。在全国、全球面前塑造生机勃勃且可持续发展的形象，展示出滨海新区广阔的发展空间，使人才感到在这里能发挥自己的作用，有用武之地。下力量引进国家"千人计划"、"百千万人才工程"中的领军人才，提供优良的创业和生活环境，比如，建设专家公寓、白领公寓、政府公屋等不同层次、类别的人才居住设施，为人才提供必要的生活保障，使他们获得稳定的居住环境，推动滨海新区高新技术产业向高端化发展。对于一些紧缺的高端人才，在人才落户奖励、优先申请专项购房补贴、个人所得税地方留成部分奖励及优先解决其子女入学等相关政策方面给予关照。比如，加大相关人才政策对紧缺人才的倾斜力度，适当扩大放宽所需人才的引进数量和户籍管理，设立人才引进的绿色通道等。

3. 大力培养本土人才

从长远看，随着经济发展方式转变和产业结构升级的快速推进，高新技术产业人才的全国性稀缺将成为必然，滨海新区高新技术产业率先和可持续发展所需要的人才支撑不能过分依赖于外部引进，要高度重视本土人才的培养问题。

一方面，应以天津科技大学滨海校区、南开大学泰达学院、天津外国语大学滨海校区等新区高校为重点，以南开大学、天津大学、天津医科大学、天津工业大学、天津财经大学等天津市高校为主体，以南洋理工大学、国防科技大学、中国政法大学、中国传媒大学等海内外著名高校为补充，通过校企对口招生、招工，以及高校教学进企业、企业人才进高校的"双师型"订单式培养等方式，缩短滨海新区高新技术产业人才、技术需要与高校供给的路径，促进产学研的良性循环。

另一方面，积极推进滨海新区高新技术企业、高等院校和科研院所的优势互补与资源交流，建立开放性的高级人才、文献资料、科研数据、实验装备、成果转化和市场信息共享平台。以财政投入为引导、以企业投入为主体、以社会投入为补充，设立滨海新区高新技术产业发展教育基金，建立校企结合、专辅结合、产学结合、研用结合的人才培训和实习基地，培养适应滨海新区高新技术产业发展需求的实用人才，构建多层次、多类型的本土人才供给机制。

同时，以高等教育改革为契机，以新区就业岗位需求为保障，以政府财政投入为引导，鼓励天津市和滨海新区高等院校与时俱进的进行专业调整、课程更新和培训项目创新。在天津市重点学科、重点实验室、重点人才和品牌专业，以及天津市和滨海新区各类科技项目的审批中，重点向滨海新区高新技术产业发展相关领域倾斜，带动适用于滨海新区高新技术产业发展的科技研发人员、经营管理人才、高级技术人才的培养，并力争将滨海新区建设成为北方高新技术产业人才教育中心和国家高新技术产业人才教育基地。

参考文献：

[1] 南开大学滨海开发研究院. 滨海新区高新技术产业发展报告 2011 [EB/OL]. 2011 年 12 月。

[2] 滨海新区知识产权工作领导小组办公室.《2011 年滨海新区知识产权统计分析报告》，2012 年 5 月。

[3] 周立群，李伟华，李京晓. 跨国公司在华研发中心的特征与对策研究 [J]. 天津社会科学，2012（1）.

第六章　高新技术产业的发展与展望

从经济发展的历史经验看，经济危机的爆发往往孕育着新一轮重大科技创新和产业化浪潮，但是只有当重大科技创新通过战略性新兴产业的启动和发展转化为经济发展的主导产业之后，才能最终成为经济增长和发展的决定力量。与战略性新兴产业的启动和发展相伴随的，是新的经济增长周期的出现、新的经济发展方式的产生、社会经济结构的转变、制度和政策结构的重大变革。

与传统产业的发展不同，战略性新兴产业依赖于重大科技创新及其产业化，是知识密集型产业。在战略性新兴产业的启动和发展过程中，对初始条件具有高度的敏感性，存在着强烈的网络效应和客户嵌入性。因而，报酬递增规律是战略性新兴产业启动和发展的支配规律。率先探索到战略性新兴产业启动和发展的条件、规律和模式，是启动和发展战略性新兴产业的前提和关键。

经过多年的培育集聚和发展，立足于自主创新，滨海高新区初步形成了航空航天、电动汽车、生物医药、电子信息、服务外包等战略性新兴产业集群的雏形。尽管它们大都处在产业发展的初期，但都拥有以自主创新为基础的创新极核，在技术上处于国际和国内领先地位，即将进入爆发式增长阶段。无论从已集聚的产业资源还是从发展环境看，高新区已成为国家启动和发展战略性新兴产业的重要策源地。

与传统产业的发展不同，战略性新兴产业的启动和发展需要新的动力机制、发展路径和空间组织形态。简单的放松管制、优化投资环境和招商引资等发展传统产业的有效方法，可能难以适应战略性新兴产业的启动和发展。抢占自主创新高地应通过创业和创新环境的构建和有针对性的产业规划、产业政策的制定和实施，使业已存在战略性新兴产业创新极核快速扩张形成竞争优势。

滨海新区要抢占自主创新的制高点。首先，要以开发区、高新区等功能区为依托规划出新的研发服务和高科技产业聚集区和发展带，如现有华苑产业园区升级为研发服务中心（TBD），以津南区大学科技园和滨海科技城为两翼，规划为创新中心和高科技产业聚集区，为战略性新兴产业的发展和自主创新高地的构建提供空间依托。其次，通过对现有科技、高科技产业资源的全面调研，制定战略性新兴产业发展的系统性规划。依托现有科技资源，利用政策和体制优势创造科技创新洼地，吸引国内外高科技产业资源的加速集聚。第三，大力发展官产学一体化的新型混合组织，通过官产学战略联盟和公共技术平台的建设，对中小型科技企业制定和实施链接、孵化和加速计划，加快高新科技产业化的步伐，推动战略性新兴产业的兴起、聚集和快速发展。第四，制定促进战略性新兴产业快速启动和发展的政策支持体系，特别是针对中小科技创新企业的创业、集聚和快速成长的政策，使支持体系覆盖创业前培训、孵化培育、技术链接到加速成长在内的全过程。

第一节　航空产业发展特点与滨海战略

航空产业具有如下三个特点：产业链长，一个比较完整航空产业链包含上千家相关企业；辐射面宽，产业的技术扩散率高达 60%；连带效应强，对相关产业的带动作用达到 1：10，远高于其他产业。

一、航空产业链与产业配套关系

航空产业基于分工的加深和发展，各个环节上的产业基于技术经济联系在纵向形成供需关系，即产业的上、中、下游关系，在横向形成协作关系，即产业配套关系，这种相互链接就形成了航空产业链。完整的产业链有利于降低交易费用，减少外来风险，增强整个产业的竞争力和企业间的关联性，增加产业稳定性和根植性。

航空产业链按上中下游产业划分，上游是研发设计，中游是生产制造，下游是航空应用和维修服务。产业链中的主要节点包括：发动机、航电设备、机电设备、机体、标准件、特殊材料和涂料、机场空管设备等。衍生出的产业包括金融租赁，航空培训，航空商业会展，新材料，钢铁和冶金等。

二、世界航空产业发展的特点和趋势

世界航空产业发展呈现出一些有别于其他产业的特点。首先，航空产业属于高端装备制造业，涉及学科领域广，制造工艺复杂，技术标准高，投资多，风险大，进入门槛高，产业链主要环节基本都被几家寡头企业垄断，如表6-1所示。由于航空产业链长，从上游研发设计、中游的生产制造到下游的应用、维修服务，涉及众多企业（如一架大飞机一般包括300—500万个零部件，由成千上万家企业提供）。由于产业集群不仅能降低企业成本，还有很好的知识溢出效应和技术溢出效应，产业链上不同类企业之间通常形成模块化的产业集群格局。目前世界上形成了以法国图卢兹航空谷、美国西雅图航空城和加拿大蒙特利尔航空城为代表的三大航空产业集群，而这三大产业集群的形成都与龙头企业及其总装制造基地有直接关系，分别是空客总装线、波音总装线和庞巴迪总装线。

表6-1 航空产业链主要企业

产业	主要企业（国际）	主要企业（国内）
干线飞机	波音，空客	中国商飞（未投产）
支线飞机	庞巴迪宇航集团，巴西航空工业公司	中航一集团
发动机	通用电气发动机公司（GEAE），普惠公司（P&W），罗罗公司（Rolls-Royce），CFM，IAE	中航商发，中航动力
机体	EADS，Reims Aviation，Fokker Aerospace，SNECMA，Hellenic Aerospace Industry	中航一集团，西飞，成飞，沈飞，哈飞
机载设备	Rockwell Collins，Hamilton Sundstrand，Parker Hannifin，Honeywell	中航航电，中航机电，西飞，哈飞
标准件及特殊材料	GKN，Interfast，Alcoa	中航标，沈航标，贵航标，哈飞，宝钢

资料来源：根据航空产业相关资料整理。

获得垄断地位的航空寡头掌握着核心技术和标准，控制着产业链上的核心环节，为了降低成本和充分利用世界各地的优势资源，将不具优势的环节和领域外包给其他企业。例如，美国的波音公司在全球有3000多个主要供应商，中国的成飞和沈飞等企业就位列其中。中国大飞机公司——中国商飞正在国内外寻找接包企业。同时，世界各地接包市场之间竞争激烈。

军民融合可以充分利用军用技术优势和民用产业化优势，实现富国强军双赢，市场前景极其广阔。美欧在军民融合领域走在世界前面，创造了巨大的经济和社会效益。目前，许多国家在干支线飞机、直升机、发动机、航电和机电设备、特种材料和涂料等诸多领域都掀起了军民融合热潮，这将是一个新的经济增长点。

三、航空产业发展现状评价

1. "三机"为核心的产业格局已具雏形

从 2007 年空客 A320 系列飞机总装线项目建设起始，滨海新区航空产业得到快速发展。航空航天产业总产值从 2005 年的 2.2 亿元，一跃达到 2011 年的227.7 亿元，产业规模位居全国第四，并逐渐形成了以大飞机、直升机、无人机为核心的"三机"产业格局，航空产业链主要节点形成。2012 年，《天津市滨海新区航空产业发展规划纲要（2011-2020 年）》和《天津市滨海新区航天产业发展规划纲要（2011-2020 年）》出台，"十二五"期间，将规划建设总面积 30平方公里的航空航天产业集聚区，打造一个世界级的航空航天产业基地。到2015 年，新区航空产业和航天产业将分别实现工业总产值 500 亿元，到 2020年，二者的产值将达到 2600 亿元。民航产品设计中心、技术中心、工程中心、综合研究院、支持中心、试航审定中心、技术认证检测中心、培训中心和航空技术展示中心等也逐步建立和形成。国内外航空巨头陆续进驻，吸引了大批航空企业在滨海新区聚集。

2. 产业引进速度快，但自主发展能力还有待提升

滨海高新区航空产业底子较薄，主要依赖大量引进外来企业拉动发展。目前，已进驻几十家航空制造企业和上百家航空配套企业，产业聚集的态势开始形成，但仍不能称之为航空产业集群。因为这种"嵌入式"的产业聚集模式的根植性仍较薄弱，一方面缺乏核心技术，产业的研发及标准制定基本依赖外方，产业被锁定在中低端，转型和升级困难。另一方面产业利润低，谈判话语权低，产业外来风险大，受制于人情况严重。"嵌入式"产业聚集模式一般为政府推动所形成，缺乏产业内和产业间的互联互通性，对相关产业带动性仍不明显，打造滨海新区航空产业集群、增强产业自主创新能力和发展的可持续性任重道远。

3. 专业人才严重缺乏，研发能力不强

天津航空类院校培养人才的数量和类型距离市场需求差距很大。而反观西

安、成都等老航空产业城市，航空类院校和航空类研究机构数量众多，人才优势明显。相对于陕西和四川，滨海新区的背后支持即全天津拥有的发明专利数、研发机构数以及拥有研发机构的企业数明显过少。新产品开发项目数也仅仅相当于陕西的 1.5%，四川的 6.7%。航空制造业的从业人员只有陕西的 11%，四川的 30%。而在航空人才培养的高校数量上，也明显不如其他二省，如表 6-2 所示。

表 6-2　滨海新区与重点省份航空航天制造业科研实力比较

地区	有研发机构的企业数	新产品开发项目数	拥有发明专利数	研发机构数	从业人员数量	相关专业高校数
天津	1	6	1	1	9422	1
陕西	19	412	128	40	86591	10
四川	8	240	40	8	31596	5

数据来源：《中国高技术产业统计年鉴2010》。

4. 机场建设的步伐亟待加快，支撑能力不足

滨海国际机场 2011 年实现旅客吞吐量 755.4172 万人次，货邮吞吐量 18.2857 万吨，起降航班 8.4831 万架次。无论是旅客吞吐量还是货邮吞吐量都严重落后于其他重点城市，如图 6-1 所示。机场是航空运输业、航空维修业等发展的基础，机场对经济社会发展支撑能力相对不足，这也制约是本地航空产业发展的因素之一。

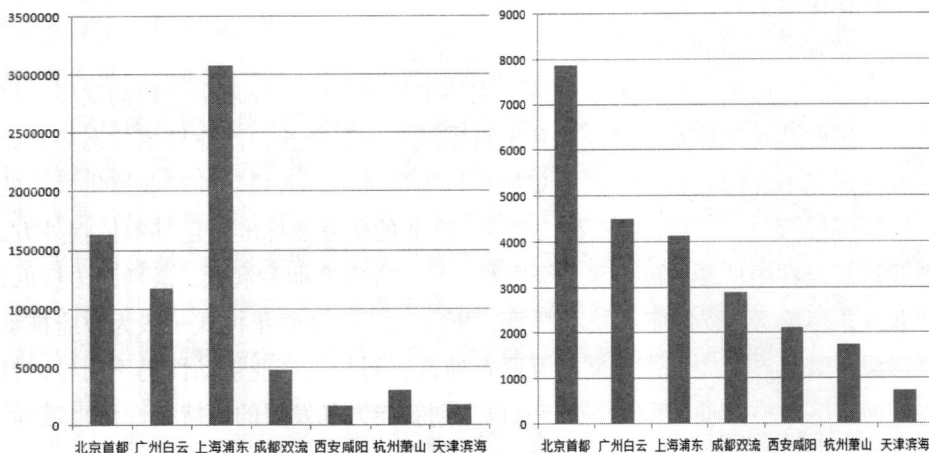

图 6-1　旅客吞吐量（人）和货邮吞吐量（吨）

就衡量机场能力的重要指标旅客吞吐量而言，滨海机场不仅落后于京沪等重点城市，而且落后于西安、成都等西部内陆城市，是西安咸阳机场的40%，成都双流机场的25%，如表6-3所示。从滨海新区的发展看，航空物流业、航空会展业、航空培训业和航空维修业等产业集群的形成都依赖于机场能力建设。根据2009年《天津滨海国际机场总体规划修编》，到2015年旅客吞吐量将达到1600万人次，但这个水平仍仅相当于北京首都机场2011年水平的五分之一，也仅仅相当于成都双流机场2011年水平的55%，大致与杭州萧山机场2011年水平相当。

表6-3 旅客吞吐量（万人）和货邮吞吐量（吨）

2011年各机场旅客吞吐量（万人）						
北京首都	广州白云	上海浦东	成都双流	西安咸阳	杭州萧山	天津滨海
7867.45	4504.03	4144.77	2907.37	2116.31	1751.22	755.4172
2011年各机场货邮吞吐量（吨）						
北京首都	广州白云	上海浦东	成都双流	西安咸阳	杭州萧山	天津滨海
1640231.8	1179967.7	3085267.7	477695.2	172567.4	306242.6	182856.7

资料来源：《2011年全国运输机场生产统计公报》。

四、发展航空产业的战略思考

1. 完善"三机"产业链，打造航空产业集群

首先，要注重引进和发展大飞机配套产业。世界著名三大航空城（图卢兹、汉堡和西雅图）都聚集着成千上万家配套企业。滨海新区需要详细了解大飞机配套产业链，有针对性地引进相关领域内领先水平的企业落户。还要密切关注我国大飞机项目发展的新动向，争取成为一些零部件的配套商。其次，应当争取更多的研发项目。在空客A320项目的引进过程中，滨海新区主要承接的是总装制造，产业链中的研发设计环节涉及较少。随着双方合作关系的深化和拓宽应争取更多的研发设计项目落地，特别是后续机型A350等的引进，形成空客系列机体、部件、发动机的系列维修能力和货机改装能力，真正成为亚洲第一的总装制造和维修基地。

同时，在直升机和无人机产业的发展中应完善下游产业链，着重实施销售

战略。滨海新区引进的直升机和无人机产业，研发实力较强。在直升机方面，中航直升机滨海新区基地具备设计研发、市场营销、利润结算、管理运营以及客户服务等完整功能。在无人机方面，已研制出"彩虹"和"刀锋"两个无人机机型，形成了从小型超近程、中型高空到大型远程的全系列产品。对于这两个产业来讲，在增强研发能力外，应注重下游产业链的发展，包括检查维修和销售服务等。

2. 延伸产业链两端，重点发展相关配套产业

积极促进向产业链上、下游的研发、设计、维修、服务环节延伸，进一步吸纳具有高端技术尤其是关键技术的航空航天制造商零部件和发动机零部件制造商，在已有航线维护基础上形成机体维修、发动机维修和部件维修三个方面的综合维修产业，形成完整的航空综合培训体系，加强产业链上的金融租赁、航空航天商业会展等配套服务。在空客等航空大项目的带动下，美国古德里奇、西飞航空制造等国内外几十个关键零部件和相关配套企业向滨海新区聚集。今后的重点应放在发展配套产业，即大力发展飞机零部件、发动机、机载设备、机场空管及地面设备、飞机维修、物流配送、人员培训等。

3. 推进军民融合和通用航空发展

加快推进滨海国际机场建设，提升北方经济中心和国际物流中心的支撑能力。鼓励民间资本和企业进入航空领域，实现风险共担，收益共享。积极引进军民融合航空项目，提高航空产业水平。通用飞机在商务飞行、医疗卫生、抢险救灾、气象探测、海洋监测、遥感测绘、农林防护、文化体育、旅游观光等领域具有广阔应用前景。但目前受限于低空管制，我国通用飞机发展水平严重落后。2011 年美国拥有通用飞机 22.3 万架，巴西和南非是通用航空市场开发最早的新兴市场国家，通航飞机保有量均超过 1 万架，而中国只拥有 1154 架。从这一角度看，这也预示着我国直升机产业未来的光明前景。按照全球平均水平（4.6 架/百万人口）计算，中国民用直升机拥有量应达到 6000 架左右。截至 2010 年，在中国民航局登记在册的民用直升机数量，仅有 178 架，且大多数还是进口机，需求缺口巨大。"十二五"后滨海新区将实现年产各类轻型、中型和重型民用机 300 余架能力，占当年全球产量的 1 至 2 成，使滨海新区成为中国最大的直升机制造基地。随着我国低空管制开放进程的加快，通用飞机产业将迎来爆发式的增长，这也是天津航空业发展的历史性机遇。

4. 建立产业发展金融支持平台

用足"先行先试"的政策进行金融创新，做大航空产业基金，引导产业投资基金、创业投资基金等服务航空产业；为前景好又急需资金的企业提供金融支持；制定有利于航空产业发展的风险投资政策体系，并积极为园区内企业提供出口信贷支持；出台系统的税收政策积极吸引航空配套厂商聚集；建立航空产业发展专项资金。

5. 构建专业人才储备和"产学研"平台

加强本地高校和航空企业合作，提高人才培养力度。在引进制造类项目的同时，一并引进科研（分支）机构和科研人才。建立企业与高校即研究机构对接的实习和科研基地，为其提供良好的生活条件和职业发展前景。

从财政支持、税收减免、融资担保、人才落户等方面给予企业、研发机构优惠待遇，推动企业与高校、科研单位之间的交流和合作，建立科研机构同航空企业间的互动关系。相关院校和科研机构应发挥自身在材料、自动控制、力学、计算数学、热物理、信息科学、环境科学的优势，通过产学研的紧密结合实现知识和科研成果的产业化。

第二节　电动汽车业的崛起与新能源契机

近年来随着国家对新能源汽车发展战略的制定、对新能源汽车的大力扶持、央企电动汽车联盟的成立，汽车制造商纷纷发布各自的新能源汽车研发和发展策略。滨海新区新能源汽车产业地位也悄然发生变化。

一、新能源汽车产业的重组与布局

1. 新能源汽车产业的发展与新契机

"十五"期间，我国启动了"863 计划"、"电动汽车重大专项"，并规划了"三纵三横"的开发布局。2010 年 10 月，国务院颁布《关于加快培育和发展战略性新兴产业的决定》，提出了新能源汽车产业未来的发展目标。2011 年《节能与新能源汽车产业规划（2011～2020 年）》对新能源汽车产业的发展进行了长远规划，从政策支持、发展目标，到实现路径进行了详尽的说明。

《节能与新能源汽车产业规划（2011～2020 年）》中提到，"十二五"期间的重点是发展纯电动汽车、插电式混合动力汽车，同时注重传统汽车技术水平的提升，大力发展节能汽车，并持续跟踪研究燃料电池汽车技术，因地制宜、适度发展替代燃料汽车。为了实现这个目标，《规划》建议政府财政投入 1000 亿元人民币，用于打造新能源汽车产业链，同时，将中国汽车产业十二五规划以《节能与新能源汽车产业发展规划（2011～2020 年）》代替的举措清晰地表明，中国在"十二五"期间，将实现汽车产业的结构性转型，发展重点不再是单纯的产销量，尤其是传统燃油汽车的产销量。

2009 年 8 月出台的《节能与新能源汽车示范推广应用工程推荐车型目录》提到，国内 34 家企业 91 个整车产品实现了小批量的生产能力，在局部区域开始商业化示范运营，累计投入运营车辆超过 500 辆，运营里程超过 1500 万公里。2015 年能够实现百万辆级的新能源汽车的推广，2020 年有望达到千万辆级的新能源汽车规模化的市场。

2. 新能源汽车生产厂商掀起新一轮重组并购

目前，从地方联盟到 TOP10 到央企联盟再到国际联盟，新能源汽车联盟热潮一波盖过一波。车企主动或被动地抱团重组，显示出新能源汽车发展急需来自多行业、多区域的企业联合。联盟的主角是整车、电池和能源三大类企业，联盟把这些企业整合到一起，目的是整合最大资源形成合力，推动产业发展。

中部地区基于对全球汽车格局的把握，安徽省成立了安徽新能源汽车联盟，推进集群效应。2009 年奇瑞汽车与杉杉股份、中国兵器工业集团、凌云公司合作开发新能源电池，新能源产业链整合加速。

北部地区的重组也很活跃。2010 年 8 月，可持续新能源国际联盟在北京成立，这是中国首个打破国家和地域界限的新能源汽车联盟，包括福田汽车、美国伊顿公司和 IBM 等在内的 6 家国内外优势企业。福田汽车成立北京新能源汽车制造工程中心，并基本完成对基地内的新能源汽车设计和制造两大功能的整合。同年 10 月，黑龙江省为打造完整的电动汽车产业链，成立了由阿城继电器股份有限公司、黑龙江省电力科学研究院等 7 家单位组成的高纬度地区电动汽车产业技术创新战略联盟。

二、新能源汽车发展的现状和特点

近年来，天津电动汽车产业以滨海新区为龙头发展迅速，在电动汽车关键技术的研发与创新方面，获得重大突破。

在整车方面，滨海新区已成为中国最重要的电动汽车研发基地，已自主开发出纯电动轿车、高速纯电动车、纯电动中巴车、电动游览车等系列纯电动汽车产品，以及轿车、中巴车、大客车等混合动力产品。目前滨海新区的整车生产线主要集中在清源和一汽夏利，力神也开始与其他企业合作发展整车业务。清源公司拥有年产 20000 辆纯电动轿车，1000 辆混合动力客车的能力，是国内最大的电动汽车整车生产基地。截至 2009 年底，清源公司已累计出口电动汽车超过 3000 辆，处于国内整车出口第一的位置。2009 年力神与美国迈尔斯、中海油、Coda Automotive 相继联手扩大生产线，进军国际市场。清源与哈飞汽车在电动汽车产品开发及产业化、成果推广、学术交流等方面开展全面合作。目前一汽丰田推出了现有威驰车型的 2013 款，也将在 2015 年推出卡罗拉 1.8L 混合动力版。另外，力神与 CODA、长安哈飞共同开发的赛豹电动车，也完成了向美国的出口。

在电池方面，滨海新区围绕力神已形成完整的锂离子电池产业链，包括正极材料、负极材料、电解液、各种电池零部件等，锂离子电池厂商市场份额约占全国 31.5%～38.7%。形成了一批具有竞争力企业，如天津清源、中电十八所、力神电池、比克电池、天津蓝天高科、北京建龙重工、天津航力源、双一力新能源、天津和平海湾、天津金牛、天津斯特兰。天津力神新能源产业园项目落户滨海高新区，其 2011 年与新能源汽车相关的动力电池业务产值达到 4 亿元。

在电机方面，滨海新区永磁同步、交流异步、直流无刷、直流有刷驱动系统领域拥有的知识产权技术居国内一流，成立了松正电动科技（驱动系统控制器）、天津清源、天津大学电气与自动化工程学院、北京建龙重工集团，极具竞争企业集团。天津市松正电动科技在国家知识产权局公布的 2010 年国内新能源汽车专利申请数量统计排名中位居第三，跻身相关专利申请排名第一方阵。空港经济区建成了年产 20 万套控制器及电机生产线，为后面大批量订单打好了坚实的基础。

在电控方面，滨海新区拥有天津大学内燃机国家重点实验室、天津清源、深蓝电控、天津优耐特汽车电控等一批著名实验室和公司，积极开展并完成了"XL 纯电动轿车电机及其控制系统"项目、"纯电动－混合动力车用驱动电机系统研发"项目。

在市场服务方面，普济河道充电站作为天津市首座大型充电站，建成后先后为 2010 年天津夏季达沃斯论坛、联合国气候变化大会等重大活动的纯电动客车提供了充电服务。"十二五"期间，天津将集中建设充电站 13 座、综合型换电站 2 座、商用车换电站 16 座、乘用车换电站 27 座、电池配送站 85 座、交流充电桩 1000 个。2012 年底天津市节能与新能源汽车示范推广总数达到 1500 辆以上，充电站等基础设施建初具规模，满足示范推广车辆运行需要。

三、新能源汽车发展的主要瓶颈

1. 新能源整车制造准入门槛高

整车产品的批量生产考验不够。清源公司作为国内最大的电动汽车出口企业，但却只拥有专用汽车的生产资质，参与了很多电动轿车研发，没有乘用车生产资质。这主要是因为国内一些地方禁止入门级电动汽车的生产与上牌。生产网络的滞后已影响了滨海新区电动汽车的产业化进程，对自主品牌的发展也非常不利。

2. 上游关键零部件技术与国外相比尚有差距

新能源汽车与传统汽车技术的主要区别就在于"电池、电机、电控"，也面临技术和产业化瓶颈。

电池技术尚未成熟，费用过高。滨海新区虽然有清源、力神等具有产业化生产能力的企业，但车用锂电池的轻量化、可靠性与外国的产品相比差距明显。占比整车成本 25%～50% 的电池成本居高不下。目前所用的锂电池的锂正极、薄膜等核心材料主要从日本的 NEC、东芝和美国的 A123 等公司进口。同时，电池实际使用起来费用也很高。从电网取电仅需 0.5 元/度（kWh）；但充入电池、再从电池取出，铅酸电池每提供 1 度电能，价格为 3.05 元左右，其中 2.38 元为电池折旧费，0.67 元为电网供电费；从镍氢电池中每提供 1 度电能，费用为 9.6 元，锂离子电池为 10.2 元。而用柴油机发电，价格仅为 3 元/度；汽油机发电，供电价格为 4 元/度。由此可见，如何降低电池折旧费，提高电池输出效率，也是电池技术研发当务之急。

电机和电控仍需优化。电机驱动控制系统是新能源汽车的心脏。车用驱动电机行业在滨海新区乃至国内仍是电机中的小行业。目前一般是由传统电机企业、汽车电子企业或电池拓展的供应商提供，生产大多是"作坊式"的，与规模化生产存在一定的差距，大批量生产的工艺尚待改善。目前滨海新区一些新能源乘用车驱动电机功率密度只有 1.3～1.5 比功率（kW/kg），达不到国家相关政策要求的 2 比功率。而系统高效区（效率>80%）范围目前也只能达到 50% 以上，大部分驱动电机达不到≥65%要求。

电控是电动汽车的"大脑"，而车载能源系统是电控系统中的核心技术，该技术基本被跨国公司掌控，是制约电动汽车产业链衔接和发展的重要瓶颈。滨海新区的电控系统供应商也仅有天津大学内燃机国家重点实验室、天津清源、深蓝电控、天津优耐特汽车电控等几家，屈指可数，产品大量依赖进口。

3. 下游配套设施缺乏，售后维修力量薄弱

发展新能源汽车的基础设施和市场环境建设相对滞后。由于充电站建设运营投资规模大且投资回收期长，降低了投资建设基础设施的积极性。同时，充电接口和电池标准缺乏也使得难以在短期实现大规模的基础设施建设。目前在建设施都是根据车型而设计，并不具有通用性。充电难、充电慢，阻碍了新能源汽车市场化的步伐。

在维修方面，传统整车企业大多不掌握动力蓄电池技术、驱动电机技术和电控单元（ECU）技术，一般的蓄电池、电机、电控单元生产企业又对汽车整车生产技术不了解。加上修理店技术人员对修理混合动力车、纯电动车缺乏技术与经验，电动汽车修车难、修车贵也制约着电动汽车快速发展。

4. 生产成本高，市场推广难度大

新能源汽车市场售价比普通汽车平均高出30%，销售不旺，直接导致了汽车企业无法扩大规模和降低生产成本，市场推广将十分困难。例如 2010 年 3 月底，比亚迪汽车宣称其双模混合动力汽车 F3DM 正式向个人销售，零售价为 16.98 万元。而之前比亚迪的汽车产品价格，均在 10 万元以下，如比亚迪 F3（配置 图库 口碑 论坛）09 款 1.5 智能白金版标准型 GL-i 的经销商报价为 5.27 万～6.78 万、比亚迪 S8（配置 图库 口碑 论坛）09 款 2.0 手动尊贵型的价格为 16.58 万～16.58 万。相比起来，同为 F3 的价格，电动汽车要高出传统汽车 3 倍。

四、新能源汽车产业发展方向和对策

1. 产业链上游：打造关键零部件基地

打造关键零部件基地应成为滨海新区探索新能源汽车产业路径的必然选择。要优化整车与配套企业之间，不同档次供应商之间的协作关系，加快天津开发区新能源汽车零部件产业群落形成；在关键零部件技术方面重点支持磷酸铁锂离子蓄电池等动力蓄电池的研发，形成蓄电池关键材料、单体电池、蓄电池模块、蓄电池包及管理系统等的集成能力；尽快制定符合中国实际的电动汽车生产和销售标准体系，帮助相关公司积极争取乘用车生产资质。

2. 产业链中游：加强新能源整车研发

设立新能源汽车研发专项资金，重点支持新能源汽车的整车集成开发的关键技术突破和产业化；强化政府对新能源汽车研发的协调，支持相关高校、科研机构与企业建立产学研联合体，汽车企业建立省级或国家级科技研发中心，合作开展新能源汽车研发；积极引导和支持国内汽车生产企业组成合作联盟，整合研发新能源汽车的科技力量和优质资产，形成强大合力，集中攻关，合力解决产业发展"瓶颈"，共同参与国际竞争。

3. 产业链下游：解决充电配套等后续问题

加强新能源汽车充电站等配套设施的规划和建设，从停车场建设入手配备必要的充电设施，收取适当的充电费用，以解决充电问题。大规模建设充电站需要政府的规划和扶持，尤其是土地购置费用、电网接入、充电电价制定、电网改造等。

4. 合理运用产业扶持政策和财政政策

制定实施各种可行性政策促进新能源汽车健康发展。对于处于研发阶段的生产者，应以预算资金补贴为主；对于已处于大规模生产的生产者，通过税收优惠和政府购买支持为主。对消费者也可通过资金补贴、退税、减免（购置）税费等方式，鼓励购买新能源汽车。

5. 加大对新能源汽车的强制性采购

政府采购可以积极拓展市场，形成消费示范效应。制定新能源汽车政府采购的实施细则及标准，优先采购节能环保和清洁能源汽车；同时，积极支持公交、出租、公务、环卫和邮政等公共服务领域的单位通过国家节能与新能源汽车示范推广财政补助资金的资助采购和使用新能源汽车。

第三节　服务外包产业发展现状与取向

以滨海新区为依托和主体，天津市于 2006 年被认定为中国服务外包基地城市，并于 2009 年获批准为中国服务外包示范城市，服务外包产业发展潜力很大。把握滨海新区外包产业的现状和基础条件，明确发展重点并采取有针对性的策略，有助于实现服务外包产业的跨越式发展，跻身国际一流外包城市行列。

一、天津服务外包产业发展现状

自 2006 年 12 月被认定为"中国服务外包基地城市"以来，天津市先后认定并建设了新技术产业园区、经济技术开发区、港保税区等三个服务外包示范区和六个服务外包专业园区。截至 2012 年底，登录天津市商务部服务外包业务管理和统计系统的企业达 397 家，与 2011 年相比新增注册 104 家；新增从业人员 2.85 万人，从业人员总数达到 7.53 万人；全年新签服务外包合同 3067 个，同比增长 62.8%，实现服务外包执行额 12.3 亿美元，同比增长 101.8%，其中离岸服务外包执行额 7.5 亿美元，同比增长 90.1%。2012 年有 2 家天津企业入选"中国服务外包企业最佳实践五十强"，天津滨海高新技术产业开发区在"中国高新技术产业开发区投资环境竞争力"位列榜首，滨海服务外包产业园在"中国服务外包园区十强"评选中排名第九，天津曾入选由 Global Service 发布的 2009 全球新兴外包城市榜单 50 强。天津开发区 2012 年全年服务外包执行额和离岸执行额分别占天津市的 40% 和 62%，思捷思电脑（CSC）、蓝泰科技（IBM）、东软、中软赛博、南大强芯、卡巴斯基、药明康德、渣打银行后台服务中心等一批类型多样的知名服务外包企业相继落户，全国目前唯一由商务部授牌的服务外包培训机构——中国服务外包天津培训中心也已揭牌启动。在空港物流加工区，以色列安道思公司全球研发中心、空港加工区总部服务外包基地等多个重大项目正在开发建设。

总体看，天津服务外包产业发展势头良好，但产业规模仍有较大扩展空间。

二、服务外包产业发展的基础条件

1. 陆、海、空立体交通网络基本形成

优良的交通承载能力是服务外包产业进行人力交流、产品输出的重要条件。天津与北京已形成"半小时交通圈"，多条铁路干线在津交汇。天津港是中国北方最大的国际港口，2012 年港口完成货物吞吐量 4.76 亿吨，同比增长 5.3%，在服务外包基地中位居前列；同时，集装箱吞吐量完成 1230 万标准箱，

同比增长 6.2%，双创历史最好水平。2009 年机场货邮吞吐量 16.8 万吨，旅客吞吐量 578 万人次，在服务外包示范城市中位列中游，如表 6-4 所示。交通网络构成服务外包产业发展的良好基础，但航空营运能力的不足有可能成为滨海新区服务外包产业向外辐射发展的制约因素。

表 6-4　主要服务外包城市 2012 年港口、机场吞吐量比较

	天津	北京	上海	广州	深圳	大连	西安	重庆
港口年吞吐量（亿吨）	4.76	—	7.36	4.51	2.28	3.7	—	1.25
集装箱吞吐量（万标准箱）	1230	—	3252.9	1474.36	2294.13	806.4	—	86.87
机场货邮吞吐量（万吨）	16.7	180.0	337.96	163.4	85.49	13.7	17.5	27.04
机场旅客吞吐量（万人次）	463.7	8100	7870.84	4831.4	2956.97	1333.7	2342.09	2241.92

数据来源：2012 年各城市国民经济和社会发展统计公报。

2. 人才储备丰富，人力成本优势明显

天津市科技事业发达，人才密集，劳动力素质高。2012 年 45 所高校在校47.31 万人，在校研究生 4.85 万人，中等专业学校在校 7.09 万人，有专业技术人才 114 万人。天津滨海新区和北京可共享和互补人力资源，以满足服务外包产业的人才需求。2011 年天津职工年平均工资为 42240 元，与其他主要服务外包示范城市相比，具有明显的人力成本优势。服务外包对人才的依赖度极高，人力资本的节省对于服务外包企业提升经济效益和竞争力将产生重要作用，如图 6-2 所示。

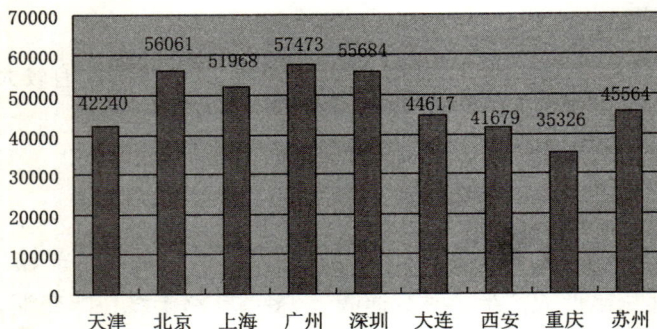

图 6-2　主要服务外包城市 2011 年职工年平均工资比较（元）

数据来源：2011 年各地国民经济和社会发展统计公报。

3. 雄厚经济实力和高开放度市场提供内外需支持

天津市经济实力日益雄厚，2012 年生产总值达 12885.18 亿元，在全部 21 个服务外包示范城市中位列第五。较大的经济总量一方面能为服务外包企业提供内需市场，另一方面也有利于吸引服务外包企业进驻和扩大离岸外包服务需求。随着滨海新区开发开放的不断推进，相关制度、政策及配套设施不断健全和完善，服务外包产业的市场环境和离岸外包业务也将迅速完善和扩大，这将为服务外包提供潜在的内外需支撑。

4. 信息化建设可满足产业发展需求

截至 2012 年底，天津市光缆总长达到 320 万芯公里，出口带宽达到 825G，年末互联网用户达到 916.23 万户。其中，宽带接入用户 213.51 万户，光纤接入用户 61.78 万户，住宅带宽的提供能力已经达到了 100M。另外，目前天津市已实现 2G 网络覆盖全市以及 3G 网络覆盖核心区域的目标，网络传输质量及稳定性大大提升。年末公网固定电话用户 354.18 万户，新增移动电话用户 1303.34 万户。良好的通信供给能力，可充分满足服务外包业的信息化需求，为产业发展提供有力支持。

三、服务外包产业未来发展重点

1. 集中于华北市场的在岸服务外包

2011 年，我国服务外包内需市场呈现三足鼎立，华东、华南和华北三个地区的发包量占全国总发包量的 75.7%，如图 6-3 所示。华北地区占全国在岸服务外包市场的 18.5%，是最重要的发包区域之一。滨海新区地处三大国内在岸外包市场之一的华北地区，发展在岸服务外包业务具有得天独厚的地理优势。滨海新区服务外包产业现阶段并不具备大举进军华东、华南等地市场的实力，应先立足本地市场，充分利用华北地区巨大的国内发包份额，优先承接华北地区外包业务，在此基础上逐步开拓国内其他市场，确立了滨海新区在国内在岸服务外包市场的领先地位。

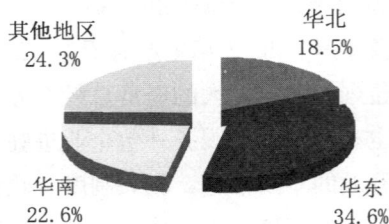

其他地区 24.3%

华北 18.5%

华南 22.6%

华东 34.6%

图 6-3　2011 年中国服务外包内需市场分布

数据来源：新华网。

2. 面向日韩市场的离岸服务外包

目前全球离岸服务外包市场的发包方集中欧洲、日韩和美国三个区域。欧洲和日韩企业发包时倾向于近岸化选择，美国则以远岸外包为主。

滨海新区与日韩联系最为紧密。一方面，天津作为中国北方最大的沿海开放城市，与日韩地理接近，具有地缘和文化优势。另一方面，滨海新区与日韩企业有良好的合作基础，韩国三星、LG 和日本丰田、松下等一大批跨国企业均已在园区落户，日韩企业对滨海新区相对熟悉和偏好。应充分利用日韩企业的投资惯性，重点开拓日韩外包市场，积极促成本地服务外包企业与日韩企业间的合作。

目前滨海新区服务外包产业尚处于市场开拓阶段，企业规模和业务承载力较小，且存在语言文化差异，承接欧美外包业务时难以与印度、爱尔兰等服务外包强国正面竞争，与国内城市相比也并不突出。可行的做法是先利用既有优势集中精力做好日韩外包业务，壮大产业规模，提高品牌认知度，在此基础上逐步拓展欧美外包市场，向高端产业链发展。

3. 金融服务外包产业的发展潜力

滨海新区发展金融服务外包产业具有三方面优势。首先，金融实力较强，金融服务外包市场内需充足。截止到 2012 年末，天津市社会融资规模为 4440 亿元，同比多增 1306 亿元，融资租赁业务规模占全国 20% 以上。截止到 2011 年末，在天津市注册登记的股权投资基金（管理）企业达到 2408 户，创业风险投资机构共有 33 家。高度活跃的本地金融市场将为金融服务外包的发展提供强大动力。

其次，滨海新区具有金融创新优势。2009 年金融创新专项方案获国家批复，天津股权交易所、渤海商品交易所揭牌运营，滨海新区的开发开放为天津在金融服务外包领域"先行先试"创造了条件。

再次，具有承接北京金融服务外包业务的优越条件。北京是全国的金融决策和监管中心、资金调度中心和金融批发中心，金融业外包需求巨大。滨海新区外包企业可充分发挥地缘优势和成本优势，在北京金融外包业务竞争中取得领先。通过打造金融服务外包产业来带动服务外包业和金融业双重升级，有助于确立滨海新区在全国服务外包领域的优势地位。

四、发展方向与解决对策

1. 加快资源整合，打造"Tianjinsourcing"品牌

服务外包产业具有规模效应，应鼓励服务外包企业通过收购、并购整合资源，实现业务和人才的逐步集中，发挥规模经济优势。政府应为企业整合提供金融信贷支持、简化办事程序、实行税收优惠。应鼓励企业参加质量体系认证和 CMM/CMMI 评估，重点扶持一批具有技术优势、规模效应和品牌形象的龙头企业，将其培养成为核心竞争力强、管理理念先进、研发水平高、市场份额大的规模企业。积极培育符合条件的企业上市，以提高企业和行业竞争力，带动整个服务外包产业的发展。

政府应明确服务外包产业的独特价值定位，通过官方打包推介，促使本地企业形成合力，加强外包企业与市场的联系，力争形成以龙头企业为代表，众多小型企业为基础的"Tianjinsourcing"品牌。

2. 开拓发包市场，搭建信息平台

首先，积极开展政府外包。应鼓励政府部门设定一定的准入条件和资质，采取公开招标或特许经营等形式，将后勤服务、人员培训、信息化建设、部分公共性服务等不涉及秘密的业务外包给优秀的专业企业，以开辟新的市场，降低行政成本，提高效率。

其次，适时出台鼓励发包政策。当前国内服务外包市场环境不够成熟，大部分适合发包的企业外包观念较弱，市场潜力亟待挖掘，制约了服务外包产业的发展。应向传统制造和服务企业尤其是大中型国企推广服务外包理念，并提供免费信息平台等鼓励企业发包。

再次，搭建服务外包信息平台。应建立和完善接发包企业的双向信息对接平台，打造外包业务沟通渠道。要以滨海新区快速发展势头吸引客户，以新区

区域竞争力做依托，组织安排服务外包洽谈会，为服务外包企业与大中型企业、跨国公司间的对话与长期合作提供服务。

3. 大力培养和引进服务外包专业人才

服务外包产业是知识密集型产业，人才在产业发展中居于核心地位。大力引进软件、外语、管理等相关领域的高级人才，充分利用京津半小时交通圈的优势，通过定期开展人才招聘会等途径，将北京充裕的人力资源为我所用。支持建立校企结合的服务外包人才培训和实习基地，利用中国服务外包天津培训中心这一实体培训机构，对高校毕业生开展实习培训，培养适应外包企业需求的实用人才。最终构建出多层次、多类型的滨海新区服务外包人才供给机制。

第四节　电子信息产业发展趋势与战略

一、世界电子信息产业发展的六大趋势

1. "再制造化"推进了电子信息产业重新布局

国际金融危机发生后，为尽快走出危机和培育新的经济增长点，发达国家重视实体经济并提出"再制造化"发展战略。奥巴马提出经济将转向可持续增长模式，即由维系于金融信贷之上的高消费模式转向出口推动型和制造业增长模式。美国推进智能系统和通信技术的发展，制定了"智慧地球"战略，将电子信息产业作为战略布局的优先领域。欧盟对电子信息产业实施重构，比如英国推出了"数字英国"计划，希望继续在电子信息产业等新兴产业领域保持竞争优势。欧美发达国家加大科研投入，积极制定新的产业政策，以在未来发展继续占据制高点，这将使电子信息产业国际市场竞争变得更加激烈。

2. 技术二次开发和深度融合创新成为产业发展取向

以技术二次开发和深度应用为主要特征的融合创新成为当今信息技术产业的重大趋势。一方面，传统 IT 企业向 IT 服务转型成为趋势，制造业服务化成为产业发展新引擎。例如诺基亚一改手机制造商的传统形象，积极推进应用软件商店"ovi store"计划，其目标是 2012 年将转型为互联网服务供应商。另一方面，网络、信息技术广泛渗透与深刻应用于医疗、汽车、船舶、机械等传统

工业，带动传统产业结构升级，并催生新的产业增长点。欧盟、日本出台电子信息产业战略，将物联网应用于传统工业作为未来发展的重点；韩国出台 IT 未来发展战略，将信息技术与传统工业融合应用作为未来发展的重点。

3. 企业在兼并与重组中提升自身竞争力

全球计算机与软件业掀起并购狂潮，并购活动席卷硬件设备、数据库、虚拟化等软硬件领域。企业通过并购重组提升自身竞争优势，全球电子信息产业进入一个大重组时代。SAP 收购 Bussiness Object；IBM 收购 cognos，近期又收购二十余家中小企业；甲骨文收购 BEA 系统公司；Sun 收购瑞典 MSQL 软件公司；Google 欲收购摩托罗拉手机业务，惠普斥资 139 亿美元收购 EDS，成为全球第二大 IT 服务商。此轮兼并重组具有两大特征：一是企业通过兼并弥补自身技术缺陷和产品空白，研发水平和市场营销能力更加强大；二是企业加紧战略调整，主营业务开始由制造向服务衍生和转移，以获取产业价值链更高附加值。

4. 下一代互联网、物联网、云计算等成为业态创新新领域

下一代互联网、物联网等业态创新已成为 IT 产业新的应用领域，新的市场服务空间、新型商业模式不断涌出，应用软件商店已成为新兴应用的典型代表。从产业关联来看，互联网、物联网发展也将拉动芯片、传感器、光纤等重点产业的发展。2009 年美国国家情报委员会把物联网技术作为影响未来 15 年构架战略利益的六种技术之一。而基于云计算的网络和应用向超大规模计算能力、更高可靠性、更低运营成本及更高智能方向发展。"信息电厂"的云计算模式，使用户不再需要购买"产品"，只需按照需要购买"服务"即可满足自身需求。这将不断变革传统计算模式，对未来发展产生深刻影响。

5. 高性能集成电路、信息材料等核心器件仍是产业发展制高点

高性能集成电路、基础设备、信息材料等核心器件仍然占据产业链"微笑曲线"高附加值一端，并拥有广阔的市场应用空间。预计全球集成电路市场到 2015 年将达 3350 亿美元以上，整个半导体市场约为 4000 亿美元。而我国集成电路和组件进口额巨大，是最大宗的单项进口产品，进口额将超过目前的 1200 亿美元。同时，作为未来发展的物联网、云计算核心的集成电路、半导体产品及技术也将成为未来产业发展的制高点，应用空间非常巨大。

6. 绿色低碳理念对 IT 产业未来发展影响日益突出

绿色低碳其实质就是能源高效利用、清洁能源开发，核心是新能源发展和

节能减排技术的不断创新。电子信息产业以节能、环保、高效为核心价值的绿色 IT 逐渐成为计算机与软件产业投资的新热点。2009 年 3 月，英国商业、企业和管制改革部公布了《低碳产业战略愿景》，加快低碳经济和产业的发展。IBM 2007 年推出绿色工程，每年投资 10 亿美元，用于绿色服务开发和推广，在硬件、软件和服务领域全面推行绿色战略。

我国已初步形成了三角洲、珠三角、京津冀的三大电子信息产业集群，电子信息产业已初步形成生产规模，世界级产业基地突显。京津冀地区主要从事通讯、计算机、集成电路、家用电子电器类产品的生产，为全国最大的综合性产业密集带。

二、我国电子信息产业的市场竞争加剧

1. 外资企业加速抢占国内市场，高筑进入壁垒

外资企业通过初始高额投资形成较强的市场壁垒，并通过企业的规模报酬递增布局全国市场，形成"赢家通吃"的局面。截至 2011 年末，诺基亚在中国净销售总额已超过 300 亿欧元，同时出口总额已超过 500 亿欧元。三星集团 2012 年和 2011 年在中国投资分别超过了 2800 亿和 2480 亿人民币。截至 2011 年末，外资企业在规模以上制造业工业销售产值、主营业务收入、利润中比重分别为 48.8%、48.5%、38.1%，其中外资企业出口占全行业的比重达 64.9% 以上。同时，外资企业在全国建立研发中心、生产基地，形成较强的在位市场势力，不断挤占内资企业的生产空间。以手机业为例，截至 2012 年末，我国手机出口 10.1 亿台，外商投资企业手机出口 6.6 亿台，占出口总量的 65%。高端手机市场由外资企业主导，尤其 300 美元价格以上的手机，主要由苹果、三星等公司占据。

2. 核心器件进口"价量齐升"，产品出口"价跌量增"

内资企业在关键领域掌握的核心技术和自主知识产权较少，电子信息产业所需的核心器件大量依赖进口。2011 年，电子元件、电子材料、电子仪器设备的进口总额，同比增长 5.5%、21.5%、27.1%，电子信息产业的进口增幅为 10.9%。2012 年，电子元件、电子材料和电子仪器设备进口同比下滑，进口额 941、91 和 384 亿美元，降幅分别为 2.0%、18.7% 和 23.6%，电子信息产业进口增幅为 4.5%。自 2000~2012 年，我国集成电路进口从 205.5 亿块增长到 2418.2 亿块，年均增长率为 22.8%。尽管受金融危机影响，2012 年集成电路进

口额达 1920.6 亿美元,占全年进口总值的 10.6%,是进口额最大的单一商品之一,与原油进口额不相上下。而进口电路单价从 2000 年的 0.49 美元跃升至 2012 年的 0.79 美元,上涨了 61.2%,核心器件进口的·"价量齐升"使电子信息产业内资企业利益进一步受损。

虽然我国电子信息产品出口总量在不断上升,但出口价格却在不断下跌。外资企业利用集团内部的关联交易,逃避中国税收,获取不当利益。2001 年,电子信息产品出口 2661 亿美元,2007 年为 12178 亿,2008 年为 14285 亿,2012 年为 6980 亿美元,相比 2001 年增长 61.8%。从出口价格看,2013 年 3 月,我国有逾三成的重点监测电子信息产品的出厂价格环比下跌,同时有近五成的产品出厂价格同比下跌;出口价格逾三成的产品环比下跌,近四成的产品同比下跌。

3. 内资企业盈利能力弱,外资企业独占鳌头

受金融危机的影响,电子信息内外资企业盈利都有所下滑。2008 年电子信息整个行业实现增加值 1.49 万亿元,增长 14.6%,增速比上一年降低 3.6 个百分点,计算机、家用视听、电子元件行业出现负增长,三资企业利润也下降了 2 个百分点。2012 年,规模以上电子信息制造业增加值增长 12.1%,增速比上一年降低 3.8 个百分点。同时,手机、计算机、彩电、集成电路等主要产品产量分别达到 11.8 亿部、3.5 亿台、1.3 亿台和 823.1 亿块,同比增长 4.3%、10.5%、4.8% 和 14.4%,三资企业利润下降了 1.25%。从利润率和投资效率来看,2011 年,我国电子信息百强主营业务收入占全行业总量比重达到 24%,但其利润总额仅占全行业的 11.9%,从效益看,百强企业实现利润总额 884 亿元,占全行业总量的 27%。同时,内资企业利润总额占营业收入的比重在不断下滑,从 2001 年的 6.3% 下降为 2% 左右,2011 年,内资企业利润总额占主营业务收入比重为 6.6%。2012 年,国内电子信息百强企业的平均利润率只有 6.2%,而微软等跨国公司的利润率超过 20%。

三、电子信息产业内资企业发展的战略选择

1. 实施产业链创新突破内资企业升级困境

一方面,应给予内资大企业、大集团资金和政策支持,支持企业间并购,弥补自身技术缺陷和产品空白,通过"冠军企业"战略的培育,带动整个产业链的创新与发展,实现内资企业的跨越式发展。另一方面,政府应加大政策引导,设立专项资金,支持产业链创新与建设,对产业链上关键环节和重要结点

进行公共研发，推动企业创新或集成新服务。同时，完善企业研发机构、高校研究机构和技术咨询机构的三大创新主体的产学研合作网络。

2. 整合全球科技资源，提升技术获取能力

主动对海外研发资源进行垂直整合，使内资企业由制造环节向研发环节拓展。通过技术许可等方式引进技术；构建国际研发战略联盟，与联盟伙伴开展合作研发；实施以技术获取为目标的对外直接投资。

3. 构筑专利网络，打造自主产业标准

鼓励内资企业加强协作并形成合力，通过专利联盟实现知识产权的标准化。通过构建战略联盟形成优势互补，致力于率先推出自主标准，在国内实现规模化应用，进而与跨国公司进行知识产权互换，增强内资企业的控制力。

4. 垂直整合渠道，实施名牌战略

企业具备一定研发能力后，必须向产业链的下游渠道拓展，培育内资企业的市场控制力。将内资企业的制造优势与终端企业的渠道优势相结合，共同开拓市场；或者并购下游企业品牌、渠道商，从而快速实现下游环节的垂直整合。同时，要注重长远利益，实施品牌战略扩大市场份额。

5. 构建战略联盟，发挥网络优势

加快行业协会规范与改革，加强组织创新，通过外部组织资源的整合，构建研发战略联盟、渠道合作战略联盟、出口卡特尔型战略联盟。发挥行业协会协调作用，促使行业内企业共同合作解决"开拓国际市场渠道"、"专利联盟建设和自主标准打造"、"出口贸易价格协调"等重点问题，有效提升内资企业在国际竞争中的市场势力。

四、滨海新区电子信息产业发展战略

1. 适应全球产业发展变化，积极创新产业发展模式

以信息产业格局调整为契机，创新电子信息产业发展模式。通过政府引导，积极探索和实现上下游环节虚拟一体化，支持和引导企业兼并，将产业链上下游按照共建价值链紧密链接，形成生产研发与市场应用链接、关键设备与生产制造有机链接、整机企业与配套企业的整合，各业资源良性互动的新模式。

2. 积极布局下一代互联网、物联网，培育壮大云计算服务产业

积极开展下一代互联网未来架构及关键技术研发，推动标准化建设，构建下一代互联网网络与信息安全防护体系。加快三网融合产业创新，推动 IPTV、

手机电视等融合业务发展，把握互联网应用技术与业务创新方向，加快基础平台、智能搜索、新一代 WEB 等关键技术创新。依托超算中心，加快云计算标准制定，在电子政务、企业信息化、互联网信息服务等领域加快云计算应用。

3. 创新与应用相结合，在优势领域抢占战略制高点

创新与应用相结合，引导产业向价值链高端汇聚。一方面，推动电子元器件、通信设备制造、数字视听等稳定增长，集中力量突破集成电路、新型显示器件、重点传感器等核心技术，抢占制高点。另一方面，提升软件和信息服务业发展水平，重点发展行业应用软件、工业软件、信息安全和技术服务产品。促进软件和传统产业、现代网络和现代服务业的融合、互动和发展。

4. 加快推动制造服务化，注重制造环节绿色化、智能化

一方面，依托现有的通信、片式元件和集成电路三个完整的产业链，推进制造业分工细化和服务外包，加快从生产制造向基于信息和网络技术的服务型制造转变，发展生产性服务业，延伸研发设计、营销服务等高端环节。另一方面，加快关键电子元器件、材料和设备研发与创新，推动制造向智能化、微型化、绿色化方向发展，抓住三网融合的发展机遇，推动智能家居、绿色智能数据中心的建设。

5. 加快企业重组，建立产业联盟整合产业链

一方面，鼓励大型企业实行产业链整合，推进大企业跨地区横向兼并重组，鼓励资源整合和产业集中，推动企业做大做强。同时，加快淘汰落后生产能力，建立健全落后产能退出的法律法规体系，促进落后生产能力加快退出市场。另一方面，支持企业通过技术标准、知识产权、市场开发等为纽带组建产业联盟。以横向联盟推动技术和工艺攻关，以纵向联盟加快产业化进程和推动建立应用市场。

第五节　滨海新区高新技术产业发展的特点与经验

一、高新技术产业的地位与发展特点

1. 高新技术产业已成为转变经济发展方式的引擎

发达国家经济发展的经验证明，后工业化阶段的产业结构具有比工业化阶

段更强的刚性，与之匹配的投资消费比例也更难调整。这恰恰是天津工业比重和投资比重过高的重要原因，也是转变经济发展方式的难点所在。

以人均 GDP 超过 1 万美元为标志，上海（2008 年）和北京（2009 年）在进入后工业化阶段时就完成了第三产业对工业的超越，也告别了经济增长对投资的依赖。而天津的产业结构仍处于"二三一"状态，固定资本形成总额在 GDP中的比重高达 70.12%（2010 年）和 67%（2011 年），几乎相当于上海与北京的总和，如图 6-4 所示。

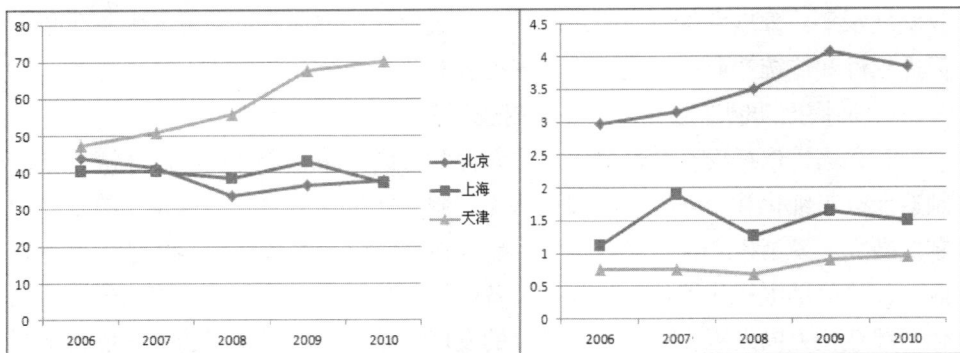

图 6-4　"固定资产形成总额/GDP"与"第三产业增加值/工业增加值"

资料来源：作者根据历年《中国统计年鉴》整理。

在产业结构刚性作用下，加快天津经济发展方式的转变不应强行追求第三产业对工业的超越和固定资产投资规模的缩小，而是要立足自身特点和实际，坚定地以提升工业层次和提高投资效率为抓手和突破口。2010 年，滨海新区高新技术产业产值占到工业总产值的 48.8%；尤其在固定资产投资份额减少 5.8个百分点的情况下，以 19%的固定资产投资增长实现了 26.9%的产值增加，有力带动了滨海新区产业结构的高端化、高质化和高新化发展。这标志着高新技术产业已成为滨海新区加快转变经济发展方式的主导力量和引擎。

2. 高新技术产业发展的重要战略策源地

进入"十二五"以来，滨海新区产业发展由"大、快"向"高、新"提升，高新技术产业成为提升新区国际竞争力的首要利器和经济增长第三极的强力引擎。滨海新区坚持高起点、高速度和高标准发展，与国内高新技术产业高地的差距迅速缩小，并为大跨度的超越储备了战略能量。

按"宽口径"（即包括经过高新技术改造过的传统产业的产值）计算，2010

年滨海新区高新技术产业总产值为 7393.4 亿元，相当于上海、苏州和深圳的83.45%、82.07% 和 72.65%，并且增长速度高于上海和深圳，如图 6-5 所示。2012年，预计新兴信息与网络、生物医药、新能源新材料等新兴产业年产值将突破1200 亿元，到 2015 年战略性新兴产业产值比重将达到 40% 左右。

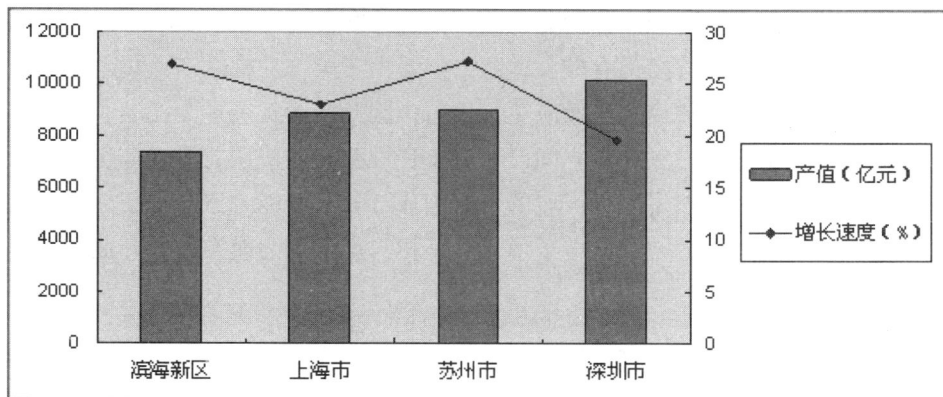

图 6-5　2010 年国内先进地区（宽口径）高新技术产业发展对比

资料来源：作者自行整理。

同时，滨海新区已经拥有六个国家级高新技术产业基地，即民用航空高新技术产业化基地、风力发电高新技术产业化基地、集成电路高新技术产业化基地、纳米技术高新技术产业化基地、半导体照明工程高新技术产业化基地和泰达国家现代服务业产业化基地，基地的数量和密度居全国前列。其中，国家风力发电高新技术产业化基地已经成为天津世界级新能源基地的重要组成部分，国家民用航空高新技术产业化基地也已经具备了发展为世界级航空航天基地的潜质。

3. 高新技术产业呈三大梯队并行发展和互动多赢格局

滨海新区高新技术产业不仅起点高、节奏快，而且布局广、呈多元发展态势。这种多元并进的产业形态更容易促成产业主体和产业门类间的协调互动并形成产业发展合力，有利于在更大范围内配置和共享资源，形成集群效应和规模经济效应。

从产业主体看，新区的高新技术产业呈现为企业、资本、科研机构和政府共同承载的格局。其中企业居于中心地位，在政府的扶持和服务下，通过与资本、科研机构和专业人才的相互融合，凝成了支撑高新技术产业发展的坚实支点和动力源。

从产业门类看，高新技术产业呈现三大梯队并行发展且相互支持的格局。装备制造和电子信息产业处于先发地位，占到高新技术产业总产值的 41.1%和31.7%；高技术服务和新材料产业承前启后，占到总产值的 7.6%和 6.8%；航空航天、生物医药和新能源产业潜力初放，占到总产值的 4.6%、4.4%和 3.8%。虽然梯队之间的产业规模仍有较大差距，但是由于第二三梯队产业集群的成长性更强、潜力更大、规模经济效应更为显著，因此产业发展差距的缩小将成为必然。更重要的是，三大梯队之间已形成了良性互动的协调关系，如生物医药领域的服务外包是高技术服务产业的重要组成部分，新能源汽车是新能源产业与装备制造产业协作的结果，电子信息和新材料产业则为航空航天产业的发展提供了有力的支撑。

二、高新技术产业发展的主要经验

1. 两轮并驱：立足现实优势与抢占未来产业发展制高点

滨海新区牢牢把握国家和世界科技革命与产业变革的机遇，在大规模产业结构调整中既立足于现实优势，又把握和抢占未来产业发展制高点；既积极有效地改造传统产业，又不失时机地谋划发展新兴产业；走出了一条双轮驱动的产业调整升级的新路子，产业发展呈现既"大而快"又"高而新"的特征。

一方面，立足现实优势，夯实产业基础，以高新技术改造传统产业。为保持在石油化工、钢铁冶炼等传统领域的现实优势，防止前期巨额投资中沉没成本的产生，滨海新区坚持渐进式的发展思路，通过高新技术的改造，实现了以大乙烯为核心的现代石化，以大机车、新能源汽车和现代冶金为主的高端装备制造等产业的蓬勃发展。在巩固现实优势的同时加大结构调整的力度，为新兴产业的培育和奠基提供了时间和空间。

另一方面，坚持跨越式发展，不失时机地谋划新兴产业，抢占产业发展制高点。对于自身基础薄弱但战略地位重要的战略性新兴产业，滨海新区找准切入点，以大项目为抓手、高起点迎头而上，短时间内就在航空航天与超级计算和储存等领域实现了重大突破。以空客 A320 系列飞机总装线落户为开端，"三机一箭一星一站"相关项目迅速集聚；以建设国家超级计算机天津中心为契机，天河一号、曙光、蓝鲸等高性能计算与存储为重点的新一代信息技术产业集群快速成长；以风电、光伏太阳能等为主体，新能源产业基地初具规模。战略性新兴产业的崛起为滨海新区的可持续发展开拓了广阔空间。

2. 多路径联动并行助力高新技术产业协调发展

新区把提高自主创新能力作为产业发展的核心，积极探索促进科技与产业发展紧密结合的途径。针对多主体承载和多产业门类并进发展的特点，探索出了一条多路径并行、复合的产业发展道路。遵循市场规律，通过五种不同发展路径在五大产业主体和七大产业门类间的转换与复合，有力地推动了高新技术产业的高效发展。

一是企业转型升级促进型，即随着产品生命周期的演进和资源环境约束的加剧，传统企业转型升级进入高新技术领域，生产高新技术产品以谋求发展空间，进而促进高新技术产业发展。

二是市场与资本逐利带动型，即随着要素流动、产业转移，高新技术产业发展潜力和附加值更大，国际国内资本将其作为投资对象和盈利载体进入该项产业，进而促动了高新技术产业发展。

三是科研成果转化支撑型，即随着科技应用倾向的增强，科研机构为了服务经济社会发展和实现自身价值，独立或与其他部门合作在新区开展科技成果转化，进而推动高新技术产业发展。

四是高端人才创业推动型，即随着人才高地建设、创业环境改善和创业氛围的增强，拥有开阔视野、先进技术或卓越经营管理才能的高端人才选择在滨海新区创业，进而推动高新技术产业发展。

五是政策引导与政府扶持型，即在产业结构调整的过程中，滨海新区政府在政策扶持、资金补贴、税费减免、土地优惠、审批优先等方面向高新技术产业和企业重点倾斜，扶持高新技术产业发展。

3. 以"看不见"的项目为"看得见"的项目提供支撑

由于具有要素集聚快、投资周期短、乘数效应大等特点，项目引领已成为国内诸多地区加快经济建设特别是产业发展的重要手段，滨海新区的大项目建设具有示范作用。大飞机、大乙烯、大计算机等大项目好项目在新区经济社会发展、特别是高新技术产业发展中发挥了带动作用。值得重视的是，在这些"看得见"项目之外，新区谋划和设计了系列"看不见"的项目，即自设科技计划项目的引领作用。以财政投入为保障，以科技成果转化和产业化为目标，把握高新技术产业发展方向，以"看不见"的项目为"看得见"的项目提供支撑，为自主创新能力的增强和高新技术产业的可持续发展增添动力。

2010年，滨海新区政府设立了科技创新、高新技术企业培育、科技奖励三类专项科技资金，并下设八大科技计划。当年共执行各类项目361项，科技计划项目总经费投入32.3亿元。其中，作为主体的科技创新专项资金从创新环境、产业发展、企业助推、社会发展四个角度，结合创新创业团队引进和知识产权保护两项行动组织安排资金，设立七大系列的科技计划项目。几年来，这些项目对滨海新区高新技术产业的发展持续发挥着越来越显著的支撑作用。

2012年，为加快战略性新兴产业发展，新区政府将科技创新专项资金增加至2.4亿元，对自主创新重大平台和重大项目建设、科技型企业成长助推、社会发展科技支撑、科技创新创业团队引进、知识产权创造与保护等给予资金补助；设立5000万元培育资金，用于航空航天、新能源、新兴信息与网络、高端设备制造、生物技术与健康产业、节能环保、海洋工程、新材料等新兴产业项目的培育和扶持；设立4000万元节能专项资金，用于节能技术改造、节能推广应用、新能源可再生能源利用等项目补助或奖励。

三、促进滨海新区高新技术产业发展的思路

1. 明确重点发展方向，建立产业专报、产业目录等制度

在多元发展的基础上，进一步明确高新技术产业发展重点方向，争取在部分领域确立、巩固和扩大领先优势。一要统筹建立高新技术产业专报制度，把握国内外高新技术产业发展走势，为政府、企业和科研机构提供信息搜集载体和交流平台；二要抓紧出台新区高新技术产业重点方向目录，优先扶持符合重点方向的企业和项目，引导社会要素向重点方向集聚，并根据外部变化与自身实际适时对重点方向进行调整；三要加大对企业家和科技工作者的培训考察服务力度，开拓他们的视野，增强其前瞻性和创新性，实现企业生产、科学研究与产业前沿和新区重点的契合。

2. 实施产业融合发展战略，加强主体间、地区间的产业协作

高新技术产业实施融合发展战略，是要在更广范围、更高层次、更深程度上把产业协作与区域合作结合起来。一要加强滨海新区与中心城区、中关村和环渤海地区的高新技术产业协作，在环渤海区域合作市长联席会议框架内，谋划成立"环渤海高新技术产业合作联席会"和"环渤海高新技术企业合作联盟"；二要加强新区与其他地区在高新技术产业链条各个环节的协作，研发上互通有

无，原料上集体采购，物流上紧密对接，生产上科学分工，销售上共享市场；三要加强新区与其他地区高新技术产业集群各个主体的协作，努力实现企业、资本、科研机构、人才和扶持政策的高效流动和资源共享。

3. 大力培养本土人才成长，实现候鸟型人才向本土人才转变

在整合和集聚全球人力资源的同时，大力培养本土人才，降低"候鸟型"人才比重过高对产业可持续发展的不利影响。一要提升教育、医疗和文化休闲设施的水平，以科教氛围的营造、文化底蕴的积淀和宜居环境的优化，实现候鸟型人才向本土人才转变；二要把人才培养作为高新技术产业发展的重要组成部分，依托高校、科研机构和企业，以技术创新、成果转化和管理提升促进人才成长，力争实现人才引进地向人才输出地的转变；三要加强对现有本土人才的培训和选拔力度，以差别效率鼓励人才在产业间流动，设立高新技术产业专项津贴，力争实现本土其他产业人才向高新技术产业人才的提升与转变。

4. 加强高新技术产业统计工作，以标准制定赢得话语权

为更加准确评估高新技术产业发展状况，应加强统计工作，改进高新技术产业统计制度，完善高新技术产业统计体系，为领导决策和产业研究提供权威数据和客观依据。一要对高新技术产业的领域范围进行科学界定，借鉴发达国家经验，填补统计口径空白，解决高新技术改造传统产业和高技术服务业认定难的问题；二要对高新技术产业的统计方法进行科学设计，借鉴国内先进地区经验，着眼针对性、着重规范性和特色性，谋划出版《滨海新区高新技术产业统计年鉴》；三要把高新技术产业的统计创新纳入国家综合配套改革试验区体制机制先行先试的范围，争取获得国家的认可和推广，以统计标准的制定赢得高新技术产业的话语权。

参考文献：

[1] 天津市滨海新区发展和改革委员会编著. 天津市滨海新区经济和社会发展报告（2011）[M]. 天津：天津社会科学院出版社，2012.

[2] 天津滨海新区统计局. 天津滨海新区统计年鉴（2011）[M]. 北京：中国统计出版社，2012.

[3] 南开大学产业经济研究所. 天津滨海新区工业发展报告 [M]. 北京：经济管理出版社，2012.

[4] 陈钰芬、陈劲. 开放式创新促进创新绩效的机理研究 [J]. 科研管理，

2009（7）.

[5] 陈劲、王鹏飞. 选择性开放式创新 [J]. 软科学，2011（2）.

[6] 刘铁、王九云. 发达国家战略性新兴产业的经验与启示 [J]. 学术交流，2011（9）.

[7] 周立群、夏良科. 天津滨海新区的技术进步、效率提升与全要素生产率增长 [J]. 科学学与科学技术管理，2010（11）.

[8] 周立群、马宝鹏. 天津市服务外包产业层次分析及对策研究 [J]. 天津经济，2010（12）.

[9] 李 峰. 世界电子信息产业发展的趋势与对天津的启示 [J]. 天津经济，2011（10）.

[10] 马红瀚等. 滨海新区高新技术产业发展研究 [J]. 现代管理科学，2012（11）.

[11] 张贵、李俊林等. 中国高新技术产业自主创新能力评价——基于产业链为核心的视角 [J]. 河北经贸大学学报，2011（1）.

[12] 张贵、周镭. 新能源契机与滨海新区新能源汽车战略选择 [J]. 城市，2011（6）.

[13] 张贵、李靖等. 天津滨海新区电子信息产业链创新研究 [J]. 天津师范大学学报，2012（2）.

[14] 杨钊、孙洋等. 战略性新兴产业布局与产业结构调整——以天津滨海新区为例，2012（3）.

[15] 薄文广、欧阳伟军. 天津滨海新区发展经验及制约因素 [J]. 开放导报，2013（2）.

第七章 制造业与现代服务业融合发展

第一节 制造业与现代服务业融合发展机理

随着信息技术革命浪潮的到来，产业逐渐呈现融合之势。产业融合是指不同产业或同一产业内的不同行业相互渗透、相互交叉，最终融为一体，逐步形成新产业的动态发展过程。按照产业经济学的相关理论，产业融合的方式主要有三种：一是高新技术及其产业向其他产业渗透、融合并形成新的产业；二是产业间的延伸融合，表现为服务业向第一产业和第二产业的延伸和渗透；三是产业内部的重组融合，主要发生在产业内部的重组和整合。其中，最引人注目的是发生在高端制造业和现代服务业之间的融合发展。

一、高端制造业和现代服务业涵义

高端制造业是指能够不断吸收国内外高新技术成果，并将先进制造技术、制造模式及管理方式综合应用于研发、设计、制造、检测和服务等全过程的制造业。从产业的角度讲，高端制造业是指制造业中新出现的具有高技术含量、高附加值、强竞争力的产业；从所处的产业链的环节上讲，高端制造业处于某个产业链的高端环节；如果对产业部门进一步细分，这些高端环节也可以看成是产业部门的细分行业。现代服务业是指依托现代信息技术和现代经营管理经验发展起来的，信息、知识和技能相对密集的服务业，特别是指服务业中最具活力，在产前、产中和产后为生产服务的生产性服务业。

二、"微笑曲线"模型分析

对制造业与服务业融合最具经典的解释是宏基创始人施振荣提出的"微笑曲线"模型，即用一个开口向上的抛物线来描述个人计算机制造流程中各个环节的附加价值，如图 7-1 所示。"微笑曲线"揭示了一个现象：在抛物线的左侧（价值链上游），产品附加价值逐渐上升；在抛物线的右侧（价值链下游），随着品牌运作、销售渠道的建立，附加价值逐渐上升；而作为劳动密集型的中间制造、装配环节不但技术含量低、利润空间小，成为整个价值链条中最不赚钱的部分。在制造业价值链中，1/4 是制造环节，3/4 是研发设计与流通环节。

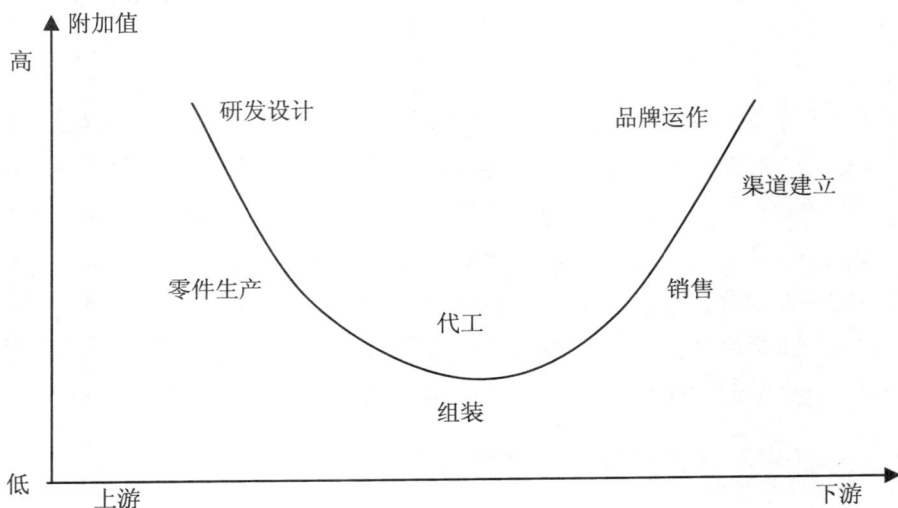

图 7-1 微笑曲线

从价值链的角度来看，高端制造业和现代服务业融合的过程实际上就是制造业和服务业价值链的分解和重构过程。制造业企业可以通过对自身价值链上的价值活动的细分，识别出自身价值活动的优劣势以及相关服务业的核心价值活动，然后借助技术手段或管理手段的创新，采用价值链纵向延伸、价值链横向拓展、价值链虚拟或价值网等融合方式，突破原有的产业边界，延伸或拓展进入到服务业的产业活动领域，再结合其内部价值活动对两大产业核心价值活动进行优化重组、整合及创新，最终优化整合而成涵盖有两大产业核心价值活动的新价值链，实现制造业的服务化发展。

三、高端制造业和现代服务业融合的方式、趋势

随着制造业中间投入服务的增加，高端制造业与现代服务业融合主要呈现出制造业服务化和服务业制造化两种融合方式，这种融合使得资源配置更加合理，产业结构日趋高度化。

一方面，企业将以产品为中心的制造业向服务增值延伸，不再是单一的产品提供者，而是集成服务提供商。制造业附加值中越来越大的比重来源于服务，而不是加工制造。在制造业发展过程中，信息服务、技术服务和金融服务等变得日益重要，产业链上研发、采购、储存、运营、销售、售后服务等服务性环节所占时间越来越长，在整个价值链中与服务相关环节的价值含量也在提升。制造业向服务业延伸（制造业的服务化）表现为以下二种情况：（1）内生型服务化，指由制造业领域原有的服务性活动受市场影响大幅度增加，导致的制造业的服务化；（2）外延型服务化，指由被并入制造业领域的非原有服务活动大幅度增加而导致的制造业的服务化。

另一方面，由于现代服务业发展基于现代信息技术的广泛运用及网络化，现代信息技术在一定程度上改变了服务的固有属性，如面对面服务、个别性服务、即时性服务等，使数字化的服务产品也可存储、可远距离传送，从而具有可交易性，所以现代信息技术的广泛运用及网络化，使现代服务业也具有"制造化"的新趋向，即像制造业那样的规模经济和定制生产。

当前世界上，越来越多的制造业企业不再仅仅关注产品的生产，而是将关注视角延伸至产品的整个生命周期，包括市场调查、产品开发和设计、生产制造、销售、售后服务、产品的解体和回收；越来越多的制造型企业由仅仅提供产品的企业，变成了提供包涵产品、服务、维修、衍生产品等在内的"集合体"。服务在这个"集合体"中占据的位置越来越重要，日益成为产品增加值的主要来源，致使制造业同服务业之间的界限越来越难以区分。许多制造企业将内部产前、产中或产后的服务功能独立出来，原来的服务活动转而由其他企业完成。这一转变促使提供生产服务的专门企业迅速发展。

高端制造业和现代服务业融合发展作为一种新的产业发展范式，改变了产业的价值创造过程、竞争状况，并使企业的生产方式以及人们的消费和需求方式发生变化，带来了一系列产业经济的变革，对社会经济结构产生深刻的影响，是现代产业演进的客观规律，是推进工业化进程和调整经济结构的重要举措。

高端制造业的主辅业务环节分离、现代服务业的发展、二三产业间界限模糊、融合发展是分工深化、生产力进步的外在表现。高端制造业通过分离辅业改善了资源配置效率，实现了成本节约，核心竞争力得到增强。现代服务业通过专业化和标准化实现了规模经济，服务效率得到提升。

高端制造业与现代服务业融合发展，对于滨海新区转变发展方式、坚持可持续发展、实现高端制造业与现代服务业"双引擎"驱动、构筑高端化高质化高新化产业体系具有重要战略意义。

第二节　滨海新区产业发展总体态势

一、高端制造业的发展现状

1. 总量规模不断壮大

滨海新区产业规模日益扩大。"十二五"开局保持了良好的发展态势，2011年，新区规模以上工业总产值12732.2亿元，增长29.4%；全社会固定资产投资3702.1亿元，增长32%。生产总值年均增长达到22.5%，实际利用外资85亿美元，增长20.8%，实际利用内资459.4亿元，增长30.4%；地方财政收入年均增长37.6%，累计完成固定资产投资9500亿元，近400个重大项目竣工投产，世界500强企业中，有109家在新区投资。2012年1~7月份，滨海新区规模以上企业完成工业总产值8008.7亿元，同比增长16.2%，达到了2011年全年总产值的62.9%。其中7月份完成总产值1157.6亿元，增长10.5%；1-7月份，规模以上工业企业产销率达到98.3%；完成出口交货值1126.8亿元，增长14.7%。

对比浦东和深圳的相关数据，滨海新区规模以上产业无论是总产值还是增速，都远高于浦东和深圳，发展势头迅猛。2011年浦东和深圳规模以上工业总产值分别为9392.47亿元、5150亿元，增速分别为22.5%、12.5%，如图7-2所示。

新区产业发展日益呈现高端化、高质化、高新化特点，一大批战略性新兴产业正在培育壮大，航空航天等8大优势产业占工业总产值90%以上。2012年上半年，完成 18 架空客 A320 的组装，一批航空产业项目向航空产业示范基地加速聚集，近 20 项航空航天科研成果达到国际水平；三星系 9 家企业产值565.40 亿元，鸿富锦和富士康产值分别增长 2.46 倍和 2.77 倍；明阳风电、英利新能源、三安光电等新能源新材料企业产值超亿元，环保产品制造业企业产值增长 1.59 倍；丰田汽车产量达 27.5 万辆。

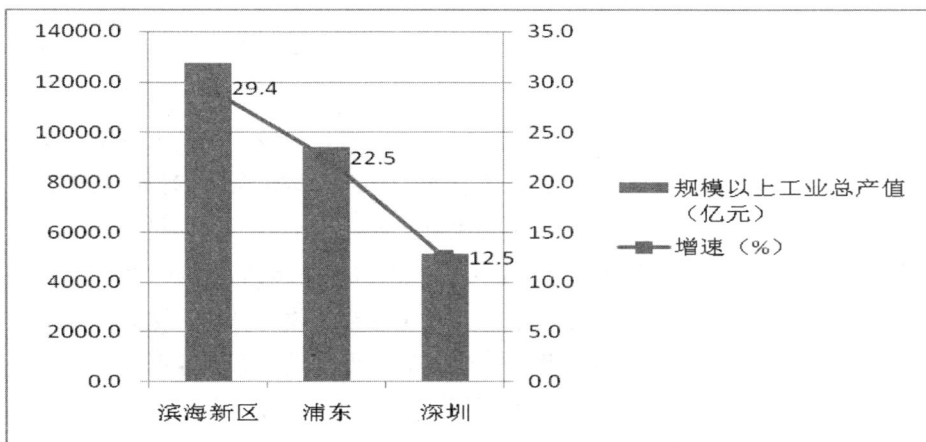

图 7-2　2011 年滨海、浦东、深圳规模以上工业总产值对比

资料来源：《天津滨海新区统计年鉴 2011》,《上海浦东新区统计年鉴 2011》,《深圳统计年鉴 2011》。

2. 结构层次持续优化

通过延伸产业链条，培育新兴产业，新区制造业产业结构不断优化升级，初步形成了高端装备制造、航空航天、新能源、新材料、生物医药、高端信息制造、化工等门类齐全且涵盖国务院重点培育和发展的战略性新兴产业的全部类别的产业体系。

产业内部结构不断调整优化，如在石油化工产业方面，新区聚集了中石油、中石化、中海油、以及 SABIC 等国内外石化巨头。以此为基础，新区重点建设以炼油乙烯为龙头的大石化、原料多元化及低碳化、传统盐化工产业升级改造、高端石化产品集群四大产业发展体系，优化原料供应格局、提升产品结构，努力推进石化产业向下游深加工发展，与新区轻工、纺织等相关产业衔接，形成"油头—化身—轻纺尾"的一体化产业体系，形成结构完善、产品丰富、延伸度高、循环经济特色突出、竞争力强的产业结构。

在全面发展同时，滨海新区注重专向培养，形成了一批龙头企业，对新区未来经济发展起到领航作用。如"天河一号"超级计算机已处于国际领先水平，大飞机、大火箭、通信卫星等都是尖端科技项目，风力发电、生物医药、节能环保等产业的一些项目也达到国内领先水平。

3. 创新能力显著增强

滨海新区把科学技术创新作为发展生产力的优先选择，着力打造高水平的科技创新平台，全面提升创新能力，充分发挥平台聚集资源、创新引领和辐射带动三大功能。

企业是市场的主体，也是自主创新的主体。培育科技"小巨人"就是壮大自主创新的主体力量。滨海新区通过政府资金投入、孵化载体建设以及搭建转化平台等多项措施，帮助企业实现科研成果产业化，推动一批科技企业成长为"顶天立地"的"小巨人"。截至2011年底，年销售额超亿元的科技"小巨人"企业已突破500家，其中136家"小巨人"企业销售收入可超5亿元，形成了以曙光计算机、天地伟业、膜天膜等为代表的一批创新领军企业群。

同时，制造业企业创新研发能力不断增强，如天津赛象科技股份有限公司曾经是一家研发制造子午线轮胎生产设备的公司，对航空制造领域从未涉足。通过与空客公司合作，赛象科技公司成功研制出大体积、大空间、高精度、轻结构和多曲面的夹具。著名的欧洲宇航公司把赛象列入了全球供应商名单。2011年2月，赛象公司又成为空客A320专业运输夹具供应商。赛象公司的科技成果在为空客A320配套中得到转化。

4. 带动效果日益明显

滨海新区以符合国家产业发展趋势的产业为重点，把带动力强的"龙头"项目作为调整产业结构、提升高端产业能级的重要抓手，加快聚集规模大、带动性强、技术水平高、影响长远发展的关键项目，在产业结构调整过程中，逐步形成了八大支柱产业，以高端大项目为龙头、上下游衔接、相关产业高度集群的发展格局基本确立。到2011年底已形成两个超3000亿元、一个超1000亿元、两个超500亿元优势产业集群，八大支柱产业共完成工业总产值11530.8亿元，占全区工业总产值比重达到90.6%。预计到2015年，工业总产值达2万亿元以上，工业增加值达到6000亿元以上，占全区生产总值的60%左右。

高端制造业的大力发展，不仅内生出对服务业大规模的需求，必将带动下游物流业、金融业等服务业的大力发展；同时，形成对上游科技研发、零部件产业的大规模需求，带动这些产业扩大和实力增强，最终促进新区经济社会快速发展。

二、现代服务业的发展概况

1. 业态层次稳步优化

现代服务业的业态特征是深度专业化、资源整合与大规模操作，它是从现代化的传统服务业流程中的各个环节演进产生的。这种变化的动因在于随着社会经济规模的不断膨胀，要求提供服务的规模越来越大，所容纳的交易人数越来越多，此时的服务作为一种产业样式的发展，它的复杂度和整合度越来越高。

随着滨海新区经济规模的不断膨胀，促使传统服务业流程一些环节独立出来。如滨海新区的物流业，从销售的一个环节独立出来，发展成为国际物流中心。2011 年，港口货物吞吐量 4.53 亿吨，增长 9.7%，集装箱吞吐量 1158.76 万 TEU，增长 14.9%。滨海国际机场旅客吞吐量 755.42 万人次，增长 3.8%。无水港发展到 21 个，内陆物流网络进一步完善，形成了对外交通、双城交通、区内交通相互贯通、各种交通方式有效转换的现代化物流网络，进一步提升了载体功能，全面增强了物流服务的辐射和带动能力。

2. 服务领域逐渐拓宽

滨海新区服务业类型，正逐渐从传统服务业向现代服务业转变，形成了主要包含航运物流、金融创新、总部经济、服务外包、旅游会展、科技信息、文化创意、商贸流通、中介服务、房地产十大现代服务产业体系。同时，滨海新区核心区、中心商务区、东疆保税港区、中新天津生态城、滨海旅游区、空港现代服务业示范区、渤龙湖总部经济区、华苑信息服务业产业区、北塘经济区、中心渔港经济区也被定位为十大服务业集聚区。

新区文化创意企业累计达 170 家，滨海国家动漫产业示范园、文化创意产业取得骄人业绩。2011 年，新区文化创意产业实现增加值 286.58 亿元，占新区生产总值的比重为 4.6%。新区上半年新增工业游示范点和 3A 级旅游景区 9 个。

在金融租赁方面，消费金融公司、国际保理、小额贷款公司、要素交易所等各类新兴金融业企业相继落户新区，丰富了新区金融融资领域。

3. 技术含量不断提升

以"天河一号"为代表的一批研发中心、重点实验室等高水平科技创新平台快速聚集，滨海新区成为科技创新的策源地。滨海新区还聚集了一批国字号研发机构，市级以上各类重点实验室和研发中心221家，涉及生物制药、技术装备、电子信息、新能源新材料等诸多新兴产业，使得高新技术更好的融入服务业，促进大批科研成果在新区的现代服务业中得以转化应用。

此外，新区在软件开发、集成电路设计、信息安全服务、国际物流、医药研发等领域逐渐形成优势，在信息技术应用、金融后台服务、动漫游戏、数据库软件等领域具有较好基础，先后引进了东软集团、软通动力、药明康德、腾讯、微软、飞思卡尔、卡巴斯基等一批国内外知名服务外包企业，培育了南大强芯、南开创元、天地伟业数码等拥有较高技术含量的优势企业。

4. 质量优势日益体现

新区通过优化服务业内部结构，进一步增强了对区域经济发展的服务功能。在金融创新、现代物流等现代服务业的细分领域已经具有较强的竞争优势。

2011年，滨海新区第三产业完成总产值1589.12亿元，增长23.4%，占总产值的25.6%。浦东第三产业的总产值3143.57亿元，增长12.4%。深圳第三产业的总产值为6155.65亿元，增长23.6%，如图7-3所示。从数据可以看出，滨海新区服务业发展迅速，但对比浦东新区和深圳特区，可以看出滨海新区服务业的发展，明显低于浦东，更不能和深圳相比。但对比之前总产值的数据，滨海新区从总量和增速上都超过了浦东，可以从客观事实说明，滨海新区的发展立足于第二产业，并以此带动第三产业的大力发展。

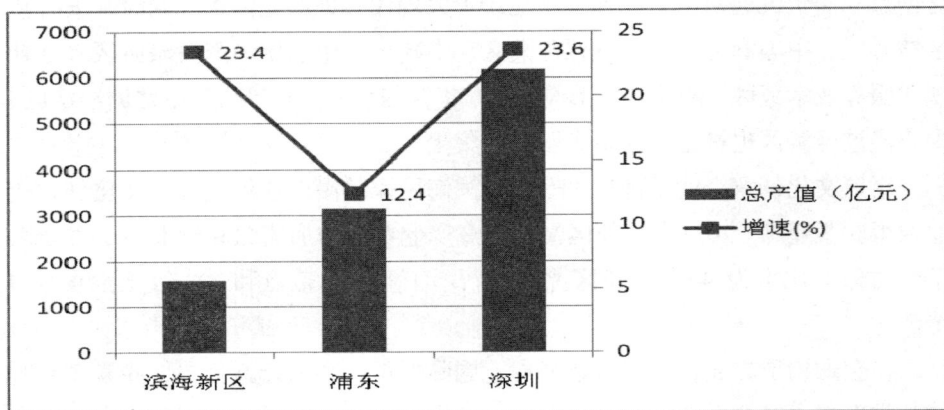

图7-3　2011年滨海新区、浦东、深圳第三产业总产值和增速对比

资料来源：《天津滨海新区统计年鉴2011》，《上海浦东新区统计年鉴2011》，《深圳统计年鉴2011》。

截至 2012 年 5 月，滨海新区规模以上社会服务业企业共计 889 家，现代服务业的代表产业——信息传输业、计算机服务业和软件业共有 127 家。2012 年 1 ~ 5 月份，规模以上社会服务业企业共实现营业收入 244.9 亿元，比 2011 年同期增长 22.3%，呈现出平稳增长的发展态势。

2010 年，滨海新区服务业增加值增长 21%，为近年来最好水平。2011 年，服务业增加值增长了 16.93%，对滨海新区经济增长贡献率为 26.5%，拉动经济增长 6.3 个百分点。截至 2012 年 8 月，新区商品销售总额增速保持在 20% 以上。

第三节　产业融合发展的机遇与挑战

一、产业融合发展的基础

1. 制造业集群发展为现代服务业的发展拓展了空间

滨海新区制造业集群发展为现代服务业发展拓展了广阔空间。（1）新区制造业的快速发展扩大了对海上、航空、陆地运输等运输业的需求，以及与物流相关的仓储、配送、简单加工等需求。（2）新区制造业企业在寻求贸易伙伴和产品销售渠道、原材料采购、信息咨询等方面迫切需要第三方现代服务业提供与贸易有关的服务需求，包括进出口贸易、离岸贸易、海外销售渠道以及由此带动的金融、物流等相关专业的服务需求。（3）随着滨海新区工业化建设步伐的进一步加快，将带动投融资和外汇风险管理方面的服务需求，以及跨境和本地银行体系及资本市场所带动的会计、法律、保险咨询、信息、外汇交易风险管理等方面的服务空间。（4）提升新区产业竞争力需要对研发设计、品牌和知识管理服务进行拓展。

新区按照"东航运、西高新、南化工、北旅游、中服务"布局，动态优化调整，增强优势产业集中度，坚持项目集中园区、产业集群发展、资源集约利用、功能集成建设的思路。例如在西部区域，发挥开发区和高新区高科技产业和制造业的聚集效应，重点发展航天设备，电子信息等制造业。

高端制造业聚集区的成型完善，为滨海新区战略性新兴产业、现代服务业加速发展拓展了更为广阔的空间。

2. 现代服务业的发展助推制造业的快速发展

服务业是促进其他部门增长的过程产业，是经济发展的黏合剂，是便于一切经济交易的产业，是促进商品生产的推动力。其中现代服务业的作用越来越突出。一是现代服务业有助于高端制造企业增强自主创新能力。现代服务业以其高知识、高技术含量占据产业链高端环节，对创新资源具有较强的控制力，能够很好地将创新资源转化为创新成果，从而推动企业的技术创新，减轻企业自主创新的压力与风险。二是现代服务业可以加快现代信息技术成果在全社会的应用，更好地实现信息化带动工业化，降低制造业对资源投入的依赖，提高效率。

以滨海新区的金融服务业为例，截至到 2011 年底，滨海新区银行业金融机构网点超过 600 个，注册的股权投资基金及管理企业超过 2000 家，落户的融资租赁总部型企业超过 70 家，规模、业务总量全国领先，中新天津生态城、东疆保税港区的意愿结汇等创新不断推进。滨海新区逐步形成门类齐全、功能齐全、结构优化、服务优化，和国际接轨的金融机构体系，金融机构聚集效应进一步显现。

以知识密集型为特点的现代性服务业的聚集进一步促进了新区制造业向高端化、高新化、高质化的发展。

3. 服务外包推动了制造业价值链的分工深化

随着市场竞争的不断激烈，塑造核心竞争力的需要迫使企业将自身不擅长的业务交由分工更为专业、功能更为强大的专业机构来完成，使企业资源更多地聚集于核心业务上。这使得滨海新区的服务外包迅速发展。而服务外包产业具有知识密集、技术密集、人才密集以及高成长、高融合、高带动等特性，对加快转变经济发展方式、推动两业深度融合、促进高端制造业发展等起到重要作用。更重要的是，服务外包使相关服务企业纳入到开放的全球服务市场，促进服务业标准化、规范化、规模化、全球化发展，提升了产业的效率和竞争力，也为制造业的主辅分离提供了更大空间。

天津经济技术开发区被商务部认定为中国服务外包基地之一，享受国家对于服务外包产业的各项扶持政策；拥有中国服务外包天津培训中心，该培训中心是国内唯一一家由商务部授牌的从事服务外包专业培训的机构。截至 2010 年，在天津经济技术开发区注册的从事软件开发及服务的企业超过 179 家，经天津市委认定的软件企业共计 71 家，2009 年通过 CMM2 级以上水平认证企业超过 5 家，服务外包企业 73 家。CSC、IBM、药明康德、腾讯等著名服务外包企业纷纷入区投资。

规范化发展、与制造业联动发展是开发区服务外包产业发展的主要特点。根据当前国内外信息技术外包的发展前沿、开发区该产业发展的现状及其未来整个现代服务业的基本框架，"十二五"期间开发区服务外包产业的工作重点：一是加强服务外包的组织结构与体制机制的建立健全，形成开发区服务外包的统一管理平台，通过体制的完善，使服务外包产业初步实现规范化；二是通过与高端制造业基地和国际航运与物流基地的配套，形成相对完善、重点突出的服务体系。开发区将重点围绕滨海新区的 8 大工业主导产业，尤其是航空航天产业的高度化零配件、电子信息产业中的物联网、高端数字设备、汽车电子信息系统、生物制药的工艺设备 5 大体系，建立主导产业的外包服务体系。

4. 产业价值链条逐渐延伸，产业边际效益日益提升

通过延长产业价值链，滨海新区优势产业不断扩容、升级，产业能级与边际效益得到快速提升，成为产业发展的高地。作为高端制造业和研发转化基地，滨海新区聚集了一批高端制造业项目，聚集了一批高水平项目的研发转化机构，形成了从研发转化到生产制造的有机链接。研发、转化、生产形成完善的高端产业链条。

以开发区汽车产业为例，在上游研发领域，开发区拥有与汽车相关的 2 个内资科研机构、4 个外资独立科研机构、1 个企业非独立科研机构。取得了一批高水平的科技成果。掌握了 32 位汽车微处理器技术、车辆减震降噪技术、车辆尾气催化净化技术、纯电动汽车、混合动力汽车等一批核心技术。在中游的物流领域，开发区依托滨海新区国家进出口基地优势和现代物流基地的发展定位，大力发展汽车物流服务业，鼓励引进第三方物流企业，积极建设汽车整车与零部件进出口物流中心和分拨配送中心。在下游的销售领域，重点引进汽车贸易、汽车金融、检测维修等支持性服务业，扩大开发区汽车产业的辐射能力。长城汽车、天津一汽丰田"双引擎"驱动，汽车产业的产业链不断向上下游延伸拓展，滨海新区汽车产业的全产业链时代已经到来。

二、产业融合发展的机遇与挑战

以北京、上海、深圳为代表的发达地区在高端制造业和现代服务业的发展

和融合方面均走在全国前列，他们的做法对滨海新区来说具有较强的借鉴意义。

北京高端制造业和现代服务业融合势头显现：一些高端制造业企业延伸服务收入已经占到总收入的较大比重；一些服务性企业也日益融入到现代制造业的各个环节当中。在保持 2001 年到 2010 年工业年均增速 10%以上的同时，北京市工业呈现出高端化发展特征。2010 年，北京市人均 GDP 达到 11218 美元，三次产业结构为 0.9：24：75.1；就业构成为 6：19.6：74.4，按照工业化发展阶段的判定标准，已经具有后工业化阶段的特征。经验表明，进入后工业化阶段，产业升级的驱动力以科技引领为主，高技术产业和现代制造业呈上升态势。北京的服务业在国民经济中占有很大的比重，2011 年服务业增加值占 GDP 的 75.7%，对全市经济增长的贡献率始终保持在 60% 以上，对全国制造业都有较强的服务能力。

上海市把发展现代服务业作为经济发展的重要组成部分，重点加强了科技研发、设计创意、现代物流等现代服务业功能区建设，促进高端制造业与现代服务业融合。2011 年，上海新设企业中，服务性企业占比达到 88.2%，从事服务业的企业注册资本占新设企业注册资本总量的 92.1%。在不断降低对房地产、重化工和劳动密集型产业依赖的同时，第三产业尤其是现代服务业成为上海经济发展的主要推动力。浦东共有张江、陆家嘴两个国家级"海外高层次人才创新创业基地"。截至 2011 年，张江高科技园区共集聚大专及以上学历人才 14.65 万人，其中，63 人入选中央"千人计划"，34 人入选上海市首批"千人计划"，8 人入选浦东"百人计划"。截至去年底，上海陆家嘴金融贸易区人才总量约为 41.45 万，其中，海外归国留学人员 8000 余人，"千人计划"专家 13 人。

深圳高端制造业和现代服务业的融合发展主要以"高新技术"为拉动核心。深圳申请专利量每年快速提高，专利数总量在全国名列前茅，而且由于深圳的专利 90%以上来源于企业自身，深圳产业层面的研发能力和创新水平相当突出，高新技术产业的龙头地位依然稳固。这些加深了深圳市现代服务业与高新技术产业的结合，实现了现代服务业的知识化和高端制造业的服务化。经过高新技术"武装"的现代服务业往往更能发挥对制造业发展质量的提升作用，也有利于现代服务企业提高核心竞争能力。高新技术制造业是现代服务业的需求方，现代服务业依赖高新技术制造业的发展，高新技术制造业对现代服务业有扩散效应和强有力的拉动作用。

前海深港现代服务业合作区在实施高端制造业和现代服务业融合发展方面走在了全国的前列，成为全国学习的标杆。在现代服务业税收体制改革中实施了能够更好促进现代服务业发展的政策，如在制定产业准入目录及优惠目录的基础上，对前海符合条件的企业减按 15%的税率征收企业所得税；对在前海工作、符合前海规划产业发展需要的境外高端人才和紧缺人才，取得的暂由深圳市人民政府按内地与境外个人所得税负差额给予的补贴，免征个人所得税；注册在前海的符合规定条件的现代物流企业享受现行试点物流企业按差额征收营业税的政策。

通过对比其他城市高端制造业和现代服务业融合发展现状，滨海新区高端制造业和现代服务业的融合仍处于起步阶段，面临许多挑战。

1. 高端制造业对现代服务业的内生需求有待提升

滨海新区要想在现在的经济环境下能够突破发展，一个很重要的定位是，应该致力于打造突破外贸壁垒的制造业区域，使制造业逐步向高科技、智能、环保的方向转变，成为最终产品能够突破国际贸易壁垒的中国标志性区域，完善产业技术体系。

自 2008 年以来，滨海新区制造业快速发展，呈现出了"大"和"快"的特点。滨海新区制造业产业规模虽然已较大，但在国际分工中却仅处在产业链上的劳动密集型生产或装备活动阶段；即使是技术或资本密集型的产品也是劳动密集型的工序，产品附加值和技术含量较低，这些处于产业链低端的生产、加工、装备、制造环节，物质材料消耗较大，外包服务不多且涉及面窄，与产品制造相关的金融、市场销售、人力资源、外购信息技术等占全部支出的比重很小。由于制造业的这种发展状态，导致传统服务业就能较好满足制造业内生出的对服务的需求，现代服务业缺乏服务的市场，从而抑制现代服务业的发展。

未来制造业的发展趋势必然是"高"与"新"，当前制造业的发展模式与现代服务业发展的要求不太匹配，其对现代服务业的内生需求有待进一步提升。

2. 现代服务业对高端制造业的支撑作用有待加强

滨海新区服务业总产值占全区总产值的 31%，远低于北京的 75%和上海的57.9%。近年来，滨海新区的制造业迈向了规模化、集约化和专业化的发展道路，成为新区经济发展的主要动力，但 2011 年，新区交通运输、仓储及邮政业增加值 248.15 亿元，批发和零售业增加值 594.59 亿元，住宿和餐饮业增加值32.36 亿元，这三个产业占新区第三产业增加值的比重高达 45.5%，近半壁江山。说明滨海新区服务业仍以传统服务业为主，为制造业提供服务的现代服务业发展明显滞后，对制造业的支撑作用有限。

一方面，滨海新区金融业、信息传输、计算机服务和软件等现代服务业发展滞后。新区金融服务业增加值在服务业中所占比例依然较低，在滨海新区生产总值中的比例更低。金融业的发展规模与金融业的产业地位不相符，与滨海新区作为我国经济新增长极的地位不相称。另一方面，外资制造业与本地现代服务业关联程度较低，且服务业区域发展不平衡，缺乏有效分工和协作机制。

3. 现代服务业与高端制造业的融合机制有待创新

现代服务业和高端制造业融合机制有三种：一是信息技术提升——制造业和服务业的融合。信息技术因能使制造业和服务业技术边界模糊化以及服务产品可进行储藏与运输而使得制造业和服务业融合。二是技术创新——制造业和服务业的融合。技术创新是促使制造业和服务业融合的最重要的粘合剂，技术创新越快，制造业和服务业的融合也越有可能发生。三是分工与专业化深入——制造业和服务业的融合。分工和专业化深入使得制造业原有一些部分分离出来，形成新的独立的服务业部门，使得制造业与服务业融合。

（1）浦东新区和深圳已经表现出较强的自主创新产出能力，滨海新区的自主创新产出相对较少，尚处于起步阶段。以专利申请为例，深圳2010年一年的专利授权量就达到了34951例，而天津到2012年拥有的专利总量才突破一万例，可见，滨海新区目前产业的自主创新能力、信息技术的应用和普及、技术创新都有待提升，从而现代服务业和高端制造业的融合机制不够完善。

（2）滨海新区高端人才欠缺，自主品牌缺乏，也阻碍了高端制造业和现代服务业的融合。与浦东、深圳相比，滨海新区高级专业人才缺乏，对高端制造业与现代服务业专业人才的需求大大超过其供给，制约了新区高端制造与现代服务业的进一步发展。同时，复合型人才更为短缺，天津是重要的教育基地，人才济济，但既懂管理又懂技术，既精通软件开发，又熟悉企业生产理论，既懂专业知识又擅长市场开发的复合型人才严重短缺。滨海新区高端制造与现代服务业自主品牌缺乏，如深圳有比亚迪、华为、腾讯等高端制造与现代服务业知名自主品牌。

（3）滨海新区"二三联动"方式尚未健全，制约了高端制造业和现代服务业的融合发展。滨海新区服务业企业同质化现象严重，缺乏核心服务能力，不能完全满足企业专业化的需求，制约了制造业的发展，同时，制造业对服务业的"拉动"也不足。相对而言，制造业产业链条有待进一步延伸，具有优势的产业集群尚未普遍形成，发达区域与周边地区经济联系比较松散，区域产业配套能力也不强，制约了现代服务业的跨区和溢出功能的有效拓展与发挥。

4. 高端制造业与现代服务业的融合政策有待完善

近年来，滨海新区制定了一系列有关促进高端制造业发展，以及促进现代服务业发展的政策规划，但是对高端制造业与现代服务业二者的融合发展尚未出台系统的政策规划，高端制造业与现代服务业的融合发展缺乏有针对性的引导性政策；相比而言，深圳通过体制创新，统筹规划，出台一系列关于高端制造业与现代服务业融合发展的政策（财税支持政策、土地支持政策等）来引导、促进二者融合发展，为全国转变发展方式、实现科学发展发挥了示范带动作用。

第四节　现代服务业与制造业融合发展机制

一、增强高端制造业的拉力，促进现代服务业集聚发展

制造业是服务业发展的基础和前提，为现代服务业发展创造需求空间。滨海新区应立足于发挥现有产业优势，以制造业实体发展为基础，以制造业需求为导向，加快现代服务业发展。（1）推进制造业企业业务分离，发展现代服务业。随着制造业产业链的全球化发展，制造业企业服务外包化趋势越来越明显。新区应积极鼓励和引导企业改变"大而全"、"小而全"的传统组织观念，将非核心竞争业务外包，走专业化发展道路。（2）努力延伸新区高端制造业产业链，促进现代服务业集聚发展。

二、加大现代服务业对高端制造业的推力

滨海新区要加快建设北方地区乃至全国重要的高端制造业基地，离不开现代服务业的支撑。从新区现代服务业发展的现实基础和制造业发展的实际需求看，应突破性发展现代服务业，重点发展关联性强、拉动作用大的现代物流、金融、信息咨询、融资租赁、服务外包、现代商务等服务业，引导资源要素集聚，带动产业结构调整升级，从而提升高端制造业的核心竞争力。（1）围绕滨

海新区"先行先试"优势，全力推进现代物流业发展，建设大集大散的商贸流通辐射体系，建成北方乃至全国重要的现代物流基地。（2）创新金融服务，为高端制造业发展提供融资平台，建设环渤海地区金融机构聚集区。打造金融公共服务平台，积极开发针对"三农"、中小企业和科技创新的金融产品和服务，探索发展券商直投、离岸金融、信托租赁、汽车金融等新兴业务领域。（3）依托滨海新区国家战略定位，强力推进知识密集型制造业与高技术服务业互动发展，打造北方地区重要的高技术服务业发展高地。（4）要积极发展文化创意、会展等新兴服务业和会计税务、法律服务、咨询评估、教育培训等中介服务业，提高现代服务业的整体水平。（5）落实滨海新区服务业空间布局规划，加快服务业集聚区建设步伐，尽快在滨海新区建成一批设施完备、功能齐全、管理先进、与国际接轨的中心商务区和中心商贸区，带动楼宇经济、总部经济加快发展。

三、完善融合政策，深化现代服务业的内涵与外延

与制造业相比，目前现代服务业的市场准入门槛较高、制度障碍较多，显然不利于现代服务业的发展，需要政府政策的引领和支持。当前，深圳前海出台了一系列促进深港、粤港融合的重要政策，将前海建设成了我国金融业对外开放试验示范窗口。允许前海探索拓宽境外人民币资金回流渠道，配合支持香港人民币离岸业务发展，构建跨境人民币业务创新试验区，不仅有利于提升内地现代服务业的发展，还有利于人民币国际化，大力促进了前海现代服务业的发展，更有利于现代服务业和高端制造业的融合。

因此，滨海新区可借鉴前海的经验。（1）充分发挥自身"先行先试"优势，建立科学的行业准入制度，打破市场壁垒，利用多种渠道和手段吸引产业要素投向现代服务业，除少数涉及国家经济安全的产业外，应给予民营企业、外资企业与国有企业真正同等的待遇，营造公平竞争的市场环境，提高竞争程度，实现资本和劳动力两大要素的自由流动。（2）滨海新区的现代服务业应不仅立足于服务自身的高端制造业的需求，还应该致力于服务整个环渤海经济圈，辐射"三北"，从而逐步辐射至全国的高端制造业，使得滨海新区的现代服务业在与自身高端制造业融合的基础上，扩展至与全国的高端制造业融合；同时利用环渤海经济圈的经济合力作用，共同打造有竞争力的沿海现代服务业集群，提高区域经济整体竞争力深化现代服务业的内涵与外延。

四、构建创新机制，促进产业结构优化升级

1. 深化信息技术应用，促进"两业"融合

信息技术的发展会促使现代服务业虚拟化、网络化，同时信息技术也是高端制造业的技术更新手段。因此，需要充分利用天津现有科技教育、人才优势，充分发挥滨海新区现有信息技术的优势，一方面，促进信息技术与制造业产业链各环节的融合，即根据产业链上各个环节的特点，使整个产业链整体信息技术的同步改造。另一方面，促进信息技术在服务业中的应用，如促进信息技术与商业服务的融合发展电子商务服务和新兴数字内容产业。

2. 构筑公共服务平台，加快"两业"融合

滨海新区应该进一步完善信息技术平台，重点建设金融服务平台、物流公共信息平台，加快建设国际商务、信息咨询、技术产权交易服务等专业平台，充分利用公共服务平台，将各方力量结合起来提升现代服务业优势，促进更多的制造业与现代服务业的融合。如采用政府引导、市场运作、多方共赢的机制，吸引企业积极参与平台投资与建设。

3. 培养高端技能人才，推动"两业"融合

滨海新区目前人才总量突破 65 万人，但高级职称仅有 1.7 万人，与浦东等地相比仍有较大缺口，且滨海新区立足于建设未来的科技之城，无论高端制造业还是现代服务业都是提供专业性产品或服务的知识密集型、智力密集型产业，人员的素质直接决定了产业发展水平。滨海新区要通过引进国内外高级人才和自己培养相结合的方式，积蓄人才和提高其素质，才能带动现有制造业与服务业的升级换代，为新区高端制造业与现代服务业的融合发展创造人才优势。

五、创新联动方式，真正实现"双引擎驱动"

为转变发展方式、坚持可持续发展、构建国际一流现代产业体系，新区必须结合自身发展经验，创新高端制造业和现代服务业的联动方式，真正实现"双引擎驱动"。（1）滨海新区应在企业、产业链、区域内不同层面积极鼓励现代服务业和高端制造业相互渗透联动发展，使现代服务业直接作用于制造业生产流程，同时也使得制造业内生出对现代服务业的大量需求，推进企业内置服务市场化、社会化，降低运营成本；并以产业供应链为纽带，通过整合主导产业链，使其向上下游不断延伸拓展，形成两业相互联动相互促进机制。特别是

在工业园区、产业集聚区域要重点发展具有比较优势的高端制造业与现代配套服务，形成上中下游产业互相带动和促进，强化服务业支撑作用。（2）推动现代服务业加速向制造业全过程渗透，不断完善服务功能，培育壮大服务产业集群，促进现代服务业集中化、大型化、组织化，在更高层次上形成现代服务业与高端制造业相互促进、并重发展的良性发展态势。（3）在两业联动过程中，调整优化产业结构。由于历史原因，滨海新区的产业结构以工业为主、以出口为主、以外资为主，受国际市场周期波动的影响很大。需要在两业联动过程中，及时合理调整优化产业结构，改变产业孤立发展的状态。（4）培育出新兴产业。未来的科技突破多产生在交叉学科，新兴的产业增长点也大多通过不同产业之间的交叉、衍生，在边缘地带、融合地带产生，这些产业显示出强大的生命力，有望在未来成为新的经济增长极和新的主导产业。

参考文献：

[1] 民革天津市委会. 天津滨海新区现代服务业的发展与产业结构调整 [J]. 天津政协，2011（2）.

[2] 张同庆. 促进滨海新区先进制造业与现代服务业融合发展 [J]. 港口经济，2013（3）.

[3] 刘勇、杨运来. 天津发展现代服务业的对策建议 [J]. 港口经济，2012（2）.

[4] 段炼、赵德海. 现代服务业、制造业服务化与战略性新兴产业 [J]. 科学管理研究，2011（4）.

[5] 刘卓聪等. 先进制造业与现代服务业融合发展研究 [J]. 科学进步与对策，2012（10）.

[6] 王伟. 天津滨海新区现代服务业的发展与结构演化 [J]. 中共天津市委党校学报，2009（3）.

[7] 胡国良. 国外现代服务业与先进制造业融合发展的现状、模式和趋势 [N]. 新华日报，2009-3-10.

[8] 刘兵权、王耀中. 分工、现代生产性服务业与高端制造业发展 [J]. 山西财经大学学报，2010（11）.

[9] 童洁、张旭梅、但斌. 制造业与生产性服务业融合发展的模式与策略研究 [J]. 软科学，2010（2）.

[10] 茹莉. 现代服务业与制造业融合发展问题研究 [J]. 经济问题，2008（11）.

[11] 匡导球. 现代服务业的跨产业融合发展：动因、模式与效应 [J]. 新视野，2012（3）.

[12] 裴长洪. 先进制造业与现代服务业如何相互促进 [J]. 中国外资，2010（10）.

[13] 周晔. 先进制造业与现代服务业的融合发展及其启示 [J]. 开发研究，2010（6）.

第八章　金融创新与金融业发展

2008 年金融危机爆发后，美国经济一直处在复苏边缘，欧洲则深受主权债务危机困扰。在世界经济金融格局复苏中，世界多极化、经济全球化趋势继续深入，世界经济格局进一步调整。与此对应的是，新兴市场经济体因与发达经济体处在不同经济周期，国际资本大量涌入新兴市场经济体。以中国、印度等为代表的新兴经济体的地位进一步上升，全球跨国金融业务和金融交易不断向新兴经济体倾斜。金融的支持与深化对经济体的可持续发展具有重要推动作用，并已成为社会经济运行的核心。在此背景下，进一步加深金融的发展，不仅是中国应对全球金融危机的现实选择，更是实现经济社会可持续发展，增强国际竞争力的重大战略，而在金融深化过程中，很重要的一个推动点就是金融创新。一国的金融创新将有力提升其面向未来的自主创新能力，并有助于创新型国家的建设。

金融创新执行三项基本功能：转移风险（包括价格风险、信用风险）、增强流动性、为企业提供资金（BIS，1986）。一方面，金融创新产品面为投资者提供新的投资工具和分散风险新方式，另一方面，又为需求者提供了新的融资渠道和工具、以及转移风险的新方式；与此同时，金融创新产品的市场进入，增加了市场供给，冲击原有金融产品，使其退出市场或者转而向创新产品的投资。因此，金融创新有助于提高市场流动性、市场整体创新水平的提高。当金融产品、机构和市场创新的成功会极大激励创建新的产品、机构和市场，形成良性螺旋式发展，其对于金融深化与实体经济推动的影响深远，其核心作用不言而喻。

第一节　金融创新与金融业发展历程

　　金融创新既可以是市场自发形成，也可以是政府推动进行、形成良好的创新外部环境和政策。张维迎指出："政府主导的金融创新对于中国金融的发展水平有较大影响，金融活跃度有所增加。对于天津滨海新区的金融创新，其更多是一种与经济制度互为影响、因果的制度改革。"

　　天津滨海新区作为全国金融创新改革试验区，自 2005 年开始，被纳入国家发展战略中。中央政府和天津市政府出台了一系列优惠政策和改革措施，促进金融人才、金融机构、金融信息、金融资本和金融交易的逐渐集聚，并随着金融区集聚、辐射、服务范围的扩展，对天津市以及环渤海区域的发展发挥推进作用。继珠三角、长三角之后，环渤海区域已成为中国经济总量最大、引力最强的增长极。2011 年，京、津、冀、辽、鲁、晋、蒙七省区国内生产总值达 14.4 万亿，占全国的 30.7%。其中化工、冶金、煤炭、电子、食品等产业占全国的 30%~60%，装备制造、电子信息及战略性新兴产业也在全国占有重要地位。由此衍生的金融服务需求需要金融市场、金融机构、金融企业的支持，创新既是推动金融改革深化与发展的重要抓手，更是提高实体经济资源配置效率的有效杠杆。滨海新区作为全国金融创新改革试验区、金融改革创新的载体和基地，凸显其现代金融服务体系和金融综合改革平台服务区域经济的重要功能。

　　2005 年 10 月，中共十六届五中全会中通过了《中共中央关于制定国民经济和社会发展第十一个五年规划的建议》，建议中指出"珠江三角洲、长江三角洲、环渤海地区，要继续发挥对内地经济发展的带动和辐射作用，加强区内城市的分工协作和优势互补，增强城市群的整体竞争力。继续发挥经济特区、上海浦东新区的作用，推进天津滨海新区等条件较好地区的开发开放，带动区域经济发展"，由此，中央做出了关于加快天津滨海新区开发开放的重大战略决策。2006 年 3 月，十届全国人大四次会议中，"推进滨海新区开发开放"写入《国民经济和社会发展第十一个五年规划纲要》。2006 年 5 月《国务院关于推进天津滨海新区开发开放有关问题的意见》明确提出，鼓励天津滨海新区进行金融改革和创新。批准滨海新区为全国综合配套改革试验区。《意见》指出"在金融企业、金融业务、金融市场和金融开放等方面的重大改革，原则上可安排在天津滨海新区先行先试"。天津成为继深圳、上海之后第三个拉动区域经济增长的城市，滨海新区成为继深圳特区、浦东新区之后的"金融特区"。同年7月，国务院批复同意《天津市城市总体规划（2005年～2020年）》，规划中提出"要求充分发挥滨海新区对于振兴环渤海区域经济的重要作用，增强和完善滨海新区为区域经济服务的综合功能，不断推进综合改革和对外开放"。由此，2006年成为天津发展进程中具有重大历史意义的一年，也是滨海新区开启金融改革和创新的重要一年。2008年3月，国务院批复《天津滨海新区综合配套改革试验总体方案》，要求把金融改革创新作为首要任务，为全国金融业发展积累经验并提供示范；2009年9月，发改委经国务院同意，批复《天津滨海新区综合配套改革试验金融创新专项方案》，至此，滨海新区承载了全国金融创新示范基地的任务，金融改革创新成为滨海新区的第一要务。

与此同时，发改委、财政部、人民银行、外汇管理局、证监会、银监会、保监会、国家税务总局等有关部门先后发布文件，支持指导天津的金融改革和金融创新，我们对此进行了梳理，如表8-1所示。

表8-1 国家有关部门支持指导滨海新区金融改革的相关文件

时间	发布部门	支持业务	文件	具体内容
2006.9	国家外汇管理局	外汇管理	《关于天津滨海新区外汇管理政策的批复》	批准天津提高滨海新区试点企业经常项目外汇账户限额至100%等措施
2007.8	国家外汇管理局	直接境外投资	《关于开展境内个人直接投资境外证券市场试点的批复》	批准天津滨海新区开展境内个人以自有外汇或购汇直接投资境外证券市场试点
2007.11	保监会 天津市政府	保险	《关于加快天津滨海新区保险改革试验区创新发展的意见》	指导保险改革创新发展
2008.5	发改委	股权投资基金和创业投资基金	《关于在天津滨海新区先行先试股权投资基金有关政策问题的复函》	支持股权投资基金和创业投资基金先行先试
2008.9	财政部 环保部	排放权交易	《关于同意天津市开展排放权交易综合试点的复函》	支持天津开展主要污染物排放权交易综合试点

时间	发布部门	支持业务	文件	具体内容
2009.7	银监会	消费金融	《消费金融公司试点管理办法》	支持开展消费金融公司试点
2009.11	发改委	船舶产业投资基金	《关于船舶产业投资基金组建方案的批复》	支持船舶产业投资基金试点
2009.12	国家外汇管理局	外汇结汇管理	《关于天津市中新天津生态城外商投资企业外汇资本金结汇管理改革试点的批复》	批准中新天津生态城进行外商投资企业的外汇资本金结汇管理由"支付结汇"改为"意愿结汇"
2010.1	银监会	融资租赁	《关于金融租赁公司在境内报税地区设立项目公司开展融资租赁业务有关问题的通知》	支持金融租赁公司在保税区开展单船公司单机公司租赁业务
2010.2	国家外汇管理局	外汇兑换特许业务	《关于在天津市开展个人本外币兑换特许业务的批复》	批准在天津开展个人本外币兑换特许业务试点
2010.3	财政部海关总署国税总局	融资租赁	《关于在天津开展融资租赁船舶出口退税试点的通知》	支持融资租赁企业的融资租赁船舶出口实行为期1年的出口退税试点
2010.4	国家外汇管理局	外汇管理	《关于实施进口付汇核销制度改革试点有关问题的通知》	开展进口付汇核销制度改革试点
2010.6	人民银行财政部商务部海关总署国税总局银监会	人民币区域化	《关于扩大跨境贸易人民币结算试点有关问题的通知》	确定天津为第二批试点城市
2010.9	保监会	保险	《关于保险资产管理产品在天津金融资产交易所交易有关事项的复函》	保险资产管理产品的交易流通
2010.10	国税总局	融资租赁	《天津市融资租赁业务增值税管理暂行办法》	支持天津租赁业发展
2011.5	国家发改委	航运金融租赁业务	《国务院关于天津北方国际航运中心核心功能区建设方案的批复》	鼓励天津东疆保税港区开展融资租赁、航运离岸金融、船舶国际登记和有关税收政策试点

资料来源：笔者根据各部委网站及人民网网站相关资料整理。

从以上国家有关部门发布的文件来看，支持的业务方向涵盖了外汇、境外投资、私募、融资租赁、保险等，从公司和消费者金融方面入手指导金融企业、金融业务、金融市场和金融开放的改革，鼓励金融体系的健全发展。

第二节　金融改革示范基地与创新探索

根据国务院和国家有关部门的发文，以及中央对天津的定位，天津作为北方经济中心对区域经济的辐射、带动、引领作用将进一步提升。滨海新区承载了全国金融创新示范基地的任务，金融改革创新成为滨海新区的第一要务。天津市针对金融改革创新进行积极推动，制定《天津滨海新区综合配套改革试验总体方案三年实施计划（2008-2010 年）》，将建设金融交易平台、创新金融产品、优化金融环境、推动金融改革创新作为重要工作内容之一，分批进行金融改革创新。主要的指导思想是：（1）服务经济。健全和完善现代金融体系，发挥金融支持经济发展和结构调整的作用，以金融资本支持和引领产业资本，有效配置资源，促进经济发展，增强金融和经济竞争优势；（2）辐射。增强服务辐射能力，带动环渤海区域经济加快发展；（3）示范效应。努力做到率先推进综合配套改革，率先提高对外开放水平，率先转变经济发展方式，率先增强自主创新能力，为全国金融改革创新提供借鉴。

自 2008 年起，天津市政府已推出三批金融改革创新重点工作。每一批重点工作呈现出不同侧重点，实现渐进改革和动态调整，目标愈加清晰明确，如表 8-2 所示。

表 8-2　天津市金融改革创新工作重点

第一批金融改革创新重点	第二批金融改革创新重点	第三批金融改革创新重点
金融总部机构加快完成全国的分支机构布局；整合市场化运作金融服务主体；加强和改进金融管理和服务工作；搞好综合经营试点；规划建设金融机构和后台服务集聚区	改制重组金融机构，提高整体实力和竞争能力；积极组织实施专项方案，更好发挥金融业作用；支持设立金融机构，健全金融服务体系；推进体制机制创新，开展综合经营业务	健全完善金融服务体系，全面提升金融服务机构实力；加强金融工作组织领导，夯实金融业发展基础；发展金融服务外包业务，推动金融服务外包基地建设

第一批金融改革创新重点	第二批金融改革创新重点	第三批金融改革创新重点
加快滨海新区保险改革试验区创新发展	加快滨海新区保险改革试验区创新发展	推进保险改革试验区建设，探索保险发展新模式
搞好外汇管理政策改革试点	搞好外汇管理体制改革试点，发展离岸金融业务	搞好外汇改革试点，参与金融国际化进程
支持企业上市和直接融资；发展创业风险投资基金；发展私募股权投资基金	支持企业上市和直接融资；发展股权投资基金；促进投融资公司科学治批加快发展；支持重点建设项目和中小企业融资	提高直接融资比重，完善融资结构和融资渠道
提升产权交易市场功能	加强股权类交易市场建设；加强创新型交易市场建设；推动期货业发展	规范发展各类交易场所，实现资源高效有序流转
加快金融服务体系建设，设立国际经济金融仲裁中心	营造良好金融生态环境；加强金融法制建设，有效防范金融风险	构建依法合规发展体系，严格防范金融风险；建立地方金融管理体系，提升地方金融监管能力
加快设立为"三农"服务的金融机构；支持国际保理业发展	发展融资租赁业；发展航运金融业	发展农村金融，发挥金融作用支持"三农"发展；支持租赁公司创新发展，打造租赁业务聚集高地；发展航运金融，加快建设北方国际航运中心核心功能区；发展科技金融，全面做好科技金融试点工作；发展矿业金融，加快建立矿业金融服务体系；发展产业金融，推动产业结构优化升级；发展消费金融，拉动和促进消费增长；发展商贸金融，支持商贸企业发展和"走出去"
推进城市基础设施建设投资集团等投融资体制改革	加快金融街金融区建设	严格政府融资平台风险管理，全面搞好"借用管还"；搞好金融集聚区建设，形成集中集聚集约效应

资料来源：笔者根据天津市政府网站及人民网网站相关资料整理。

同时，天津市政府为金融改革创新提供政策依据，发布规范制度文件，涵盖了商务环境优化、企业直接融资、股权投资基金发展、保险改革创新、科技金融发展、农村金融发展、外汇管理改革、小额贷款公司试点、交易所监管、银行卡发展、人才培育、信用体系建设、特定目的公司治理、期货业发展、第三方服务外包、金融市场治理等。

从目前的发展来看，金融创新以实体经济为依托既支持了实体经济的快速发展，也增强了服务区域发展的能力。未来的重点是探索开展金融综合经营，并主动参与金融国际化进程，强调金融的聚集；发展产业金融、航运金融、科技金融、消费金融、农村金融，全面推进融资租赁、私募基金、货币经纪、国际保理等新金融。对新金融的理解有两种代表性思路（李迅雷，2012）：一是注重金融业在网络化、混业化等经营方式方面的技术性创新；二是强调金融领域以结构为重心的制度性创新。前者涉及的主要是金融业发生的一些表层和局部变化。新金融这一概念应该是对现代金融与传统金融的根本区别的反映，是对一系列金融创新及其结果的总结与概括。滨海新区金融创新的发展，需要将现代金融服务体系的功能与实体经济需求进行实质对接，通过金融集聚和新金融对接到实体经济的发展，契合产业需求。

新金融中的产业金融即反映产业化发展需求，是为企业自身服务的、以资本经营为主业的金融机构，与商业金融相异，商业金融是面向社会服务的、以资金经营为主业的金融机构。产业金融的具体体现包括融资租赁、商业保理、贸易融资、财务公司等专业机构。其建立的基本路径是设立结算中心和组织公司上市，形成企业内部资金流和现金流的集中管理，最终实现资金、资源、资产和权属以及未来价值的资本化。目前，天津滨海新区的产业集聚特征明显，金融创新体系基于产业集群构建成为优选，从企业类型、升级路径分析产业集群转型升级而引致的金融需求，作为金融创新点，有助于实现对实体经济的支撑、可持续发展和推广示范效应。例如，滨海新区在融资租赁业务上已经实现了从聚集到辐射的产业升级，业务占全国四分之一。2009年，工银租赁公司利用天津东疆租赁业创新试点政策，完成国内第一单飞机融资租赁业务，终结了国外租赁公司长期垄断我国飞机租赁市场的历史。东疆保税港区在融资租赁方面的先行先试也由此引起了海内外的高度关注。2013年5月，工银租赁公司迎来了其交付运营的第100架大飞机，天津东疆保税区也完成了其164架飞机的租赁业务，当之无愧地成为全国最大的飞机租赁产业基地，其作为我国租赁产业试点区和创新领航区的作用日益彰显。融资租赁业务是产业与金融相结合共同发展的成果，以融物与融资相结合，具有资产营销和增值增信的双重作用、货物贸易与技术服务的双重功能，对于加快转变发展方式、调整经济结构和产业优化升级以及化解产能过剩、促进战略性新兴产业发展具有重要作用。从滨海新区的融资租赁业务进展状况来看，已显示出示范效应。这既与滨海新区的产业结构及未来调整相联系、互动，又与全国金融发展趋势相协调，这也正是金融示范基地所应承载的。

第三节　多层次金融体系构建

天津滨海新区自 2005 年纳入国家发展战略，发展增速以年均 22%领跑全国。2006 年，滨海新区 GDP 达到 1961 亿元，占天津全市的 45%；2009 年国际金融危机在全球范围内对实体经济造成很大冲击，滨海新区逆势增长，实现GDP 3800 亿元，占天津全市 53.7%；2011 年，滨海新区延续了高增长的发展势头，GDP 达到 6206.87 亿元。与经济迅速发展相伴的是航空航天、装备制造、海洋化工等优势产业群在滨海新区的集结以及产业链的带动发展，而其中，金融对实体经济的推动作用，金融对产业结构优化升级的促进影响功不可没，同时，在深化经济的可持续发展中，金融创新仍是重要支撑。

一、金融创新进展顺利，多层次金融体系渐进形成

在滨海新区近 6 年的金融发展中，实现了金融机构改革、资本市场和要素市场完善、外汇管理改革和产业金融等的创新。

首先，金融机构体系呈现多层次、多元化、开放型特征。截至 2011 年底，滨海新区深化金融机构改革，完善金融机构门类。基本形成了银行、保险、证券基金、股权投资、融资租赁、国际保理、小额贷款公司等各类机构在内的多层次、多元化、开放型资本体系，金融服务功能日趋完善。滨海新区发展总部机构，创立第三方外包、保理等融资新模式，多家小额贷款公司先后挂牌成立；瀛寰东润作为国家工商局批准注册成立的我国唯一一家非银行独立保理商在经济开发区设立；我国首家且唯一一家外商独资消费金融公司——捷信消费金融

有限公司落户天津，使天津成为继北京、上海和成都后的第四座消费金融公司试点城市；保险改革试验区运行良好；融资租赁业务实现了从聚集到辐射的产业升级，融资租赁公司达到209家，聚集了中联重科、卡特彼勒等72家国内外租赁企业的总部，业务总量占全国四分之一。总体来看，存款类和非存款类金融机构门类更加完善，外资金融法人机构相继在津设立，形成了多层次、多元化、开放型金融机构体系；小额贷款公司等新型金融机构的出现丰富了多样性，便利了小微企业融资，为滨海新区经济发展注入活力；融资租赁业务助力工程机械、船舶制造、航空等重型工业，同时充分发挥滨海新区的港口优势并利用东疆保税港区融资租赁货物出口退税政策，使其成为融资租赁聚集地，这一业务成为滨海新区金融创新的一大亮点。

其次，在资本市场和要素市场发展中，滨海新区优化资源配置，金融辐射力大幅提高，并推动了产业结构调整。其中，股权投资基金及管理企业超过2000家，认缴资本额约4000亿元人民币；天津股权交易所挂牌企业128家，市值190多亿元人民币；天津滨海国际股权交易所挂牌企业400家；天津金融资产交易所入场交易项目1.6万个，资产总额7700亿元，累计成交3082宗，成交金额568亿元，挂牌项目成交比率超过60%，金融资产交易所交易网络覆盖全国，成为国内金融资产集中度高、覆盖面广的金融资产流转平台。

最后，在外汇管理改革中，对外贸易和投资更加便利。东疆保税港区实现离岸金融业务的拓展，中新天津生态城16家企业实行意愿结汇，提供试点企业规避汇率波动风险的需求，货币兑换特许业务提供了个人外汇业务的灵活多样性。[1] 这些都为滨海新区对外贸易发展提供了良好条件。

从以上滨海新区的金融创新发展来看，总体上遵循金融业服务于实体经济的发展思路，进行了金融改革的有益探索和尝试。从近几年的实践来看，并非所有的金融业务都发展良好，文交所、贵金属交易所问题频出，而融资租赁、航运金融、产业金融等实现了快速健康发展。我们对这一现象进行反思，发现这些发展较快、具有活力及引爆力的金融业务，其共同点在于紧密对接了滨海新区的实体经济，有效满足并引导了实体经济对金融服务的需求，并在其中实现了高层级金融机构、金融业务和金融市场的自组织能力、自完善能力，从而具有强竞争力和区域辐射力。以融资租赁业务来说，滨海新区基于其在航天、

---

① 数据来源：2012天津滨海新区统计年鉴，天津市滨海新区2011年政府工作报告。

航空、航海产业的优势，成为承接国际和国内航空航运工业转移的重点地区，金融租赁的洼地效应显现，金融资源伴随着产业资本向天津滨海新区聚集，在融资租赁业务发展的同时，融资租赁又直接推动了航运经济的发展、创新和产业升级。

二、金融创新特色构建凸显重要

滨海新区要真正成为中国转型期金融深化进程的窗口，在产业发展及金融支持方面做出贡献，其未来金融创新动力应不仅来源于市场竞争的压力，更应来源于对市场本身的了解和对未来发展方向的整体把握，其未来金融创新方向应以开放的视角、基于下述内容进行考量设计：

1. 服务实体经济，构建现代金融服务体系

金融发展的根基是实体经济，金融业的发展应始终根据实体经济发展的特征和产业布局及未来结构升级方向，以金融创新为工具构建现代金融服务体系，进一步发挥各类金融机构和金融要素市场的主体作用，实现对产业升级和结构调整的重要支撑作用，实现经济有质量的稳定增长和可持续全面发展，并完成金融业自身的产业聚集、价值增值和转型。

我们同时注意到目前发达经济体金融危机后的新动态，特别是其"再工业化"战略的提出及其对金融发展的影响。"再工业化"战略的提出，其现实原因在于金融危机以来发达经济体经济复苏乏力、失业恶化等原因，更是基于纠正"去工业化"引发的实体经济和虚拟经济脱节问题的考虑，以实现优化产业结构的中期目标和实现经济可持续发展的长期目标，打造"岩上之屋"[①]。在此，我们可以借鉴其经验，天津滨海新区目前第二产业占 GDP 的比重大致在 60%以上，在自身金融创新过程中，应强调制造业和服务业的融合，加强产业金融、航运金融、科技金融等的发展，鼓励微观主体产品创新、对实体经济的金融服务创新，提高金融的广度和深度，重点引导资金流向高端化产业，优化要素配置，以此契机进行产业结构优化和升级，着力于推动金融与实体经济融合发展，创造健康、可持续发展的模式及创新路径。

在现代金融服务体系构建中不仅要提供金融服务（financial services），还需

---

① "岩上之屋"，出自奥巴马 2009 年 4 月 14 日在华盛顿乔治敦大学的一次演讲。在演讲中，奥巴马引述《圣经》中的比喻，建在沙上的房子会倒掉，建在岩石上的房屋依然屹立。因此，"我们不能在沙上重建我们的经济，我们必须在岩石上重建我们的房屋"。意指虚拟经济的不可持续性，美国需要重建经济基础。

推动专业服务（professional services）的发展，以实现提供服务的多样性和广泛性。专业服务包括了法律服务、仲裁机构、会计、海事服务、教育和培训、金融资讯和评级机构、管理咨询、金融服务外包等。专业服务机构对于提升金融体系的金融服务效率、减少信息不对称、促进金融创新、支持金融体系的发展具有重要作用。

2. 客观审视自身发展，构建滨海新区金融特色

天津滨海新区在发展的同时，其他省市的金融创新也在快速发展。滨海新区要在金融创新上构建特色，需在客观审视自身发展的同时，密切关注国内其他省市的金融发展和金融创新，以横向比较的视角建立特色定位。

北京、上海和深圳作为国内金融业最发达的三个城市，各有发展优势，我们将其整理分析，如表 8-3 所示，以对照天津金融发展现状和北、上、深三个国内金融中心的发展状况，以了解各自优势。天津市 2012 年金融业增加值959.03 亿元，与北京的 2592.5 亿元、上海的 2450.36 亿元、深圳的 1819.2 亿元，仍存在较大差距。从增长速度来看，天津市 2012 年的金融业增加值较上年增长25.1%，发展潜力大。发展服务业尤其是现代服务业，是我国产业结构优化升级的战略重点，作为现代服务业的重要组成部分，金融业的发展备受关注。各省市的金融发展速度均较快，金融创新的力度逐渐加大，北、上、深由于其各自多年金融发展的积淀，以及未完全释放的金融创新效应，使得如何构建自身的金融特色成为天津滨海新区面临的紧迫且不容回避的问题。

表 8-3　北京、上海、深圳金融发展的优势和现状

城市	优势	发展现状
北京	金融的管理中心：全国性的金融管理机构在北京，是金融的管理中心，坐拥中国金融行业的决策机构"一行三会"——中国人民银行、银监会、证监会、保监会所在地，而四大国有商业银行总部也全部位于北京；大型企业总部多数设立在北京，是大型企业总部经济的中心。新三板和国家科技金融创新中心是近两年的发展亮点。	2012 年北京金融业实现增加值 2592.5 亿元，同比增长 14.4%，占 GDP 比重 14.6%。而在 2009 年、2010 年和 2011 年，北京金融业实现增加值分别为 1720.9 亿元、1838亿元和 2055 亿元。北京汇集了全国 60%的金融资产、40%的清算业务、60%的上市公司总股本和 60%的债券市场融资额，决策监管、资产管理、支付清算、信息交流、标准制订等国家金融管理中心功能不断强化。

城市	优势	发展现状
上海	市场化和国际化的程度较高，金融市场体系较为完备，航运中心为其保险业的发展奠定了良好基础，人民币业务和航运金融业务发展领先。	2012 年上海金融业实现增加值 2450.36 亿元，同比增长 12.6%，占 GDP 比重 12.19%。而在 2009 年、2010 年和 2011 年，上海金融业实现增加值分别为 1818 亿元、1931.73 亿元和 2240.47 亿元。
深圳	发展的亮点在于与香港的金融联动，以跨境人民币业务为重点的深港金融领域创新与合作、深港资本市场的合作和保险创新领域的试验区建设。前海金融政策在金融开放领域方面的突破引起各界关注，前海金融创新将有助于通过粤港澳一体化进行实质性变革。	2012 年深圳金融业实现增加值 1819.2 亿元，同比增长 14.3%，占 GDP 比重 14.0%。而在 2009 年、2010 年和 2011 年，深圳金融业实现增加值分别为 1148.14 亿元、1279.27 亿元和 1562 亿元。创业板的成功启动标志着深圳多层次资本市场建设取得突破性发展。

资料来源：笔者根据北京、上海、深圳统计信息网数据整理。

3. 关注各地金融改革新动向，探索金融创新突破点

利率市场化、汇率改革和资本市场的开放是中国金融制度改革的三大问题，是最触及金融深层改革的关键。2012 年，地方金融改革频出。

温州基于其民营经济的活跃度和民间资本的雄厚，推出金融改革试验，重点在于解决民间金融、民营企业融资困境问题，推进利率市场化。

在温州金改信号一发出，深圳立即提出 24 条金融服务实体经济的意见措施，包含了多项金融创新，如跨境双向贷款试点业务、深圳前海股权交易所、扩大代办股权转让系统试点、鼓励前海企业在香港发行人民币债券等，皆是基于深圳与香港的毗邻地理位势以及经济金融的密切互动，推进人民币国际化试点，这也是深圳金融改革与温州金融改革不同的地方，更加侧重对外功能的拓展。此外，2012 年深圳计划新增战略性新兴产业贷款，以支持其战略新兴产业，由此推动产业金融发展；在中小企业债务融资上，则重点探索中小企业私募债和产业链融资，增强金融对实体经济的支持。总体而言，深圳的金融创新和改革向专业化金融中心建设发展的趋势明显，同时，把金融业发展成助推经济增

长的产业体系。

上海在深圳方案出台之后，迅速响应，确定金融改进的跟进计划，重点在于建设国际金融中心，实现与国际的接轨。各地的金融改革热情的高涨、响应速度的提升、改革方案的推出必将影响中国金融改革的顶层设计，改变未来中国的金融版图。

基于上述分析，我们发现，像北京、上海、深圳等城市本身金融发展的基础较雄厚，同时，他们在金融创新方面步伐很快，并且，像温州等民营经济活跃的城市在金融创新中蓄势待发，大有追赶其他城市的势头。总体而言，这些改革旨在促进金融资源的优化配置，重新思索实体经济与虚拟经济的发展，推动利率市场化和人民币国际化。在此背景下，较之于北京的"总部经济、金融管理中心"、上海的"国际金融中心建设"、深圳的"深港合作、跨境流动"、温州的"自下而上金改"，天津滨海新区应尽快在未来发展中寻找金融改革的突破点，建立创新优势特色，加快全国金融创新基地建设。

参考文献：

[1] 尹龙. 金融创新理论的发展与金融监管体制演进[J]. 金融研究，2005（3）.

[2] 皮天雷. 金融创新真的被金融异化了吗——金融风暴背景下深入解读金融创新与金融监管[J]. 财经科学，2009（2）.

[3] 天津市滨海新区统计局. 2012 天津滨海新区统计年鉴[M]. 中国统计出版社，2012.

[4] 王爱俭. 全球金融危机下滨海新区金融创新与风险防范关系研究[J]. 华北金融，2009（4）.

[5] 叶莉，张林，陈立文. 金融改革实验区金融创新与监管动态响应机制研究——基于美国金融创新产品的衍生逻辑视角[J]. 财经科学，2012（8）.

[6] 王爱俭. 2012 天津金融蓝皮书：天津现代金融服务体系建设与发展[M]. 天津社会科学院出版社，2013.

[7] 蒋瑞波，蒋岳祥. 区域金融创新与区域经济发展的实证研究[J]. 浙江学刊，2012（5）.

[8] 孙国茂. 金融创新的本质、特征与路径选择——基于资本市场的视角[J]. 理论学刊，2013（6）.

[9] 莫易娴. 金融创新相关理论的综述[J]. 江淮论坛，2012（1）.

[10] 石睿. 金融创新、金融风险与金融稳定的理论分析[J]. 南方金融，2011（6）.

[11] 管晓明. 天津私募股权基金发展问题探析[J]. 华北金融，2012（4）.

第九章 滨海新区特色旅游产业的发展

第一节 旅游产业发展新趋势与新突破

据国家旅游局统计数据显示，2012 年滨海新区多元化、特色化的旅游休闲建设不断推进，全年旅游接待量 1500 万人次，实现旅游综合收入达 100 亿元，同比增长 100%。巨大的增长量背后体现出的新区旅游潜力令人欣喜。这表明滨海新区旅游产业正式进入一个全新的发展阶段。在这一阶段中，旅游产业具有独特的发展趋势和特点，同时也带来新的发展突破，这就需要新的理论依据的支撑。"双核"空间结构模式区域发展的高效模式。所谓"双核"结构是指由区域中心城市和港口城市及其连线所组成的空间结构现象，由于兼顾了区域中心城市的趋中性和港口城市的边缘性，可以实现区位和功能上的互补。在环渤海区域旅游合作中，运用"双核"结构理论可以更好地把握未来滨海新区旅游发展的战略思路，为提升滨海新区乃至整个环渤海区域的旅游竞争力奠定基础。

一、旅游产业发展新趋势

产业旅游资源丰富是滨海新区的特点之一，滨海新区要发挥产业资源优势，在与北京构成"双核"增长极过程中，依据寻求错位、延长优势、突出特色、重点培育的原则，重点把握以下几点新的发展趋势：

1. 建设国际性高端邮轮旅游目的地，国内高端邮轮游艇会所总部基地

按照邮轮经济的扩散效应规律，全新打造滨海新区邮轮旅游经济体系。综合考虑在滨海新区形成邮轮旅游产业集群，以邮轮母港为核心，配套建设会议型酒店及综合配套设施。天津八十年代就开始接待海上邮轮旅游观光客，且离

北京最近，未来邮轮旅游的开发不仅要接待入境旅游，更要开发北京这个巨大的邮轮出境度假旅游市场，进而发展滨海新区的邮轮经济系统。在这方面要充分利用其他海滨城市不具有的政策优势，划出特定区域服务于海员俱乐部成员，为进出滨海新区的游客创造更为丰富方便的购物消费环境。

2. 建设工业旅游示范区，提升工业旅游品牌形象

政府应牵头成立工业旅游促进会，建立天津工业旅游网站，确定天津工业旅游的形象、口号和标识，编制促销片及其他宣传资料来整体包装宣传天津工业旅游目的地，利用多种手段整合传播滨海新区工业旅游形象。合作推出工业旅游特色线路，有效地将工业旅游融入周边环境，促进工业旅游与常规旅游的互动效应，使知名企业的工业旅游带动当地常规旅游，常规旅游也促进当地的工业旅游，使企业和地方双赢。

3. 发挥海洋休闲度假需求潜力，打造滨海生态度假旅游目的地

滨海度假旅游是国际旅游的主流。滨海度假旅游是以海滨及相关资源为依托，以消磨闲暇、健身康体、公务休闲为主要目的，在具有良好环境的海滨地区进行的一系列旅游活动。滨海新区可大力发展沙滩体育及海滨高尔夫等休闲度假产品，弥补水上运动项目的不足。另外结合长芦盐场的资源，与温泉等资源结合起来，将中医药理论运用于产品开发之中，开发保健康体美容休闲产品；结合滨海新区地域特色的文化风情，开发"看海、吃海、玩海、戏海"等内容的民俗休闲活动，大力投入打造上规模、够档次的丰富多彩的娱乐项目，使滨海新区成为吸引北京游客的、与其他海滨城市差异明显的海滨休闲度假胜地。

二、滨海新区旅游产业发展新优势

党的十六届五中全会通过的《中共中央关于制定国民经济和社会发展第十一个五年规划的建议》中明确指出："继续发挥经济特区、上海浦东新区的作用，推进天津滨海新区等条件较好地区的开发开放，带动区域经济发展。"十届全国人大四次会议提出："推进天津滨海新区开发开放。"

增长极的培育模式之一是通过制度创新而实现增长极的植根与发展，旅游部门应该抓住国家推动滨海新区开发开放的战略契机，向国家和当地政府寻求政策倾斜和支持，滨海新区应该抓住作为国家战略开发重心的大好机遇，从创造条件满足顾客需求和改善环境吸纳供给要素方面争取更灵活的先行先试政策，为新增长极作用的发挥创造有利环境。

如果按传统的旅游资源分类观来看，滨海新区可以说是资源非优区，旅游开发的潜力有限。但是按照新型资源观来看，滨海新区又具有资源开发的极大优势。滨海新区拥有大量的产业旅游资源，区内拥有大量国内外知名企业，一些高科技企业落户滨海新区，国家航空航天城项目及中心生态城等项目的建设，将提供更多具有吸引力的工业旅游资源。随着产业融合发展的日益深入，旅游业与其他产业融合交叉发展下的工业旅游、休闲旅游、邮轮游艇产业等的发展潜力十分巨大。

随着经济的发展，人们对休闲旅游产品尤其是滨海旅游产品的需求明显增加。据统计，2006年国际滨海旅游收入超过2500亿美元，占全球旅游业总收入的一半。而我国滨海旅游人次则以每年高达20%的速度递增，形成了环渤海、苏浙沪、福建、广东和海南岛5个滨海旅游带。而滨海新区作为环渤海区域的一个重要港口和宜居的滨海新城区，在未来的旅游业发展中将有很大的发展优势。随着北方国际航运中心和国际物流中心的建设以及邮轮母港项目的建成，滨海新区作为海滨休闲度假旅游区的优势是显而易见的。

三、滨海新区旅游发展新突破

滨海新区作为京津冀的海陆交通枢纽和"双核"增长极的"滨海新城区"，不仅要成为中国经济增长的"第三极"，也将在环渤海区域旅游合作及其"双核"增长极构建中发挥龙头带动作用，为此必须从策略上做进一步的思考和谋划。

1. 突破签证进入障碍，实施免签证政策

滨海新区要成为邮轮母港和增长极中的启动器，特别是要发展商务会展旅游的话，必须扩大对入境旅游者服务的便利性和提高服务效率，为此要突破签证方面的制约。香港对全世界170个左右的国家和地区实施免签证政策，游客可以逗留7天到6个月时间不等。天津可以在细分入境游客市场的基础上，在保证国家安全的前提下，对某些游客逐步实施免签证政策。

2. 突破会展业物品通关障碍，实施减免税政策

目前对参加国际展览的海外公司的宣传品和礼品在通关时不仅速度慢，而且还要像普通进口物品一样支付进口税。这样极大地限制了国际会展旅游的开发。天津可以考虑在通关手续上与普通进口品有所区别，以加快通关速度，减免进口关税。

3. 突破购物消费不足障碍，实施多重购物免税政策

购物品消费比例在我国入境游客消费比例中一直不高，这是在接待同等人数的游客下效益不高的主要原因。通过实施免税店模式是提高购物消费的途径之一。免税店有两种：一种是免除进口关税店，另一种是免征本国商品的消费税或增值税。奥地利就专门设有这类免税店。如果消费税或增值税是17%，游客出境前在这类店购物，一般可退税 13%，剩余的 4%作为办理退税手续所需的费用。天津可以考虑争取试办免税店。

4. 突破外币兑换不便障碍，实施多点兑换政策

如果邮轮客人上岸后需要集中兑换货币，现有网点不足的状况将极大地降低服务效率，所以天津可以考虑借鉴香港货币兑换的做法，在一些指定地点多设几个兑换点。

5. 突破旅游企业管理政策障碍，实施助力产业发展的政策

对新区内的旅游企业可考虑实施一定的税收优惠政策，以鼓励投资者投资旅游企业；对旅游饭店这类服务企业设备设施的折旧政策可考虑给予加速折旧的政策，以适应酒店业设施更新改造期短的特点；可考虑配套实施鼓励旅游企业创新产品的政策，以改变旅游产品创新不足的问题。

总之，滨海新区要抓住难得的开发机遇，明确发展优势，在与北京错位合作中发挥新增长极的作用，实现"双核"增长极与环渤海次区域中心城市的互动合作，在差异化竞争与互补化合作中最终实现区域旅游跨越式发展的目标。

第二节　海洋旅游之星：邮轮旅游产业链的构建

一、海洋旅游时代的到来与邮轮旅游的兴起

海洋旅游已经构成海洋产业的重要组成部分，并由于其自身的独特性成为吸引大众旅游者的重要旅游资源之一。海洋旅游作为一种新的旅游活动开展方式，已逐步发展成为国际上新兴的热点旅游项目，并越来越受到世界各国的重视。天津市海域面积约3000平方公里，海岸线长153.33公里，滨海滩涂资源面积 370 平方公里，拥有丰富的海洋旅游资源。

邮轮旅游是海洋旅游的重要组成部分。邮轮原本是指按照固定航线运行的大型轮船，主要承担客运业务。但是，随着航空业的发展，以运输为主要用途的邮轮退出了历史舞台，服务于旅游者的邮轮开始崭露头角。邮轮旅游是一种以大型豪华游船为载体，以海上巡游为主要形式，以船上活动和岸上游览为主要内容的高端旅游活动。[①]港口城市是邮轮旅游发展的重要依托，天津是京津冀现代化综合交通网络的重要节点和对外贸易的主要口岸，拥有发展邮轮旅游的天然优势。

1. 邮轮旅游业的兴起和发展

现代邮轮旅游业起步于上世纪 60 年代，80 年代开始进入高速增长阶段。北美市场上，乘坐邮轮进行旅游的人次数从 1981 年的 145.3 万人次增加到 2001 年的 690.6 万人次，年增长率达到 8.4%，到 2011 年，旅游者数量已达到 1120 万人次。依据世界邮轮组织的预测，北美邮轮旅游市场占据市场总量的 2/3 以上，亚太邮轮旅游消费将成为未来新的增长点。

现今的邮轮旅游者可以从众多游船中进行选择，既有载客量在 2500 人以上的大型邮轮，也有载客量不足 100 人的小型客船。邮轮上提供给乘客参与或欣赏的活动多种多样，如百老汇音乐戏剧、爵士乐演出、品酒活动、攀岩设施、高尔夫练习等。针对不同的目标市场，游轮上可以开展的活动也会有所变化，如前往不知名的海湾的探险活动。邮轮为旅游者提供了诸多便利、舒适的客房、高质量的膳食，同时可以前往世界上久负盛名的旅游目的地观光游览，使其成为目前世界上最具活力的产业之一。

2. 滨海新区邮轮旅游业的发展现状

与世界旅游业发展的新趋势相结合，天津滨海新区前瞻性的成为亚洲邮轮旅游发展的重要基地之一。2010 年 6 月 26 日，中国北方第一个邮轮母港、亚洲规模最大的邮轮母港——位于东疆保税港区的南端的天津国际邮轮母港正式投入使用。该母港拥有两个大型泊位、6 万平方米客运大厦和 11 万平方米广场设施，母港航道设计水深负 11.5 米，停泊水域宽度 100 米，能够满足包括目前世界最大的 22 万吨级邮轮在内的各种国际邮轮的停靠需求。天津国际邮轮母港的通关效率与国际接轨，客运大厦可同时容纳 4000 人通关，边检查验可同时开通 20 个通道，2 小时内可为 2000 人完成通关手续。

---

① 张言庆，寇敏，马波. 境外邮轮旅游市场研究综述[J].旅游学刊，2012（2）.

2010 年天津国际邮轮母港开港伊始，世界顶级邮轮公司意大利歌诗达邮轮公司旗下的"浪漫号"邮轮和皇家加勒比国际游轮公司旗下的"海洋神话号"邮轮，已将其定为邮轮母港，邮轮旅游显示出强大的经济活力。截至 2011 年底，依据东疆边检站统计，共接泊 61 艘次的国际邮轮，接待游客 13.16 万余人次，其中，排名世界前三的英国籍 15 万吨级超级豪华国际邮轮"玛丽女王 2 号"、嘉年华旗下的荷兰籍大型豪华邮轮"太阳公主"号和百慕大籍的"月亮女神"号均首航天津港。2012 年，接待国际邮轮 36 艘次，同比增长 16%，进出境旅客约 12 万人次，同比增长 7%。目前，天津国际邮轮母港已经累计接泊 101 艘次国际豪华邮轮，接待进出港旅客近 30 万人次，成为高端旅游市场发展的重要载体。

天津国际邮轮母港开港运营以来，始终以旅客需求为导向，注重服务功能建设，免税店、货币兑换、邮局、画廊、休闲餐厅、综合商店、网吧、咖啡厅等先后落户客运大厦。此外，还专门设立了游客服务中心，开设了码头与购物中心之间的穿梭巴士，逐步形成了吃、购、玩相融合的完备功能体系，让国内外旅客在此尽享便捷与舒适。①随着接待量逐年增加，天津国际邮轮母港二期工程已经进入建设阶段。

近日，国家旅游局批复同意在天津滨海新区设立中国邮轮旅游发展实验区，以推进完善邮轮产业政策体系、促进母港建设管理能力、提升邮轮产业服务质量、培育本土邮轮服务力量、扩大邮轮经济产业水平等为重点，探索试验，为我国邮轮旅游持续、快速、健康发展积累经验，发挥示范功能和引领作用，这标志着天津国际邮轮旅游纳入了国家发展战略，迈入一个新的发展阶段。②

二、邮轮母港建设的产业链分析

1. 邮轮经济的构成要素与类别特征

邮轮经济是指邮轮旅游业带动其他相关产业发展的经济现象，如港口服务业、交通运输业、加工制造业、金融业等。邮轮旅游业是旅游服务和交通运输的结合，其核心不仅包含邮轮本身能够为乘客提供的产品和服务，邮轮航线的经停港也构成重要的旅游吸引物。为邮轮提供服务的港口因此派生出为邮轮补给和邮轮乘客提供服务的两大类经济产业，具体包括物流、餐饮、购物、金融

---

① 中国国家旅游局网站：http://www.cnta.gov.cn/html/2013-4/2013-4-22-10-4-26076.html.

② 中国政府网：http://www.gov.cn/jrzg/2013-04/04/content_2370387.html.

服务等。

邮轮旅游的发展同时促进港口城市交通运输业和制造业的升级换代。邮轮乘客来自不同地域，必然要求与港口相配套的公路、铁路、机场等高效快捷的运输体系。随着邮轮旅游市场的逐步成熟，本土邮轮公司成立及其对邮轮制造和维护的需求，促进豪华邮轮制造业和相关展销会落户港口城市。我国国务院发展研究中心指出：邮轮产业的运行和发展将推动或拉动相关产业发展，构成区域经济发展的增长极。

与邮轮相关的港口类别可分为三种：小码头、停靠港和母港。在小码头，邮轮停靠时间较短，一般不超过 4 小时，仅供乘客上岸观光，不进行补给，乘客基本不发生增减。在停靠港，邮轮停靠时间较长，一般为 4~8 小时，有时也会长达 1~2 天，不仅供乘客上岸游览，同时邮轮要进行补给、垃圾排放，乘客也会发生增减。邮轮母港，是邮轮基地，为邮轮提供包括补给、维修等在内的一系列服务，邮轮公司的地区总部或公司总部一般都设立在母港所在地，同时，邮轮母港也是乘客集散地，为乘客提供餐饮、住宿、购物、游览等配套服务，邮轮母港的经济带动效应远远超过停靠港和小码头，因此，发展邮轮经济最重要的就是争取成为大型邮轮公司的母港。

2. 天津国际邮轮母港产业链的形成和发展

邮轮母港产业链是指围绕邮轮公司及其停靠母港形成的既包括吃、住、行、游、购、娱以及邮轮维修、物资供应等各供应商，又包括分销商、零售商直至最终用户的链条，在这一链条上，各节点旅游企业及邮轮相关服务部门各自发挥自身的核心竞争力，并行工作，使邮轮产品的设计、开发、服务提供与协调在各企业的共同参与下完成。

目前，位于滨海新区东疆港区的天津国际邮轮母港依托国际邮轮泊位和客运站房，在港区内能够提供港务口岸服务、出入境管理、船舶代理、旅游服务、金融保险服务等，并配套餐饮、宾馆等商业设施，逐步形成包含公共服务链和商业服务链在内的中国北方最大的邮轮综合产业体系，具体如表 9-1 所示。

表 9-1　天津国际邮轮母港产业链

母港功能	服务要素	产业链组成成分
核心功能	邮轮停靠服务	邮轮检修、补给、清洁
	游客通关服务	海关、单证、边检、信息
	旅游组织服务	邮轮公司、旅行社、旅游车船公司、娱乐

母港功能	服务要素	产业链组成成分
基础功能	游客集疏服务	陆路空交通（汽车、飞机、火车）、停车场
	船员生活服务	住宿、餐饮、娱乐、购物
	市政配套服务	消防、供水、排污、绿化、电力、通信
延伸功能	配套商务服务	金融、保险、中介、会展等
	配套休闲娱乐服务	购物、俱乐部、海洋馆、展览馆等

资料来源：作者自行整理。

目前，天津国际邮轮母港的核心功能和基础功能已经初具规模，基本能够满足到访邮轮和游客、船员的需要，而在延伸功能方面和产业协调机制方面还有待进一步改进。特别是在滨海新区中国邮轮旅游发展实验区的建设过程中，必须借助产业政策、运行机制的创新，实现邮轮和城市的无缝对接，最大程度地发挥邮轮经济价值。

三、滨海邮轮旅游发展实验区的建设与创新

1. 邮轮发展实验区的建设

在港口选址和岸线资源方面，天津国际邮轮母港已经位于国际先进水平，构成滨海新区邮轮发展实验区建设的重要条件，为了进一步发挥示范功能和引领作用，必须在系统规划方面不断完善。在母港二期工程建设中，注重增加不同等级邮轮的靠泊组合，提高泊位的适用性，在完善母港功能的基础上，服务更多停靠邮轮，提高旅游接待量，扩大邮轮经济产业水平。在港口功能开发中，不仅完善现有功能，同时注重休闲功能的配套提升。世界先进经验表明，大型购物广场和码头亲水娱乐设施是最受乘客欢迎的、有较高经济附加值的休闲场所。

2. 邮轮发展实验区服务体系的提升改进

邮轮经济借助产业链发挥增长极作用，因此服务质量提升不仅依靠产业链中各个成员工作质量的提高，同时各环节间的联合和协调是提升服务价值的重要保证。在邮轮产业链中，处于核心地位的是邮轮公司和邮轮母港，滨海新区邮轮母港的建设已经初见成效，但是，尚不具有邮轮经营公司，主要依靠外国公司输送。因此如何培育本土邮轮产业，发挥产业链中的引领作用，是实验区服务体系全面升级的根本力量。

滨海邮轮发展实验区服务体系改进是一项系统工程，只有确立科学有序的发展战略，理顺各级管理结构和产业链成员组织之间的协作关系，建立跨行业、跨部门的统筹协调机制，才能更好地整合各类资源，形成分工合理、协作共赢的产业链服务体系。

3. 邮轮发展实验区的政策创新

邮轮经济发达的国家和地区在邮轮航行、停靠，游客通关管理等方面，已经形成国际通用规程，而我国由于邮轮经济刚刚起步，相应的管理政策还十分缺乏。借鉴先进经验、依据我国国情创新滨海邮轮发展实验区政策，营造邮轮经济发展的良好制度环境，完善邮轮制造、海事、保险、安全等出入境管理规范，保障实验区可持续健康发展。特别是免税购物和落地免签政策的探索和实验，将极大程度的方便到访旅游者，增加其目的地消费额，增强天津国际邮轮母港的吸引力和影响力，助推滨海新区开发开放战略的实现。

在产业政策方面，天津已经成功举办中国邮轮产业发展大会、中国国际邮轮博览会，促进国际邮轮用品采购、邮轮区域合作洽谈等，滨海邮轮发展实验区应在母港城市与沿航线地区建立联动合作关系，培育本土邮轮服务力量的同时，进一步推动岸线资源共享，增强跨越城市、区域和国家的邮轮经济竞争力。

第三节　产业旅游之点：工业旅游的开发

一、产业旅游资源的分析与利用

滨海新区是我国北方近代化学工业的发祥地、产盐区和重要的修造船基地，其中制盐的历史可以追溯到一百多年前。海洋石油开采、大型飞机制造、现代化汽车生产和葡萄酒酿造则是现代产业的代表。一大批国际一流的外资企业也已经在滨海新区扎根驻足。从新区的总体发展环境可以看出：区位条件优越，交通设施完善，工业遗产资源丰富，现代产业优势明显，跨国企业云集，发展工业旅游的优势十分明显。

首先，工业遗产资源丰富。天津工业的发展历史悠久，距今已有上百年。第二次鸦片战争后，天津成为中国为数不多的沐浴了近代工业文明的城市之一，并且一直是中国北方工业重镇，北方最早的机械加工厂、碱厂、盐厂、纺织厂、船厂几乎都诞生在天津，因此，具有丰富的工业文化遗存。

工业遗产的再利用，不仅可以使工业遗产的文化价值得到再次挖掘和提升，还可以使生态环境得到改善，实现经济社会等多方面的综合效益。

其次，现代产业优势明显。滨海新区制造业的行业齐全，门类众多，已经逐步发展形成了电子信息、汽车、化工、冶金、医药、新能源及环保六大优势产业，建成了以三星、中环为代表的移动通信，以丰田、夏利为代表的轿车，以钢管公司和新天钢为代表的现代冶金，以锂电、风电、光伏电池为代表的绿色能源等十二大产品基地。另外正在建设中的 20 项重大工业项目和新 20 项重大工业项目已被列入天津工业旅游发展规划，这些大项目是宝贵的工业旅游资源，如空客 A320 飞机总装线等，游客参观这些大规模的工业项目不再是梦想。

再次，跨国知名企业云集。滨海新区强劲的发展态势、日益优越的投资环境，吸引了来自世界各地的外商竞相在这里投资。外资公司主要有：三星电子、丰田汽车、松下电器、佳能、三菱商事、普利斯通、日本电气、三菱化学、日本邮船、日本电气、京瓷、埃克森美孚、可口可乐、爱默生、雪佛龙等等。世界知名企业，如三星电子、诺和诺德、SEW 等在这里均获得了丰厚的投资回报。滨海新区已被各界认定为全国外商投资回报率最高的地区之一。这些企业为滨海新区发展工业旅游提供了丰富多样的旅游资源。①

二、产业融合下工业旅游产品的开发

1. 刚刚起步，逐渐推进

滨海新区的先天条件，为发展工业旅游埋下良好的伏笔。2011 年新区启动高端工业旅游项目，一是开发区、天津港组团，主要包括中新药业、康师傅印象馆、出海观光、天津港博览区、邮轮母港、太平洋集装箱码头、滨海国际汽车城等；二是保税区组团，主要包括海鸥手表、纺织工业园、应大皮衣、空客 A320、金威啤酒、伊利乳业、空港汽车团等。这些项目的启动大大增强了新区工业旅游的综合竞争实力。

2012 年，新区新增 6 家工业旅游示范点：奥的斯电梯（中国）有限公司泰达基地、嘉里粮油（天津）有限公司益海嘉里（天津）科普长廊、永正制衣（天

---

① 天津滨海新区旅游资源普查报告，2012.

津）有限公司永正服装高级定制（裁缝店）工业园、天津泰达科技发展集团有限公司泰达服务外包产业园、天津顶津食品有限公司康师傅饮品体验馆、天津养乐多乳品有限公司，从而达到 16 家工业旅游示范点（国家级 2 家，市级 14 家）。新区的这些举措，助推了工业旅游的快速发展，丰富了旅游产品，提高了产品的知名度。但是新区工业旅游产品本身仍然存在较多的问题。

2. 产品单一，专业化低

工业旅游产品较单一，游客参与性不强。目前工业旅游的产品内容大多数局限在对现有厂房"走马观花"式的参观与游览，旅游产品单一，缺乏游客参与性的旅游活动，难以调动游客的积极性，游客体验不到应有的乐趣。而德国奔驰公司，到厂里参观的游客可以穿上工作服，亲自拧几个螺丝钉，如果满意的话，在工厂就可以直接把车买走开回家。

对工业旅游产品的市场开发力度不够。由于目前工业旅游的目标客户多限定在政府和同行，因此对大众客源市场重视不足，尚未形成专业的营销团队，宣传力度也不够，等客上门是较为普遍的现象，这些都不利于新兴工业旅游的发展。

旅游产品开发的专业化程度不高。主要体现在下面几个方面：其一，服务的专业化程度不高。从业人员基本是工业企业分流的工作人员，没有经过专门的旅游专业学习或必要的岗位培训，也不具备旅游行业的从业背景，总体上职业素养和技能水平较低。其二，旅游产品的设计方面专业化程度不高。在活动的内容安排上没有充分考虑游客游览的心理需求，忽视游客参与和娱乐的需求。在景点的选择组合、路线的组织等方面没有专门的规划，完全从工业生产的角度考虑，认为旅游活动是"附属品"。

3. 科技创新与文化创意存在融合障碍

工业旅游是以工业遗产、工业场所、生产场景、工业生产过程和工业企业文化等工业相关要素为旅游吸引物的一种专项旅游[①]，是工业和旅游业交叉融合的产物，但不是简单的旅游服务业加旅游制造业，而是基于产业融合的产业创新与创意改造的问题。现有的协作还是基于"产业分立"考虑下的职能衔接，当衔接不畅时，服务链就难以为继。在一体化发展过程中，产业要越界发展，创新与创意是推动经济发展的双引擎，科技创新在于改变产品与服务的功能结

---

① 中国旅游大辞典编辑部. 中国旅游大辞典[M]. 上海：上海辞书出版社，2012：115.

构，文化创意则为产品和服务注入观念、感情和品味等文化要素，两者有机结合为游客提供新的价值元素。

4. 开发模式仍处于初级阶段

就工业旅游产品的开发模式而言，新区还处于发展的初级阶段，许多工业旅游产品的推出完全是处于企业自身宣传营销的目的，而不是由旅游企业或相关部门根据旅游消费需求开发出来的。工业旅游产品的开发模式主要有三种，即工业企业主导模式、主管部门引导模式和联合模式。所谓工业企业主导模式，就是说工业企业采用独立运作的方式开发工业旅游，这是目前工业旅游的主要开发模式。这一开发模式的优点在于，企业的经济实力和技术优势能够使工业旅游的硬件条件迅速发展起来，同时借助于工业企业的品牌效应，有助于迅速树立工业旅游品牌。工业企业主导模式虽然在工业旅游发展的初期阶段具有优势，但随着工业旅游的不断发展已暴露出一些问题：单纯的工业企业主导，没有真正从旅游消费者需求的角度来开发旅游产品，再加上缺乏旅游专业人才，往往忽视了发展工业旅游最重要的因素——旅游消费者需求，会产生旅游线路设计不合理、旅游服务不到位的问题；在客源市场开发方面尚未形成专业化的营销团队，最终会影响工业旅游的可持续性发展。

因此，发展工业旅游应逐渐采用联合模式，将工业企业和旅游企业结成战略联盟，共同进行开发。这样可以发挥旅游企业在产品开发、市场推广、客源组织和专业化服务等方面的优势；工业企业则应在正确认识和遵循工业旅游产品和工业旅游市场规律的基础上，集中精力开发新工艺、新产品以增强工业旅游产品的活力，并完善旅游基础设施。这种工业和旅游业共同开发工业旅游的联合模式，达到了优势互补，将工业旅游真正融入到旅游产业的大循环中，可以保证工业旅游持续健康发展。[①]

三、服务外包与工业旅游产业链的培育

工业企业出于自身营销的需要开展工业旅游，并不会成为新区旅游经济可持续发展的助力器。工业旅游属于旅游的范畴，如果工业企业将"旅游包"外包给旅行社或旅游公司等专业旅游机构，则会大大提高旅游服务的专业化程度，增强企业对外宣传的效果，带动当地经济的发展。

---

① 王永萍. 论天津工业旅游的发展对策[J].天津经济，2008（10）.

1. 服务外包

外包是指企业在内部资源有限的情况下，将生产链中的一些非核心的业务发包给第三方企业完成的生产经营方式。如果外包给外部专业服务提供商，则认为是服务外包。服务外包是企业充分利用企业外部资源完成内部分工的一种经营行为或经济活动。

2. 工业旅游服务外包

随着工业旅游市场的逐步扩大，一些原本开展传统旅游项目的旅行社凭借自己强大的客源及酒店、交通关系网络优势介入到工业旅游行业中来，开展专门的工业旅游服务，有些干脆放弃了原来经营的传统旅游项目，全力投入到工业旅游的开发运作中来，从而形成了工业旅游专项服务旅行社。这些专门经营工业旅游项目的旅行社从项目的设计、建设、可行性、营销策划、发展战略及运营管理等多方面进行细致认真地研究经营，这是工业旅游实现良性运营发展的重要前提。如英国"利兹泰德雷酿酒码头"开展的工业旅游项目靠"加利—琼斯—塞佛旅行社有限公司"提出的一个富有想象力的、为游客着想、能够帮助投资者达到盈利目的的场地设计规划方案而实现了良好运营的目标。[①]

3. 产业链的培育

工业企业方面，工业企业应该放弃对本企业工业旅游资源的垄断，主动请进专业性强的工业旅游旅行社或旅游公司，并与旅行社并肩作战，共同参与旅游产品的研发、设计、接待、营销。

旅行社方面，旅行社在承接工业旅游项目时，首先，应该深入了解工业企业具备的旅游特质，以便有针对性地开发适合并有助于提升本企业美誉度的旅游产品。其次，进行市场调研，根据调研结果、地区工业旅游产业集群情况、工业旅游地区接待能力、交通、酒店连锁服务情况，选择开发几条经典工业旅游线路。例如，上海趣普仕旅行社有限公司已开辟出上海东方地质博物馆、美特斯邦威服饰博物馆一日游等 35 条工业旅游线路；还可将工业旅游与城市旅游、风光风情旅游有机结合起来，形成组合旅游线路。例如，广东"国旅假期"曾经推出广州、中山、顺德著名乡镇企业的工业旅游线路，并将工业旅游与其他旅游产品组合成工业旅游、农业观光、海滨度假、温泉保健"四合一"线

---

① 任彦. 工业旅游专项服务旅行社——一种新型工业旅游产业经营模式的可行性研究[J]. 中国高新技术企业，2010，（4）.

路。[1] 再次，帮助工业企业维护已有的客户资源，培养他们的品牌忠诚度。最后，定期为企业提供导游培训等服务。

政府方面，政府应大力宣传与推广这种新兴产业经营模式，帮助旅行社制定并审批工业旅游项目价格，并把它开发的工业旅游项目作为宣传当地企业品牌、城市形象的重要工具。

第四节　度假旅游之带：海滨休闲产业链的打造

滨海新区"海文化"旅游休闲产业中，景点众多，分类广泛。不仅有都市观光娱乐类旅游景区，如航母主题公园、极地海洋世界；有海滨度假类景区和活动，如东疆沙滩、出海当渔民等；有历史人文类旅游景区，如大沽炮台、北洋水师纪念馆等；还有自然资源类景区，如贝壳堤等。地域分布广泛，景点门类齐全，可谓横跨南北，贯穿古今。因此需要有效整合资源，将其打造为一条相互关联的度假旅游之带，形成完整的海滨休闲产业链。

一、滨海新区休闲度假旅游市场巨大

据滨海新区发改委统计数据显示，2012 年滨海新区 GDP 达 7205.17 亿元，同比增长 20.1%，占天津全市 GDP 总量超过 50%。新区城市居民人均可支配收入和农村居民人均可支配收入分别增长 12% 和 13%，这为滨海新区旅游产业的发展提供了良好的内在需求。而滨海新区的主要辐射区域环渤海地区，是我国三大经济发展区域之一，创造的国内生产总值约占全国的四分之一。按照经济发展的统计数据来看，滨海新区休闲度假旅游庞大的需求量已经产生。

随着"5＋2"的生活观念渐渐地被越来越多的人所接受，"假日经济"逐渐在一、二线城市风靡起来，越来越多的人渴望在假日期间，走出家门，到市郊或旅游景区，将持续紧张的身心充分放松。随着我国法定假日大幅度延长，城市及乡村休闲度假、假期休闲度假、运动健康休闲度假、驾车休闲度假、家庭交友休闲度假等丰富多彩的休闲度假形式正在逐渐为中国百姓所接受。北京、

---

[1] 任彦. 工业旅游专项服务旅行社——一种新型工业旅游产业经营模式的可行性研究[J].中国高新技术企业，2010，（4）.

河北等地越来越多的自驾游家庭利用假期时间驱车前往滨海新区休闲度假，放松身心。

现阶段，庞大的休闲度假市场需求正在持续产生，尤其是在沿海发达地区。其原因一方面是已经产生了现实的休闲度假需求，另一方面是新的消费人群在不断产生。年轻人不断成长，逐步具备了休闲度假的条件；西部和中部地区的需求在不断产生；农村的休闲度假需求也将会逐步产生，是巨大的潜在需求。农民现在介入旅游只是从生产者的角度来介入，但是到了一定的时候，九亿农村人不但是生产者，同时也是消费者，市场将不可限量。有这样一个不断产生、不断更新、不断培育的消费人群，滨海新区的度假休闲市场需求是无限的。

旅游者随着收入水平的不断提高和闲暇时间的不断增加逐渐成熟起来。早期的急匆匆、半军事化、拉练式的观光旅游模式已经被逐步淘汰，旅游者经验越来越多，要求比较深入的体验，追求也越来越个性化。所以从初期简单的观光旅游转向休闲度假，是必然趋势。这种现象表明，沿海发达地区休闲度假需求已经普遍产生，这也是由于旅游者的成熟而逐步使消费需求升级。

滨海新区未来巨大的发展潜力就蕴含在这不断成长、逐渐增加的每个消费者的旅游需求当中，当这每个小点聚集起来的时候，就形成了不可限量的绝对的市场。

二、海滨度假旅游产品的开发与存在的问题

1. 产品多样化发展

以观光为主的传统休闲度假旅游产品，在滨海新区内占有较大的份额，较具有代表性的景点景区有：天津港博物馆、北塘湿地遗址公园、贝壳堤、大沽口炮台遗址、妈祖庙、鲤鱼门观海楼、北塘古镇等。

以运动为主题的新兴度假休闲旅游产品，主要为中高端产品，拟建成俱乐部或会所，以吸引高端消费。较有代表性的产品有：滨海森林高尔夫球会、中澳皇家游艇俱乐部、北塘游艇娱乐俱乐部、滨海湖高尔夫球会等。

以娱乐活动和主题公园为主的休闲度假旅游产品，高中低端旅游产品分布均匀。主要包括主题公园、农家乐、游艇活动等。具有代表性的景观和活动包括：滨海航母主题公园、极地海洋世界、水魔方主题公园、东丽湖旅游度假区、华纳国际度假村、北塘出海当渔民、陆强农家乐等。

2. 海滨度假产品存在的问题

首先，休闲度假资源数量多开发难，知名度待提升。新区借助政策奇迹在京津冀和环渤海地区旅游发展过程形成了一定的比较优势，但绝对优势并不具备，因为从旅游资源的品牌度、垄断度和知名度方面来看，滨海新区缺乏有国际吸引力和轰动效应的旅游资源，尤其是区域内其他核心城市的在旅游客源和旅游资源的威胁。就海滨旅游来讲，同样处于环渤海地区的大连、青岛、烟台、威海都已经发展得很好，起步相对较晚的滨海新区想要赶超有一定的难度。另外海滨旅游资源分布不均匀，需要滨海新区协调且又有重点地开发，使得滨海新区的规划开发的难度加大。

其次，旅游资源开发层次浅，开发深度待挖掘。其中休闲度假开发主要依托于滨海旅游资源，并通过人工设施的建设和主题化包装形成一定特色的休闲度假产品，但海洋旅游资源的利用远远不及大连、青岛、烟台等滨海旅游城市。另外，购物旅游产品也主要是以海鲜产品为主，缺乏大规模特色的旅游购物产所。当然，这些除了与自身旅游资源品质有关，也与有效的规划、开发者综合素质以及执行者的旅游意识等有关系，若能够克服一些制约条件或者不足，例如在旅游人才的甄选上，同时认真思考和解决当下产品开发存在的层次问题，挖掘旅游的深层次文化内涵，树立品牌，相信一定会有所作为。

三、度假旅游的政策导向和发展建议

首先，应全面落实带薪休假制度。这一制度不是创新的问题，而是早有规定，现在需要全面落实。如果能全面落实带薪休假制度，就意味着市场的需求生成。已有的带薪休假时间看似充足，但在实际执行过程中往往不能得到落实，这就使得出行在时间基础上就没有得到保障，即使有再大的旅游需求，也难以转化成为现实的消费行为。

其次，应加强产品开发，着力打造精品。滨海新区的现有产品开发已经产生，但是精品化方向还没有形成，这对于国家级的经济开发区来讲，显然是不符合其定位的。现阶段而言，在塘沽区域产品精品化程度较高，但是对于汉沽和大港而言，花费同样的价格，买到的产品和服务的质量却要差一个等级，这明显是精品化程度不高。从产品的角度来说，一是突出特色、创造文化；二是突出细节、创造精品；三是形成主题、丰富内涵，必须要有丰富的文化内涵才能形成自己的主题。

第三，实施差异经营，错位竞争。差异化的经营形成错位竞争，才可能使市场更有秩序。与周边竞争城市形成差异经营，通过差异化经营和错位竞争，在市场竞争、分工体系中，找准各自的位置。如青岛、大连等，青岛在人文景观方面占优势，人文古迹和名人故居众多，并且城市汇集了二十多个国家的建筑风格，号称"万国建筑博览会"；大连除了滨海旅游产品外，会展、商贸和体育等旅游产品的发展也比较成熟；天津的海滨自然条件虽然不及青岛、大连等地，但是港口水深，并且吹填造陆工程范围广，可以发展邮轮游艇产业，开发北京这个巨大的邮轮出境度假旅游市场。

最后，完善保障机制，促进长期发展，需要建立相应的机制。对于休闲度假产业的成长，结合滨海新区地域特色，可以采取建立企业联合会、行业商盟的设想，同时滨海新区商务委也要考虑一些相应的法规建设。通过法规建设，通过协会形式，最终形成一个合理的机制。这个机制能保证一个比较良好的市场竞争秩序，从而有利于休闲度假行业的长远发展。

参考文献：

[1] 张言庆，寇敏，马波. 境外邮轮旅游市场研究综述 [J]. 旅游学刊，2012（2）.

[2] 姜松. 天津滨海新区发展邮轮旅游经济的对策研究 [J]. 高等职业教育（天津职业大学学报），2010（6）.

[3] 张振东. 天津滨海新区获批邮轮旅游发展实验区的意义与机遇 [J]. 中国港口，2013（5）.

[4] 洪明，杨亮. 抢抓邮轮市场发展机遇，打造国际先进邮轮母港 [J]. 中国港口，2012（9）.

[5] 陈晓明. 天津国际邮轮母港功能定位探讨 [J]. 港口经济，2010（7）.

[6] 张雷杰，黄发义，罗凯. 对天津港加快发展邮轮经济的思考 [J]. 世界海运，2010（12）.

[7] 黄发义. 发展天津邮轮经济，助推北方国际航运中心建设 [J]. 港口经济，2010（4）.

[8] 王庆生，杨茜. 关于天津旅游形象定位的再认识——由天津东疆邮轮母港建成运营引发的思考 [J]. 天津商业大学学报，2012（3）.

[9] 中国旅游大辞典 [M]. 上海：上海辞书出版社，2012：115.

[10] 王永萍. 论天津工业旅游的发展对策 [J]. 天津经济：2008（10）.

[11] 任彦. 工业旅游专项服务旅行社———一种新型工业旅游产业经营模式的可行性研究 [J]. 中国高新技术企业，2010（4）.

[12] 范蓓，田彩云. 旅游服务外包的理论构建研究 [J]. 旅游科学，2012(4）.

[13] 李蕾蕾，Dietrich Soyez. 中国工业旅游发展评析———从西方的视角看中国 [J]. 人文地理，2013（12）.

[14] 臧学英等. 天津滨海新区发展研究报告（2012）[J]. 求知，2012（2）.

[15] 天津市滨海新区 2012 年政府工作报告，2012 年 4 月.

[16] 陶文杰等. 天津滨海新区旅游产业发展现状及对策分析 [J]. 天津商业大学学报，2009（3）.

[17] 石玉. 天津滨海新区旅游开发研究 [D]. 天津大学，2010.

第十章　滨海新区以港兴市的成就与探索

在滨海新区"十二五"时期经济发展的总体目标中明确：港口作为开放的重要功能载体将得到进一步发展，港口经济作用将得到进一步的发挥和强化。2012年，中国共产党天津市第十次党代表大会提出了进一步加快滨海新区开发开放，为把天津建设成为国际港口城市、北方经济中心和生态城市而奋斗的目标，展现了在滨海新区开发开放总体布局中港口经济功能与作用。

第一节　港口功能与港口经济发展

2012年滨海新区以建设北方航运中心和国际物流中心为重点，大力发展现代港口服务业。面对世界经济和航运市场持续低迷的形势，滨海新区持续开拓国内外市场，全面推进北方国际航运中心核心功能区建设，积极促进国际航运和国际贸易功能水平的提高，现代港口运转、港口物流、航运金融等高端服务业蓬勃发展。

一、天津港

天津港作为北方最大的综合性贸易港口，是滨海新区港口经济运行的重要载体，是建设国际航运中心和国际物流中心的载体，也是建设国际港口城市的引擎。近年来，天津港以建设世界一流港口企业为战略目标，不断提升港口能力和建设水平，积极发挥港口功能作用。

1. 港口运载量不断增长

天津港不断拓展港口物流网络功能，促进港口生产的增长。2012年，天津港完成货物吞吐量4.76亿吨，比上年同期增长5.3%；集装箱吞吐量1230万标准箱，比上年同期增长 6.2%，两项主要指标均创历史最好水平。其中，天津港集团公司完成吞吐量总计 30，196 万吨，比上年同期增长 3.88%。其中，散杂货吞吐量 23，553 万吨，比上年同期增长 0.50%；集装箱吞吐量 609.7 万 TEU，比上年同期增长 3.50%。船舶代理 17，872 艘次，较去年同期增长 2.07 %；货物代理量 7，887 万吨，较去年同期减少 10.48 %；理货量 10，695 万吨，较去年同期增长 7.44%；船舶拖带 49，604 艘次，较去年同期减少 1.27%。其中，2011 年天津港列位世界集装箱港口前 11 强，2012 年列位第 10，如表 10-1、10-2 所示。实现了"十二五"良好开局，为天津市建设国际港口城市、滨海新区加快发展成为我国北方国际航运中心和国际物流中心打下了更加坚实的基础。

表 10-1　2011 年、2012 年世界集装箱港口排名

2011 年世界集装箱港口前 11 强排名				2012 年世界集装箱港口前 10 强排名		
排名	港口	国家	箱量（万 TEU）	港口	国家	箱量（万 TEU）
1	上海港	中国	3173	上海港	中国	3253
2	新加坡	新加坡	2993	新加坡	新加坡	3166
3	香港	中国	2440	香港	中国	2311
4	深圳港	中国	2257	深圳港	中国	2294
5	釜山港	韩国	1618	釜山港	韩国	1703
6	宁波港	中国	1468	宁波港	中国	1683
7	广州港	中国	1425	广州港	中国	1452
8	青岛港	中国	1302	青岛港	中国	1450
9	迪拜港	阿联酋	1300	迪拜港	阿联酋	1327
10	鹿特丹港	荷兰	1190	天津港	中国	1230
11	天津港	中国	1150			

表 10-2　2011 年、2012 年中国港口集装箱吞吐量前十大港

2011 年中国港口集装箱吞吐量前十大港			2012 年中国港口集装箱吞吐量前十大港		
排名	港口	箱量（万 TEU）	排名	港口	箱量（万 TEU）
1	上海	3150.00	1	上海	3252.90
2	深圳	2256．98	2	深圳	2294.13

2011 年中国港口集装箱吞吐量前十大港			2012 年中国港口集装箱吞吐量前十大港		
排名	港口	箱量（万 TEU）	排名	港口	箱量（万 TEU）
3	宁波舟山	1468.62	3	宁波舟山	1683.00
4	广州	1440.00	4	广州	1474.36
5	青岛	1302.00	5	青岛	1450.00
6	天津	1150.00	6	天津	1230.00
7	厦门	646.07	7	大连	806.40
8	大连	640.00	8	厦门	720.17
9	连云港	485.00	9	苏州	525.15
10	营口	403.30	10	连云港	455.36

2. 现代物流等高端服务业迅速发展

2012 年，滨海新区的物流业，在海港物流和临空产业的基础上，不断完善高端服务产业。天津港目前初步形成了港口装卸业、国际物流业、港口地产业和港口综合服务业等"四大产业"多元化发展格局。紧密结合国际物流中心的定位，多层次、开放性、社会化的物流配送系统。同时保税区充分发挥国际贸易、保税仓库和物流分拨的功能。充分发挥海港、引导物流企业向规范化、集团化和国际化发展。港口装卸业外的三个产业收入占总收入的 60% 以上，企业的综合经济实力和竞争力得到了较大的提升。多元化协调发展的产业格局初步形成，促进了企业综合经济实力和竞争力的稳步提升，也为城市发展贡献了更多的助推动力。

3. 不断完善港区建设，加强港区服务能力

2011 年 12 月 19 日，交通运输部和天津市政府联合批复了《天津港总体规划〈2011—2030〉》，天津港东疆二岛开发策划及规划方案启动研究，天津港东疆港区和散货物流中心（中部新城）控详规调整与编制初步完成。东疆港区实现整体成陆，保税港区二期通过封关预验收。大沽沙港区 7、8 号码头、高沙岭港区金岸重工码头、大港港区建材码头都竣工投产。30 万吨级航道、南港港区中航油码头、大沽沙港区 2 号、3 号粮油码头、9 号液体化工码头、太原重工码头、博迈科海洋工程码头等项目进展顺利。其中，重点工程项目主要包括：确保 30 万吨级航道一期工程、重装基地工程按期实施，中航油码头工程完工；重

点建设南疆专业化矿石码头；积极推进北疆老码头改造工程。此外，天津港重点实施了东疆港区北大围埝工程、挖泥造陆四、五期工程，加快东疆港区整体成陆步伐；结合30万吨级航道一期工程，实现南疆港区整体成陆；重点推动东疆瞰海轩住宅项目、东疆商业中心等项目建设，实现土地二级开发的新突破。同时，继续推进无水港建设，内陆无水港达到21个。

"两港两路"建设促进现代综合交通体系初步形成。天津港25万吨级深水航道、30万吨级原油码头建成，货物吞吐量突破4亿吨，集装箱吞吐量超过1200万标准箱；滨海国际机场成为国内首家电子货运机场，通过提高航空货运信息化水平，为航空公司节约时间成本，增强了市场竞争力，滨海国际机场新航站楼和第二跑道投入使用；京津高速公路竣工通车；国内第一条城际高速铁路开通运营并延伸至滨海新区，京津之间的交通条件发生了历史性变化。天津大道建成通车，海滨大道、中央大道、于家堡枢纽站加快建设。天津港对外的交通枢纽优势初步显现。

2012年继续完善开发港口经营管理信息系统，天津市300多家港口经营企业的基本信息和行政许可网上实时更新监管，极大地提高了港口行政办事效率和服务质量。完成了天津港信息系统备份中心建设，实现了客户服务中心平台、物流信息平台和EDI平台的融合，进一步提升港口信息化水平，为港口能力提升、功能拓展和招商引资提供了有力保证。

4. 空港口岸稳健发展，服务水平提升

2012年天津空港口岸努力提高服务水平促进空港发展。通过发挥空港转关中心优势，优化出口转入业务流程，设定转关业务操作的工作时限，加快货物流转速度，降低物流成本。在转关模式创新上，深化陆空联程业务开展，实现"通关计划信息共享、通关环节及时沟通、通关信息反馈核查"的监管模式，确保严密监管和通关效率同步提升。推动快件集散中心和检验检疫集中查验区建设，积极营造服务零等候、通关无障碍口岸环境。运用调整进口分拨操作模式，采取单据流转与货物流转并行的方法，将进口分拨货物的通关时间缩短2～3个小时。积极探讨创建区域独立、功能完善的出口货物拼装区，提升天津空港货运整体功能。

5. 天津港的区域龙头港作用进一步加强

在环渤海区域经济发展格局中，形成了分别以天津港、青岛港、大连港为枢纽港的三大子港口群，其中天津、青岛、大连、秦皇岛、日照、营口6个是年吞吐量上亿吨的大港。根据 2012 年集装箱运输的规模，可以看出三大枢纽中，青岛港和天津港是主要的集装箱枢纽港。青岛港集装箱吞吐能力最强，青岛港靠近国际主航线，腹地是我国北方最活跃的制造业基地，这些为发展集装箱运输提供了强有力的支持。大连港主要是东北地区出海门户，腹地经济实力不足，因此其吞吐能力与天津港和青岛港存在不小的差距。天津港虽然和其他两港口比较远离国际主航道，但以京津冀为依托，以及综合性港口的建设趋向，为天津港打造成为北方国际航运中心和国际物流中心提供了强有力的支持。在环渤海港口群中，天津港的龙头港作用不断达到强化，作为区域龙头港着眼于自由贸易区、自由港方向发展，现代国际性港口定位日益显现，增强了滨海新区港口经济发展的辐射功能。

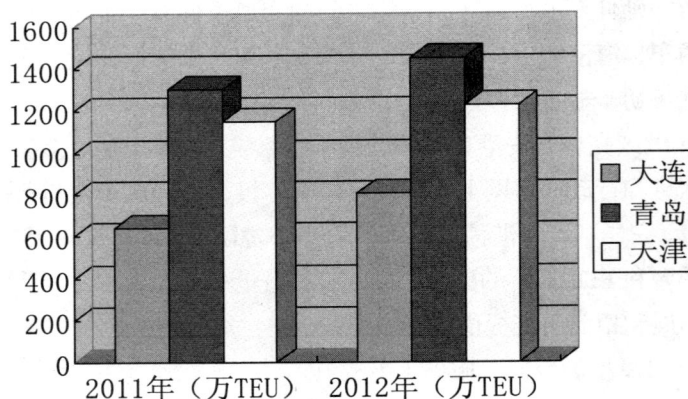

图 10-1　环渤海三大港口集装箱吞吐量

二、天津东疆保税港区

天津东疆保税港区正在探索向"自由贸易港区"转型的改革，以率先建成我国北方第一个自由贸易港区为目标。在全面分析和梳理东疆功能定位与产业特点的基础上，确定了以航运、物流、总部型贸易结算、融资租赁为主攻方向的产业招商板块，引进了一批功能特点鲜明、聚集效应明显的行业龙头企业。2012 年，东疆保税港区呈现出区域经济增势迅猛、发展质量明显提高、主导产业跨越发展、试点政策加速落地效应明显等鲜明特点。

1. 经济总量继续保持较快增长

2012 年，完成生产总值 26.1 亿元，按可比价格计算，增长 77%。外贸进出口完成 53.4 亿美元，同比增长 130%。其中进口 42.5 亿美元，同比增长 114%。全年实现固定资产投资 183 亿元，同比增长 63%；税收收入 9 亿元，同比增长 67%。全年合同外资额 2.8 亿美元，同比增长 110%，内联引资实际到位额 18.5 亿元，同比增长 32%，大项目好项目纷纷落户。

2. 产业结构不断完善

2012 年东疆保税港区确定了以航运、物流、总部型贸易结算、融资租赁为主攻方向的产业招商板块，引进了一批功能特点鲜明、聚集效应明显的行业龙头企业。其中新增航运类企业 22 家，注册航运类企业 41 家，航运类企业呈现出聚集效应明显、船队结构合理、船型多样、盈利模式拓宽、专业性更强的特点，东疆对国有、民营航运企业影响力、吸附力显著提升。除了航运类企业，东疆保税港区物流类企业也在逐渐壮大，出口集拼、进境分拨呈现明显优势。融资租赁类企业继续保持强劲发展势头，在获得单机、单船公司成功经验的基础之上，又引进了鑫桥、英利等一批新型融资租赁企业，进一步丰富了东疆融资租赁的品牌内涵，并通过中远散货、中海油 LNG 码头项目、高银红酒、奔驰汽车物流园等龙头项目的带动，不仅为东疆保税港区成为国际北方航运中心奠定了基础，也进一步推动了港区仓储、物流基地的建设。2012 年，东疆保税港区在货物流通、资金流动、企业经营、人员进出等方面实现了先行先试，积极探索自由贸易港区的建设道路。不仅成为了国内面积最大的保税区，区域内企业所享受的很多政策，也是国内最优惠的。如在租赁领域，注册在东疆的租赁企业，已经享受进口空载 25 吨以上飞机按 4%征收进口环节增值税。截至 2012 年底，天津东疆保税港区已累计注册租赁公司 350 余家，其中总部类租赁公司 42 家，单机公司（SPV）超过 230 家，累计完成飞机租赁业务超过 100 架，飞机发动机租赁业务 7 台，租赁总资产额逾 51 亿美元，成为我国最大的飞机租赁业务聚集区。同时，东疆保税港区获得商务部授牌，成为国家进口贸易促进创新示范区，并进一步完善全国保税港区面积最大的国际商品展销中心。

3. 改革深化推进金融创新

2011 年 5 月 10 日，国务院 51 号文件正式批复《关于天津建设北方国际航运中心的建设方案》，确定了以东疆保税港区为建设北方国际航运中心的核心功能区，明确了可在国际船舶登记制度、国际航运税收政策、航运金融和租赁业务创新四方面开展试点以及在建立自由贸易港区进行探索的定位。作为高度开放的特殊经济区域重点打造融资租赁、离岸金融、国际航运基地，在享有海关、税收、外汇等优惠政策的前提下，充分发挥国际贸易、现代物流、临港加工和商品展销四大功能，经济保持快速增长。

东疆港以招商引资为核心，不断推进金融创新功能，打造自由贸易的平台。实施国际船舶登记制度、海洋工程结构物、船舶出口租赁退税试点方案；简化离岸账户审批、开展资本项目意愿结汇、短期外债指标运行的先行先试，在灵活交易方式上不断探索取得良好的实践经验。

三、临港经济区

滨海新区已经形成了包括轻工粮油食品加工、石油海洋化工、现代冶金、现代物流、机械制造等临港产业的发展框架。随着天津滨海新区临港经济区基础设施配套不断完善，入区企业不断增多。在经济结构上，临港致力于发展实体经济，不断发展壮大装备制造、粮油食品、口岸物流等支柱产业，努力提升经济发展的质量和内涵。在产业结构上，临港在原有产业板块的基础上，进一步拓展了现代医药、新材料新能源、现代服务业等产业板块。产值达 145 亿元，同比增长 30%；完成工业总产值 400.3 亿元，同比翻一番；新增招商引资的协议额达 500 多亿。

随着临港经济区基础配套设施的不断完善，临港经济区全年投产、建设、签约项目总数达 108 个，总投资额达 1625 亿元。这些项目中，已投产项目 51 个，在建项目 25 个，已签约项目 32 个。临港经济区将确保中际装备、京粮油、海盛海工等 34 个项目建成投产。确保了 ADM、鑫正海工、香驰粮油等 30 个项目开工建设。力争仁泽物流、北大荒、万绿达、均利二期、阿尔斯通、港研院、科聚新材料、上古糖业、德威涂料等一批项目的签约。同时，按既定招商方向，丰富项目储备，保障储备项目数量维持在 100 个左右。进一步服务企业，促进当前 25 个在建项目加速建设，32 个签约项目早日开工，推动 ADM、CLD、国际轮胎、天广消防、博迈科、鑫正、普洛斯、和润粮油等 41 个重点筹建、在建项目加快进程。随着港区配套工程、口岸开放设施的逐步完善。临港经济区将继续加大航道、防波堤、码头泊位等基础设施的建设力度，提升大沽口港区经营能力，壮大港口实力。

以"政府主导、市场运作"模式，重点扶植一批技术含量高、市场前景广阔的科技型中小企业迅速成长。建立符合临港特色的孵化、转化、产业化无缝链接的孵化体系，设计面向科技型中小企业的"友好"服务体系，探索科技企业孵化器创新管理体制与运行机制，打造滨海新区的"标杆孵化器"和"标杆生产力促进中心"，提升载体服务质量，改善科技型企业创业和发展环境，实现科技兴区。同时，面对全球性金融危机带来的融资压力，临港积极出招应对，帮助企业解决"融资难"问题。

四、航运金融业、航运服务业、海洋渔业发展推进港口经济繁荣

1. 航运金融业抓住机遇迅猛发展

航运金融改革创新推进金融服务业取得突破性进展。2012年，新兴金融业蓬勃发展，新区已成为全市乃至全国新兴金融业发展的重要示范区和集聚区。私募股权基金迅速集结，天津金融资产交易所形成了覆盖全国的业务网络。注册在新区的股权投资基金及管理企业超过2000家。中新天津生态城共有16家企业实行意愿结汇。于家堡金融区累积注册企业超过500家。特别是天津东疆保税港区正式获得了船舶登记、国际航运税收、航运金融和租赁业务四大方面的创新试点支持政策。滨海新区在体制机制创新方面先行先试工作全面展开。东疆保税港区依托飞机与船舶租赁，金融租赁业越做越大。全年注册租赁公司182家，累计达355家，其中单机公司232家，单船公司76家，总部型36家，共完成租赁飞机100架、离岸租赁船舶36艘，租赁飞机发动机9台，租赁总资产约51亿美元；注册资本10亿元的大唐融资租赁、注册5亿元南车投资租赁等一批开展大型设备租赁的企业落户，东疆成为国内飞机、船舶、大型设备租赁的重要聚集地；在大型贸易结算方面，中粮食品营销、中煤焦化、中煤华北总部等超大贸易结算型央企项目落户。

2. 多元化的航运服务业发展迅速

以天津东疆保税港区发展优势为突破，在船舶登记、国际航运税收、航运金融和租赁业务四大方面的创新试点支持政策及相关的政策支持下，东疆港区在国际物流、航运金融等高附加值领域突破，不断延伸港口服务功能。从而加快天津港调整优化产业结构，大力发展港口装卸业、国际物流业、港口地产业、港口综合服务业，逐步形成以"四大产业"为核心的适度多元化产业发展格局。紧密结合国际物流中心的定位，多层次、开放性、社会化的物流配送系统发挥国际贸易、保税仓库和物流分拨的功能，促进海港、引导物流企业向规范化、集团化和国际化发展。港口装卸业外的三个产业收入占总收入的60%以上，企

业的综合经济实力和竞争力得到了较大的提升。多元化协调发展的产业格局初步形成，促进了企业综合经济实力和竞争力的稳步提升，也为城市发展贡献了更多的助推动力。

3. 海洋渔业产业开发迅速

到 2012 年底，中心渔港在渔港作业区内，共规划泊位十四个，水产品交易区、冷藏加工区、综合物资区、修船区等功能区，可容纳一千多艘五千吨级冷藏加工渔船进港，而二万吨级渔船也可乘潮进港停泊。同时，利用已经投入使用的万吨级冷库，冷藏来自世界各地的海产品，形成从渔船入港到交易消费的"一条龙"物流供应链。将在 2015 年前将建成一个集水产品加工集散、港口物流、游艇制造展示、休闲旅游、海景居住于一体的滨海新区北部的"滨海港城"。

第二节　港口经济助推滨海新区发挥区域功能作用

发挥港口经济作用，促进生产要素合理流动，深化区域合作，推进区域良性互动发展是滨海新区的使命和历史任务。实现发展定位，在区域空间功能布局方面滨海新区积极应对和配置港口资源，协调首都经济圈、环渤海区域及腹地经济发展。

一、依托环渤海区域，发挥滨海新区功能作用

环渤海地理区位条件优越、交通发达、信息汇聚，是我国华北、东北、西北以及华东许多地区进入太平洋走向全世界的最重要的通道。空运和陆路交通十分便利，航空网，铁路网，公路网纵横交错，其密度居全国第一。同时，该地区拥有北京这样一个政治、文化中心和旅游胜地的优越重要条件。区内通讯设施完备，信息流量大，各种经济信息传播快捷，与国际市场的联系渠道广阔畅通，自然资源得天独厚。环渤海地区拥有发展现代工业所必需的能源，集中了全国三大铁矿区中的两个；沿海油田与海上油田连成一片，是我国第二个巨大的含油气区。这个地区又是中国北方最大的工业密集区，煤炭、电力等基础产业先进发达，轻重工业配套齐全，能源、钢铁、化学、建材、纺织等支柱产业呈现出明显的区域聚集优势。

滨海新区以环渤海区域及环渤海港口群为依托，充分发挥滨海新区区域功能作用。在环渤海港口城市体系的天津、大连和青岛三足鼎立局面，以天津滨海新区为核心的京津冀轴向发展地带，其中京津轴向地带又是环渤海地区的核心。三条轴线辐射环渤海地区以及广大内陆腹地，拉动区域经济发展，显示出巨大的港口经济乘数效应。

二、依托无水港，延伸滨海新区功能作用

无水港一方面对天津港货源的贡献量较大，另一方面对内地的经济也起到了带动的作用。如宁夏石嘴山市惠农无水港，拥有占地 350 平方公里的陆港经济区，形成了生产高晶硅、锰硅合金、金属镁锭等新材料的外向型企业的产业支柱群，同时周边省市也将部分企业牵到石嘴山市，利用无水港的优势进行发展，促进了石嘴山外向型经济发展。因此，"无水港"的网络覆盖是腹地的货源对天津港的路径依赖，也促进了物流的增长。口岸区域合作使天津口岸的辐射能力得到进一步增强，更好地发挥了北方对外开放门户和绿色通道的作用，促进天津港口资源与各地产业和资源优势互补，使无水港成为各地加强经济合作，促进共同发展的重要桥梁和纽带，进一步提高了区域通关效率，降低了物流成本，服务贸易便利化，改善了内陆地区对外贸易和招商引资环境，促进了区域经济又好又快发展。随着天津港对外辐射力的不断加强，辐射面积的不断扩大，无水港将为天津港，乃至滨海新区建设服务中国北方、东北亚、中西亚的北方国际航运中心作出巨大贡献。

三、依托腹地资源，强化滨海新区功能作用

位于环渤海地区中心的天津港，辐射我国的西北、华北、东北 12 个省区市，是亚欧大陆桥的最近的东部起点，是邻近内陆国家的重要出海口。天津港直接腹地包括北京、天津、山西和河北省，间接腹地包括陕西、甘肃、青海、内蒙古、新疆、宁夏自治区、以及河南省、山东省的部分地区，总面积 200 多万平方公里，2 亿多人口，拥有盐、煤、油和矿等丰富资源。山西为矿产资源腹地，其煤炭储量在 2000 亿吨以上，占全国总储量的 1/3，故而有"煤乡"之称。近年来山西通过天津口岸的进出口贸易额约为 40 多亿美元，占天津口岸进出口贸易总额的 3% 左右。内蒙古自治区位是中国第三大省区，其出口总额水平在 100 亿美元左右，通过天津口岸的进出口贸易水平为 20 多亿美元，占天津口岸进出口贸易总额的 1.5% 左右。河北省拥有曹妃甸、秦皇岛等港口资源，但其通过天津口岸的进出口贸易在 200 多亿美元以上，占天津口岸进出口贸易总额的 13% 左右。北京市通过天津口岸的进出口贸易在 400 多亿美元以上，占天津口岸进出口贸易总额的 25% 左右。天津通过本市口岸的进出口贸易占天津口岸总额的 40% 以上。因此，环渤海区域进出天津港口的口岸贸易额占有较大比重，为天津港口经济发展提供货源支持。

虽然天津港离国际主航线最远，但是由于广阔的腹地资源，以及依托京津冀经济圈，健全的港口服务功能和基础设施，对腹地经济的发展提供了极大的便利。

第三节　发挥港口功能，强化滨海新区以港兴市的作用

现阶段社会经济发展环境复杂，国际金融市场的动荡，贸易保护主义的干扰，世界经济不稳定不确定因素增多，但我国经济运行态势总体良好，面对天津市建设国际港口城市和北方经济中心对港口发展提出的新要求，天津港口经济必须加快转型，发挥港口功能，强化滨海新区以港兴市的作用，为促进全天津市经济发展及发挥北方经济中心功能作出贡献。

一、着力提升港口基础设施能级，夯实营运基础

港口对区域经济发展的承载能力是衡量一个港口发展水平的基本指标。天津港要紧跟国际航运业的新要求，必须加快提升港口基础设施的能力和等级，持续提高承载能力。2012 年天津港已经是世界集装箱港口前十名，在中国港口集装箱吞吐量排名第六，因此在吞吐量规模方面，进一步巩固天津港世界一流大港的地位。继续加强对航运企业的招商引资力度，争取更多的船舶公司注册，进一步完善东疆航运产业发展载体。积极推动与波罗的海航运交易所的合作项目，培养航运人才，建设航运金融平台，为航运产业发展提供有力保障。

二、提升港口发展竞争力，实现港城协调发展

不断提升港口发展竞争力，积极构建港城互动发展机制，实现港城协调发展。既要保持港口传统功能和在国际、区域的竞争力，又要通过港口产业升级和多元化实现港口与城市的全面协调发展。当前虽然是国际经济增速放缓，国际经济下行压力大，航运市场也形势严峻，但是整个世界经济一体化的大趋势是不容改变，滨海新区可利用发展契机，完善核心功能区建设，合理规划布局，提高天津港口资源的优化和整合，提升国际航运和国际贸易的能力。

三、着力提升港口物流体系层次水平，深化国际经贸合作

进一步加快北方国际物流中心的建设，健全完善物流体系。一是进一步加强与无水港的联动，吸引腹地物流，健全物流网络。把无水港进一步发展成为物流园区和产业园区，成为天津市与中西部区域优势互补、联动发展的"飞地"。二是不断突出天津港北方重要集装箱枢纽港地位，扩大天津与世界主要国家和港口的贸易联系，大力扶植物流产业发展，积极拓展冷链物流、绿色物流、第三方、第四方等物流产业项目发展，发展过境运输和中转运输，逐步把天津港建设成为国际物流中心。三是加强与国际知名的物流商合作，吸引其落户天津港区，通过加强与台湾高雄、基隆等自由贸易港区等合作项目和方式，深化国际合作发展，提升经贸合作引力。

四、加快现代港口服务业和航运金融业发展

集成港口生产、临港工业、临港物流、航运金融、贸易服务及社会服务等功能，建立信息一体化平台，应用自由贸易政策是当今港口升级的方向。因此，滨海新区首先要推进天津港的多功能发展。同时大力引进总部经济项目，加快推进总部经济载体建设，大力发展楼宇经济。加快建设一批专业化的展销中心、商业设施、办公楼宇和中高档公寓，并提供相应的商务配套，促进先进制造业的发展。拓展国际商品展示交易服务的功能。开通东疆国际商品电子商务平台，使之成为可以提供市场资讯、产品展示、融资服务、物流服务以及产品交易系列服务的电子平台。建立健全国际产品交易市场载体，形成区内交割与区外展示洽谈一体化环境。加快金融创新。落实《国务院关于天津北方国际航运中心核心功能区建设方案的批复》精神，大力发展租赁、航运、仓储、贸易结算等

业务，加快国际中转、国际配送、国际采购、国际贸易、航运融资、航运交易、航运租赁、离岸金融服务等"八大功能"落地，用东疆优越的金融创新政策，使得港区金融开发上有新的突破，尽快使东疆港区基本具备建立自由贸易港区的成熟条件，成为我国北方对外开放的桥头堡。

五、发挥港口经济效应，引领首都经济圈合理分工协作

都市经济圈是区域经济发展过程中产生的空间组织结构，是突出增长点与面之间有机联系的区域网络发展模式。"十二五"时期，天津是以建设经济中心城市、国际港口城市和生态城市为目标，进一步强化和发挥天津国际化港口都市的定位和作用。在首都经济圈发展战略中，天津在不同层面上发挥经济中心功能作用，利用现代国际化港口都市的优势，提升区域经济协调发展水平。

首先，着眼于首都经济圈构建现代国际化港口都市产业结构和交通体系。区域各经济单元着眼主导产业与关联产业、基础产业之间在数量、规模、时序、空间布局方面的协调，一方面主导产业应该是在区域比较优势基础上发展起来，担负着区际分工的角色；另一方面关联产业、基础产业应该为主导产业提供良好的支撑，使整个区域经济高效率运转。战略性新兴产业是首都经济圈的产业方向，高新技术产业、现代制造业、现代金融、现代服务业、现代农业的产业优势、产业基础、产业规模能量不断提升，天津要努力在国际化港口城市的高端服务产业上有新突破。积极搭建高效、便捷、多层次、与首都经济圈一体化的区域综合交通体系，特别是以滨海新区定位为核心与"北方航运中心"、"国际物流中心"的功能定位相适应，形成内吸外引的集疏运体系，发挥对内外腹地的辐射和龙头作用，形成首都经济圈交通通道衔接，促进合理空间布局的交通与产业协调发展。

其次，利用天津港口优势，开发京津冀港口经济能量。以天津港口经济优势，积极与河北沿海地区建立沿海经济分工合作机制，与北京形成良好的区域中心定位关系，发挥港口功能作用是天津有效的实现服务首都经济圈的路径之一。提高港口规模化、国际化、现代化水平，成为首都经济圈海向和陆向辐射作用的桥梁和纽带。在新增长点上有所突破，如助推邮轮经济发展，培育首都经济圈邮轮经济。发挥北方国际航运中心的核心载体作用，加强与曹妃甸港、黄骅港和秦皇岛港之间的分工协作。

最后，发挥滨海新区综合配套改革示范作用，引领首都经济圈创新发展。

作为国家综合配套改革试验区，滨海新区先行先试重点发展领域和模式上积极突破，发挥对首都经济圈改革开放的引领示范作用。如以东疆保税港区融资租赁为契机，积极推进金融创新。完善北方国际航运中心、物流中心的涉外经济体制，建立高效便捷的口岸管理与通关体制，实施特殊监管政策和启运港退税、离岸金融等政策。积极培育新兴消费新热点，拓展首都经济圈消费人口内需空间，建设首都经济圈的高端商业设施、特色商业街以及大型交易市场等，以国际化和品牌化的标准推进商业服务和旅游服务，引进高端商业大项目，成为首都经济圈高端商业和旅游服务体系的龙头。

参考文献：

[1] 魏后凯，刘长全.首都经济圈的功能定位及新型产业分工[J/OL].中国区域与城市研究网.2011-03-11.

[2] 肖金成.首都经济圈闪耀"十二五"[J].数据，2011（7）.

[3] 郝寿义，安虎森.区域经济学[M]. 北京：经济科学出版社，2004.

[4] 戴学来，董志勇，胡东宁，郭素芳等.发挥滨海新区在区域发展中的作用研究[J].天津师范大学学报（社会科学版），2011（2）.

[5] 孙森，卢紫珺.论城市群对经济的推动作用与环渤海城市群的发展[J].现代财经，2007（4）.

[6] 臧学英.关于京津冀都市圈一体化进程中的制度创新思考[J].城市，2009(3).

[7] 唐海平.天津滨海新区临港产业功能区发展的新特征[J]，港口经济，2012.

[8] 易志云.优化资源配置港口资源——创建实现滨海新区战略定位的新优势[J]，港口经济，2011.3.

[9] 易志云. 首都经济圈与天津国际化港口都市发展定位[J]. 天津师范大学学报，2013，（1）.

[10] 上海国际航运研究中心.2012 年全球港口发展报告，2013.

[11] 周运源等. 区域一体化与都市圈经济发展[J]. 中国区域经济，2012（6）：14-20.

[12] 王涛. 港口对港口城市经济发展的影响研究[D]. 青岛：中国海洋大学，2008.

[13] 弗朗索瓦·佩鲁.经济空间：理论与运用 [J]. 经济学季刊，1950（1）.

[14] 新华网 http://news.xinhuanet.com/fortune/2013-01/01/c_114223479.htm

[15] 人民网 http://www.022net.com/2013/2-8/447118182321446.html

第三篇

社会事业发展与社会管理创新

第十一章　党建工作带动滨海新区社会发展

随着天津市滨海新区行政区的设立，在中共天津市滨海新区委员会的领导下，天津滨海新区的党建工作在继承中创新、在创新中发展、在发展中奋进。在 2011 年度和 2012 年度，新区区委认真学习贯彻中央的重要精神和市委的决策部署，着力加强党的执政能力建设和先进性建设，进一步提高党的建设科学化水平，巩固和发展深入学习实践科学发展观活动的成果，扎实开展创先争优活动，深入开展保持党的纯洁性教育活动，认真贯彻落实党的十八大精神，全面推进党的思想建设、组织建设、作风建设、反腐倡廉建设，把制度建设贯穿其中，充分发挥党的政治优势和组织优势，为全力打好滨海新区开发开放攻坚战、带动滨海新区各项事业又好又快发展提供了坚强有力的政治和组织保障。

第一节　2011 年度和 2012 年度滨海新区区委 历次全会的主要精神

在 2011 年度，滨海新区区委为了认真学习贯彻中央的重要精神和市委的决策部署，先后召开了三次区委全会，即区委一届六次全会、区委一届七次全会、区委一届八次全会，分别就胡锦涛总书记在天津考察工作时的重要讲话精神和市委九届十次全会的决策部署、党的十七届六中全会的重要精神和市委九届十一次全会的决策部署、中央经济工作会议的重要精神和市委九届十二次全会的决策部署，进行认真学习、提出实施意见，明确工作思路。在 2012 年度，滨海新区区委为了认真学习贯彻中央的重要精神和市委的决策部署，召开了一次区委全会，即区委一届九次全会，就深入贯彻党的十八大和中央经济工作会议精神、认真落实市委十届二次全会部署，进行认真学习、提出实施意见，明确工作思路。通过定期召开区委全会，滨海新区区委在始终坚持集体领导中，深刻领会中央和市委对滨海新区提出的一系列工作要求，切实加强党的建设，在执行层面上把党的政治优势和组织优势，转化为带动滨海新区又好又快发展的强大力量。

一、滨海新区区委一届六次全会

2011年4月29日至5月1日，胡锦涛总书记在天津考察工作。在滨海新区考察时，胡锦涛总书记特别强调：天津滨海新区已进入全面开发开放新阶段，要大胆探索、积极作为，按照国家对滨海新区功能定位的要求，坚持项目集中园区、产业集群发展、资源集约利用、功能集成建设的发展思路，加快推进综合配套改革，全力打好滨海新区开发开放攻坚战，努力使滨海新区成为贯彻落实科学发展观的排头兵。

为了认真学习贯彻胡锦涛总书记在天津考察工作时的重要讲话精神，全面贯彻落实市委九届十次全会的决策部署，滨海新区区委于5月27日召开了区委一届六次全会。全会审议通过了《中共天津市滨海新区委员会关于认真学习贯彻胡锦涛总书记在津考察重要讲话精神，全面落实"四个注重"工作要求的实施意见》，动员全区广大党员干部群众，牢记使命，抓住机遇，乘势而上，以更加强烈的使命感和责任感，全力打好开发开放攻坚战，努力使滨海新区成为深入贯彻落实科学发展观的排头兵。

天津市委副书记、滨海新区区委书记何立峰在全会上发表的讲话中强调，贯彻落实胡锦涛总书记的重要讲话，必须切实加强党的建设，不断提高领导班子和干部队伍的素质，着力增强各级干部领导和推动科学发展的能力。为此，他明确提出：

第一，要进一步增强谋划发展的能力。领导干部要时刻保持学习的热情，自觉向书本学，向实践学，向群众学，不断提高运用科学理论分析和解决问题的能力，为科学谋划工作奠定思想基础和知识基础；要注重提高工作的预见性，加强对客观规律的把握，强化对复杂形势的分析研究，力求做到行动快人一步、思路胜人一筹、举措超人一招，始终掌握工作的主动权；要强化大局意识和全局观念，自觉把区域和部门的发展置于国际国内环境以及全市、全区发展的大局中去思考、去权衡，始终围绕中心、服务大局，不断创造新业绩。

第二，要进一步增强统筹发展的能力。一方面，领导干部要统筹好经济建设、政治建设、文化建设、社会建设和生态文明建设及其各个环节，最大限度地缩小产业之间、城乡之间、不同社会群体之间的差距，使各项事业、各个方面相互促进、协调发展；另一方面，领导干部要善于处理好改革发展稳定的关系，切实把改革的力度、发展的速度和社会的可承受程度有机统一起来，妥善处理各种利益关系，最大程度地调动一切积极因素，有效凝聚和持久形成推动发展的强大合力。

第三，要进一步增强推动发展的能力。领导干部要发扬开拓创新的精神，坚持解放思想、实事求是、与时俱进，以新理念、新思维指导新的实践，因情施策，因势利导，用新的方法，开辟新的途径，实现新的突破，特别是对项目引进、资金争取等难点问题，要千方百计灵活变通、趋利避害，想方设法创造条件、攻克难关；要强化真抓实干的作风，把所有心思用在干事业上，把全部精力放在抓落实上，扑下身子，深入一线，盯住重点难点问题，不等不靠，一抓到底，不达目的不罢休，努力做扎实苦干、创先争优、推动发展的实践者。

第四，要进一步增强保障发展的能力。领导干部要营造富有亲和力的发展环境，以创优发展环境为己任，想企业之所想、急企业之所急、办企业之所需，认真落实扶持企业、促进发展的各项政策措施，真心实意帮助企业解难题、办实事，把"保姆式"服务打造成响亮的品牌，让投资者无所顾虑、安心发展；要常修为政之德，常怀律己之心，常思贪欲之害，正确行使党和人民赋予的权力；要慎情、慎行、慎独、慎微，严格执行廉洁从政的各项规定，自觉筑牢搭好防范腐败行为的"堤坝"、"栏杆"，堂堂正正做人、清清白白做官、干干净净做事。同时组织部门要营造干部健康成长的良好环境，坚持正确用人导向，完善干部选拔任用机制，抓住集中换届的有利契机，用心把握，严肃纪律，把有思路、有能力、有业绩的干部选拔到各级领导岗位上来，让优秀人才茁壮成长、脱颖而出；要营造清正廉洁的社会环境，推进各项"阳光工程"。

二、滨海新区区委一届七次全会

2011 年 10 月中央召开了十七届六中全会，通过了《中共中央关于深化文化体制改革推动社会主义文化大发展大繁荣若干重大问题的决定》。为了认真学习贯彻党的十七届六中全会的重要精神，全面贯彻落实市委九届十一次全会的决策部署，滨海新区区委于 11 月 18 日召开了区委一届七次全会。全会审议通过了《中共天津市滨海新区委员会关于深化文化体制改革推动社会主义文化大发展大繁荣的实施意见》，动员全区广大党员干部群众，统一思想，振奋精神，深入推进滨海新区文化体制改革，全力打好文化大发展大繁荣攻坚战，掀起文化建设新高潮，努力成为深入贯彻落实科学发展观的排头兵。

天津市委副书记、滨海新区区委书记何立峰在全会上发表的讲话中强调，推动文化改革发展繁荣，必须切实加强党的建设，进一步凝聚全区各方面力量，集中优势资源、合力攻坚、共同推动，使各级党委、政府和文化部门作为文化建设的领导者、组织者、服务者，切实肩负起推动文化改革发展繁荣的重要职责。为此，他特别指出：

第一，要进一步加强和改进党对文化工作的领导。各级领导干部要牢固树立抓文化就是抓发展的理念，把文化建设放在与经济社会建设同等重要的位置，一起决策规划、一起组织推动、一起督查考核。要选派思想作风正派、工作有魄力、文化素养高的干部充实到文化系统领导班子中，使文化战线领导权牢牢掌握在忠于党和人民的人手里；要认真学习各类文化知识，把握文化发展规律，不断提高懂文化、谋文化、管文化、服务文化发展的能力和水平。同时要建立健全党委统一领导、宣传部门组织协调、行政主管部门具体实施、有关部门各负其责、社会力量和人民群众积极参与的领导体制和工作机制，激发全社会的文化创造活力，形成齐抓共管、各方参与的促进文化发展新格局。

第二，要进一步加强文化人才队伍建设。要建立完善文化人才培养机制，充分发挥新区现有宣传、文化、教育等资源的综合优势，通过选派文化骨干深造、邀请专家名人指导等多种形式，积极培养理论、新闻、文艺等方面的专业技术人才，不断推出一批文艺名家和艺术新苗，造就一批本土学术带头人和文化领军人物；要建立完善人才引进机制，拓宽引进渠道，优化创业环境，创新用人招法，积极引进新区文化发展急需的创意设计、动漫、数字影视等高层次人才，构筑人才聚集高地；要建立完善人才激励机制，对有重大贡献的文化人才和优秀文艺作品给予奖励；要注重培养文化企业家、文化经纪人等懂经营、会管理、善服务的复合型人才队伍；要加强基层文化队伍建设，发现和培养扎根基层的文化能人、民族民间文化传承人，鼓励、扶持群众中的文化活动积极分子，多为他们办实事、办好事，营造尊重人才、关心人才、爱护人才的良好环境，进一步调动新区广大文化工作者的积极性、创造性，使他们安心文化工作，乐于为文化事业作奉献。

第三，要进一步加强政策引导和资金投入。要把文化建设全面纳入法制化轨道，抓紧制定和完善新区公共文化管理规章、文化产品与服务招投标规定等；要加大公共财政对文化事业的投入力度，采取贴息、奖励、资助等形式，支持文化产业发展；要根据新区的财力，逐步提高文化产业发展专项资金规模，试行全年经费总预算划拨，形成稳定的经费保障，使文化建设投入每年都有合理增长；要结合实际，认真谋划，制定相关配套措施，对文化基础设施和文化产业项目建设中涉及的立项、选址、征地、投入等问题，全力提供支持和服务。

第四，要进一步增强执行落实的能力。在工作导向上，要加强对文化改革发展繁荣的宏观研究，指导和帮助文化战线增强政治敏锐性和鉴别力，对应该做什么、重点做什么、倡导做什么，做到心中有数、态度明确。在工作推进上，领导干部要率先垂范，亲力亲为，建立项目责任制，确保每项工作既要有"路线图"，也要有"时间表"，逐项分解任务，落实责任，一级抓一级，层层抓落实；要建立科学的文化发展目标考评体系，以工作的有力落实来检验实际成效。在工作执行上，要雷厉风行，以时不我待、只争朝夕的精神抓落实、抓推进，狠抓不放、一抓到底，决不允许因为懈怠拖拉、办事效率低下而耽误工作，影响事业。

三、滨海新区区委一届八次全会

2011 年 12 月 12 日至 14 日，中央召开了经济工作会议，全面分析面临的国际国内经济形势，深刻阐述经济工作必须把握好的重大问题，明确提出 2012 年经济工作的总体要求、大政方针和主要任务。为了认真学习贯彻中央经济工作会议的重要精神，全面贯彻落实市委九届十二次全会的决策部署，滨海新区区委于 12 月 30 日召开了区委一届八次全会。全会总结了 2011 年工作，分析了面临的形势，部署了 2012 年任务，动员全区广大党员干部全力打好滨海新区开发开放攻坚战，努力成为深入贯彻落实科学发展观的排头兵。

天津市委副书记、滨海新区区委书记何立峰在全会上发表的讲话中强调，做好 2012 年工作，关键在于加强党的领导，关键在于加强党员干部队伍建设。要按照中央要求，切实把党的执政能力建设和先进性建设作为主线，坚持党要管党、从严治党，紧密结合新区改革发展实际，以开展学习型党组织建设为抓手进一步加强思想建设，以造就高素质党员干部队伍为目标进一步加强组织建设，以密切同群众的血肉联系为核心进一步加强作风建设，以健全民主集中制为重点进一步加强制度建设，以深化拓展"筑堤"行动为主要内容进一步加强反腐倡廉建设，全面提高党的建设科学化水平，为打好攻坚战、当好排头兵提供坚强保证。为此，他重点强调：

第一，要大力加强基层组织建设。要深入开展创先争优活动，找准基层党建工作与全区中心任务的结合点，围绕现阶段新区"十大战役"、"十大改革"等重点工作，发挥好基层党组织的战斗堡垒作用和广大党员的先锋模范作用，为打好新区开发开放攻坚战做出新的更大贡献。要不断创新"两新组织"党建工作的方式方法，立足于使党员更好地接受教育管理、开展活动、发挥作用，在充分尊重党员意愿、适应工作需要、结合各自实际的基础上，积极探索创新基层党组织的设置形式、工作方式和活动载体，不断扩大党的工作覆盖面。要注重抓好村居党组织建设，受发展阶段、自身素质等诸多因素影响，新区的村居级组织建设发展还不够平衡，我们要深入研究这一级基层组织建设面临的新情况、新问题，通过强化培训、结对帮扶、"高位嫁接"等具体措施，帮助他们不断加强自身建设，增强凝聚力和战斗力。

第二，要大力加强协调配合。滨海新区开发开放攻坚战是一场大范围、大纵深、关系全局的大攻坚战。各级党组织都要牢固树立新区"一盘棋"思想，一切从大局出发，既要抓好各自份内的事情，促进自身工作又好又快开展，又要自觉服从服务大局，相互支持合作，真正形成推动落实、促进发展的强大合力。新区各组成区域都要正确认识好自身在新区所处的位置和重要程度，正确把握好相互之间、与新区之间的关系，正确处理好局部与全局、眼前与长远的利益，进一步加强协调配合，心往一处想，劲往一处使。各功能区要对自身功能定位以及存在的优势和不足有一个清醒的认识，注重发挥比较优势，合理调节利益关系，加强与其他区域在技术、人才和项目等领域的合作，在加快新区开发建设中实现优势互补、共同发展。

第三，要大力加强对干部的培养锻炼。要把"十大战役"、"十大改革"的主战场作为培养锻炼干部的重要平台和载体，通过交流、挂职等多种方式，选派干部到重点区域、重大项目和重点工作一线，让他们在风雨当中、实践当中去应对困难、解决问题，让干部在干事创业中摔打锤炼、增长才干，从而不断提高自身的执行力和落实力，真正成为开拓创新有魄力、科学发展有思路、破解难题有招法、真抓实干有成效的优秀人才。要注重强化广大干部做群众工作的能力水平，使党员干部充满感情地对待群众，真正把自己当做群众的贴心人，时刻把群众的安危冷暖放在心上，经常走进基层和群众的家中，了解他们的生产和生活情况和实际困难，弄清他们的所需、所急、所盼，从解决群众最关心、最直接的实际问题入手，真心实意、尽心竭力为他们排忧解难，让群众得到实实在在的利益，以此赢得群众对我们的拥护和支持。同时要善于宣传引导群众，党员干部要发挥表率作用，时刻走在群众的前面，积极主动地向群众宣传党的方针政策，宣传新区的富民安民惠民措施，做好各种解疑释惑工作，把广大群众的思想和行动统一到新区的各项决策部署和开发开放的大局上；要针对不同群体群众的特点，用老百姓听得懂的语言来增强亲和力，用老百姓看得见的实事来增强凝聚力，用老百姓信得过的典型来增强说服力，真正把群众工作做得有声有色，并使做群众工作这一过程成为党员干部自己受教育、长本事的一个锻炼过程。

第四，要大力加强廉政建设。广大党员特别是党员干部要始终加强党性修养，牢固树立马克思主义的世界观、人生观、价值观和正确的权力观、地位观、利益观，常修为政之德，常思贪欲之害，常怀律己之心，始终保持自重、自省、自警、自励，切实做到慎情、慎行、慎初、慎独、慎微；要认真落实党风廉政建设责任制，严格执行廉洁从政的各项规定，坚持用制度管人、管事、管权、管钱，自觉筑牢搭好防范腐败的"堤坝"和"栏杆"。同时要努力实现监督关口前移，有效防范权力失控、决策失误、行为失范，做到防微杜渐，特别是要加大对土地开发、资金使用、人事安排等重点领域和关键环节的监督检查力度，坚决查处违法违纪案件，以反腐倡廉的实际成效取信于民，巩固和发展风清气正、人和业兴的良好局面。

四、滨海新区区委一届九次全会

2012 年 11 月 8 日至 14 日，召开了党的第十八次全国代表大会，这是在我国进入全面建成小康社会决定性阶段召开的一次十分重要的大会，是一次高举旗帜、继往开来、团结奋进的大会，对凝聚党心军心民心、推动党和国家事业发展具有十分重大的意义。2012 年 12 月 15 日至 16 日，中央召开了经济工作会议，全面分析面临的国际国内经济形势，深刻阐述经济工作必须把握好的重大问题，明确提出 2013 年经济工作的总体要求、大政方针和主要任务。为了深入贯彻党的十八大和中央经济工作会议精神、认真落实市委十届二次全会部署，滨海新区区委于 12 月 28 日召开了区委一届九次全会。全会总结了 2012 年工作，分析了面临的形势，部署了 2013 年任务，动员全区广大党员干部全力打好滨海新区开发开放攻坚战，努力成为深入贯彻落实科学发展观的排头兵。

天津市委副书记、滨海新区区委书记何立峰在全会上发表的讲话中指出，2013年是全面贯彻落实党的十八大精神的开局之年，是实施"十二五"规划承前启后的关键一年，也是滨海新区率先全面建成小康社会的重要一年。这就需要以改革创新精神推进党的建设新的伟大工程，不断提高党的建设科学化水平，为完成好明年各项任务提供坚强保证。为此，他反复强调：

第一，要提高干部队伍综合素质。着力提高政治素养、决策能力、执行能力，着力打造讲大局、想干事、会干事、干成事、不出事的干部队伍；选派优秀干部特别是年轻干部到开发开放一线、街镇社区基层锻炼，对那些开拓创新有魄力、科学发展有思路、破解难题有招法、真抓实干有成效的干部，要及时发现、大胆使用；健全有利于科学发展的目标体系、考核办法、奖惩机制，注重组织考核与社会评价相印证，增强考核的实际效用。

第二，要加强基层党组织建设。巩固扩大创先争优活动成果，把好做法好经验用制度固定下来。加强基层力量，深入推进服务型基层组织建设，推动党员服务群众经常化、常态化，努力把基层党组织建设成为推动发展、服务群众、凝聚人心、促进和谐的坚强战斗堡垒。

第三，要加强人才队伍建设。坚持党管人才，把人才资源作为第一位的资源，着眼于培养和引进更多的高层次创新创业人才和高技能人才，完善政策，优化环境，为有才干的人施展抱负创造更为广阔的空间和舞台，使新区真正成为优秀人才向往的高地。

第四，要加强党风廉政建设。提高党性修养，牢固树立正确的权力观、地位观、利益观，慎初、慎独、慎情、慎言、慎行，时刻筑牢思想防线；严格落实党风廉政建设责任制，加强对选人用人、工程建设、土地开发等关键领域的监督，继续完善和深化反腐倡廉的"筑堤行动"；要始终保持惩治腐败的高压态势，加大对违纪违法案件的查处力度，持久形成风清气正的良好环境。

第五，领导干部尤其要带头做好"四个表率"。习近平总书记在十八届一中全会上强调的"四个表率"，是对各级领导干部提出的新要求，也是各级领导干部的行动遵循。领导干部要自觉做坚定理想信念的表率，始终保持对马克思主义的坚定信仰、对中国特色社会主义的坚定信念，把坚定理想信念体现到实施落实好国家发展战略上，尽职尽责尽力为新区发展作贡献。领导干部要自觉做认真学习实践的表率，进一步加强政治理论学习和现代知识学习，不断提高综合素质和领导能力。要多深入基层开展调查研究，多向人民群众求教问计，多解决基层和群众的实际困难和问题。领导干部要自觉做坚持民主集中制的表率，坚决贯彻落实中央和市委的决策部署，坚持集体领导，严格按制度、程序和规则办事，充分发扬民主，最大限度地调动各方面的积极性和创造性，形成同心谋事、团结共事、协力干事的良好氛围。领导干部要自觉做弘扬优良作风的表率，坚决落实八项规定，切实做到为民、务实、清廉。要大力弘扬艰苦奋斗、勤俭节约的优良传统，力戒形式主义、官僚主义，以优良党风凝聚党心民心、带动政风民风。

第二节　全面推进党的建设的各项具体工作

在 2011 年度和 2012 年度，滨海新区区委的宣传、组织、纪检等各职能部门，认真贯彻落实滨海新区区委的党建工作部署，围绕滨海新区中心工作，全面加强党的思想建设、组织建设、作风建设、反腐倡廉建设，把制度建设贯穿其中，充分发挥党的政治优势和组织优势，为全力打好滨海新区开发开放攻坚战、促进滨海新区各项事业又好又快发展提供了坚强有力的政治和组织保障。

一、推进党的思想建设

在滨海新区区委宣传部的领导下，以推进学习型党组织建设的各项工作为重点，2011 年度滨海新区宣传思想文化工作高举旗帜、围绕大局、服务人民、突破创新，牢牢把握正确导向，围绕完成各项重大任务，各项工作都取得了新的进展。2012 年度又把宣传贯彻党的十八大作为工作主线，进一步强化理论武装，继续抓好学习型党组织体验中心的建设、复制和推广，深入开展主题宣传教育活动，做实"五大员助推排头兵"工程；全面推进文明创建工作，开展"天津精神"、"滨海精神"主题实践活动，健全文明城区创建机制，加强思想道德建设，不断提高城市文明程度；加大外宣力度，整合媒体资源，全天候、全媒体、全景式宣传滨海新区开发开放的最新成就；完善文化人才培养、引进、激励机制，加强基层文化队伍建设，为滨海新区文化大发展大繁荣提供了有力保证。

在理论工作方面，坚持"学习→思考→创新三位一体"创建思路，按照"理论学习形象化、马克思主义大众化、学习型党组织扁平化、中心组学习现场点评常态化、学习载体多样化"的要求，大力推进学习型党组织建设的各项工作。2011年6月10日，在杭州召开的全国学习型党组织建设工作经验交流大会上，天津市委副书记、滨海新区区委书记何立峰代表新区区委作为唯一的地方党委做典型发言，新区的经验做法得到与会的中央及省市区领导的高度赞扬。9月16日，滨海新区学习型党组织建设经验交流会暨集中创建活动动员大会召开，会议下发《关于集中开展学习型党组织创建活动的意见》，决定从2011年8月开始至2012年12月，在滨海新区各级党组织和全体党员中间，按照"学习→思考→创新三位一体"创建思路，分为团队学习、系统思考、创新行动、总结考评四个时段，用一年半的时间集中开展学习型党组织创建活动。11月23至25日，滨海新区区委宣传部举办学习型党组织建设理论与实践座谈会，中宣部、中央学习办、中国文化软实力研究中心、中央党校以及从事学习型党组织建设理论研究的有关领导和专家，部分省区市党委宣传部及学习型党组织建设先进单位的领导近百人参加会议。滨海新区区委常委、宣传部部长于景森在会议上做了题为《坚持"学习→思考→创新三位一体"，切实提高思想理论建设科学化水平》的主题发言。此外，还举办了第二届"滨海学习节"，进一步营造全民学习的良好环境，使"学习→思考→创新三位一体"理念深入人心。

在文明创建工作方面，一是完善"五大员"助推"排头兵"工程。组建"五大员"（即理论政策讲解员、十大战役服务员、社情民意通讯员、和谐社会指导员、乡风文明监督员）基层民生课堂百名讲师团，运用传统的面对面的沟通，结合互联网、手机等新媒体，根据社区居民和"十大战役"工地建设者需要，免费送教到社区和"十大战役"建设工地，主要安排历史文化、励志教育、健康保健、家庭理财、法律知识、文明礼仪、婚姻生活、心理导航、手工制作等系列讲座。2011年，"五大员"累计开展宣传活动600余次，联系居民近万户，收集整理群众意见建议3000余条，解决实际问题千余个，其中80%以上在基层得到化解，调解劳动争议1719人次，群众对"五大员"满意率99%，实现了滨海新区党委与普通群众直通车和零距离。二是突出创建全国文明城区这一核心工作，创新工作手段，深化群众性创建活动，推进未成年人思想道德建设，一些重点工作走在全市乃至全国前列。从4月份开始，历时8个多月的紧张工作，在12月20日，滨海新区区长宗国英代表滨海新区进京参加全国精神文明建设表彰大会，滨海新区被中央文明委授予全国精神文明城区提名资格，为晋级全国文明城区迈出关键性一步。同时，积极开展滨海精神主题实践活动，推动"红色歌曲大家唱、红色箴言大家读"活动，推进"和谐公交、文明出行"大讨论活动，进行全区首届道德模范评选表彰活动。经过努力，2011 年，滨海新区涌现出了一批全国文明单位、全国文明村镇和多位全国道德模范人物，产生了一批在全国有影响的品牌项目。

在网络工作方面，突出重点，舆情分析和平台建设再上新台阶。2011 年 4 月 15 日，天津市滨海新区互联网信息管理中心成立，对外加挂天津市滨海新区新闻中心的牌子。该中心负责区域内网上新闻信息的分析、对重大问题和突发事件的相关舆情进行处理，承担区域内互联网重大宣传活动的组织协调，承担区域内新闻报导及相关宣传工作。5 月 11 日，滨海新区网获批国务院新闻办公室颁发的《中华人民共和国互联网新闻信息服务许可证》，标志着滨海新区网成为国家级重点新闻网站。12 月 1 日，滨海新区政务网上线运行，搭建起新区政府、各部门利用互联网优势履行职能、面向社会提供服务的官方网络平台。此外，按照"学习→思考→创新三位一体"的总体思路设计、本着"立足滨海、辐射全国"原则建设的滨海新区学习型党组织网站，也于 6 月份正式开通运行。

二、推进党的组织建设

在滨海新区区委组织部的领导下，以领导班子建设、干部队伍建设、人才高地建设、基层党的建设为重点，2011 年度滨海新区各级组织部门紧紧围绕推进"十大战役"、打好开发开放攻坚战，扎实推进各项组织工作，为滨海新区又好又快发展提供了坚强组织保证。2012 年度又按照中央、市委部署和区委要求，扎实做好党的十八大和市第十次党代会代表的推荐提名选举工作，严把思想政治素质关，确保新区选出的代表符合要求；着眼打好攻坚战，坚持在"十大战役"一线培养锻炼干部，积极开展竞争性选拔干部工作，进一步加大"高位嫁接"驻村干部力度，深入开展实用型干部培训，进一步提高领导班子和干部队伍的干事创业能力水平；全面推进滨海新区五项重大人才工程，大力引进急需紧缺高层次人才，切实优化人才管理服务体系，进一步积聚科学发展新优势；深入开展"基层组织建设年"活动，继续抓好创先争优活动，全面推进党的组织和党的工作全覆盖，创新党员教育培训和管理服务，进一步激发了基层的生机与活力。

在领导班子建设方面，2011年滨海新区区委组织部制定了《滨海新区加强领导班子思想政治建设的意见》，推进学习型领导班子建设，提高领导干部思想素质。强化民主集中建设，教育领导干部增强团结协作和执行意识，会同纪检部门组织全区处级以上领导干部以落实执政为民要求为主题召开民主生活会。通盘考虑塘沽、汉沽、大港以及功能区和国有企业领导班子建设需要，积极协助市委组织部选拔配备33名局级干部。着眼增强功能、优化结构，调整充实滨海新区区级机关工作部门、人民团体和区属单位领导班子34个，选配领导班子副职16名，处室处级干部290名。指导完成镇领导班子换届，全区7个镇领导班子配齐35岁以下党政正职、女党政正职和35岁以下党政副职。

在干部队伍建设方面，一是加大干部教育培训力度。2011年滨海新区全区各单位举办各类培训班380多个，知识讲座630多场，培训16.5万人。滨海新区干部实训讲堂开设招商引资、新兴产业、社会管理、环境保护、现代物流等30个专题，培训一线干部3200多人次。对接产业发展需要，策划实施财务金融管理、低碳循环经济与绿色环保城市建设、旅游会展产业发展、科技型中小企业孵化平台建设等12个境内外专题研修班。全面推行干部自主选学，举办56场新知识讲座，培训局处级干部7100人次。推行"行动解题式"培训，遴选实施5个项目。举办2期国际商务英语强化班。规范滨海新区全区干部调训工作程序，组织选派301名局处级干部参加中央和市级部门举办的各类培训项目，指导滨海新区区委党校承办新任处级领导干部培训班等11个班次，培训塘沽、汉沽、大港三个工委党校调训处科级干部5600多人次。推进培训管理创新，升级滨海新区干部教育培训网，完善培训学时即时登记系统，重新开发干部教育培训师资库和机构库，建立培训工作函件快递系统和手机短信平台。二是加大竞争性选拔干部力度。2011年滨海新区区委组织部制定《滨海新区竞争性选拔干部工作实施意见》，采取多种方式大力推进，全区处级干部竞争性选拔比率达65%，初步实现常态化。统筹确定区级机关、功能区和国有企事业单位76个处级领导职位向全国全市公开选拔，录用50名优秀干部，人民日报、新华网等媒体多次报道，国内外47万多人点击滨海新区公选网，有力调动干部积极性、提升新区影响力。区级机关处级干部选配中积极推行差额提名、差额推荐、差额考察、差额决定，形成竞争择优、优中选强的良好机制。城区和功能区全面推行科级领导干部竞争上岗，多个单位开展处级干部竞争上岗，促进优秀干部脱颖而出。三是加大干部考核监督力度。2011年滨海新区区委组织部制定《滨海新区党政机关、国有企业、领导班子和领导干部绩效考核评价办法》，组织完成全区 420 多个领导班子、2400 多名处级干部年度考核。认真落实干部监督各项制度，建立联络员制度和沟通协调机制，组织全区局处级以上干部向党组织报告个人重大事项。推广和延伸使用"干部选拔任用工作纪实监督系统"，认真做好信访举报受理查核工作，干部群众对干部选拔任用工作的满意度进一步提升。抓好换届纪律教育，全区干部群众对换届纪律知晓率 100%，镇领导班子换届实现零投诉、零上访、零违纪。

在人才高地建设方面，2011 年滨海新区区委组织部制定《滨海新区创新人才管理服务体系实施方案》，确定 56 项重点任务和 30 个牵头单位，建立人才工作目标责任制。加快人才政策创新，研究制定创新创业领军人才引进、高层次人才补充医疗保险、高层次卫生人才引进等多个文件。投入 3.3 亿元全面推进 5项重大人才工程，带动引进培养各类高端人才 120 多名、高级专业技术人员和管理人才 2600 多名、高层次从业人员 1.5 万多名，其中 41 名海外高层次人才入选国家和天津市"千人计划"，占全市增量的 45%。采取"人才+项目"培养模式，全区培养 150 多名研发负责人，新增各类科技人员 5000 人，引进培养技能人才 4 万多人次，培训农业技术员 1.1 万人次。滨海新区人才发展基金审核资助 31 个优质项目，科学技术奖、文化创意产业领军人物等 5 个人才奖项共评选表彰 502 人。开展滨海新区人才资源统计和"十大战役"人才状况调查，建立滨海新区高级人才库，全区各级领导干部走访慰问高层次人才 650 多人次。

在基层党的建设方面，2011 年滨海新区区委组织部坚持干什么就争什么创什么，扎实推进创新争优活动，切实加强基层党的建设。统筹推进基层党建工作制度建设，分别出台加强国有企业、农村、街道社区、非公企业和新社会组织、机关事业单位党建工作的实施意见；建立健全滨海新区村级组织运转经费保障制度，全区在职和离任村干部补贴纳入各级财政预算；建立城乡党的基层组织互帮互助机制，启动部署结对帮扶活动；印发《基层党组织》工作手册》5000 多册，规范基层党组织日常活动。推进党的组织和党的工作全覆盖工程，组建非公有制经济组织和新社会组织工委，党组织在非公企业、新社会组织和重大项目覆盖率 100%。加强机关党建，健全中新生态城、临港经济区、中心商务区等 8 个功能区机关党组织。深入推进党员教育"千百万"工程，全区培训党员 6 万多人次，发展党员 1855 名，11 个党员服务中心（站）被评为市级示范点。各级党组织慰问困难党员和老党员 7151 人次，发放慰问款物近 300

万元。在本年度，中央创先争优活动简报先后 3 期刊发滨海新区康翠社区、胜利街、区行政服务中心的经验做法，市委领导也对此做出批示；结合纪念建党 90 周年，全区基层党组织评选表彰 958 个先进集体和个人，区委隆重表彰"滨海新区十大时代先锋"和 281 个先进基层党组织、优秀共产党员、优秀党务工作者，其中 48 个被评为市级先进和优秀，新港街道工委和天地伟业公司党委被评为全国先进基层党组织。

三、推进党的作风建设和反腐倡廉建设

在滨海新区纪委的领导下，以深化拓展"筑堤行动"、推进惩治和预防腐败体系建设、加强行政监察为重点，2011 年度新区各级纪检监察部门以改革创新精神，扎实推进党风廉政建设和反腐败斗争，党的作风建设和反腐倡廉建设取得新进展新成效，为滨海新区开发开放提供了有力保证。2012 年度又按照中纪委、市委、市纪委和区委的相关部署，围绕中心、服务大局，坚持标本兼治、综合治理、惩防并举、注重预防的方针，不断深化拓展以"筑堤行动"为创新载体的滨海新区板块反腐倡廉建设，努力从源头上预防腐败，有力促进和保障了新区经济社会又好又快发展。

在深化拓展"筑堤行动"方面，2011 年 3 月 25 日，滨海新区区委下发《关于转发<关于深化拓展"筑堤行动"推进滨海新区反腐倡廉建设的实施办法>的通知》，决定在滨海新区继续深化拓展反腐倡廉"筑堤行动"，在巩固深化原有健全土地交易管理、财政资金监管、公共资源配置、国有企业反腐倡廉、党风廉政宣传教育"五项机制"的基础上，进一步拓展创建工程建设项目廉政保障、电子监察网络监管、行政执行力监督、政风行风标准化建设"四项机制"。为此，滨海新区纪委于 3 月底至 4 月初，相继召开了工程建设、国有企业、农村党风廉政建设等板块工作会议，对"筑堤行动"工作任务进行部署，成立了 9 个工作推动组，通过建立工作台账，实施任务分解，加强协调推进，落实督办通报等手段，形成了全区上下联动、齐心协力共筑防腐堤坝的合力。全年，滨海新区板块共推动建立健全各类制度 370 余项，创新再造业务流程 60 余项。2 月 10 日和 7 月 30 日，《中国纪检监察报》分别以"筑牢防腐堤坝"和"让廉洁在土地中生根"为题，两次刊发文章，介绍了滨海新区"筑堤行动"和创新土地管理取得的经验成果。12 月 16 日，市纪委书记臧献甫带队，市纪委领导班子成员、全市各区县纪委书记、各派驻机构纪检组组长等 90 余人参加，到滨海新区

"筑堤行动"板块进行现场观摩交流会，查看重大工程项目保廉机制建设和深化行政审批制度改革情况，听取滨海新区纪委工作汇报。臧献甫对滨海新区 2011年深化拓展"筑堤行动"给予充分肯定，要求滨海新区各级纪检监察部门继续解放思想，不断开拓创新，在党风廉政建设和反腐败斗争中当好排头兵。

在推进惩治和预防腐败体系建设方面，滨海新区区委印发了《2012 年底前落实中央<工作规划>和市委<实施办法>推进惩治和预防腐败体系建设工作意见》，滨海新区纪委印发了《2012 年底前落实中央<工作规划>和市委<实施办法>推进惩治和预防腐败体系建设分工方案》，对滨海新区行政规划调整后惩防体系建设提出了新要求，对推进滨海新区惩治和预防腐败体系建设进行规范和提升。2011 年，滨海新区区委、区政府以及全区各级党组织和纪检监察组织，狠抓《工作规划》各项任务落实，积极构建有滨海新区特色的惩治和预防腐败体系框架，全区惩防体系建设呈现出科学谋划、统筹安排、系统推进、协调发展的良好局面。中央和天津市惩防体系建设检查组对滨海新区推进惩防体系建设给予了充分肯定。

在加强行政监察方面，一是加大对"调结构、增活力、上水平"活动的督查力度。发挥牵头督查职能作用，协调相关部门制定《督查工作方案》，建立 4个督查小组，明确督查职责分工，及时召开督查工作会议，深入 16 个部门和功能区开展督查工作，编发 8 期《督查简报》，推进"调结构、增活力、上水平"活动深入开展。二是加大对市容环境综合治理工程的监察监督力度。召开市容环境综合整治监察监督暨招标培训工作会议，下发《天津市工程建设廉政风险防控手册》和《滨海新区贯彻落实<天津市工程建设廉政风险防控实施意见>（实行）任务分解方案》，提出市容整治项目严格公开招标的要求，推动招标代理公司草拟了《关于规范滨海新区市容环境综合整治项目招标评标的实施办法》。会同财政、审计等部门，加强对整治方案论证、招标投标过程、工程量核算、资金管理使用等关节点的监督检查，确保整治工作优质高效廉洁推进。三是加大对政府保障性住房建设的监督力度。推动有关部门完善监管制度，制定《滨海新区定制商品住房建设与管理办法》、《滨海新区保障性住房建设与管理的纪律规定》。推动建设、安监等部门加强监管、认真履职，完善监管网络，充分利用房管、民政、劳动三网，促进保障性住房的公平销售。四是加大对工程建设领域突出问题专项治理的力度。2011 年全年共召开 7 次工作推动会议，开展责任部门向区政府递交责任状、重点部门递交承诺书、聘请专家讲解招投标问题整改办法等活动，推动各部门认真开展整改工作。按照中央《工程建设领域项目信息公开和诚信体系建设工作实施意见》和天津市有关要求，成立滨海新区项目信息公开和诚信体系建设工作领导小组，推动滨海新区工程建设领域项目信息公开平台建设，完成网页开通、数据录入等任务，工作成效名列全市前茅。

总之，在 2011 年度和 2012 年度，天津滨海新区区委认真学习贯彻中央的重要精神和天津市委的决策部署，在始终坚持集体领导中，深刻领会中央和天津市委对滨海新区提出的一系列工作要求，切实加强党的建设，在执行层面上把党的政治优势和组织优势，转化为推动滨海新区又好又快发展的强大力量，保持和发展了滨海新区在贯彻落实科学发展观中的排头兵地位，使滨海新区各项工作又迈上了一个新的台阶。

参考文献：

[1] 滨海新区人民政府. 滨海新区年鉴 2012 [M]. 天津：天津社会科学院出版社，2012.

[2] 何立峰：在中共滨海新区区委一届九次全会上的讲话 [N]. 滨海时报，2013-1-1.

第十二章　社会管理综合报告

第一节　滨海新区社会管理：现实背景

一、滨海新区社会管理背景

随着时代的发展和对外开放步伐的不断加快，滨海新区社会建设任务日益繁重，然而社会矛盾也在不断增多，社会管理面临前所未有的挑战。同时，随着新区开发开放步伐的加快，人口聚集效应日益明显，社会管理面临着更高的要求。如何最大限度地化消极因素为积极因素，如何预防和解决群体利益冲突，已然成为社会管理面临的重要课题。为此要求新区必须有效化解影响社会和谐稳定的根本性、基础性因素，进一步创新社会管理工作模式，建立长效机制，完善政策体系，全面加强和创新社会管理，提高新区社会管理的科学化水平。

二、滨海新区社会管理工作面临的问题

1. 城市化快速推进与滞后的社会管理之间出现脱节

新区城市化的快速发展和农村社会管理面临的新形势给政府提出了许多新的课题。一是城市因失业，下岗，患病，残疾，孤寡产生的弱势群体伴随城市化的推进而形成一定的规模，他们生活在卫生条件差、缺乏市政基础设施、公共服务匮乏、社会管理薄弱的城中村老旧小区或平房区；二是城市化过程中，特别是在旧城区改造中，旧的利益格局被打破，涉及众多利益调整及原居民的安置补偿等问题，容易导致矛盾和纠纷；三是大量的农村精英流向城市，导致部分农村基层组织遇到了前所未有的困难；四是城市化快速发展吸引了越来越

多外来人口涌入城市，由于城市社区内部人员相对陌生，社区居民普遍缺乏相互来往、沟通的顺畅渠道，加之缺乏有效的方法和解决途径，基层社会管理力量薄弱，常常出现不同的利益群体之间的矛盾纠纷。因此，必须创新和改进社会管理模式与管理方法，及时提供社会保障、流动人口管理等社会政策，推进社会建设，加强农村基层社会管理，发现和解决社会矛盾，努力创造城乡和谐的社会环境，以适应快速城市化的需要。

2. 收入差距扩大加深社会分化

首先，社会阶层相对固化或流动性差的格局逐渐形成，贫困与富裕阶层的社会等级差别出现了代际传递的趋势；其次，贫富差别、城乡差别、行业差别、地区差别持续拉大，不同阶层之间的矛盾不断激化；再次，收入分配秩序混乱使群众对现有社会阶层的认可程度进一步降低。上层精英群体所拥有的财富和声望的合法性或正当性收到了人们的质疑。因此，如何更好地控制不断扩大的收入差距，处理好不同社会阶层之间的矛盾及利益关系，重建社会阶层之间的认同度，促进不同阶层间的社会融合，促进不同阶层间信任和团结，在这几方面，新区的社会管理工作也面临着新的挑战。

3. 社会结构调整滞后于经济结构

经济结构和社会结构是一个国家和地区的两个最基本结构[①]。滨海新区经济和社会发展的一些重要指标显示，目前的经济结构已进入工业化中期阶段，经济结构的一些指标甚至已经进入工业化后期阶段，但大多社会结构指标严重落后于经济结构调整和转型，多数社会结构指标仍处于工业化的初期阶段。社会结构滞后引致的直接后果是社会管理水平滞后于经济结构的发展。因此，如何应对经济社会多元化发展的局面，加快新区社会结构的调整，提高社会安全保障水平，促进经济和社会协调发展，就成为社会管理工作的一个新领域，也成为必须破解的一大难题。

4. 高社会流动性引发的高社会风险

事实表明，社会资源的大规模流动，如人、财、物、信息等的大规模流动，都会蕴藏着巨大的风险，同时，也会诱发或强化其他原因引发的各种社会风险。滨海新区目前正在从一个低社会流动性的地区向高社会流动性的地区过渡，环境污染和生态破坏等自然环境变化以及社会结构的变化，都会由于社会流动性

---

① 经济结构是观察、认识一个国家和地区经济状况和发展水平的重要维度；社会结构是观察分析一个国家和地区社会状况、社会发展水平的重要维度。

的增强而被强化。因此，如何更好地理解和把握社会的高流动性规律，更全面地了解和控制现代社会的风险，建立适应性更强，更灵活的动态社会管理模式，是现代社会管理工作面临的严峻挑战。

第二节　滨海新区社会管理的主要目标与工作任务

一、滨海新区社会管理的主要目标

1. 维护新区社会的和谐稳定

大力发扬社会主义民主，完善民主运行机制，建立利益表达机制，引导群众以理性、合法的形式表达利益要求，解决利益矛盾，保持社会的和谐稳定。要建立以利益调节为核心的社会整合机制，建立规范的协商和对话机制，使民众的利益诉求能够得到良好表达；同时使具体的操作体系完善并公正。确保民主执政程序的公正性和公平正义性，依靠民主促进社会的公平、和谐。要根据社会发展变化及时调整政策，必要时进行规则重构，进行社会整合和社会调节时要综合利用税收、财政、福利、救助、保障等政策工具，以达到社会整合和社会调节的有效性。当前一个突出的问题是强势群体和弱势群体之间的权利和利益严重失衡，必须要加以解决，为此，制定社会政策时，要加强对弱势群体的权利保障，要更多地照顾到弱势群体的利益，并给予他们更多的扶持和帮助。

2. 提高新区人民生活质量

（1）实现城镇居民收入的稳定持续增长。改进和完善居民的收入增长机制，实现居民收入与经济效益相关联，提高企业工资指导线，进一步完善最低工资制度，在保证提高工作效益的基础上，逐步提高最低工资标准和离退休人员待遇。积极扩大就业，加快发展有利于吸纳劳动力就业的劳动密集型产业、服务业和各种所有制形式的中小企业；规范劳动力市场秩序，鼓励劳动者自主创业和自营就业，促进各种形式的就业，增加城镇居民收入。适时提高城镇居民最低生活保障标准，并积极支持弱势群体摆脱贫困，完善最低生活保障制度，继续完善和规范职工工资制度。

（2）健全收入分配调节机制。努力提高低收入者收入水平，提高中等收入者比重，有效调节过高收入，重点调节社会成员收入分配差距不断扩大的趋势，促进社会公平，实现民众共同富裕。严格治理不合理收入，依法打击、惩处非法收入，努力实现规范的个人收入分配秩序。加大监察力度，确保最低工资制度得到有效执行，严厉惩处拖欠、克扣工资等侵害职工利益的行为。制定和完善以加强城市低收入组为导向的市场经济减贫机制，要认真解决好低收入人群子女就学困难、医疗保健等方面的问题。加强个人所得税征管。坚持完善以按劳分配为主体，多种分配方式并存的分配制度，鼓励劳动、资本等生产要素按贡献参与分配。

（3）渠道促进农民增收。加快农业结构调整，拓展农业功能，使农民获得更多的收益。鼓励发展专用粮食、蔬菜、水果、畜牧业和水产养殖等高附加值产业，促进农产品的升级换代，提高产品附加值。加快建设特色产业基地，做大做强龙头企业，完善营销网络，提升农业产业化经营水平，增加农民收入。培育大型特色产业集群，促进农村分散生产向特色产业和城市聚集，增加农村的就业空间和增收渠道。积极探索乡镇行政改革，治理乱收费，减轻农民负担。加快农村富余劳动力向城镇转移，增加农民家庭的工资收入。

3. 构建良好的新区社会发展基础

社会基础涉及方方面面，本报告重点强调体制与人才两方面，具体来讲：创新体制机制加快突破制约创新发展的体制机制瓶颈。

健全政策法规体系，加强制度保障，提高科技管理效率和水平，鼓励科技成果转化，鼓励自主创新，提高自主创新能力。建立产业技术创新战略联盟，实现企业联合开发、优势互补、利益共享、风险共担，提升产业核心竞争力。大力推动金融创新，强化各种融资渠道相互关联，建设多层次、多元化融资体系，以适应创新型新区建设。

建立促进地区的经济和社会发展的创新机制，建立以企业为主体，行业为后盾的人员招聘机制，完善政府宏观管理，实现市场有效配置，单位自主用人，人员自主择业。拓宽人才评价渠道，优化人才评价方式，建立以岗位责任为基础，结合品德，能力和业绩等指标，建立科学的人才、发现评价机制。优化各类人才筛选方式，科学合理使用人才，促进人和岗位的匹配，创造有利于各类人才脱颖而出、人尽其才的选拔和任用机制。完善人才市场体系建设，完善市场服务，畅通人才流通渠道。实现物质和精神奖励的结合，短期和长期奖励统一，建设有助于保护当事人的合法权利和利益的人才激励保障机制。

二、滨海新区当前加强社会管理的主要任务

1. 充分发挥社会组织在社会管理中的作用

第一，建立社区治理新机制，打牢社区自治基础。以社区党组织领导为核心，强化居委会作用，建立议事会，完善社区居民代表大会，持续完善社区自治组织体系。动员社会各方面力量，建立社区群众性自治组织，如文明宣传队伍、社区社工服务队伍、社区志愿者服务队伍、社区治安联防队伍、社区城管队伍、社区矛盾调解队伍，使社会管理服务活动内容更加广泛，形式更加多样，尽可能实现社区自我管理和自我服务，着力提高社区居民自治能力。积极培育和发展社区公益性活动，推进社会组织参与社区管理服务工作，逐步实现党组织领导下的社区治理，使社会组织的参与更广泛、监督更有力、决策更民主、管理更有序。

第二，推进单元化管理，实现社区管理服务精细化、专业化。镇（街道）可将辖区划分为若干个大单元，称为一级单元，社区再根据所辖范围内的居民小组、小区、院落、集中居住区等情况，将社区划分为若干个小单元，称为二级单元，居民小组、集中居住区等根据实际情况将院落、楼栋等划分为若干单元(三级单元)，镇、社区、小组三级将社区事务逐项分解到各个单元，将工作责任下沉到单元，按工作需要将镇（街道）、村（社区）、社干部、大学生志愿者等人员落实到单元中，成为单元管理服务人员，分单元包干，负责单元内的各类社会管理和公共服务工作，构建精细化、专业化和单元化管理服务机制。[①]

第三，提升社区综合服务水平，实现社区居民综合服务机制标准化、规范化。规范完善镇（街道）市民服务中心的工作服务流程，同时，积极推进社区一级居民综合服务站建设，在综合服务站设立司法、综治、调解、维稳、医疗、社保、教育、民政等社会管理和公共服务事项服务，同时，引进邮政、便民超市等生活服务项目，最大化实现综合服务站的公共服务与生活服务功能，打造社区群众"15 分钟生活服务圈"；在综合服务站，让社区居民能享受方便、快捷、全方位的服务。对于社区干部力量不足的问题，可以尝试建立社区干部、社区工作者、社工、义工和志愿者合力，共同参与的社区管理机制。

第四，完善社区管理工作机制。成立党组织的领导下，各方力量协调运行

---

① 新都镇. 社区社会管理体制机制创新工作试点方案 [EB/OL]. 成都市政府信息公开. http://www.chengdu.gov.cn/GovInfoOpens2/detail_allpurpose.jsp?id=MFPP6N3bcam4Kajna82G , 2012.

的机制，即社区委员会，社区居委会和社区综合服务站，以及其他社会组织密切协调的机制；加强社区劳动就业培训，积极推进社区的社会保险工作，建立健全社区就业和社会保障管理机制；推进社区宣传教育机制建设，更好地推进社区管理工作宣传教育；采取部门联动等措施，加大综合整治力度，切实解决治安问题和脏乱差问题；建立社区综合整治机制，尊重居民的主导地位，充分、灵活运用公共服务专项资金，以解决如公共设施配套等群众关心的热点和难点问题；建立特殊人群管理服务机制，充分发挥社会福利和志愿者队伍等社会组织在社会管理服务中的重要作用，为老人、弱势群体、残疾人和其他弱势群体、外来人口、社会团体和其他被边缘化的群体解决困难；完善小区物业管理，实现小区物业管理全覆盖，指导成立业主委员会，建立并逐步完善物业管理公司服务水平、服务质量的考核管理机制；充分发挥政府、市场、社会和群众自身的积极性，形成推进社会管理和公共服务工作的整体合力，充分激发政府、市场、社会和人民群众自身的主动性，促进社会管理和公共服务工作，建立责权统一，来源广泛的经费投入机制。

以上是对于社会管理体制机制创新的若干思路；以下是对发挥社会组织在社会管理中的作用的若干工作思路：

第一，整合社会资源，促进社会资源的有效配置。社会组织作为政府和市场的中间环节，可在配置社会资源，提高生产力水平，推进国民经济持续健康快速发展等领域发挥有益作用。第二，提供和完善社会公共服务。政府应鼓励社会组织从事各种社会服务活动以及社会公益事业，辅助解决部分社会问题，特别是一些边缘性问题，利于经济社会发展的成果能够惠及最广大人民群众。第三，发挥社会组织在提供社会服务、参与社会治理领域的作用。政府积极鼓励社会组织从事各项社会服务活动和社会公益事业，建立行政管理与社会自治相互关联、政府工作与社会工作相互补充、政府力量与社会资源相互配合的有效机制，解决多领域的社会问题。第四，发挥政府与社会、各社会阶层间实现有效沟通的桥梁和纽带作用。政府充分利用社会组织这一沟通渠道，让群众和社会组织与社会管理者间有更多、更广、更直接的交流。第五，维护社会安全稳定。社会组织在社会管理中起着调节社会矛盾的"安全阀"作用，可以早觉察，早处置，在第一时间发出信号；在发生社会冲突以后，社会组织又可以成为化解矛盾的"润滑剂"、"稀释剂"。第六，推动文化发展、促进社会和谐。社会组织通常把社会效益摆在首位，政府应鼓励社会组织提供丰富多彩、贴近百姓生活、有正能量的文化产品和文化服务，满足人民群众日益增长的精神文化需求。第七，可以反映群众诉求、协调各方利益关系。社会组织可以收集不同阶层的合理意见和建议，在国家与广大人民群众间搭建一个中介渠道，成为党和政府与广大人民群众之间的重要联系纽带，促进政府行政管理与社区群众自治的衔接。

2. 推动新区民生事业发展

（1）健全公共卫生服务体系。加强卫生人员队伍建设，认真落实基本药物制度，进一步解决群众"看病难"，"看病贵"的问题。加强食品和药品安全监管工作，努力保障人民群众饮食用药安全。

（2）完善社会保障体系。完善社会保险制度，扩大城镇和农村社会养老保险覆盖面，推进农村新农保，新农合基本全覆盖，进一步完善被征地农民的社会保障体系建设，促进社会保障一体化信息平台建设，扩大新区的社会保险全面覆盖面。进一步完善社会救助体系，鼓励社会力量参与慈善事业，进一步扩大救助覆盖范围。提高城乡低保对象，逐步提高农村五保对象和其他困难弱势群体的基本保障水平，使其基本生活标准随经济增长水平逐步得到提高。进一步完善住房保障体系，加大保障性住房建设，努力解决城镇中低收入家庭的住房问题。加快养老服务体系建设，建设一批社会福利中心，鼓励支持社会力量建立养老机构，健全高龄补贴制度，逐步提高老年人的生活质量。加大对残疾人事业的投入，完善残疾人保障和服务体系建设。

（3）推进发展文化体育事业。继续推进文化体制改革，扶持、鼓励公益性文化事业，发展文化产业，鼓励文化创新，创造有利条件，抓好文化事业质量、人才建设，以期达到良好的效果。继续发展公益性文化事业，并将其作为保障人民群众的基本文化权益的主要途径，加大投入，加强社区和乡村文化设施。重视城乡、区域文化发展，着重强化文化产品，尤其是文化精品建设，努力提升农村地区，农民工精神文化生活。强化网络文化建设和管理，营造一个良好的网络环境。开展群众性精神文明建设，形成两性平等、尊老爱幼、见义勇为的良好社会风气。

（4）大力发展教育事业。加强教育基础设施建设，继续实施中小学学校寄宿制，改善薄弱学校，持续推进标准化学校建设和学校信息化建设项目。保持教育投入的稳定增长，整合教育资源，提高教育质量，加强职业教育，促进高中教育的发展，促进学前教育及其教育质量的均衡发展。

（5）提升人民群众的安全感和满意度。坚持以社会管理创新为切入点，全面推行社会稳定风险评估，要考虑到重大决策、重大项目的实施，可能会影响社会的稳定。强化综合治安治理，努力争取治安案件和刑事案件发案率不断降低，有效地提高人们的安全感和满意度。强化对特殊社会弱势群体的关心帮助和救援工作，维护社会和谐。加强排查安全生产隐患，确保人民群众生命和财产安全。加强建设社会服务、社会运行、社会治理层面的管理创新体系，针对矛盾比较集中的领域，如食品安全、环境保护、征地拆迁、企业用工、教育卫生等，健全相关的应对机制，如应急管理机制、公共安全管理机制、诉求表达机制、矛盾排查和预警机制、矛盾调处机制等。确保信访渠道畅通，做到一有苗头，及时发现，在早期就化解矛盾，强化舆论引导，尽早、主动控制事态，确保社会稳定有序、健康运行。

（6）大力改善农村生产生活条件。坚持以建设"生态文明家园"为目标，努力改善农村生产和生活环境，以及农村的基本公共服务和保障水平。进一步推进城乡一体化建设，实现建设规划城乡统筹，促进基础设施投资向农村倾斜，推进公共服务和保障体系覆盖至农村。以推进城镇化为契机，带动新农村建设，实现人口向新区集中、城镇居住不断走向社区化，土地由分散经营向适度规模经营转化，推进新农村建设不断向更高层次发展。鼓励和支持村集体搞活资源开发，提升资产管理和为农服务水平，促进集体经济增长。鼓励并支持加强村级公共服务中心建设，强化社区商业，农产品营销，农资配送，网络信息和咨询服务职能建设，提高村级综合服务能力。完善农村基础设施建设，进一步改善农村生产生活条件。

（7）大力推进宜居环境建设。树立生态文明理念，始终坚持环境优先的原则，推进资源节约型和环境友好型城市建设，积极探索发展空间，不断优化生活空间，实现"经济增长、生活富裕、环境良好的可持续发展道路。促进节能技术推广，鼓励发展低碳经济，循环经济，提高资源利用率。严格项目审批控制，通过基础设施建设支持，严格日常监督，严格落实环保目标责任制，有效降低能源消耗，减少污染排放。加大环境污染综合整治力度，建设天更蓝、水更清、山更绿的生态宜居环境。

3. 加强社区社会管理体系建设

强街强镇的建设离不开社区社会管理体系建设，应从以下几方面着手[①]：

（1）实现社区管理民主化。进一步完善以社区组织为核心，以社区居委会为主体，社区中介组织为辅助的社区组织。有效发挥社区组织作用，保证社区居民知情权、选择权、参与权和监督权，实现自己的事情自己商议，自己解决，促进社区建设民主化。做到社区事务透明、公开，通过各种形式将与居民密切相关的事项，如社区的财务以及其他事务，都要通过各种形式在社区公开，同时，要强化社区成员对社区事务和基层政府工作的有效监督。

（2）建设诚信文明型社区。加强社区思想文化建设，利用街道文化站、社区活动室、社区广场等文化设施，开展丰富、健康的文化、科普、教育、娱乐等活动。大力宣传和实践爱国守法、明礼诚信、团结友爱、勤俭自强、敬业奉献的公民基本道德规范，通过开展"讲文明、树新风"，"创建五好家庭"，"倡导文明新风、共建美好家园"等各种精神文明创建活动，加强对社区成员的思想政治教育和科学文化教育，形成健康向上、文明和谐的社区文化氛围。

（3）构建平安温馨型社区。开展建设"文明小区"活动，建立社区群防群治体系，完善社会治安综合治理工作。法制教育开展要实现广泛性、经常性、群众性，对刑满释放、劳教解除人员要做好安置工作，对流动人口要落实好管理，充分发挥社区调委会作用，搞好群众调解工作，尽早消除各种不稳定因素。充分发挥社区单位组织的作用，如保卫组织或保安人员的作用，将综合治理工作延伸到社区内所有单位、所有角落，实现社区秩序井然，增强社区居民的归属感、认同感和安全感。

第三节　滨海新区社会管理创新的工作思路

一、建立健全新区社会管理的行动体系

1. 创新矛盾纠纷调解体系

宏观方面，建设从上到下的调解工作网络，设立专门机构、专人负责、划

---

① 马世忠. 创新社区管理　构建和谐社区[EB/OL].，新浪网（新闻中心）. http://news.sina.com.cn/o/2005-12-06/05447629826s.shtml, 2005.

拨专项经费，形成政府统一领导、职能部门相互配合、社会各方共同参与的矛盾纠纷协调网。中观方面，要运用政治、经济、行政、法律等多方力量对社会矛盾纠纷进行综合性调解。微观方面，新区政府带头，区、镇政府主抓，社区、村级落实，抓好集矛盾纠纷排查、调解处置工作，做到提前预防、及时发现、及时化解。

2. 创新社区服务管理体系

近年来，伴随城市化的加快发展，社区成员外来流动人口增加，社区成员矛盾增多，社会管理面临越来越多的新挑战。为此，要探索与此相适应的管理服务方法和思路，把社区当作社会管理、社会服务、维护社会稳定的综合平台。在组织体系上，以社区党组织为核心、居委会为主体、社区群团组织为辅助，形成综合治理、纠纷调处、信息收集、社区警务、治安防范集多项功能于一体的社区管理新格局。在工作导向上，推进利益调节、矛盾纠纷调节、治安防控、信息收集工作机制建设，运用综合手段加强新型社区管理。

3. 创新社会管理队伍体系

一要抓好政法队伍建设，大力搞好廉洁执法工程建设，提升政法队伍的公正廉洁和执法能力。二要抓好社会专业队伍培育。政府提供一定的资金支持，进而利用各方社会资源，凝聚多方社会力量，建设与区域社会管理相匹配的专业队伍，如专业社工、专职巡防、专业监控、专职保安等队伍，形成政法力量与社会专（兼）职力量相互配合的社会管理队伍建设格局。[1]

二、开展有针对性的社区管理

开展有针对性的社区管理，应做到以下几点：[2]第一，进一步加强党的领导，强化政府社会管理职能，引导各类社会组织履行好服务职责，鼓励社会团体参与社会管理和公共服务。第二，进一步加强流动人口和特殊人群管理，建立覆盖全国的人口基础信息库，健全人口动态管理机制，完善特殊人群管理。第三，进一步加强公共安全体系建设，健全食品药品安全监管机制，建立健全

---

① 中央政法委调研组. 创新社会管理体系提高社会管理科学化水平——南通市创新社会管理体系的实践 [J]. 求是，2011.

② 可参考中国共产党第十七次全国代表大会报告 2011 年 2 月 19 日中共中央总书记、国家主席、中央军委主席胡锦涛同志在中央党校省级主要领导干部社会管理及其创新专题研讨班开班式上发表重要讲话。胡锦涛就当前要重点抓好的工作提出 8 点意见。

安全生产监管体制，完善社会治安防控体系，完善应急管理体制。

三、健全社会管理基本体制

1. 强化政府社会管理和公共服务职责

抓好关乎民生的制度性安排。低保制度和养老保险要实现城乡应保尽保；就业格局实现城乡一体化；住房保障体系实现多层次保障；继续推进教育、文化、卫生等社会事业改革；完善基本公共服务体系。健全群众权益维护机制，对群众的诉求及时解决、及时反馈。在全区和各城镇推行单元格管理模式，乡村推行社区化管理模式，建立起集人、地、组织多元因素于一体的社会管理新模式。

2. 发挥社会力量参与社会管理

将各类社会组织服务管理纳入党和政府主导的社会管理体系。政府购买服务、搭建社会组织孵化器，鼓励服务性、公益性、互助性社会组织参与社会服务，实现政府职能转变。建立健全劳动纠纷调解机制，强化各类组织和企业的社会职责，引导企业构建和谐劳动关系。

3. 动员群众参与社会管理

搭建全民参与实务社会管理平台，鼓励群众参与，实现志愿者服务长效化、规范化、专业化。进一步强化社区居民自治和村民自治，鼓励群众参与社会管理，强化社会管理的群众基础。大力推进基层党团组织贴近群众的暖民心工作，传递党和政府对基层群众的关心，使群切实众享受创新社会管理带来的效益。[①]

四、完善和优化新区社会管理的运行机制

1. 强化源头治理机制

强化预防工作。一是保障和改善民生，实现居民收入与经济增长同步增长，缩小城乡差距和贫富差距，改善生活环境，实现基本公共服务体系覆盖城乡居民。二是完善维护社会公平正义的制度保障体系。实现各利益主体机会均等、公开透明，维护群众合法权益。三要完善科学规划决策机制，实现群众参与、专家咨询和政府决策相结合，提高政府执政能力和公信力。四是完善社会矛盾预警机制。做好信息的收集和分析工作，及时处理潜在的各类矛盾。五是法治

---

① 中共北京市委人民政府. 完善社会管理格局建设中国特色首都特点的社会管理体系 [EB/OL]. 中国日报网. http://www.chinadaily.com.cn/hqgj/jryw/2011-09-30/content_3948062.html，2011.

与德治两手抓。引导公民理性、依法反映诉求，利用法治解决社会矛盾和社会冲突，并使法治解决手段长效化。同时，加强思想道德建设，提升公民的文明素养。

2. 完善利益协调机制

一是把新区政府的一部分行政职能延伸到乡镇、街道、社区，使政府和群众之间实现有效联通，建立渠道畅通的服务群众机制，通过沟通、协商等人性化的手段解决矛盾。二是建立纵横交叉的利益协调机制，使一系列不同机制相互配合发挥作用，如利益分配机制、利益约束机制、利益表达机制等配合发挥作用。以公平、公正、透明、有序的手段处理群众利益问题，确保群众利益不受侵犯，促进社会公平正义，让各利益主体乐于参与。

3. 完善公民诉求表达机制

一是以党委领导为核心，发挥人大、政协参政议政功能，实现各阶层的利益表达。二是发挥非政府组织、群团组织、行业协会、社区组织等社会团体的作用，及时协调与化解群众利益诉求，使一部分矛盾纠纷在进入司法程序之前便得到调解或者化解，把矛盾解决在基层。三是要建立人民代表大会、社会组织、个人等多方力量参与的利益表达模式，引导群众理性、合法的表达利益诉求。另外，以广播、网络等媒介为平台，为群众提供表达诉求、反映民意的窗口。①

第四节　不同类型社区开展社会管理工作的经验与启示

一、"一二二三"泰达社区治理模式（泰达康翠社区）

1. 模式解读

"一"是指突出党建核心，把握社区发展的主要方向。树立党支部在"社区共同体"中的威信，处理好党支部与居委会等各方的关系。

---

① 刘菲，翟丽艳，宁强. 推动社会管理机制创新 构建社会运行机制体系 [J]. 领导之友，2012，(5)：45-46.

第一个"二"是指社区建设的两个重要基石。第一个基石是指吸收社区各利益群体代表，组成专兼职居委会，从而加强居委会的议事、决事能力，使社区居委会民主自治得以真正发挥。第二个基石是指打造一支专业化、职业化的社会工作者队伍。利用"数字化社区单一事件考核系统"与"社情民意日记"两套指标体系，对社工站和社工个体每日的工作情况进行绩效考核评判，力图解决社区工作难量化的难题。同时，为社工队伍提供两套晋升通道，即行政岗位评聘和职称晋级。

第二个"二"是建立现代化社区管理与服务系统。社区管理系统是指建设网格化社区管理系统，由城管局协调建设，社区工作人员进行调研，统计和分类社区日常工作中经常遇到的问题。服务系统是指泰达城市网系统，即利用政府资源，集成媒体、商业、公共信息。设立社会公共信息平台、商业信息互动平台、论坛交流平台三大平台。社会公共信息平台作为政府部门、社区居委会、物业公司、业主委员会等机构向居民发布公告信息的平台，居民在此平台查询生活信息。商业信息平台，提供商户、商品信息，及客户对商家的点评。论坛交流平台作为居民互动的平台，可以参与公共事务讨论或进行利益诉求，同时，可在此平台发布服务信息及便民服务活动情况。

"三"是指建立满足居民需求的三大服务平台，第一个平台，建设群众沟通交流平台。利用网络、通信、传统媒体等媒介，及时传递政府惠民政策，同时，及时获得百姓意见和心声。第二个平台，建设居民社区服务平台。第三个平台，建设居民社区文化平台。打造群众文化品牌，营造群众文化氛围。①

2. 经验与启示

（1）四个转变。第一个转变是，社区事务软性化转变。社区从以实现政府工作目标为导向，执行政府下达的任务的硬性工作模式，转变为软性工作模式，即以服务社区居民为目标，实现"小政府、大社会"的新型城市管理模式。第二个转变，资源整合由多头分治向统筹协作转变。社区要建设成为城市综合治理的平台，整合各方资源、协调各方行动。第三个转变，政府购买服务由"养人向养事"转变。通过购买服务，将社区服务经费补助与社区提供服务的数量、质量挂钩，变"养人办事"为"办事养人"。第四个转变，通过引入数字社区的概念，由"多头分治"向集中管理服务转变。泰达康翠社区利用数字化网络工

① 林德菊. 完善"一二二三"泰达社区治理模式 构建生态宜居和谐稳定社区[EB/OL]. 人民网天津视窗. http://www.022net.com/2011/2-15/513335252393412.html，2011.

具，将社区分为若干网格，使单位工作面积大为缩小，而社区服务密度得以提高。

（2）四个突破。一是长效机制方面的突破，社区管理与服务法定化、契约化；二是实施手段方面的突破，综合运用民主协商的自治手段和互惠互利的市场手段；三是角色分工方面的突破，使得不同利益主体的积极性得到有效激发；四是社区指标考核方面的突破，通过在全国率先尝试社会事务量化评比模式，有效地促进了和谐社区的建设。①

二、中新生态城"生态型物业管理"模式

1. 模式简况

中新天津生态城，以及台湾远雄、日本三井等国内外投资开发公司旗下的房地产项目已陆续在新区启动建设，对于这些以高标准生态要求建设的住宅及公建设施，如何匹配高标准物业管理，是生态城建设面临的重要课题之一。为此，中新天津生态城投资开发公司整合相关优质资源，成立了生恒生态物业公司全资子公司，催生了"生态型物业管理"模式。

2. 模式特征

第一，"全周期"模式。生态型物业管理，采用 "全周期"模式，这是一个整体概念，即从生态城设计阶段就介入，对生态建筑各个环节，包括设施和材料的再利用再循环管理，建筑宜居性的可维持性，设备设施的翻新和淘汰等进行勘察和评估，并基于此提早进行总体规划。

第二，"定制式管家"服务。根据生态城建筑功能特色，将物业服务细分为多个层次，如公共出租屋、老年公寓等多种物业，进行细化服务。尝试通过电子商务平台为社区居民定制符合每个家庭及个人生活需求的服务系统，真诚关爱社区的每个家庭和个人，让社区每个家庭及个人足不出户就能满足生活所需，享受真正的管家式生活。②

---

① 文宏，解亚红. 中国行政管理学会 2011 年年会暨"加强行政管理研究，推动政府体制改革"研讨会论文集，国家综合配套改革试验区中的社会管理创新——基于天津滨海新区泰达康翠社区的研究 [J]. 中国行政管理. 2012，（1）.

② 中新天津生态城实践生态型物业管理模式 [EB/OL]. 天津网. http://www.tianjinwe.com/tianjin/tjwy/201011/t20101105_2384179.html，2010.

三、新区"强街强镇"模式（新港街道、汉沽茶淀镇）

1. 强街强镇模式与具体举措

自 2010 年以来，滨海新区将实施"强街强镇"计划[1]作为管理体制改革的一项内容，坚持责权统一、重心下移的原则，明确各级政府管理机构的审批权限和事项划分，构建统一、协调、高效、廉洁的行政管理体制。新港街、于家堡街、寨上街、新北街、迎宾街成为新区首批"扩权强镇"试点街道。

具体举措：一方面，赋予街道实权[2]。如委托街镇代收个体零散税收，然后将街道代征上来的税收部分返还于街道，返还资金将取之于民、用之于民。委托街道代征零散税收强化了街道管理职能；新区选择了基础条件较好、发展潜力大的街道，进行"扩权强街"试点，通过派驻、委托、交办等形式，将一部分面向社会、企业和群众的管理权限，分阶段下放到街道。另一方面，强化一站式服务，居民可以通过街道直接办理诸如项目审批、劳动用工、人力保险、民政、工商、税务、财政、计生、经济管理、公共事业和社会援助等事项的审批工作，使居民和辖区企业真正享受到"一站式服务，一站式解决"的便利。

2. 经验及启示

（1）整合街道资源，优化布局

原来街道社会管理基础薄弱、公共事业相对滞后，为转变这种局面，新区启动了街镇区划调整工作，通过优化街镇区划布局，合并三槐路街道和解放路街道，成为新的于家堡街道，同时，撤销了原三槐路街道和解放路街道，另外，新建了新北街道办事处和泰达街道办事处。经过资源整合后的街道，将发挥其职能，为辖区提供服务，带动街道经济发展。

（2）街道实力增强，百姓得实惠

伴随街道实力的增强，街镇在改善民生方面的能力也同步增强[3]。如新港

---

[1] 滨海新区于 2010 年下发《滨海新区关于促进街道发展的意见》，其中，为鼓励街道发展经济，调动街道积极性，新区设立发展街道经济专项资金，区财政、管委会财政与街道按比例匹配资金，支持鼓励街道发展特色经济。这一系列举措已取得初步成效。2010 年上半年，塘沽街道系统共引进企业 391 家，其中包括 5 个亿元企业，协议招商引资额 27.8 亿元，与去年同期相比增长 3 倍，完成全年招商引资指标 136%。

[2] 2010 年 4 月 1 日，天津市首家规范化运作的街道税务稽征处在原解放路街正式运营，其主要职责是代征该辖区内的个体零散税收。

[3] 2010 年 8 月，天津市规模最大、功能最完善的新港街道社区服务中心正式投入使用，各项设施配备齐全。

街道社区，在社区服务中心设有1000平方米的便民服务大厅，开设了信访调节、劳动就业、民政救助等诸多服务窗口，真正实现了"一口式、全业务"服务模式，同时，在社区服务中心还设立了众多功能室，如教育文化、就业培训、残疾人康复、图书娱乐等室，基本做到群众日常生活服务街镇内解决。同时，各街镇还加强了服务机制建设。协同民政部门，加强对就业困难人员和零就业家庭的帮扶。另外，街道努力加强养老机构和服务设施建设，进一步完善城乡一体化的最低生活保障制度，促进社区教育、社区养老、社区医疗的发展，为老百姓办实事、解难题，提高百姓生活质量。①

参考文献：

[1] 何海兵. 我国城市基层社会管理体制的变迁：从单位制、街居制到社区制[J].管理世界，2003（6）.

[2] 杨雪冬. 走向社会权利导向的社会管理体制 [J]. 华中师范大学学报(人文社会科学版)，2010（1）：1-10.

[3] 张成福. 公共危机管理：全面整合的模式与中国的战略选择[J].中国行政管理，2003（7）：8-11.

[4] 王刚. 构建和谐社会过程中的利益分化和利益协调问题研究[J].理论探讨，2005（3）：27-29.

[5] 朱文兴. 论维护公平正义与构建和谐社会[J].国家行政学院学报，2005（3）：67-70.

[6] 王伟光. 正确处理人民内部矛盾，构建社会主义和谐社会[J].中共党史研究，2006（3）：3-13.

[7] 王秋波. 发挥社会组织在社会管理中的作用[J].理论参考，2011（4）：28.

[8] 高祖林. 政府主导下的官民共治：我国社会管理模式的转型方向[J].马克思主义与现实，2012（6）：123-127.

[9] 常宗虎. 中国政府社会管理范围初探—中国政府社会管理与民政工作研究之一[J].中国民政，2003（7）.

[10] 俞可平. 重构社会秩序，走向官民共治[J].国家行政学院学报，2012（4）：4-6.

① 天津滨海新区强街强镇：街道实力增强，百姓得到实惠[EB/OL]. 人民网天津视窗. http://www.022net.com/2010/10-18/ 452247283163252.html，2010.

[11] 马凯. 努力加强和创新社会管理[J].学习与研究，2010（10）.

[12] 杨建顺. 社会管理创新的内容、路径与价值分析[J].人民政坛，2010(3).

[13] 唐铁汉. 强化政府社会管理职能的思路与对策[J].国家行政学院学报，2005（6）.

[14] 刘继同. 由静态管理到动态管理：中国社会管理模式的战略转变[J].管理世界，2002（10）.

[15] 李培林. 重视推进社会管理体制改革[J].人民论坛，2005（10）.

[16] 陈振明，李德国，蔡晶晶，经纬，田永贤，卢霞，张娜，吕志奎，胡薇薇、提高政府社会治理能力，构建社会主义和谐社会——"政府社会管理"课题的研究报告[J].东南学术，2005（4）.

[17] 郝寿义等. 滨海新区开发开放与社会管理[M].南开大学出版社，2012.

[18] 天津市滨海新区人民政府. 2012年滨海新区年鉴[R]. 天津社会科学院出版社，2012.

第十三章　二元结构下的统筹城乡发展探索

第一节　统筹城乡发展的背景

从 20 世纪 50 年代初开始，为快速推进工业化，政府作为计划经济体制下资源配置的主体，通过对农业剩余的剥夺，将绝大多数经济社会资源配置到了城市，并将城市和农村分割为两个失去经济联系的部门，最终形成了以户籍制度为核心、以城乡分割、城乡社会断裂为特征的二元经济社会结构。尽管 1978 年改革开放以后，中国城乡关系逐步得到了改善，但是，城乡二元经济结构并没有根本性改变，城乡发展还很不平衡，城乡差距甚至还有所扩大。目前，我国已经进入了破除城乡二元结构，统筹城乡发展，逐步形成城乡一体化新格局的重要时期。

统筹城乡发展，是落实科学发展观的重大战略举措，是解决我国"三农"问题的根本，是实现我国国民经济持续快速协调健康发展的关键，是我国全面建设小康社会的基础。2002 年 11 月，党的十六大提出把统筹城乡发展作为国家发展的战略性措施，提出把城市和农村的经济社会发展作为整体统一筹划，建立平等、和谐的城乡关系。2005 年，党的十六届三中全会提出了建设社会主义新农村的重大历史任务。2007 年 10 月，党的十七大再次明确"统筹城乡发展"的原则，提出到 2020 年"城乡、区域协调互动发展机制和主体功能区布局基本形成。社会主义新农村建设取得重大进展。城镇人口比重明显增加"的目标，并部署了"统筹城乡发展，推进社会主义新农村建设"的任务。这些都为天津市推进农村城镇化、统筹城乡发展带来了良好的机遇。

天津市是全国较早地提出"统筹城乡发展，实现城乡一体化"的地区之一。

早在 1986 年，天津市委农村工作会议提出"要把天津市的城市与城郊作为一个整体来统筹规划"，在全国较早确立了"统筹城乡发展，实现城乡一体化"发展方针。不久又提出"服务城市、富裕农民"，一体化发展思想更加明确。2000年以来，尤其是 2003 年十六届四中全会以来，天津将加快农村城市化进程、统筹城乡发展作为经济社会发展的一项战略任务，逐年加大了新城建设和小城镇建设的投入。自 2004 年起，天津市委连续出台贯彻中央一号文件的实施意见，特别是 2007 年天津市出台了《推进城乡一体化发展，加快社会主义新农村建设》的 20 条实施意见，把城乡一体化发展作为全市发展的三大战略之一，提出了滨海新区龙头带动、中心城区全面提升、各区县加快发展的三个层面联动发展的战略目标，以示范小城镇建设为龙头，加快"三个集中"即农业向产业园区集中、郊区工业向示范工业园区集中、农村居民向居住社区集中，充分体现聚集效益，加快推进城乡一体化进程。

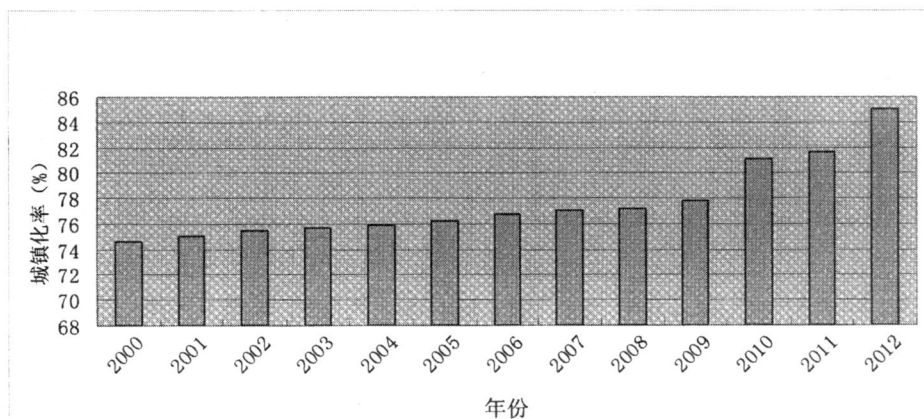

图 13-1 滨海新区城镇化水平变化趋势

天津滨海新区自建区以来，以邓小平理论和"三个代表"重要思想为指导，深入贯彻落实科学发展观，认真落实市委、市政府推进城乡统筹发展和加快社会主义新农村建设的战略部署，以发展农村经济、增加农民收入、实现农民安居乐业有保障为根本出发点，以土地集约利用、人口适度集中、项目集中园区、生态环境改善为落脚点，进一步深化改革，不断创新体制机制，稳步推进农村城市化、城镇化建设，加快构建社会主义新农村，实现城乡统筹发展，争当城乡科学发展的排头兵。2011 年，天津滨海新区根据天津市人民政府《关于印发天津滨海新区综合配套改革试验第二个三年实施计划（2011-2013年）的通知》和区委、区人民政府《关于印发<2011年滨海新区"十大改革"重点项目安排意见>的通知》（津滨党发〔2011〕6号）精神，2011年6月与12月滨海新区相继出台了《滨海新区促进农村城市化、城镇化发展的政策措施》和《关于促进滨海新区城乡统筹发展的意见》。滨海新区自建区以来，在不增加农民负担、不减少耕地面积的前提下，运用宅基地换房办法，建设示范小城镇，加快推进城镇化进程，取得明显成效，城镇化水平不断提高，如图13-1所示，走出了一条具有天津特色的统筹城乡发展模式。2012年，滨海新区开发开放进入新阶段，综合配套改革进入深水区，稳步推进城乡一体化发展，是新区统筹城乡发展、实现科学发展的重大举措。2012年，滨海新区积极应对多重困难与挑战，攻坚克难，奋力开拓，使经济总体保持平稳较快发展。2012年，滨海新区生产总值7205.17亿元，比上一年增长20.1%；财政总收入1655亿元，增长20%；地方财政收入1123亿元，增长22.4%城市居民人均可支配收入增长12%；农村居民人均可支配收入增长13%；全年新增就业11万人，转移农村富余劳动力7692人，城镇登记失业率控制在3%以内，被国家授予"全国创业先进城区"。①

第二节　统筹城乡发展的实践探索

2012年，面对严峻的经济形势与复杂困难的发展环境，滨海新区继续按照"三区联动"、"三改一化"和稳步推进农村城市化、有序推进农村城镇化、积极推进新农村建设的要求，城镇化建设取得新成果。

一、以宅基地换房模式推进示范小城镇建设

统筹城乡发展需要走城镇化道路，城镇化是实现城乡统筹的必然要求和有效途径，二者相互联系，不可分离。自2005年开始，天津市政府为了加快全市小城镇建设，推进农村城市化，促进城乡统筹发展，结合天津市社会经济发展的实际，提出了在"承包责任制不变，可耕种地不减，尊重农村居民意愿，以

---

① 天津滨海新区2013年政府工作报告.

宅基地换房"原则下建设小城镇的新思路,其核心内容是城乡建设实行城市建设用地增加与农村建设用地减少挂钩,在保证耕地总量在规划期内动态平衡的前提下,以"退宅还耕"为突破口,加大农村居民点整治,盘活农村存量土地。本着"试点先行、逐步展开"的原则,从 2005 年下半年开始,天津市在滨海新区华明镇等地,以宅基地换房办法建设示范小城镇的试点工作。多年来的实践表明,以宅基地换房模式推进农村城镇化建设,普遍受到农民群众欢迎,不仅改善了农民的居住条件,而且转变了其生活方式,提高了农民生活水平,同时也促进了当地经济社会发展。其中,华明镇的以宅基地换房推进城镇化模式,探索出了大城市近郊区统筹城乡发展、推进城镇化和城乡一体化的新路子,其做法包含了一系列体制机制创新,如图 13-2 所示。

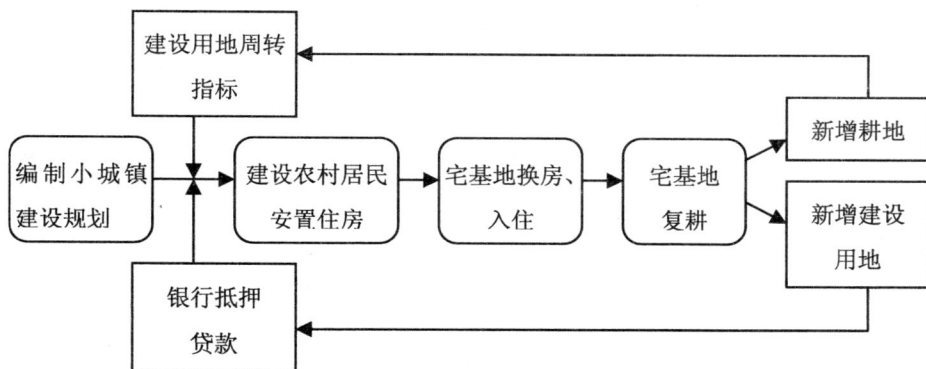

图 13-2 华明示范小城镇建设实施流程图

2011 年,滨海新区城市化和农村示范镇建设提速,汉沽茶淀镇,塘沽新塘组团,大港太平镇,汉沽大田镇、茶淀镇桥沽中心村,大港小王庄镇、中塘镇等 8 个示范小城镇先后被列为天津市示范小城镇试点项目。全年完成投资 85 亿元,开工建设农民还迁住宅 187.2 万平方米,竣工 80.6 万平方米,1.4 万农民迁入新居。[①]2012 年,新区继续深入推进农村城市化、城镇化和新农村建设,塘沽西部新城等 5 个示范镇建设累计完成投资 168 亿元。开工建设农民还迁住宅 218 万平方米,竣工 151 万平方米。[②]

---

① 数据来自于 2012 滨海新区统计年鉴.
② 天津滨海新区 2013 年政府工作报告.

二、大力推进示范工业园区、农业产业园区、农民居住社区"三区联动"发展

示范小城镇建设核心模式是农民居住区、农业产业园区、示范工业园区"三区联动"。在宅基地换房的基础上，天津市通过示范小城镇的建设改善农民居住条件和生活环境；通过农民原有的宅基地统一组织复耕还田，用于发展现代设施农业，保证耕地面积不减、质量不降低；通过用宅基地整理所得集体建设用地指标建设的现代产业园区，为农民提供就业岗位，增强经济实力和可持续发展能力的同时，实现建设用地总量不增加，从而探索出小城镇农民居住社区、农业产业园区和示范工业园区——"三区"统筹联动的格局，创造出具有天津特色的"三区联动"城镇化发展战略。

2011年，滨海新区按照市委、市政府制定的以示范小城镇建设为龙头，实行农民居住社区、示范工业园区和农业产业园区联动发展的战略部署，把农民居住社区打造成生态宜居的高地，把示范工业园区打造成先进制造业的高地，把农业产业园区打造成沿海都市型现代农业的高地，形成"三区"间相互推动，相互促进，相互提高，共同发展的格局。推进"三区"联动，农民居住社区建设要先行。至2012年5月，塘沽新塘组团规划建设的83万平方米、120栋农民安置用房已竣工60栋、42万平方米，累计完成投资34.25亿元。大港小王庄示范镇农民居住规划建设146栋、46.3万平方米农民安置用房，现已开工建设135栋、43万平方米，累计完成投资约8.5亿元。滨海新区还根据涉农街镇的自身特点，发挥产业带动优势，建设特色工业园区。遵循"一镇(街)一案"的原则，规划了9个与新区优势产业相关联的特色工业园区。为了促进农业发展方式的转变，加速推动农业分区聚集，推进农业科技创新。2011年已初步形成杨家泊、北塘宁车沽、小王庄3个农业产业聚集区，并吸引了台湾康农等一批科技含量高、产业链条长的农业产业项目相继落户。至2011年底，两年来，市、区两级农业科技和产业园区累计完成投资33.16亿元。新增设施农业1.35万亩，累计达到2.32万亩。[1]

---

① 天津滨海新区统筹城乡发展.新华网. http://www.tj.xinhuanet.com/hbhfc/2012-05/14/content_25229109.htm.

表 13-1　滨海新区现代农业发展情况

农业科技园区	农业产业示范园区	农业产业聚集区
滨海耐盐碱植物科技园区	滨海水产产业化示范园区	杨家泊
滨海东丽农业科技园区	冬枣科技产业园区	北塘宁车沽
滨海海水养殖科技园区	四季生态田园示范园区	小王庄
滨海生态农业科技园区	现代农业蕈菌产业科技园区	
滨海茶淀葡萄科技园区		
国际花卉科技园区		

资料来源：作者自行整理。

2012 年，滨海新区继续提升都市型现代农业建设水平，现代农业稳步发展，3 个市级科技园区、6 个农业标准化示范基地全面建成，11 个市、区两级园区加快建设。新增设施农业 7156 亩，改造提升 2800 亩，建成放心菜基地 4000 亩，新建和改建循环水养殖车间 6.5 万平方米。①

三、全力推进"三改一化"：破除城乡体制机制障碍

农村城镇化，不仅是农村人口向城镇的聚集，还包括缩小城乡收入差距，实现城乡居民生活方式、社会保障、文化教育以及价值观念等方面的融合。随着农村城镇化的快速推进，原有的农村集体经济组织形态和管理模式，原有的村委会管理体制，原有的农民户籍身份，都难以适应新的形势。为此，市委、市政府又在农村探索开展了"三改一化"的改革。天津市实施的"三改一化"试点，即农改非、村改居、集体经济改股份制经济，大力推进农村城镇化，是适应经济社会发展，探索天津农村城镇化新模式的需要，目的是在体制上进行配套改革，让农民完全变成市民，享受到与市民一样的待遇。"三改一化"是农村社会的重大变革，是城乡统筹发展的重要步骤，是继本市成功探索以宅基地换房建设示范小城镇，实施示范工业园区、农业产业园区、农民居住社区"三区"联动发展之后，迈出的加快城镇化进程的关键一步，是推进大城市郊区城乡一体化发展的重要举措，对于系统解决"三农"问题，使广大农民安居乐业有保障，具有十分重要的意义。2011 年 7 月，经市政府批准，天津市在东丽区、武清区的 43 个村正式启动实施"三改一化"试点工作，让广大农民得到了实惠。

---

① 天津滨海新区 2013 年政府工作报告.

其中，滨海新区的华明、无瑕两个街 30 个村成为"三改一化"试点村。

在"三区联动"的基础上，滨海新区在特定试点区域实施了"三改一化"：即以农改非、村改居、集体经济改股份制经济，大力推进农村城镇化。按照"三改一化"方案，配合新区农用地的有序流转和集体经济组织产权制度由"共同共有"向"按份共有"转变，农民拥有了"五金"即薪金、土地流转金、股金、社会保障金和租金，这样，农民在城市化过程中的利益得到了最大程度的保障。

四、改制设立华明等村镇银行及域外村镇银行，金融服务业取得新进展

金融是现代经济的核心，随着滨海新区城镇化步伐不断加快，农村经济形态和社会形态发生了巨大变化，对深化金融改革提出了新的要求加快发展农村金融，进一步提高农村金融服务质量与水平，对于促进城乡统筹发展，具有重要意义，金融改革创新成为天津滨海新区城乡统筹发展的一项重要内容。滨海新区在统筹城乡发展过程中积极探索实践，大胆改革创新，发展农村金融业，经过几年的努力，各项工作取得了积极进展和明显成效。

中国村镇银行制度是在国家推出建设社会主义新农村之后，随着经济体制改革的深入和农村金融发展而兴起的，其主要标志就是 2007 年 3 月初首批开业的 3 家村镇银行，到 2009 年年底，全国已有村镇银行 148 家，短短三年时间实现了数十倍的增长速度，而这一数字还将迅速壮大。2010 年，国务院提出鼓励民间资本发起或参与设立村镇银行、贷款公司、农村资金互助社等金融机构，一些企业和民间资本对此表现出浓厚兴趣。滨海新区的华明村镇银行成为天津市首家吸纳民资的村镇银行。滨海新区设立 3 家村镇银行等新型农村金融机构，推广"三农"适用的金融产品；东丽区的华明村镇银行按照"民营化、本土化、社区化"的组建方式，探索出一条农村金融创新的"华明做法"。村镇银行的诞生是天津滨海新区农村金融体制改革的一大创新，是继以宅基地换房建设示范小城镇、农村"三区"联动发展和"三改一化"改革之后，滨海新区推进城乡统筹发展、深化农村改革的又一项重要举措。此外，新区还建立了 15 家中小企业融资服务银行专营机构，支持小额贷款公司和融资担保机构发展，基本形成了中小企业融资服务体系。在改善金融发展环境，提升金融服务水平的同时，天津滨海农村商业银行与廊坊市安次区政府签订合作协议，共同筹建了廊坊市安次滨海村镇银行。这是滨海农村商业银行在天津域外设立的首家村

镇银行，也体现出新区凭借其政策优势和金融机构的经验辐射周边地区的典型案例。

2012 年，滨海新区加快推进金融改革创新，各类金融机构加快聚集，金融服务业得到快速发展。截至 2012 年底，新区拥有滨海农村商业银行、天津港财务公司 2 家法人机构，渤海银行滨海分行、天津银行滨海分行、天津农商银行滨海分行、瑞穗实业银行天津分行 4 家一级分行，17 家二级分行和 500 余家银行金融机构网点。还拥有小额贷款公司 34 家、融资性担保公司 30 家。此外，保险经纪公司、保理公司、典当行等各类机构也都有了较快发展。[①]

第三节　统筹城乡发展的经验与未来展望

2012 年，滨海新区在科学发展观的指导下，在借鉴国内其他地区经验基础上，根据新区实际，按照统一规划、政策引导、农民自愿、市场运作的原则，积极探索适合本地区的统筹城乡经济社会发展的新路子，取得了一些的成效与经验，对于国内其他地区实现城乡统筹发展具有一定借鉴意义。

一、以华明镇等示范小城镇建设为抓手，推动农村城镇化进程

实现城乡统筹发展的核心就是要破除城乡二元结构，让农民享有和城镇居民一样的基本权利，实现农民市民化。而农村城镇化是解决"三农"问题的关键，是改变城乡二元结构现状、统筹城乡一体化、推动经济持续发展、率先全面建成小康社会的必然选择。

滨海新区以天津示范小城镇建设试点为平台，统筹城乡发展，推进农村改革创新，突出维护农民利益和彻底解决"三农"问题，开拓农村城市化、城镇化建设新局面。通过发展新城和建设小城镇加强了城乡之间的经济联系，进一步优化了土地、劳动力、资金等生产要素的资源配置，合理有序地转移了农村剩余劳动力，为农业产业化发展、农民收入来源的多元化提供了良好条件，为以工业反哺农业、城市带动农村、城乡共同发展奠定了重要的基础。新区以 11

---

① 金融时报.金融改革创新加快推进. 转引自: http://news.hexun.com/2013-06-19/155286930.html.

个新城和 30 个中心镇为重点，多形式引导农民向城镇集中，先后批准了三批29 个村镇开展以宅基地换房、实施示范小城镇建设试点工作，使 41 万农民从中受益。

天津市近几年小城镇建设的实践表明，"以宅基地换房"是一项具有深远意义的战略举措。首先，它提出了我国发达地区农村加快实现城市化的新模式，创造了农村集体上地重新整合农村建设用地流转和集约利用的新途径。其次，集中建设农村居民安置区，能够改善农村居民的居住环境，实现农村居民住宅的商品化和产权化，大幅提高了农村居民的财产性收入和非劳动所得。第三，它开辟了农村建设用地重新整合流转和集约利用的新路子，是解决城市上地资源紧张和小城镇建设资金制约的有效途径，对于推进社会主义新农村建设和改变城乡二元经济结构，具有重要的现实意义。

"宅基地换房"成为小城镇建设的标准模式。以"宅基地换房"建设农村小城镇，就是坚持承包责任制不变、可耕种土地不减、尊重农民意愿的原则，规划建设特色宜居、产业集聚的新型小城镇，农民以其宅基地换取小城镇住宅，原有的宅基地一部分复耕，一部分供市场开发，从而实现耕地占补平衡和小城镇建设资金收支平衡。以茶淀镇为例，其 10 个村迁入小城镇后仅占地 24.7 万平方米，对原有宅基地进行整理后可置换提供建设用地 57 万平方米，不仅实现了占补平衡，还为工业园区和农业产业园区建设腾出了发展空间，加速了农村二三产业的集聚。

二、以土地政策、社区管理体制创新为突破口，促进政策创新，实现城乡统筹发展

以道格拉斯·诺思为代表的西方制度经济学派，特别强调制度因素在经济发展中的重要作用，系统分析了制度变迁与经济增长之间的内在关系。城乡一体化作为促进社会经济增长，协调城乡矛盾的战略选择，其最终能否有效的发挥对经济的发展推动作用，其关键在于是否能够提供有效的政策制度。

结构功能主义认为，生产力的发展促进了社会分工的进一步细化，因而适应分化的要求在更高的层次上实现社会整合，随着更高的社会整合的形成，社会重新达到均衡并有所发展。而在我国，城乡之间发展的极度不平衡却阻碍了社会资源的流动和整合，这其中一个最重要的原因就是农村各种体制的落后。因而，要推进城乡一体化，就要深化改革农村经济改革，进一步塑造农村市场

主体。

要打破城乡之间的土地制度差异，就必须在土地利用和开发方面有新的思路和举措。华明等示范小城镇建设过程中探索出"以宅基地换房"模式是新区统筹城乡发展过程中的一大特色。通过"宅基地换房"这种新模式的实施，不仅促进了土地集约化，而且创新了小城镇建设融资模式，实现了政府主导下以土地融资平台为主的多元化投资格局。为小城镇建设项目提供了开发资金保障，让农户得以免费迁居新型小城镇，分享土地增值收益。

滨海新区"三改一化"是对城乡分割管理体制的改革，是对滞后的户籍制度的改革，是对村委会向社区转变中管理体制的改革，是对原有农村经济组织内部运行机制的改革。第一，实行"三改一化"，让群众享受改革发展成果。通过实行集体经济股份制改革，使农民成为股东，拥有明晰完整并可以继承、转让的个人产权，促进农民财产的保值增值，增加农民的财产性收入。实行"三改一化"，农民将获得平等的就业机会，也享受到与城镇居民相同的就业培训补贴和就业参保补贴待遇，从而促进农民就业。第二，实行"三改一化"，促进集体经济发展。通过集体经济股份制改革，使村集体成为市场经济主体，能够参与市场竞争，激发集体经济的活力；通过建立健全法人治理结构，强化监督制约机制，使农村集体资产得到民主化、科学化、规范化管理，提高资产运行质量，促进集体经济的发展。第三，实行"三改一化"，提高社区管理水平。实行"三改一化"，从体制上把农民纳入城市经济、社会、文化发展总体规划和建设中，在社会管理和服务水平上使村居资源互通共享。总之，这些改革的成功为城乡资源有序流动与城乡一体化释放了巨大能量。通过公平政策的建立，创新就业制度和服务体系。鼓励农民向新城和中心镇转移，大力发展高效的劳动力就业组织，鼓励农民自主创业，建立公益性就业岗位等，加快实现城乡公共服务均等化。

三、以尊重农民的意愿为前提，有序推进农民市民化进程

政府在统筹城乡发展过程中，应该逐步认识并遵循市场规律，尊重农民的意愿，顺势而为，恰当地助推城镇化的发展。农民既是社会主义新农村建设的主体，也是推动小城镇建设的主体。对农民意愿的尊重，既可以减少了统筹城乡发展过程中的阻力，又能保障了小城镇建设工作的顺利推进。因此，统筹城乡发展，推进城市化进程，必须尊重农民自身的意愿与选择，满足其合理的诉

求。

　　促进城乡统筹发展，解决好农民问题是核心。"以人为本"推进城镇化，满足农民在就业、社保和公共服务方面的需求，是促进城乡统筹发展的重心。滨海新区在城乡统筹发展的过程中，始终强调要深入细致地做好群众工作，把听取农民的意愿和建议，尊重他们的意愿，保障他们的合理权益作为工作的出发点和落脚点。在华明镇等示范小城镇建设的过程中，始终贯彻"两个自愿"的原则：首先是农民自愿申请换房；第二是农民自愿整理好自己的宅基地，并且有相关协议做保证。这样让农民和集体经济组织主动接受城市化进程，极大程度上减少城市化过程中因征地问题而诱发的矛盾与冲突。在第二批"九镇三村"小城镇建设试点过程中，明确要求试点方案必须征求农民的意见，只有90%以上的农民赞成，才能批复试点工作。这些都充分体现出天津滨海新区在统筹城乡发展的过程中对农民意愿的尊重，有利于保障新城建设和小城镇建设的顺利推进，构建城乡互动发展的长效机制。

　　四、以示范工业园区、农业产业园区为建设基础，构建城乡统筹发展的产业支撑体系

　　率先实现工业化国家的历史表明，城市化与工业化、农业现代化往往是同步推进的。在中国，通过加快城镇化，实现城市化与工业化协调发展，显得尤为重要。城镇化发展不仅仅表现在农村剩余劳动力转移到城镇，而且更重要的是进入城镇的劳动力真正从事与城镇发展相适应的非农产业。因此，非农产业的发展是农村城镇化的根基，是城乡一体化的重要支撑。城乡一体化的进程与当地产业发展水平相互依存，城乡一体化的实现条件就是该区域是否有足够的产业演进发生与产业体系的形成。所以，政府推进城乡一体化的着力点，就应当围绕构建产业体系展开，要以产业发展为保障，通过构建产业支撑体系，推进城乡间产业融合，加快城乡一体化进程。滨海新区探索通过示范工业园区与农业产业园区"两类园区"建设路径，着力推进产业结构升级和产业多元化，充分发展能够大量吸纳劳动力的劳动密集型产业和第三产业，为失地农民就业、为农村劳动力转移提供充分的就业机会，在更大范围内实现了城乡在土地、劳动力、资金等生产要素方面的优化配置。

　　滨海新区在示范工业园区与农业产业园区"两类园区"建设过程中，坚持工业园区的示范水平主要体现在"产业传导"和"劳动力对接"两个优势的发

挥上。在工业园区建设开发过程中，积极实施"腾笼换鸟"和低效企业提升改造，实现资源利用效率最大化，注重大项目、好项目的引进，提升园区的经济社会效益。农业产业园区建设，按照建设沿海都市型高效设施农业目标，发挥国家农业科技园区的带动作用，积极推进各类现代设施农业基地建设。农业产业园区，实现对农业产业结构的动态调整，加快转变发展方式，提高农业的集约化发展水平，实现农民增效增收。例如，华明镇在规划建设中，考虑到农民的就业需求，选址在滨海新区空港物流加工区的附近，同时还为二、三产业的发展留出了足够的空间，如沿津汉公路一带，预留了商务区和经济功能区，建设了运输物流服务园区，为实现产业立镇，产业兴镇打下基础，农民就业有了保障，农民收入与生活水平均有较大提高。同时，通过"两类园区"建设带动产业发展，不仅节约建设用地、形成产业聚集，实现了规模经济，而且减少对生态环境影响，实现了统筹城乡发展中的生态文明。

五、发展村镇银行，创新金融服务模式，构建城乡金融服务一体化

统筹城乡发展是一个系统性工程，其发展动力是经济产业结构的调整和转化与城镇化，城乡一体化的实现需要城乡间的资源、资本、技术、劳动力等生产要素的不断集聚和流动，逐步实现城乡经济、文化、社会、生态全面协调发展的过程。金融是现代经济发展的核心动力，金融发展与农村工业化、城镇化和农业产业化之间存在着一种互动机制，城乡一体化的发展离不开金融支持。在中国，相对于城市金融市场来说，农村金融发展还相当落后。在农村，民间借贷一直以来都是农户外源性融资的首选渠道和主要渠道，而私人借贷又是农户民间借贷的主要形式（史清华，2002；李延敏，2005；何广文，2005）。随着经济的进一步发展，农户对资金的需求量越来越大，信贷范围也被要求进一步扩大，农户间私人借贷的信息优势和资金供给的能力将会受到挑战（刘民权，2005）。而农村金融发展的滞后严重影响了农村经济的发展，加剧了城乡间经济失衡。因此，优化城乡金融资源配置，创新农村金融服务模式，构建城乡金融服务一体化，是实现城乡发展一体化的重要途径。

村镇银行是经银监会批准，在农村地区设立，主要为当地农民、农业和农村经济发展提供金融服务的银行业金融机构。由于村镇银行扎根农村，具有机制灵活特点，其在解决农村金融网点覆盖率低、资金供给不足、竞争不充分等

问题中有所作为，特别是能够解决长期以来农村弱势群体(农户、微型企业、个体业者)的贷款难问题。因此，滨海新区着力把发展村镇银行作为统筹城乡发展的重要举措。根据示范小城镇和示范工业园区建设的实际，按照"政府主导、企业参与、市场运作"的原则，多种渠道筹措建设资金。2011 年，滨海新区在农村金融创新改革创新中，针对农业生产的特点，设立了 3 家村镇银行，15 家中小企业融资服务银行专营机构，推广适用于"三农"的金融产品，建立多层次农村信用担保体系，健全政策性农业保险制度，为实现农村金融可持续发展提供了保障。

村镇银行是中国农村银行金融体系的一个重要组成部分，是中国发展农村经济，实现城乡统筹发展不可或缺的重要力量。为农户和农村中小企业提供金融服务，促进地方经济发展，是村镇银行制度安排的主要目的，培育一批村镇银行并使其健康发展，对于健全中国农村现代的银行体系和金融服务体系，打破中国农村金融市场目前高度垄断的市场结构，强化市场竞争机制，提高银行运营效率，优化金融资源配置，规范农村金融活动、促进金融业健康发展，促进经济发展具有重要的现实意义。

参考文献：

[1] 天津滨海新区 2012 年政府工作报告[R].2012-02-09.

[2] 天津滨海新区 2013 年政府工作报告[R].2013-02-02.

[3] 苑清敏，薛晓燕. 城乡结合部上地集约利用研究天津华明镇模式[J].江西农业大学学报(社会科学版)，2009（2）.

[4] 赵恩成. 滨海新区小城镇建设的经验与对策[J].城市发展战略，2012（6）.

[5] 毛科军. 实施"三区"联动战略推进"三化同步"发展[J].农村工作通讯，2011（17）.

[6] 金慧英.天津"三区"联动打造"三个高地"[EB/OL]. 人民网：天津视窗. http://www.022net.com/2010/1-29/415517392231921.html，2010.

[7] 张晴，罗其友，刘李峰. 国外城乡统筹发展的做法与经验[J].中国农业资源与区划，2009（4）.

[8] 胡运霞. 农村宅基地换房流转绩效研究—以天津市华明镇宅基地换房为例[J].小城镇建设，2008（4）.

[9] 李学锋.天津城乡一体化发展的成功经验与长效机制[J].城市发展战略，2010（7）.

[10] 张天龙，刘馨远，魏秀芬.天津城乡一体化发展存在的问题与对策建议[J].农业经济问题，2010（6）.

[11] 何邕健等.天津小城镇建设的"华明模式"评析[J].城市问题，2011（1）.

[12] 王丽娟，刘彦随，李裕瑞. 快速城市化影响下天津农村土优化利用研究[J].生态经济，2011（3）.

第十四章　创建国家自主创新示范区

国际上新一轮的科技创新高潮蓄势待发，美国硅谷、英国剑桥、法国索菲亚、印度班加罗尔等国际知名园区都采取多种措施吸引创新要素，开发创新技术、培育新产业来占据战略制高点。我国当前正处于创新驱动促进发展的关键时期，提升自主创新能力、创建创新型国家成为我国发展的战略核心和提高综合国力的关键。在这一背景下，建设国家自主创新示范区成为创建创新型国家的先行与必由之路。

第一节　国家自主创新示范区内涵与机制

国家自主创新示范区是在国家知识最密集、技术最密集、政策最优惠的区域，通过体制创新和技术创新，以优化得宜的软硬环境为依托，最大限度地把科技成果转化成现实生产力的集聚示范区域。

国家自主创新示范区建设的核心问题在于如何协调"企业、政府、大学及科研院所、中介服务结构"之间的关系，使它们相互作用，发挥各自的优势，其本质是在创新主体间形成协调机制。

基于我国自主创新战略和对国家高新区的战略定位，建设国家自主创新示范区要为105个国家级高新区做出表率，探索新形势下国家自主创新的发展路径，以国家自主创新的最高水平和最大资源力争世界高新技术产业制高点，为高新区内的相互联系的多个利益相关主体建成开放的网络结构，深化改革，突破我国自主创新的瓶颈，推动高新区向较高层次并以较快的速度发展，推动自主创新、加快建设创新型国家。

完整的国家自主创新示范区，其基础要素及结构一般包括内、外部环境两方面。内部构成要素包括高科技企业、大学、科研机构、地方政府、各级中介服务组织。而外部要素独立于直接参与创新的主体，包括社会体制、社会文化心理、基础设施建设等。以上要素共同构成国家自主创新示范区，以有机而稳定的联系协调示范区的功能。自主创新示范区的要素，如图14-1所示：

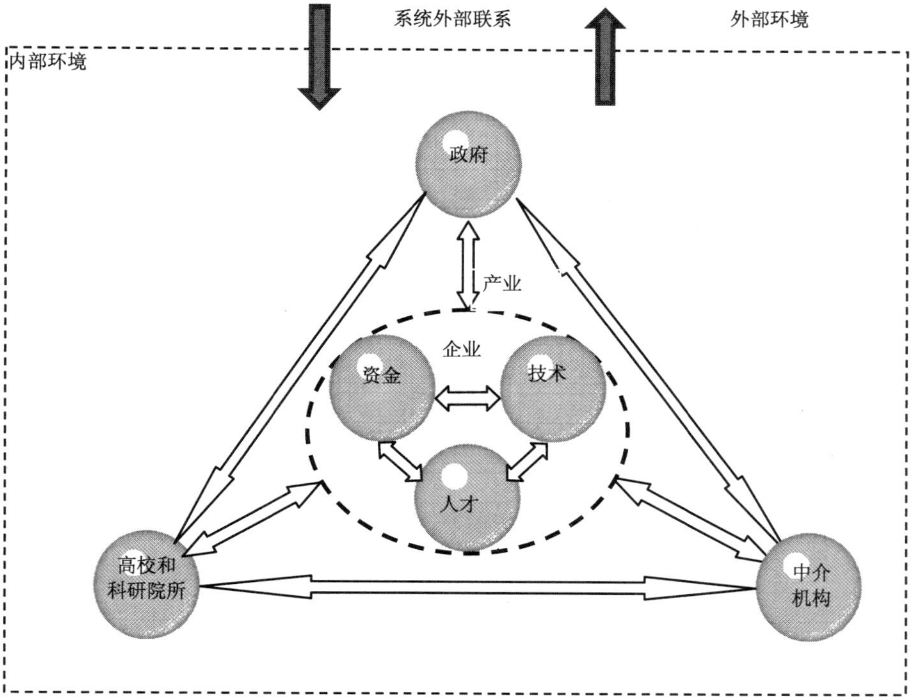

图 14-1　自主创新示范区要素协调机制

一、自主创新示范区的内部要素

1. 高科技企业是自主创新的主体

自主创新的核心是技术创新，相比知识创新、制度创新，技术创新才是高新区自主创新体系的核心和落脚点，没有技术创新，知识创新的成果就会被束之高阁，科研成果就不能转化为现实的生产力，无法实现其价值。企业作为技术创新的主体，只能顺应市场趋势、自主经营、自负盈亏，以市场为导向，开发新产品、采用新工艺，通过技术创新提升商品性能及其工业化和商业化的一系列生产活动将产品投入市场，以占据市场竞争中的优势地位。故而，企业天生对技术创新有着极强的需求与反应，企业的创新意识与企业的生存发展息息相关。

技术创新过程中，企业不可避免的要承担创新风险。成功的技术创新能带来巨大的超额利润，但也伴随极大的失败风险，故而一般只有那些具备核心技术研发能力、市场广阔、资金基础雄厚、技术水准在国内外比较领先的企业才能成为创新主体。除此之外，具备创新实力的高科技企业还要富于主动精神，筹集和投入足够的资本，实现有效的风险管理，建立创新激励机制。在外部，要积极了解市场信息和社会需求，加速采用生产和推销物质产品的手段，迅速把科研单位的发明、创新成果变成物质产品和服务项目。在企业内部，要积极推进科普知识、技术培训以及广泛的技术革新和创造发明，鼓励试验，允许失败，激发广大职工的创造性。

综上所述，只有建设以企业为主体、市场为导向、产学研相结合的技术创新体系，使企业真正主导研发投入、技术创新与创新成果应用，才能全面提升企业的自主创新能力。事实上，存在四方面因素共同促进企业内部自主创新，其动力如图 14-2 所示：

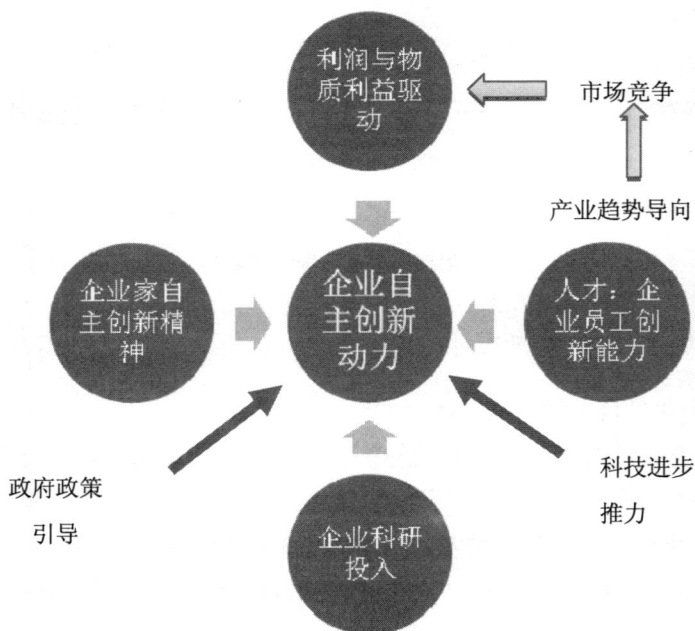

图 14-2　以企业为主体的内部自主创新动力机制

而以下将要提到的要素均通过进入或补充产学研过程助力企业，为企业提供人才、服务、制度支持，是企业在内部动力驱使以外进一步自主创新的动力。

2. 高校和科研院所是知识创新主体和人才基地

高校的作用是多方面的，作为高智力聚集中心，不仅承担研发任务，又承担教学任务，为创新系统以及其他区域中的企业、单位培训和输送有创新能力的人才。科研机构则是通过研究和开发新产品、新技术，从而推动区域的科技创新。高校和科研机构作为示范区自主创新系统的知识创新主体，不断的生产新的知识和技术，包括基础知识、应用知识和技术，并为社会输送科学家、工程师和技术人员等创新人力资源所必须的专业人才。通过与社会创新个体的结合真正实现产学研的合作创新以及科研成果的转化。

3. 中介机构是自主创新示范区的重要服务组织

中介机构主要包括区域内的各种技术市场、劳动力市场、金融机构、行业协会、商会、创业服务中心等组织机构，以及律师事务所、会计师事务所等各种形式的服务机构。

中介机构是创新活动的服务主体，一般不以赢利为目的，服务于政府、企业、高校和科研机构等创新主体之间，发挥桥梁和纽带作用，并不直接参与创新活动。在促进技术协同创新过程中，中介机构所拥有的信息、技术、投资和管理等各方面的专家，能为创新主体提供专业化、全方位的咨询和配套服务，极大地提高创新资源配置效率，促使协同创新主体实现创新低交易成本和低风险。另外，如各种行业协会以及区域性的技术合作创新与创新扩散机构，其掌握的第一手资源也可以使小企业尽可能跟上瞬息万变的科技和市场。

4. 政府机构是制度创新主体

隶属于自主创新示范区的高新区管委会等政府机构，主要制订和执行政策法规，管理和规范系统中的创新活动，同时政府也会规划相近的项目，来直接参与或指定企业参与实际的技术研发和扩散项目。不仅为创新活动提供了制度保障，引导环境建设，也对创新给予了大方向的指示作用。相对于市场，政府在市场失灵的情况下，可以凭借其特殊的身份，直接有效地调控创新机制的具体运行，通常发挥着较其他主体有时难以发挥的作用，同时也是这个机制重要的参与者与制定者。

当今的社会趋势下，政府职能开始由管制逐渐转向服务，尤其对于高新区及自主创新示范区等全国试点基地，政府机构在培育创新环境、树立创新意识、引领创新方向、制定行为规则等方面处于摸索阶段，摸着石头过河，是制度创新的开路人，对于今后城市和区域自主创新的路径起着至关重要的作用。

综上，对于滨海新区，"官产学研中"合作机制的内涵在于构建由各主体有机组成的创新运行系统，以推进滨海新区构筑自主创新示范区的目标实现。其中，企业作为"创新主体"，致力于提升企业技术自主研发能力、人才创新能力；高校与科研机构为企业提供知识创新源动力和人才供给；中介结构为企业提供重要的市场信息和服务支撑；政府为企业提供创新环境和制度保障。这些要素是示范区成为自主创新基地的重要保证。政府、中介作为重要的推动力量，将产、学、研三方主体有机地协同联系起来，旨在提高区域的技术创新效率，推动战略目标的实现。

二、自主创新示范区的外部要素

相对于内部要素，外部要素的作用发挥相对间接而缓慢，需要在外部环境的交流中，对自主创新的大环境施以影响才能加以利用。

基础设施是高新区自主创新体系中的一个重要环境要素，基础设施的质和量影响着区域创新系统的动态竞争力。示范区通常是高科技企业的集群，一般都需要完善的水、电、路、通讯等基础设施的配套，以及网络、公用图书馆、公共实验室、公共信息服务机构等公众交流所必需的公共设施建设，以推动创新思想的传播、知识的转移和创新能力的提高。

而在文化与体制等软环境上，文化使得一个社会群体的人们培养出相同的思维方式、价值观、习俗以及行为方式。创新活动同样需要文化环境的支撑，只有开放的文化，持有对外界文化批判吸收的态度，促使自身对新环境、新技术更快更强地适应，才是真正具有创新潜力的文化。这种长久而传统的精神诉求，有赖于当地长期的教育投入、国民素质提高和精神文明建设，来提高全民的科学素质、公众对创新的接受程度、人们对创新失败者的容忍程度以及人们对风险的认识程度等。

第二节　滨海高新区与三大创新示范区对比

2009 年国务院先后批复建设中关村和东湖高新技术产业开发区为国家自主创新示范区，这标志着国家自主创新示范区建设工作正式启动。2011 年国务院又批复上海张江高新技术产业开发区建设张江国家自主创新示范区。建设国家自主创新示范区已经成为提高自主创新能力、建设创新型国家的重大方向和实践举措，其推广与发展必将极大地促进我国综合竞争力的提升。

滨海高新区作为滨海新区科技试点的模范基地，承担着建设国家自主创新示范区的重任，应吸取三大示范区的经验，致力于今后的创新建设。

一、滨海高新区发展现状

天津滨海高新技术产业开发区于 1988 年建立，国务院 1991 年批准其为首批国家高新区，总体规划面积 97.96 平方公里，形成"一区六园"的格局，其中包括华苑科技园、滨海科技园、南开科技园、武清科技园、北辰科技园、塘沽科技园，其核心区域为华苑科技园和滨海科技园。高新区致力于增强自主创新能力，始终坚持科技带动经济，主要经济指标持续保持 30% 以上的增长速度，"十一五"期间，滨海高新区得以大力发展，生产总值年均增长 35.5%，总收入达到 2005 年的 4 倍，年均增长 32.1%。2011 年天津滨海高新区实现总收入 3619 亿元，同比增长 20%；地区生产总值 773 亿元，同比增长 18%。滨海高新区涌现出一大批拥有自主知识产权的高新技术企业，形成了新能源、软件及高端信息制造、生物技术与现代医药、先进制造业和现代服务业五个具有较强竞争力的优势主导产业，产业创新集群正向高端分工、规模发展、上下游一体化延伸等方向迈进。

2005 年，天津滨海高新区被国家知识产权局批准为全国首家"国家知识产权试点园区"，被国家环保总局、国家科技部批准为创建 ISO14000 国家示范区；2009 年，天津滨海高新区成为国家科技部首批创新型科技园区建设试点单位之一，2012 年，高新区经国务院批准成为全国场外交易市场(新三板)首批扩容试点之一；高新区被授予首批国家文化和科技融合示范基地称号；同时，高新区被认定为首批国家电子商务示范基地，华苑科技园获批国家生态工业园。十多年来，高新区一直走在创新发展的前列，创造了很多全国、全市"第一"：专利申请量已突破 4000 件，占全市比重超过 34%，在全国 83＋1 家国家高新区中位居前列；软件著作权登记累计达 300 件，占全市总量的 50%；驰名、著名商标达 43 件。截至目前，高新区经认定的高新技术企业数量占全市近 30%。拥有占全市 40% 的国家级企业技术中心，拥有占全市 23% 的市级企业技术中心。

2012 年，高新区各项主要经济指标都实现了超常规的发展，在天津市各区县和滨海新区各功能区中增速位列第一，实现了历史性的突破。高新区的高速增长，出现了喜人的增长趋势，更多来自于经济结构调整中一批高新技术企业及其项目的进驻和迅速成长。目前，以五大优势主导产业为基础，高新区已经聚集一大批低碳绿色科技型企业，高新技术企业、产业集群初具规模。"新三板"首批扩容试点，已有多家企业成功挂牌；同时还成为首批国家文化和科技融合示范基地，广告产业示范园创建取得实质性进展，标志着高新区文化科技产业进入全国第一梯队。

二、滨海高新区与三大国家自主创新示范基地对比

中国目前仅正式批复三处国家自主创新示范区。相对国家其他高新区，中关村和东湖高新区综合实力较强，具备强劲的知识创造能力、产业创新能力和国际竞争能力。经过二十多年的发展，中关村逐步建成"一区十园"的高端产业功能区，形成以电子信息、生物医药、航空航天、新材料、新能源与环保、高技术服务业为主的产业集群。东湖高新区也形成了以光电子信息为主导，生物、新能源、环保、消费电子等产业为支柱的高新技术产业集群。作为国内最大的光纤光缆、光电器件生产基地、光通信技术研发基地和激光产业基地，"武汉·中国光谷"已成为我国在光电子信息领域参与国际竞争的标志性品牌。上海张江高新区建成"一区六园"，各分园结合各自资源禀赋和基础条件，围绕集成电路、软件、生物医药、电子信息、新材料等产业建成产业集群，其中，张江核心园的集成电路产业占据了国内半壁江山，成为全国最大的软件产业基地之一，形成了国内最密集的生物医药研发创新基地。滨海新区形成"一区六园"，各分园结合基础条件，形成以新能源、软件及高端信息制造、生物技术与现代医药、先进制造业与现代服务业等五个具备竞争力的优势主导产业。

从产业规模上看，三大创新示范区及滨海新区高技术产业开发区在企业数

量、工业总产值、工业增加值、营业总收入、利润及上缴税额等方面均位于全国高新区前列，如表 14-1 所示。

表 14-1　三大创新示范区及全国高新区主要经济指标（2011）

		中关村科技园区	上海张江高新区	武汉东湖高新区	滨海新区高新技术产业开发区	全国高新区
企业数	数量（个）	15026	1316	2603	2795	57033
	排名	1	9	4	3	
年末从业人员	数量（万人）	138.49	38.37	36.09	29.43	1073.64
	排名	1	2	3	7	
工业总产值	数量（亿）	5831.56	4032.29	3191.37	1923.28	105679.60
	排名	1	3	9	15	
工业增加值	数量（亿）	1009.90	818.66	1083.85	559.78	27151.94
	排名	4	7	2	14	
营业总收入	数量（亿）	19646.02	6526.60	3810.06	3619.26	133425.10
	排名	1	2	6	7	
净利润	数量（亿）	1306.35	636.25	237.58	298.95	8484.17
	排名	1	2	8	5	
上交税额	数量（亿）	925.84	445.80	208.92	144.18	6816.71
	排名	1	2	7	12	
出口创汇	数量（亿美元）	231.65	258.50	67.49	87.50	3180.60
	排名	2	1	15	11	

资料来源：《中国科技统计年鉴 2012》。

根据第二节国家自主创新示范区的构成要素，以下也从四方面具体分析：

1. 企业格局与创新指标

2012 年上半年，滨海高新区先后吸引包括中兴能源光能业务总部项目、仁创科技北方研发及产业化基地项目、三达国际集团中国北方总部项目、卡梅隆—佩斯集团(CPG)中国总部等一批高端、高质、高新项目签约落户。高新区内龙头企业、科技型中小企业集群、高新技术企业团队之间的协调互动关系日益形成。

在滨海新区整体大格局以及龙头企业的带动下，滨海高新区科技型中小企业集群迅速壮大，科技小巨人企业迅速成长。截止到 2011 年，滨海高新区科技小巨人企业达到 136 家，占到滨海新区的半壁江山，涌现出以力神电池、明阳风电、尤尼索拉、中环领先、赛象科技、友达能源、三安光电、长飞鑫茂、西门子、施耐德万高、凯发电气、津荣天宇、亚安科技、中环天仪、宇信易诚、钜宝电子、海王星、悦泰石化、苏司兰、歌美飒、尚赫科技、富通集团等为代表的一批知名企业，并重点服务于水电十三局、中海油销售、富通集团、明阳风电投资控股、中安信成保理、东方信远融资租赁、国美电器等总部企业。

截至 2012 年 8 月底，整个滨海新区经认定科技型中小企业突破万家，累计达到 10311 家，新增科技小巨人企业 227 家，其中在新区各功能区中，滨海高新区认定企业总量累计达到 3700 家，在全市各区县（管委会）中位居第一。

滨海高新区在吸引科技型企业方面，建立 10 亿元专项扶持资金，自 2011 年起，5 年内，重点用于人才创新创业基地建设，扶持科技型中小企业和研发机构集群发展。中小企业在天津滨海新区注册，若注册 100 万，高新区无偿支持 10 万，200 万支持 20 万，最高 60 万。此外，企业取得专利、上市等标准后，高新区和天津市都有奖励。

截至 2012 年上半年，高新区高新技术企业数量占天津市近 30%，科技型中小企业数量占 15%。高新区拥有占天津市 40% 的国家级企业技术中心，拥有占天津市 23% 的市级企业技术中心。

表 14-2　三大创新示范区及滨海高新区企业创新指标（2011 年）

	中关村	张江	东湖	滨海高新区
企业数（个）	15026	1316	2603	2795
年末从业人员（万人）	138.49	38.37	36.09	29.43
工业总产值（亿元）	5831.56	4032.29	3191.37	1923.28
总收入（亿元）	19646.02	6526.60	3810.06	3619.26
技术收入（亿元）	2844.94	421.82	472.47	349.72
技术收入占总收入比例（%）	14.49	6.46	12.40	9.66
R&D 人员（万人）	30.12	9.03	8.36	3.81
R&D 经费（亿元）	315.24	79.91	121.42	49.68
人均科研经费（万/人）	10.46	8.85	14.53	13.03
人均工业产值（万/人）	193.58	446.55	381.92	504.61
R&D 人员占总从业人员比例（%）	21.75	23.53	23.15	12.95

资料来源：《中国科技统计年鉴 2012》及作者自行整理。

从表 14-2 中总量数据来看，滨海高新区的企业数目虽然较大，但规模相对偏小，其用于科研并得益于科研的成果也相对偏低，R&D 经费和工业总产值绝对值是最低的，仍处于创新的追赶阶段。虽然从相对指标来看，滨海高新区的人均科研经费和人均工业产值居高，但这并不代表创新人才投入产出效率处于优势，这一现象主要是因为高新区内科技从业人员太少，而产能的增加大大高于配套的科技设施。

2. 产业基础

依托滨海新区整体雄厚的产业基础，滨海高新区重点支持新能源、软件及高端信息制造、生物技术与现代医药、航空航天等先进制造业和现代服务业五大优势主导产业。

新能源产业是天津滨海高新区的标志性产业。天津滨海高新区 2005 年被原信息产业部批准为"国家(天津)化学与物理电源产业园"，2008 年被国家发改委批准为"天津国家新能源高技术产业基地"，2010 年被科技部批准为"国家风力发电高新技术产业化基地"。近年来，天津滨海高新区引进并支持发展了一大批新能源产业项目，其中包括投资 146 亿元的力神新能源产业园项目，投资超 100 亿元的英利光伏产业基地项目，宏大中源 400 兆瓦太阳能电池项目、明阳风电天津产业基地项目等。国际风电巨头歌美飒、苏司兰、中国风电集团投资总部等相继落户天津滨海高新区，加上力神、天津巴莫、天津鑫茂鑫风等本土企业，高新区逐步形成了以绿色电池为基础以风力发电、绿色电池和太阳能光伏为主导，LED、燃料电池、智能电网为补充的产业集群，具有非常强的竞争力、国际影响力和品牌效应，是国内新能源企业和科研机构高度集聚、产业发展十分活跃的区域。高新区新能源产业每年保持 30%～40%的增长速度，2011年新能源产业产值达到 220 亿元。培育出国内技术水平最高的锂离子电池生产企业、市场份额稳居全球前五、中国锂电的代表性品牌——力神电池。

软件及高端信息制造方面，天津滨海高新区华苑软件园身兼"国家软件出口基地"、"国家火炬计划软件产业基地"、"国家 863 软件专业孵化器"、"国家服务外包基地城市示范园区"四个国家级品牌，在"2008ChinaSouring 中国服务外包园区 Top10"榜单上位居第七名，聚集了天津市 62%的经认定软件企业和 53%的系统集成企业，软件出口处于全国领先地位。其中代表性的高科技成就有：中环半导体的高压硅堆，其产销量世界第一；曙光信息产业有限公司自主研发的超级计算机曙光 5000A 和"星云"系列，使中国成为继美国之后第二个能制造和应用超百万亿次、千万亿次高性能计算机的国家。

高新区的生物技术和现代医药产业水平领先。协和干细胞基因工程有限公司拥有的干细胞库是目前世界上规模最大的干细胞库之一，分离储存脐血干细胞技术达到国际先进水平。天药药业、天安药业、天士力生物等公司研发能力位居全国前列。目前，科技部等四部委和天津市政府正在滨海高新区联合建设"国家生物国际创新园"，建成后将成为我国生物医药产业的重要基地。目前已经引进了中农威特、安必森生物和协和医药等 7 个产业化项目，总投资 26.3 亿元。引进了中国人民解放军军事医学科学院的研发和产业化基地以及天津药物研究院，其中天津市新药安全评价研究中心已经建成并通过国家食品药品监督管理局优良实验室规范认证，填补了天津市医药领域科技创新平台的空白，成为国内仅有的 6 个可以承担包括急性毒性、长期毒性、免疫毒性、致癌毒性等所有安全性评价项目的单位之一。天津市新药安全评价研究中心设有国家重点实验室和天津市重点实验室，承担着国家重大新药创制、国家科技支撑计划、国家自然科学基金、国家 863 计划、国家 973 计划等十余项重大研究项目，研究水平居全国前列。近年来，赫格雷全国研发总部及产业化基地、尼欧生物等项目的落户，促进了天津滨海高新区生物医药产业的集群发展。

天津滨海高新区先进制造业产业门类分布广泛，包括专业设备、航空航天、输变电设备、仪器仪表、汽车零部件等。赛象科技公司研发的"巨型工程子午线轮胎成套生产技术与设备开发"项目获 2007 年国家科技进步奖一等奖。西门子电气传动有限公司在华苑科技园建设的新厂成为全球电气传动第二大生产基地。航空航天产业是天津滨海高新区新的亮点，高新区引进了航天科技集团第五研究院航天器研发制造及应用产业基地、航天科技集团第十一研究院环保脱硫项目和特种飞行器研发生产基地项目，这些项目均代表了各自领域我国的最高水平。

现代服务业是天津滨海高新区重点发展的优势产业，包括总部经济、科技服务业和科技金融等产业。2011 年，天津滨海高新区服务业增加值 149.13 亿元，占本区生产总值的比重为 40.9%。设计高度近 600 米的高银 117 大厦集高档商场、写字楼、商务公寓和六星级酒店于一身，建成后将是天津滨海高新区一张亮丽的"城市名片"，成为天津滨海高新区乃至天津市极具代表性的标志性建筑。位于滨海科技园核心的渤龙湖总部经济区，将被打造成集旅游、商务、研发为一体的总部经济区。中石化华北销售、中海油销售、海泰控股集团、李宁乐途总部、国美电器总部、梦金元总部、水电十三局、广播电视网络等总部经济近年来实现了快速增长，支撑了服务业的发展。科技服务业共有各类科技服务机构 160 多家，行业涉及研发服务业、科技中介、科技咨询、专业技术服务、知识产权服务等领域，位居天津市前列。引进的卡梅隆—佩斯集团也是滨海高新区打造文化产业乃至现代服务业的一个重要部分。

3. 政策扶持

在滨海新区对高新技术企业、知识产权以及做出显著贡献的个人和组织激励政策的基础上，滨海高新区出台了《天津滨海高新技术产业开发区支持科技型中小企业发展的鼓励政策》、《天津滨海高新技术产业开发区扶优扶强政策》、《天津滨海高新技术产业开发区加快绿色能源产业发展的鼓励办法》、《天津滨海高新技术产业开发区加快软件与服务外包产业发展的鼓励办法》、《天津滨海高新技术产业开发区加快动漫产业发展的鼓励办法》、《关于印发京津冀生物医药产业化示范区优惠政策的通知》《天津滨海高新技术产业开发区关于落实〈京津冀生物医药产业化示范区优惠政策〉的意见》、《天津滨海高新技术产业开发区企业实施节能减排鼓励办法（试行）》等一系列产业政策，对重点产业、重点企业给予优惠。

在创新环境上，高新区出台了《天津滨海高新技术产业开发区支持产业技术创新鼓励办法》、《天津滨海高新技术产业开发区鼓励企业创造和发展知识产权资助办法》、《天津滨海高新技术产业开发区鼓励投融资发展暂行办法》、《天津滨海高新技术产业开发区科技型企业股权激励先行先试工作暂行办法》、《天津滨海高新技术产业开发区科技型企业股权激励先行先试工作试点方案》、《天津滨海高新技术产业开发区技术创新奖奖励办法（试行）》、《天津滨海高新技术产业开发区鼓励企业争创驰名、著名商标及"守合同、重信用"单位的奖励办法》、《天津滨海高新技术产业开发区鼓励企业实施商标战略的奖励办法》、《天津滨海高新技术产业开发区孵化器管理办法（试行）》等激励措施。启动实施科技服务体系建设试点，以孵化基地和科技金融为重点，推动科技服务业向高端化发展，推进高新区中小企业信用体系试验区建设，引导和推动科技型中小企业进行股份制改造和上市融资。探索科技体制机制创新，继续推进股权激励试点工作。此外，加快科技型中小企业发展，继续深化实施小巨人成长计划。对产值在 4000 万到 1 亿元的前 100 名科技型中小企业给予重点支持。为了鼓励各级孵化器机构加大对中小企业的服务力度，给予孵化载体"孵化事业金"补助。同时，继续组织好国家和市"千人计划"推选工作等。

为吸引并鼓励、留住人才，高新区出台了《天津滨海高新技术产业开发区鼓励科技领军人才创新创业暂行办法》、《天津滨海高新技术产业开发区鼓励海外高层次留学人员创新创业暂行办法》，为高素质人才的创业以及科技成果的转化提供了条件。

表 14-4 三大创新示范区及滨海高新区主要政策比较

项目	政策文件			
	中关村	张江	东湖	滨海高新区
主体地位	建设世界一流园区试点园区 2006；国家自主创新示范区 2009	建设世界一流园区试点园区 2006；国家自主创新示范区 2011	建设世界一流园区试点园区 2006；国家自主创新示范区 2009	暂无
发展规划	《中关村国家自主创新示范区发展规划纲要（2011-2020 年）》2011	《张江高科技园区 2009-2015 年产业发展规划》2009	《东湖国家自主创新示范区发展规划纲要(2011-2020 年)》2011	《天津滨海高新技术产业区总体规划纲要》2007
人才政策	《中关村高端领军人才聚集工程实施细则》2010	《上海市张江高科技园区激励自主创新人才暂行办法》2007	《武汉东湖新技术开发区管委会关于实施 3551 人才计划的暂行办法实施细则》2010	《天津滨海高新技术产业开发区鼓励科技领军人才创新创业暂行办法》2012
科技金融	《中关村国家自主创新示范区创业投资风险补贴资金管理办法》2011	《浦东新区促进高新技术产业发展的财政扶持意见》2005	《武汉东湖新技术开发区管委会关于促进金融后台服务产业加快发展的意见》2008	《天津滨海高新技术产业开发区鼓励投融资发展暂行办法》2010
中小企业	《中关村国家自主创新示范区科技型中小企业信用贷款扶持资金管理办法》2010	《浦东新区中小企业发展基金管理办法试行》)2006	暂无此类专门政策	《天津滨海高新技术产业开发区支持科技型中小企业发展的鼓励政策》2011

项目	政策文件			
	中关村	张江	东湖	滨海高新区
知识产权	《中关村专利促进资金管理办法》2011、《中关村技术标准资助资金管理办法》2011	《张江科技创新专项资金知识产权专项》2004	《东湖高新区知识产权战略实施纲要》2009	《天津滨海高新技术产业开发区鼓励企业创造和发展知识产权资助办法》
科技企业孵化器	《中关村国家自主创新示范区大学科技园及科技企业孵化器发展支持资金管理办法（试行）》2011	《关于推进张江高科技园区孵化器建设实施办法》2008	《武汉东湖新技术开发区关于促进科技企业孵化器建设与发展的实施办法》2012	《天津滨海高新技术产业开发区孵化器管理办法（试行）》
土地开发	《中关村科技园区土地一级开发暂行办法》2002	《张江功能区域关于开展"腾笼换鸟"工作的实施意见（暂行）》2007	暂无此类专门政策	暂无此类专门政策
综合配套政策	《中共北京市委北京市人民政府关于建设中关村国家自主创新示范区的若干意见》2009	《关于推进张江核心园建设国家自主创新示范区若干配套政策》2011	暂无此类专门政策	暂无此类专门政策

资料来源：作者自行整理。

总体上来讲，中关村的法律法规最完善，政策体系最完备，主要来自四个层次：示范区、行政区、北京市和国家。张江在"聚焦张江"战略实施后，使得要素市场、中介机构、大学分部、科研院所、公交、地铁等全市的优势资源迅速向园区集结。据不完全统计，各级政府推动张江园区发展的各项政策约有70条。而东湖与滨海高新区针对自身的政策较少，一部分具体的政策措施纳入到了市级的政策体系范围，需要在后续配套发展中补充完善。

4. 与大学及科研院所的合作

天津滨海高新区起步于天津的高教区，也就是南开大学、天津大学附近，周围10多家高校，100多家科研单位，从起步那天起就有了创新的基因。相对于长江三角洲和珠江三角洲，天津作为第三增长极，环渤海地区拥有300多所大学支撑其战略发展，在三个区域中大学数量、科研机构最多。天津和北京仅35分钟的车程实现了地域和人才的同城化，两市的错位发展，户口、房价、买车限购等区别也为人才引进提供了条件。

滨海高新区以企业为主体、产学研结合的研发体系已初具规模，现在有国家级企业技术中心 8 个，市级企业技术中心 58 个，科技投入占 GDP 比例达到 8%，区内企业每年承担的各类重大科技项目，达 200 项以上。企业专利申请量，占全市 60% 以上。通过劳资关系、研发合作、引进专家、人才培养等多种模式，与中科院、军科院、清华大学、天津大学和南开大学等重点高校紧密的高水平研发机构具备近 20 家。

以生物医药行业为例，借助于天津国际生物医药联合研究院的带动作用，滨海高新区聚集了协和干细胞基因工程有限公司、军事医学科学院、天津药物研究院等企业和研发机构，引进了中农威特（天津）生物医药项目、九州通集团项目、军事医学科学院天津滨海新区科研及成果转化基地等，并设立了 2 亿元专项资金用于推动生物与医药产业的发展。

与此同时，滨海高新区积极探索，与天津大学等大学签署战略合作框架协议，天津恒实通工程技术发展公司与天津大学材料学院、天津德力电子仪器公司与天津大学信息学院分别签署了合作协议。高新区致力于进一步促进政产学研"四轮驱动"、推进教育科技和经济紧密结合、实现创新驱动发展，努力形成校企紧密合作、涵盖主要产业领域的创新平台集群，着力提升科技成果转化水平，着力发挥示范作用，探索创新合作范式，为更多的区校合作提供有益经验，使更多的科研成果变成现实生产力，这也是强强联合、互利共赢的战略选择。

相较于滨海高新区，中关村、张江、东湖三大示范区经过多年探索与发展，依照各自不同的资源禀赋和区位优势，分别开创了相对完整、互为补充的产学研体系，如表 14-5 所示，值得滨海高新区学习与借鉴。

表 14-5　三大创新示范区产学研结合情况一览[①]

园区	产学研合作模式	典型案例
中关村	从高校与科研院中孵化创新型企业	早期的中科院联想、北大方正、清华紫光；90 年代的中科院曙光、北大青鸟、清华同方等
	高校与科研院所内部生成产学研合作	清华大学产学研合作体系：学校技术转移系统；清华科技园；清华控股公司

---

① 曾国屏，刘字濠．创新集群视角对中关村、张江和深圳高新区的比较[J]．科学与管理．，2012(6).

园区	产学研合作模式	典型案例
中关村	高校、科研院所与企业建立联合研发机构	中科院与摩托罗拉公司合作设立的"先进人机通信技术联合实验室"、贝尔实验室和北京大学合作设立的"软件技术联合实验室"等
	投资人与高校、科研院所合资组建企业	日本的NEC公司与中科院软件所成立恩益喜——中科院软件研究所有限公司；佳能公司与北京大学成立北佳公司等
张江	中外携手，跨国合作	诺华公司与复旦大学联合设立了诺华—复旦联合研究实验室；中科院药物所和阿斯利康中国创新中心跨机制合作，联合设立新药安全性评价实验室
	优势互补，本土企业结盟战略合作	桑迪亚联手联友药业、华大天源结成联盟，成为企业自主合作的CRO外包服务联盟首创案例
东湖	大学、院所直接将研发植入产业	科研院所的技术人员和高校老师带着科研成果到高新区创业：楚天激光、凯迪电力、凡谷电子等；华中科技大学、武汉大学科技园
	高校、科研院所与企业建立产学研联合体	2002年，由华中农业大学、湖北省科技厅、武汉市科技局、东湖高新区管委会、东湖高新集团合作成立了我国第二个国家植物基因研究中心
	"产业基地+研究院"集成模式	高新区采取资源集聚战略，依托国家光电子产业基地、国家生物产业基地，成立了光电国家实验室和武汉生物技术研究院

资料来源：作者自行整理。

第三节　创建国家自主创新示范区的重点

一、发达国家创新示范区的重要经验

世界不同地区在政治体制、科技资源禀赋、产业结构、人员素质以及历史发展进程等方面存在差异，导致各区域在推进创新方式、建立区域科技创新体系上形成不同的特色和模式。美国与日本作为世界科技强国，拥有相对成熟的国家创新体系，同时，欧盟国家在国家创新体系建设方面也有着有益的经验和启示。依据 2006 年～2011 年"欧盟创新排行榜"的综合排名，选取五个全球公认的创新型国家作为考察对象。欧盟曾于 2000 年提出以创新科技作为发展主轴的发展战略，以此改善欧盟生产力不足和企业研发投入不够等现象。根据欧盟创立的创新指标体系（包括创新驱动力、知识创造、创新创业），瑞典、芬兰等国家创新体系创新能力及综合实力较强，也是我国学习和借鉴的重要经验，如表 14-6 所示。

表 14-6　其他国家创新体系建设的重要经验

国家	主要经验
瑞典	高强度研发投入、企业是创新动力、公共研发体系完善
瑞士	创新氛围强烈、注重智力投入和职业教育、政府重视和扶持、企业是创新主体
芬兰	极为完善的创新中介组织（中小企业研发提供融资服务的风险投资机构和地区性创新服务中介）
日本	注重知识产权创新制度建设、利用知识产权应用制度建设
美国	高度重视国民教育和人才引进、高投入的研发体系、管产学研、科技立法体系

资料来源：作者自行整理。

二、滨海高新区创建自主创新示范区的重点

滨海高新区的自主创新体系由新区内的高新技术企业以及政府、高校、科研院所、中介服务机构等参与主体组成。滨海新区的目标是建立起以市场为导向，以企业为创新主体的技术创新体系，构建以高校与公共科研院所为主体的知识创新体系，以各类科技中介服务机构为主体的科技中介服务体系，以政府为主体的制度创新体系为重点，形成高新区完整的自主创新网络体系。

国家自主创新示范区可以被看作一个代表性的创新集群。在表现形式上，创新集群是以新知识生产、新产品大量出现为本质涵义的创新型组织（创新型企业、各种知识中心和相关机构），在地理空间上集中或在技术经济空间中集聚并且与外界形成有效互动结构的产业组织形态。它将具有互补竞争优势的主

体，在产品链与价值链的作用下被相互连接、整合成为体系，共同参与到改进共性技术的活动中，研发目标同一、创新资源投入集中；使得知识溢出随之也呈现集中，科技与经济在产业层次高度融合。对高新技术产业的发展而言，成功的高新技术开发区不仅是产业集群，而且是创新集群。高新技术产业及开发区进一步发展的关键，就是加强创新集群的建设。

创新集群还与区域创新体系密切相关，特别是对于一些经济和地理规模大的国家，如美国和日本，创新集群与区域创新体系有着更直接和更密切的关系。在美国，几乎所有以产业集群为基础的创新政策都是建立在州和地区层次上的。一方面，这种区域创新体系是由一些当地更便于管理的产业集群组成的，另一方面，产业集群也更易于分享马歇尔所说的区域独特的外部性。

有鉴于此，中国应致力于探寻区域协同构建国家自主创新示范区的新模式和新路径。从区域合作角度看，天津与北京成为京津冀一体化的"重要两极"，滨海新区与中关村将成为"京津科技新干线"，通过协同发展国家自主创新示范区带动京津冀区域整体科技实力的提升成为必然选择。在这一背景下，如何利用滨海新区"综合改革示范区"优势，利用与中关村形成"互动共赢"的局势，创建滨海新区国家自主创新示范区成为研究重点。

将构建滨海新区国家创新示范区，将之植根于"京津科技同城"效应中，发挥两地科技、教育、人才、产业、土地、港口等互补优势，在产业转移和对接、打造教育科技和研发高地、加强人才共享互通、推进文化旅游会展融合发展等方面加强合作。

1. 与中关村形成"错位发展、互动合作"的发展模式

依托"京津合作框架"，推动滨海高新区作为中关村的"合作共建基地"，推动滨海高新区建设"京津科技新干线、战略性新兴产业和高技术产业共建产业园、京津合作示范区"等，聚集高端优质要素，形成"京津科技圈"；推动滨海新区"体制改革、研发转化基地和国际合作平台"，促进京津共同形成具备全球影响力的科技创新中心和高技术产业高地。在天津滨海新区共同建设天津滨海中关村科技园，搭建科技型中小企业孵化平台，推进集成电路设计、生命科学等方面的合作。结合天津未来科技城总体规划，共同规划建设京津合作示范区，打造成科技、生态、宜居的新城。

2. 定位"研发转化基地"，实现从技术到产品再到产权层面的转化

借助滨海新区"先行先试"优势，以"工业设计平台"等为基础，建立区

域研发转化基地，实现从技术到产品再到产权层面的"一体化"研发转化功能：技术专利、标准化认证机构；建立商标、品牌注册机构；建立技术、产权、股权交易平台。

3. 促进创新型产业聚集网络的形成，与中关村错位形成产业布局

重点支持新能源、软件及高端信息制造、生物技术与现代医药、先进制造业和现代服务业五大优势主导产业，加大力度支持产业聚集网络中关联度强的企业群落，建立政府信息、人才、技术、基金交流服务平台，形成对于国内外先进科技机构及技术形成"引进—消化—吸收—再创新—扩散"的模式，拓宽产业聚集网络；重点培育科技型中小企业，与区域内科研院所及高校共建科技基地，促进建立政府主导型科技型中小企业发展模式，创建"招商引资—企业孵化—产品上市—技术升级"等一站式服务，降低科技型中小企业的风险。

4. 发挥滨海新区综合改革试验区优势，深化和拓展创新

在科教方面，双方建立京津校长、教师和管理干部交流挂职机制，合作共建高校重点学科和品牌特色专业，互相开放重点实验室、精品课程等优质教育资源。推动京津职业教育机构跨区域合作办学，筹建京津科研协助共同体，合作申报国家级课题和重大科技专项，共同建设一批世界前沿研究中心、国际联合研究基地、技术创新平台等高端研发机构。

逐步建立和完善覆盖技术创新过程的多功能、多层次科技资本市场、金融服务体系，协同中关村成为科技金融创新中心；吸引高端人才入驻京津，建立"高校—企业"、"中关村—新区"、"企业—企业"间的人才流动、人才共享机制，设立国际水平的人才教育、培训、交流机制和平台；鼓励企业探索"开放式创新"借助国内外科学技术成果、借助共同开发建设模式，为企业提供开放式技术、人才、资金支持。

参考文献：

[1] Anna Lee Saxenian. Regional Advantage: Culture and Competition Silicon Valley and Route 128[M]. Harvard University Press，1994.

[2] Cooke P，Hans - Joachim Braczyk，H J and Heidenreich M(eds.) Regional Innovation System: the Role of Governancesin the Globalized World[M]. London :UCL Press，1996.

[3] Watcharasriroj B，Tang J C S. The Effects of Size and Information

Technology on

[4] Hospital Efficiency，Journal ofHigh Technology Management Research，2004 (15).

[5] 陈家昌. 我国科技非政府组织的决策参与问题探析[J]. 科学学与科学技术管理，2007 (11)：29-32.

[6] 傅首清. 中关村国家自主创新示范区核心区产学研合作体系的建设与发展[J]. 中国高校科技与产业化，2009(8)：42-47.

[7] 国务院. 关于同意支持中关村科技园区建设国家自主创新示范区的批复[EB/OL]. 新华网. http://news. xinhuanet.com/ newscenter/200903/20/content_11043626. htm，2010.

[8] 韩振海，李国平. 国家创新系统理论的演变评述[J]. 科学管理研究，2004（22）.

[9] 黄国平，孔欣欣. 金融促进科技创新政策和制度分析［J］. 中国软科学，2009（2）：28-37.

[10] 林毅夫，李永军. 中小金融机构发展与中小企业融资［J］. 经济研究，2001(1)：10-18.

[11] 孙彤. 滨海新区构筑自主创新高地实现机制研究[J]. 科技进步与对策，2011（24）.

[12] 天津滨海高新区工委课题组. 天津滨海高新区引领转变经济发展方式的若干思考[J]. 求知，2011（8）.

[13] 天津滨海高新技术产业开发区网站. http://www.thip.gov.cn/tzzs/zdcy/.

[14] 武汉东湖国家自主创新示范区办公室. 建设东湖国家自主创新示范区资料.

[15] 吴开松，颜慧超，何科方. 科技中介组织在高新区创新网络中的作用[J]. 科技进步与对策，2007（7）：41-43.

[16] 夏亚民. 国家高新区自主创新系统研究[D]. 武汉理工大学，2007.

[17] 曾国屏，刘字濠. 创新集群视角对中关村、张江和深圳高新区的比较[J]. 科学与管理，2012（6）.

[18] 中关村科技园区建区二十周年发展回顾［EB/OL］. 中关村国家自主创新示范区网站. http://www.zgc.gov.cn/fzbg/ndfx/，2010-06-08.

第十五章　文化产业蓬勃兴起

文化产业是当今世界文化建设和发展最重要的领域，是建设文化强国的重要组成部分和实现方式。加快发展文化产业，是中央科学把握国内国际形势和文化发展规律做出的重大战略决策，是推动科学发展、转变经济发展方式的客观要求，是满足群众精神文化需求、保障人民文化权益的重要途径，是提高国家文化软实力、扩大中华文化影响力的必由之路。党的十七届六中全会高屋建瓴地指出，要按照全面协调可持续的要求，推动文化产业跨越式发展，使之成为新的经济增长点、经济结构战略性调整的重要支点、转变经济发展方式的重要着力点，为推动科学发展提供重要支撑。因此，文化产业发展水平已经成为衡量国家或地区发展的一个重要指标。

天津滨海新区作为中国经济极为重要的增长点，承担着引领21世纪中国经济发展的重任，把文化产业作为新区经济社会发展的重要内容和支柱产业之一，是其历史的必然选择。2006年，天津滨海新区获批国家综合配套改革实验区，被正式纳入国家发展整体战略布局。同年，国家"十一五"时期文化发展规划纲要提出，打造长江三角洲、珠江三角洲和环渤海地区三大文化产业带；2007年，中共十七大报告进一步提出"要大力发展文化产业，实施重大文化产业项目带动战略，加快文化产业基地和区域性特色文化产业群建设"的重大部署；2008年，国务院在批复的《天津滨海新区综合配套改革试验总体方案》中明确指出：要在滨海新区建设国家级滨海新区文化产业示范园区，整合、开发天津市乃至环渤海地区文化资源，使之成为新兴文化产业发展的策源地和示范区。至此，天津滨海新区以文化产业大发展助推文化事业大繁荣，逐步实现了文化产业大跨步、大前进、大飞跃。

第一节 "十一五"期间滨海新区文化产业成就回顾与总结

从 2006 年到 2010 年，短短五年时间，滨海新区在创新思路、制定政策、搭建平台、推动项目上下工夫，文化产业发展已具有相当规模。截至 2010 年底，新区文化企业达 4000 余家，总资产近 900 亿元，实现营业收入 500 亿元，利润总额近 60 亿元，增加值达 220 亿元左右，占 GDP4.4%，增速为 40%左右，在国内产生了良好的影响。① 纵观"十一五"时期，滨海新区文化产业在以下方面取得了显著进展：

一、建设了一批具有重大示范效应和产业拉动作用的文化产业项目

2010 年，滨海新区确定文化大发展大繁荣第一批重点项目 37 项，总投资 389 亿元。天津极地海洋馆和提升改造的航母主题公园等项目建成开放；智慧山文化创意产业基地、妈祖经贸文化园等项目进展顺利；国内首家文化艺术品交易所正式运营，目前上市品类达 10 种；国家海洋博物馆、国家数字出版基地、中国旅游产业园、国家滨海广告产业园、国家动漫产业综合示范园、中国天津 3D 影视创意园区、国家影视网络动漫试验园、国家影视网络动漫研究院 8 个国家级项目落户新区。神界漫画、猛犸科技两个企业获得国家文化产业示范基地称号。神界漫画被文化部、财政部、国家税务总局首批认定为 18 家全国重点动漫企业之一；以"中国四大名著"为代表的一批优秀动漫作品成功打入国际市场；《济公》漫画等 5 个产品入围文化部首批认定的 36 个重点动漫产品；手机动漫作品《寻找自我的世界》和《与红嘴的战争》，获得第五届中国原创手机动漫游戏大赛漫画类金奖和银奖；长篇动画《草莓乐园》获得国家广电总局与中国动画协会颁发的"绿色动画奖"。

---

① 天津市滨海新区委员会宣传部.2010 年度滨海新区文化产业发展概况. [EB/OL]. 天津滨海新区政务网. http://www.bh.gov.cn/html/wgj/ WGGL22402/2012-04-25/Detail_528370.htm.201，2010.

二、初步形成了创意设计、软件开发、影视动漫、广告会展、文化用品制造和文化旅游等重点文化产业类型

从产业划分上看，截至 2010 年底，中新生态城动漫园新注册企业 96 家，聚集华漫兄弟、福煦影视、盛大文学等一批颇具影响力的公司，初步形成了以低碳、环保理念为特色的文化创意产业群；滨海高新区新吸收文化创意企业 42 家，新加盟的企业主要有戛唛影视动漫文化传播、星空仰望者网络、全时尚讯文化传播等，形成以高新技术为特色的数字内容创意产业群；经济技术开发区新注册企业 54 家，主要有诺梵文化交流有限公司、人通天下网络公司等企业入驻，形成文化产品制造和会展为特色的综合产业群；保税区新注册企业 61 家，吸附了兆讯广告传媒、百德利艺术俱乐部、圣镜文化传媒等企业，初步形成以数字印刷出版为特色的文化服务产业群。此外，中心渔港投资达 2 亿多元建成滨海鲤鱼门旅游服务项目，滨海旅游区注册企业 10 家，宝龙、海斯比天津游艇城、明远书画院等项目相继签约；北塘小镇文化旅游项目投资近 11 亿元，主要建设炮台营、酒吧街、凤凰街；东疆保税港区投入 1.56 亿元打造人工沙滩景区；塘沽投资 6100 万元建成大沽炮台遗址博物馆，从北到南形成了以海洋与海防文化为特色沿海岸线的休闲旅游产业带。

三、培育了良好的文化产业发展环境

首先，滨海新区坚持"规划领先，力促发展"的原则，成立了滨海新区文化产业发展领导小组和争当文化大发展大繁荣排头兵指挥部，为新区文化产业大发展提供坚强组织保障；其次新区先后出台《滨海新区加快文化产业发展的支持意见》、《新区文化产业投资指导目录》、《滨海新区金融支持文化产业振兴与发展繁荣的实施意见》等一系列文件，持续加大对文化产业的政策支持力度。新区还设立文化产业发展引导资金，2010 年拿出 1000 万元对新区 17 个文化产业重大项目予以重点扶持，撬动文化企业资金和税收集聚增量，杠杆效应初步显现。再次，滨海新区还注重搭建促进产业发展的服务平台，以新区政府和区委宣传部名义，举办了首届国际工业设计成果展交会，使新区制造业与国内外 50 多家工业设计机构洽谈对接，为企业产品升级换代提供了持续后劲。同时基本完成了国家动漫产业综合示范园公共技术服务平台建设，成立了天津海泰数字版权交易服务中心、开发区文化创意产业联盟，为驻区文化企业提供高端优

质服务。最后，滨海新区还搭建好文化产业投融资平台，成立了滨海新区先锋文化传媒投资有限公司，注册资本 1 亿元人民币，主要从事新区文化产业投融资服务和项目运作。筹建滨海新区文化创意产业协会，以此凝聚各方面力量和智慧为新区文化产业发展提供有力支持。[①]

第二节 "十二五"期间滨海新区文化产业发展机遇与目标

一、面临的机遇

文化部发布的《"十二五"时期文化产业倍增计划》，提出了"十二五"时期文化部门管理的文化产业增加值至少翻一番的目标，要求努力推动文化产业成为国民经济支柱性产业，满足人民日益增长的多样化精神文化需求。天津市在《"十二五"文化发展规划纲要》中提出："要快速提升文化产业，进一步增强文化实力和竞争力，形成文化事业和文化产业'双轮驱动''两翼齐飞'。要实施重大文化项目带动战略，优化文化产业结构，全面加快文化产业发展。"规划还进一步指出，新时期国家级滨海新区文化产业示范园区、国际动漫产业示范园等一批重点项目将开工建设，为天津文化产业发展打造一批重要载体；同时还要培育文化创意等战略性新兴产业发展。

2010 年 4 月滨海新区通过了《中共天津市滨海新区委员会关于全力打好开发开放攻坚战、努力成为贯彻落实科学发展观排头兵的实施意见》，确定了"依托中新生态城，以建设国家动漫产业示范园为核心，形成集动漫研发、培训、生产制作、展示交易、衍生产品开发及国际合作交流功能于一体的文化创意产业中心；积极推进国家文化创意产业示范区的规划设计进度，争取尽快落实；整合新区级媒体资源，成立滨海影视集团公司，滨海网络有限公司和滨海时报传媒公司，推进滨海电视台上星；积极争取国家级数字出版基地落户滨海新区，建设中国北方印刷基地，形成不同印刷种类优势互补的文化创意产业链"等一

---

① 郝寿义，吴敬华，曹达宝. 滨海新区开发开放与产业发展 [M]. 天津：南开大学出版社，2012.

系列任务。以上政策及国家、天津市、滨海新区三级政府提出的 2011 年～2015 年发展目标均为滨海新区文化产业提供了大发展的机遇。

二、指导思想

文化产业的发展要从推动转变经济发展方式、打好滨海新区开发开放攻坚战的高度布局谋划，按照以文化产业大发展促进文化事业大繁荣的系统工程来安排，以凝心聚力、壮大总量、满足需求为目标，以现代科技及金融资本武装文化元素为手段，把滨海新区乃至环渤海地区作为发展文化的腹地，以三网融合为契机，发展动漫、手机、网络等新兴业态为重点，为发展滨海文化产业，努力成为贯彻落实科学发展观的排头兵提供精神动力。

三、发展目标

在中共天津市委九届十一次全会上，天津市政府提出：建设文化强市，全力打好文化大发展大繁荣攻坚战，推动文化事业和文化产业全面协调可持续发展，充分展现天津深厚的历史文化底蕴、独特的文化魅力和现代化大都市文化气派，充分发挥文化引领风尚、教育人民、服务社会、推动发展的功能，为实现天津科学发展和谐发展率先发展提供坚强思想保证、强大精神动力、有力舆论支持、良好文化条件。到 2015 年，文化产业增加值力争占地区生产总值的 6%，打造出 10 个以上文化产业专业集聚园，促成 2～3 家上市文化公司，资产过 10 亿元的文化企业力争达到 20 家，培育 10 个以上国内外具有吸引力和影响力的名牌文化产品，成为名副其实的文化产业发展排头兵。

根据天津市文化产业发展"十二五"规划，滨海新区文化产业的建设目标是：以建设国家级滨海新区文化产业示范园区为重点，充分发挥滨海新区沿海开放的区位优势、先行先试的政策优势、高新技术汇集的科技优势以及资金、土地、人才密集等综合优势，以海岸线为主轴、以海河中下游为纵深，形成海洋与湿地文化、港口与海洋工业文化、近现代爱国主义文化、战略性文化产业聚集示范、文化交流与贸易五大产业板块。

第三节 "十二五"前两年新区文化产业发展主要成就与经验总结

一、主要成就

2011 年、2012 年是国家"十二五"规划开局前两年，滨海新区在转变经济发展方式，加快推动文化产业发展方面表现出强劲的增长势头，取得了显著成就。

1. 基于产业集聚理论，打造特色文化集群

同一产业内越多的企业聚集于同一空间，就越有利于企业所需生产要素的集聚，这些要素涵盖了劳动力、资金、能源、运输以及其他专业化资源。随着空间内诸如此类的投入品，或者说生产要素的供给越多，就越容易降低整个产业的平均生产成本，而且随着投入品专业化程度的加深，产业生产将更有效率，该产业内的企业也将更具竞争力。按照"项目集中园区，资源集约利用，产业集群发展，功能集成建设"的发展路子，着眼于提升文化产业规模化、集约化水平，滨海新区加快文化产业集聚园和区域性特色文化产业集群建设，2012 年全区范围内共构建了 6 个各具特色的专业集聚园。

（1）滨海国家科技创意创业产业园。园区位于天津经济技术开发区，占地 11 万平方米，建筑面积 13 万平方米，主要产业定位包括文化创意及相关产品生产制造、计算机网络、创意设计等，涉及的行业包括工业设计、动漫及网络设计、会展广告、文化创意活动组织、集成电路及软件设计、网络服务营销、数字媒体、杂志和影视产品及相关文化产品生产制造等。该园已形成了"天河一号"国家超算天津中心、惠普、腾讯等 35 家高新科技企业组成的云计算产业联盟，以及诺梵文化交流有限公司、人通天下网络公司等一批文化企业，打造以高科技文化产品制造和会展服务为特色的综合产业群。

（2）滨海国家影视网络产业园。实验园将建设成为以科技、文化、创意产业为核心，以培育新型商业模式为目标，围绕科技型内容产业（含影视传媒、数字内容、动漫游戏）与高端休闲娱乐产业（含体育休闲、演艺休闲等），配套

发展教育培训、文化体育、文化旅游、文化用品产销和其他文化服务业，形成全产业链发展的格局。园区聚集了福丰达、魔幻动力等一批国内外颇具影响力的文化创意企业，形成以高新技术为特色的数字内容创意产业群。

（3）滨海国家新媒体产业园。园区位于滨海高新区之核心功能区华苑产业园区，主要建设以新兴媒体和网游动漫数字娱乐为代表的文化创意产业集聚区，形成广告与新兴媒体、艺术中心、文化创意培训实训基地等六大聚集区，集思想园、文化园、信息园、产业园于一身，努力打造成为天津首屈一指的创意产业聚集地和城市新文化地标。园区内酷米网络、象形科技等知名企业已入驻，形成了网游动漫数字娱乐、广告与新兴媒体产业群。

（4）滨海国家动漫产业示范园。广泛引进文化创意（动漫影视、出版发行、网络新媒体、广告传媒）、动漫衍生品设计生产、软件开发、教育培训和服务外包类企业，已初步形成以动漫产业为主导，相关产业共同发展的产业格局。华漫兄弟、引力传媒等60余家公司已进驻。大力发展以低碳、环保理念为特色的文化创意产业群。

（5）滨海国家军事文化产业园。军事文化旅游产业园是以航母为核心，军事为文化内涵，集"三地一中心"于一体的国际创新、国内一流的世界级大型军事文化旅游产业园，涉及文化旅游、表演、旅游商业、宣传展示、会展、国防教育、影视拍摄等。园区今年接待游客超过100万人次，旅游收入突破1亿元，成为天津首个吸引游客过百万的景区。

（6）滨海国家港湾休闲文化产业园。园区位于天津港东疆港区内，以沙滩景区为核心，形成了海上运动娱乐区，沙滩配套文化娱乐区和周边服务配套娱乐区三大区域。该园区置身高档酒店、会所、休闲广场，采取文化旅游资源相结合的方式，通过引入津味文化演绎基地、真人CS影视拍摄基地、帆船俱乐部、龙舟训练基地等文化旅游项目，发展文化、休闲产业，不断提升新区度假休闲文化品位。

通过整合规划产业布局，滨海新区已确立国家级文化产业示范园区等"一区多园"发展战略，有效促进了专业化投入和服务的发展。多个文化产业园聚集于滨海新区，能够提供较为完备的文化产业技能劳动力市场，从而确保文化产业员工较低的失业概率，进而降低文化产业劳动力出现短缺的可能性；同时文化产业集聚还能够产生溢出效应，使聚集的文化企业能从技术、信息等各方面获得溢出效益，目前聚集效应已经初步显现。

表 15–1　天津滨海新区 6 个文化产业专业集聚园概况

产业园名称	地点	产业特色	分区/典型企业（项目）
滨海国家科技创意创业产业园	天津经济技术开发区	包括文化创意及相关产品生产制造、计算机网络、创意设计等	形成了"天河一号"国家超算天津中心、惠普、腾讯等 35 家高新科技企业组成的云计算产业联盟
滨海国家影视网络产业园	滨海高新区	围绕科技型内容产业（含影视传媒、数字内容、动漫游戏）与高端休闲娱乐产业（含体育休闲、演艺休闲等）展开	聚集了福丰达、魔幻动力等一批国内外颇具影响力的文化创意企业
滨海国家新媒体产业园	滨海高新区之核心功能区华苑产业园区	以新兴媒体和网游动漫数字娱乐为代表的文化创意产业集聚区	酷米网络、象形科技等知名企业
滨海国家动漫产业示范园	中新天津生态城	文化创意（动漫影视、出版发行、网络新媒体、广告传媒）、动漫衍生品设计生产、软件开发、教育培训和服务外包类企业	华漫兄弟、引力传媒、读者新媒体、盛大文学等公司
滨海国家军事文化产业园	滨海旅游区	以航母为核心，军事为文化内涵	中心岛、主题公园、休闲总部、产业南区、产业北区
滨海国家港湾休闲文化产业园	天津港东疆港区	以沙滩景区为核心，建设海上运动娱乐区，沙滩配套文化娱乐区和周边服务配套娱乐区三大区域	滨海鲤鱼门、宝龙欧洲公园、海斯比天津游艇城、明远书画院、保税港区人工沙滩景区、大沽炮台遗址博物馆、北塘小镇

资料来源：作者整理。

2. 基于产业发展理论，搭建"六大平台"

2012 年以来，滨海新区在搭建平台，支持文化产业发展上下工夫，着力完善了政策平台、投融资平台、公共技术平台、人才交流平台、产品交易平台、行业服务平台"六大平台"，努力形成了多元化、多层次的服务保障新格局。

（1）完善文化产业"政策服务平台"

滨海新区先后出台了多个可操作性强、前瞻性强的政策文件，利用文化产业发展专项资金，重点支持发展文化产业基地（园区、集群）、重大文化产业项目、龙头骨干文化企业。新区设立了文化产业发展引导资金，2012 年更将文化产业引导资金增至 5 亿元，采取补贴、奖励和贷款贴息等方式重点扶持涉及全局性、可持续性的重大文化产业项目，激发社会资本投资于文化产业的活力，进一步彰显文化产业的聚集效应。滨海新区还研究制定了《滨海新区文化发展十二五规划》，做强优势文化产业，完善新区文化产业链；制定了促进民营文化企业加快发展的政策措施，力争鼓励更多民营资本进入文化领域，增强文化产业总体竞争实力。

（2）搭建文化产业"投融资平台"

滨海新区把文化产业纳入到信贷支持范围，安排专项信用额度，支持文化企业发展。针对文化产业往往没有足够有形资产抵押物、普遍面临融资难的困境，滨海新区创新投融资体制建立"文化产业专项基金"，引进专业担保公司，形成中小企业发展的"孵化器"，加大对文化产业的资金和金融支持力度。新区与北京银行天津分行进行合作，为全区文化企业提供适合的金融产品和服务。建立了 1 至 2 个文化产业专项基金，推动成立了天津星亿股权投资基金管理公司，"星文化创意产业股权投资基金"正在筹措中，总规模拟投资 10 亿元人民币，目标是进行国产网络游戏海外版权的早期收购，通过与韩国、东盟、北美、南美、欧盟各国网络游戏运营机构的商业合作，打造天津成为集散中国原创网络游戏数字版权的出口离岸港。推动海泰担保投资公司进入滨海新区文化产业领域，2012 年，共为 25 家文化类企业融资近 6 亿元。国内首家知识产业交易所——天津滨海国际知识产权交易所也顺利投入运营，可以为文化创意产业提供包括评估、交易、投融资等链条式服务。

（3）打造文化产业"公共技术平台"

在国家动漫产业综合示范园，建设了目前国内投资规模最大的动漫技术服务平台，该平台已成为动漫制作强有力的技术资源，从研发设计，到制作渲染，再到后期行销，各个环节都有高新科技技术的参与，不仅大幅降低企业运营成本，而且逐渐形成高科技动漫产业链条。自动漫技术服务平台投入运营以来，先后完成了日本 3D 动画电影《铁拳：血之复仇》、国产动漫《赛尔号》及《兔气扬眉》的渲染任务，同时还有《西游记》美版高清样片和电影《衡山号》的后期调色。除了为动漫制作提供高端的硬件支持，新区的天津启云科技有限公司更打造出"后期制作平台"，在国内率先推出"自助式云渲染"，通过在线式网页操作平台，为中小型动漫企业"牵线搭桥"，使中小动漫企业轻松享用到超级计算机的高速渲染服务。

（4）健全文化产业"人才平台"

滨海新区注重健全人才培养机制，着力发挥天津市高校的优势，组建、调整、充实相关学科专业，培养急需的文化产业专业人才，造就一批具有国际文化视野的复合型文化产业人才。国家动漫产业园联手中国传媒大学将部分动漫专业科研机构落户至新区，打造国内动漫一流人才聚集地。2011年10月动漫园与天津科技大学艺术设计学院达成了动漫人才培养协议，动漫园在为学生提供实习基地的同时，也为自身选拔所需人才；滨海新区利用政务信息网、人才招聘会等凝聚国内外文化产业人才，鼓励各类文化产业人才通过兼职、定期服务、技术开发、项目引进、科技咨询等方式到新区创业。在滨海新区人社局的沟通配合下，拟在中新生态城和滨海高新区创建滨海新区文化创意产业人才交流中心，吸引、聚集国内外文化和创意产业名人、大师及领军人物等高端人才来新区创业发展，为新区文化产业培训人才，为企业发展提供智力资源。

（5）建立文化产业"产品交易平台"

天津文化艺术品交易所是推动文化产业发展，推进文化创新的平台，自投入使用以来产生了良好效果，为更广泛的人群关注文化、参与文化做出了有益尝试。天津海泰数字版权交易服务中心、全国首家数字版权交易所——天津数字版权交易所均已投入使用，作为集文化出版、金融、科技创新于一体的数字版权交易平台，将为网络数字出版物拥有者提供交易、咨询及维权的网上"一站式"全新服务模式。新区还通过举办各类展交会等形式，为文化产业提供交易平台。其中比较有代表性的是（天津）滨海国际创意设计和国内顶级动漫成果展交会，两大会展以展示创意设计成果为重点，打造具有"引领、专业、和谐、繁荣"等特质的国际性创意设计展示交流平台。仅2012年11月举办的第三届中国（天津滨海）文化创意展交会观展人数就达8万人，展会期间签约重大项目20个，中小项目近390余个，各类项目达成意向和签约总额达25亿元，现场销售额近亿元。另外，新区还举办了"中国动漫提升与跨越高峰论坛"，承办了"十一五"以来中国动漫产业发展成果展。众多高端、专业、高品质的大型展会和论坛，不仅促进了滨海新区文化产业发展，扩大滨海新区文化产业的影响力和辐射力，也形成了常态的新区文化会展品牌。

（6）创新文化产业"行业服务平台"

滨海新区文化创意产业协会是服务文化产业的有益平台，正逐步成为中国北方文化创意产业人才集聚的高地。截至2012年，协会已拥有会员近300家，通过协会搭建起的联系桥梁，众多企业实现了产业上下游之间的合作意向。创意产业协会日益受到文化企业的瞩目，会员单位主要来自新区重点支持和推动的动漫与网络游戏研发制作和交易业、广告会展业、设计创意业、文化用品制造业、数字内容及影视制作业、印刷复制及版权交易业、文化旅游业等多个领域。自成立以来，协会成功承办了"创意设计展交会"和"十一五以来中国动漫产业发展成果展"两大国际级展交会，并代表国家参加巴塞罗那动漫展，向全国乃至世界展示了新区文化创意产业。滨海新区文化创意产业协会还成立行业专业委员会，创办《滨海智导》电子月刊，建立新区文化产业智库平台，经过科学引导，合理布局，推动新区文化产业链的完善。滨海新区文化创意产业协会为整合全区文化产业信息资源，规划新区文化产业发展，方便文化创意企业开展交流、协作打开一道互惠互利的大门。①

表15-2　天津滨海新区搭建的"六大平台"

平台名称	"十二五"前两年开展的核心工作	目的和影响
政策服务平台	先后出台《滨海新区十二五发展规划》等系列指导性文件	为文化企业发展提供政策支持
投融资平台	成立滨海新区先锋文化传媒投资有限公司，主要从事新区文化产业投融资服务和项目运作	形成中小企业发展的"孵化器"，千方百计加大对文化产业的资金和金融支持力度
公共技术平台	建设国内投资规模最大、技术水平最先进的动漫技术服务平台	降低中小文化企业的20%~40%运营成本
人才平台	与天津科技大学艺术设计学院等多个院校达成了合作协议，共同打造国内动漫一流人才聚集地；创建滨海新区文化创意产业人才交流中心	吸引、聚集国内外文化和创意产业名人、大师及领军人物等高端人才来新区创业发展，为新区文化产业发展提供人才支持
产品交易平台	成立天津海泰数字版权交易服务中心；天津文化艺术品交易所投入使用	为文化产业发展提供作品数字化出版、经营、投资、融资支持
行业服务平台	注册成立了天津市滨海新区文化创意产业协会，创办《滨海智导》电子月刊	为整合文化产业信息资源和文化创意企业开展交流、协作打开一道互惠互利的大门

资料来源：作者整理。

---

① "三驾马车"拉动天津滨海新区文化产业.天津日报.2011-9-7.

3. 基于产业升级理论，促进新兴文化产业发展

产业升级必须依靠科技进步，在信息技术及其他高新技术的推动下，通过产业间的互补和延伸形成了许多新兴产业。滨海新区重点突出高端、高质、高新化的产业发展方向，将文化产业与科技、金融、旅游、现代工业相结合，重点打造战略性新兴文化产业。以福丰达立体数字工程、中国智造创意产业园为代表的一批项目，秉持"文化、创意、科技"与"新型商业模式"相结合的发展理念，大力发展以中华民族优秀文化为基础的文化创意和影视动漫产业，建设集文化产品的创意、研究、生产、销售于一体完整产业链，滨海新区文化产业新型业态不断涌现。根据国务院"建设国家级滨海新区文化产业示范园区"的总体要求，滨海新区大力培育动漫网络游戏研发制作和交易业、广告会展业、设计创意业及文化用品制造业、数字内容及影视制作业、印刷复制及版权交易业、文化旅游业等 6 大新兴产业。

两年来滨海新区文化产业成果丰硕，一大批优秀作品相继问世，并斩获多项大奖。以"中国四大名著"为代表的动漫作品成果跻身国际市场，已发行 550 多万册。3D 动画片《兔侠传奇》荣获第 14 届中国电影华表奖优秀动画片奖和第 28 届中国金鸡奖最佳美术片奖两项大奖，利用新区这个平台，《兔侠传奇》已与全球 60 多个国家和地区签订了发行协议。中国动漫界的最高奖——首届中国文化艺术政府奖动漫奖共评选出 12 个大类 30 个奖项，其中，新区的神界漫画独占三项大奖，北方电影集团获得一项大奖，在各类奖项中均排名第一；《幸福来敲门》、《大学生士兵生活》分获第 28 届中国电视剧"飞天奖"长篇电视剧和系列电视剧二等奖；电影《浮出水面的影子》荣获第 44 届休斯敦国际电影节故事片类最高奖——评审团雷米金像奖最佳外语片大奖，同时还获得英国、加拿大、美国等国家电影节多项大奖；《小小代校长》作为中国首部都市儿童影片，获得央视优秀数字电影奖。2012 年，天津神界漫画有限公司在第三十届巴塞罗那国际动漫节上，凭借《三国演义》获得评委会特别奖；由新区仁永影视动画制作传播有限公司制作的大型原创动画片——《草莓乐园》亮相央视少儿频道《绿野寻踪》栏目，并与两家法国公司就二维动画技术领域合作达成意向。

此外，文化部已连续四年在全国开展动漫企业认定管理工作，截至 2012 年，天津共有累计 18 家动漫企业通过认定，滨海新区的天津戛唛影视文化传播有限公司、天津星达兴文化科技有限公司、华漫兄弟(天津)互动娱乐有限公司、天津福丰达动漫游戏制作有限公司、天津十彩动画科技有限公司、灵然创智（天

津）动画科技发展有限公司等知名企业均榜上有名。

4. 基于项目带动战略，培养骨干龙头企业

随着"一区多园"和"六大平台"的加速建设，一批大项目、好项目相继落户。滨海新区坚持实施重大文化产业项目带动战略，把文化项目与经济项目相捆绑，突出抓好文化产业项目谋划、引进、开工和投产，不断延伸产业链条，壮大产业规模，优化产业结构，为新区文化产业今后的发展提供强大动力，这是新区"大项目带动"战略所秉承的理念①。

2012年滨海新区文化产业发展引导资金增至5亿元，采取补贴、奖励和贷款贴息等方式重点扶持涉及全局性、可持续性的重大文化产业项目。新区通过引导资金重点支持了108个文化产业项目，总投资达508亿，同比增幅28%，吸引了400多家文化创意企业迁至新区发展，加快建设了一批具有重大示范效应和产业拉动作用的文化产业项目，为产业发展积累了强大的后劲。目前新区有多个国字号项目，初步形成了较为完整的文化产业体系。近年滨海新区动漫精品迭出，《兔侠传奇》与全球60多个国家和地区签订发行协议，包括全球动画产业巨头美国迪斯尼所属的动画频道都购买了该片电视播映权，这是中国首部动画片在全球范围内大规模公映。

用大项目带动战略推进文化产业发展，立足于促进文化要素禀赋结构升级，遵循比较优势原则，渐进式地扬弃了简单的"跨越式、赶超型发展战略"。从"战略"定位看，大项目带动战略深刻地影响和作用于文化产业发展全局；从"带动"功能看，大项目带动战略容易建立一种动力机制，更好地发挥激励、引导、示范作用；从"重大"视角看，大项目带动战略区别于一般性文化项目，是技术水平高、投资额度大、引领作用强的项目。根据滨海新区文化产业规划目标看，纳入"大项目带动战略"的项目，都紧密结合了新兴文化产业的基本特征，因此对新区文化产业发展全局产生了基础性、突破性、长期性的影响。

二、成功经验

滨海新区以政策扶持为重点，以资金扶持为推手，以抓项目的方式打响文化产业发展攻坚战，迈出了坚实步伐，实现了高起步，在提升了"新区创造"文化品牌竞争力的同时，也为我国同类地区发展文化产业提供了众多"先试先

---

① 邢宝华.天津滨海新区倾力打造文化航母 [N]. 香港商报，2011-10-18.

行"的宝贵经验。

1. 抓思路创新，力促文化产业发展

作为国家综合配套改革试验区，滨海新区被赋予了"先行先试"的特色政策，由此形成了思想解放、政策灵活、体制机制创新力度较大的文化产业发展环境。滨海新区的文化产业发展是从推动转变经济发展方式、打好开发开放攻坚战的高度布局谋划，力求在思路创新上有大突破。一是科学确立产业发展重点。以滨海新区文化内容产业化为特色，积极调整和完善文化产业结构，继续做大、做强新区传统文化用品制造业，提升总量，发挥龙头带动作用。二是设立文化产业发展引导资金，充分发挥政府对文化产业发展的引导作用。滨海新区区政府为促进文化产业发展设立了文化发展专项资金，并从中安排一部分资金作为文化产业发展引导资金。每年引导资金都加大投入比例，对提升文化产业自主创新能力和市场竞争力发挥了显著的支持作用。三是着力培育文化市场主体。滨海新区对文化产业资源进行重组，文化体制改革取得了重大突破。培育出一批有实力、有竞争力的骨干文化企业，很好地延伸了文化产业链。

2. 抓平台搭建，培植文化产业发展环境

滨海新区努力搭建"六大平台"，形成多元化、多层次的服务保障新格局。一是着力完善政策平台。先后出台《滨海新区加快文化产业发展的支持意见》、《新区文化产业投资指导目录》和《滨海新区金融支持文化产业振兴与发展繁荣的实施意见》等系列指导性文件，加大对文化产业政策支持力度。二是着力搭建投融资平台。成立滨海新区先锋文化传媒投资有限公司，注册资本1亿元，主要从事新区文化产业投融资服务和项目运作。三是着力建设公共技术平台。国家动漫产业综合示范园建设国内投资规模最大、技术水平最先进的动漫技术服务平台，为入驻园区企业提供渲染、动作捕捉等专业技术服务，降低中小文化企业的20%～40%运营成本。四是着力打造人才平台，为滨海新区文化企业涌现高端高质人才提供良好条件。五是着力构建产品交易平台。通过多种大型展会，既为企业提供文化产品交易平台，同时又提高了滨海新区文化产业的影响力和辐射力，实现了双赢的效果。六是完善行业服务平台。利用滨海新区文化创意产业协会，为文化企业产业链中各节点企业搭建沟通桥梁，有效地实现了产业上下游之间的合作与联系。

3. 抓资源整合，促进文化产业集聚

滨海新区科学整合产业资源，坚持发展关联度大、聚集度高、带动作用强

的项目，走产业特色鲜明、同质化项目集聚发展之路，加快文化产业集聚园和区域性特色文化产业集群建设，制定下发了《滨海新区国家级文化产业示范园区"一区多园"专业集聚园认定和管理办法（试行）》。"一区多园"的发展模式是拟在一至两年，在滨海新区内建设1个综合集聚园，8到10个专业集聚园。通过发挥集聚园的产业聚集效应，催生一批有较强实力、竞争力、影响力和自主创新能力的大型文化企业，进一步提高滨海新区文化产业规模化、集约化水平。利用文化企业的集聚，滨海新区有能力通过集聚文化企业生产要素，帮助企业降低经营成本，增加劳动力供给，进而完善文化产业集群生产链，持续增强文化企业的整体实力和竞争力，充分体现出滨海新区文化的"品牌效应"，实现滨海新区确定的把文化产业建设成为滨海新区的支柱产业、实现"文化强区"的奋斗目标。滨海新区充分发挥专业园区的集聚效应，利用浓厚的产业氛围、公共服务平台孵化作用和政府政策施惠的便利作用，使园区文化产业获得了跨越式发展。

4. 抓新兴业态，着力发展新兴文化产业

滨海新区依托京津地区及环渤海区域的文化资源和发达的经济、人文、科技和市场，以得天独厚的地缘优势结合自身优势，使文化与科技结合，文化与旅游结合，文化与现代工业文明结合，按照高起点、示范性，重点发展新兴文化产业。滨海新区在发展新兴文化产业中注重突出高端、高质、高新化的产业发展方向，努力将文化产业与科技、金融、旅游、现代工业相结合，重点打造重点发展创意设计、影视动漫、广告会展等战略性新兴文化产业。以福丰达立体数字工程、中国智造创意产业园为代表的一批项目，秉持"文化、创意、科技"与"新型商业模式"相结合的发展理念，大力发展以中华民族优秀文化为基础的文化创意和影视动漫产业，建设集文化产品的创意、研究、生产、销售于一体完整产业链，文化产业新型业态不断涌现。滨海新区正在实施的"十大战役"有多个"战役"与文化创意产业有关，中新生态城国家动漫产业综合示范园、于家堡金融商务区、响螺湾商务区等项目也为新区新兴文化产业空间拓展奠定了基础，滨海新区文化创业产业重视数字载体的建设，努力向数字化、网络化、移动化、3D化、3G化发展。这些良好条件为滨海新区在科技领先的基础上形成新兴文化产业策源地提供了充分的保证。

5. 抓项目带动，助推文化产业繁荣

滨海新区努力发挥大项目有效配置资源、产出效益大、相关带动明显的作用，坚持以内部结构调整为主线，坚持高端、高质原则，积极引进国际国内文化创意产业特大项目，加快资金、人才、技术等产业要素的聚集，提升产出效益水平，加快对滨海新区整体文化产业和相关产业的带动，推动产业规划化发展。在重大文化产业项目带动战略指导下，滨海新区加快建设一批具有重大示范效应和产业拉动作用的文化产业项目，呈现出"大、精、新"特色。表现为一是投资规模大，大项目、好项目多。二是国字号项目多。国家数字出版基地、中国旅游产业园、国家滨海广告产业园、国家海洋博物馆、国家动漫产业综合示范园、中国天津 3D 影视创意园区、国家影视网络动漫试验园、国家影视网络动漫研究院等 8 个国家级项目相继落户新区。神界漫画、猛犸科技两个企业获得国家文化产业示范基地称号。神界漫画被文化部、财政部、国家税务总局首批认定为 18 家全国重点动漫企业之一。利用大项目带动战略，有效树立了滨海新区文化产业发展典型，以点带面，增强新区文化产业的整体实力和竞争力。

6. 抓高端产业，实施国际化发展战略

滨海新区文化产业发挥各方面优势，实施国际化发展战略，坚持与国际高端文化产业接轨，通过"引进来"、"走出去"，推动新区与国际文化资源进行优化配置，在创意设计、动漫游戏、软件外包、数字新媒体、文化金融等领域，引进国际先进的文化管理体制和文化科技，积极开拓文化市场，增强滨海新区文化产业国际影响力，实现引领国内和区域文化产业发展的目标。以 2012 年第三届中国（天津滨海）文化创意展交会为例，国际化程度大幅提升。国际展商 50 余家，折合标准展位 200 余个，港澳台展位近 100 个。其中，多国创意摄影艺术展、百年欧洲——古典油画名家作品展、创意中国行展区均体现出浓郁的国外特色和超高的国际水准。"走出去"方面：以滨海高新区的中国行业领军性原创漫画企业——天津神界漫画有限公司为代表的杰出企业，在"文化走出去"国际版权授权推广方面创建出一套非常行之有效的推广模式、系统与方法。该公司出品的漫画版《三国演义》系列漫画作品已成功海外授权至日、韩、英、法、意、越、泰等地区十余种不同系列语言版本，至今印发 14 种语言版本，各授权出版图书的总销售码洋累积近 4500 万元，成为中国优秀文化产品走出去经典闪光案例；在中新天津生态城国家动漫产业综合示范园注册的原力电脑动画公司，与梦工厂达成合作协议，将著名动画电影《驯龙记》改制成电视剧，该公司也成为第一家直接为梦工厂制作动画片的中国企业；天津北方电影集团出品的 3D 动画片《兔侠传奇》，与美国、加拿大、澳大利亚等全球 62 个国家和地区签订了海外发行协议。

第四节　文化产业对新区整体发展产生的重要影响

一、促进新区经济发展方式的转变

文化产业是文化与经济相互交融的集中体现，文化产业具有优结构、扩消费、增就业等突出优势和特点，对促进经济增长、提升经济发展质量、推动经济发展方式转变发挥着重要作用。文化产业与物质生产和服务业相融合，可以有效地提高物质产品和服务业的文化含量与创意附加值，促进消费升级。同时，对文化自身的需求也是内需的重要方面，文化产品和服务可以形成新的消费需求和消费热点，直接拉动消费的增长，拓展消费空间。

随着世博天津馆、大港皇家枣园、北塘古镇(部分)等一批旅游设施的投入使用，以及东疆人工沙滩、邮轮母港、汉沽农家院改造升级，新区旅游设施得到全面提升，旅游产业链不断完善。截至 2012 年，新区已有国家 4A 级旅游景点 1 家，3A 级景点 5 家，2A 级景点 1 家，"工业游示范点" 16 个。2012 年，滨海新区旅游接待量突破 1500 万人次，实现旅游综合收入 100 亿元，新区文化产业占 GDP 比重超过 5%。同时，近两年新区还成功举办了于家堡国际金融论坛、第二届中国（天津滨海）国际生态城市论坛暨博览会、首届天津国际直升机博览会、第八届中国制造业管理国际论坛、第二届滨海国际创意设计展交会等一系列高水平国际交流活动，其中，第二届生态城市论坛暨博览会吸引深圳、厦门等八个首批国家低碳试点城市和生态城市，及国内外 165 家知名企业报名参展，展览总面积达 3.7 万平方米，观摩人数超 6 万人次，达成 47 项合作意向协议，涉及金额达 28 亿元以上。创意文化产业效益也很可观，动漫《赛尔号》成为 2011 年国内暑期档动画电影票房冠军，票房收入近 5000 万元。滨海新区在文化产业带动下，持续优化产业结构，促进产业升级，在提升经济发展总量、扩大消费规模的同时，有效地促进了经济增长方式的转变。

二、为新区利用市场和科技资源提供重要载体

从市场经济发展看，市场在资源配置中的基础性作用日益凸显，文化与市场的接轨已经成为文化发展的必然趋势。只有加快发展文化产业，建立健全现代文化市场体系，才能让文化生产要素在市场中高效地流通和配置，充分调动社会各方面的积极性、主动性、创造性；只有让经营性文化单位成为合格的市场主体参与市场竞争，才能让文化产品成为市场上的商品，最大限度地实现产品的文化功能，进而实现社会效益和经济效益的有机统一。

从科技发展应用看，现代科技深刻地改变了文化的生产方式、传播方式和消费方式，也赋予文化新的内涵、新的功能和新的形态，为文化发展提供了强大的后发优势。滨海新区依托雄厚的科学技术实力，搭建起世界一流的公共技术服务平台，为文化产业发展提供强大的科研后盾：建成了国家动漫园动漫技术服务平台和国家超级计算中心，以"天河一号"为核心建立了目前国内最大、最快的特效与渲染集群系统，大大缩短了影视产品制作周期；建立中国天津工业与工程设计"云计算"数据中心、工程体验中心、创业孵化中心等一批服务平台，为企业提供技术服务；建成数字出版公共网络服务平台，向出版机构全面开放；建成了亚洲最大的高性能计算机生产基地——曙光计算机产业基地，年产曙光高性能计算机 25 万台，可辅助完成科研领域大量计算任务。滨海新区文化产业在适应当代科技发展新趋势，承担科技发展载体，抢占文化发展制高点等方面发挥越来越重要的作用。

三、快速积聚了一批大项目好项目

在文化产业发展引导资金的支持下，滨海新区有效支持了一批文化产业大项目、好项目的建设。截至 2012 年末，已有 400 余家文化创意企业迁至滨海新区发展，总投资 508 亿元。引导资金重点支持方向及领域包括：动漫与网络游戏研发制作和交易业、广告会展业、设计创意业及文化用品制造业、数字内容及影视制作业、印刷复制及版权交易业，以及文化旅游业。2012 年，滨海新区确定了争当文化大发展大繁荣排头兵第三批重点项目，总投资达 532 亿元，是三年来确定重点项目最多的一年。国家数字出版基地、国家动漫产业综合示范园、中国天津 3D 影视创意园、智慧山文化产业基地等重大项目陆续完成；中国智造创意产业园、北方黄金珠宝基地、立体数字工程、极光世界网络游戏开

发运营等大项目陆续开工；同时新区还创见性地建立了滨海新区文化产业项目储备库，为规划筹备重大产业项目的立项、促进新区文化产业可持续发展做好先期准备。

在文化产业发展资金培植下，滨海新区文化产业区域性特征效益凸显。国家科技创意创业、国家网络影视和新媒体、国家动漫、国家军事文化、国家港湾休闲文化等五大国家文化创意产业园区已经在滨海新区形成集聚之势。2012年，滨海新区总投资超亿元的文化产业项目有 48 个，占总项目的 37.8%；总投资在 5000 万元至 1 亿元的项目有 65 个，占总项目的 51.2%。

四、进一步扩大了新区的对外开放能力

文化产业承载着一个地区的文化理念、文化价值和文化追求，反映着地区的文化软实力。通过文化产业、借助文化产品，可以有效地彰显和输出价值观念，提高文化影响力。近年来，随着我国综合国力的不断增强和国际影响的日益提升，国际社会对中国发展道路和发展模式更加关注，了解中华文化和我国科学发展的愿望更加强烈。滨海新区作为开发开放的改革前沿，积极统筹国际国内两个市场、两种资源，探索市场化、产业化的运作手段，以文化企业为主体、以文化贸易为方式，有效地推动文化产品和服务走出去，在参与国际竞争、形成特色品牌的同时，不断扩大新区文化影响力，增强滨海新区文化软实力。

"走出去"是新区动漫产业始终坚持的发展方向，不仅出台了一系列的优惠扶持整体，更利用引导资金、税收优惠、表彰奖励等措施手段，鼓励动漫产品走出国门。滨海高新区的天津神界漫画是中国动漫产业"走出去"的成功范例，公司将历时 8 年创作的"四大名著"漫画作品，以 1000 万授权海外版代理权，至今在全球成功出版包括日、韩、英、法、泰、越、意等在内的近 20 种不同语言版本，全球发行 550 万册，收入达 1700 万元，将中国漫画全面推向国际市场。文化产业除了成功走出去外，还积极开展引进来业务。2012 年 8 月，成功生产《阿凡达》和 3D 版《泰坦尼克号》的美国卡梅隆—佩斯集团在滨海高新区成立中国总部，将在新区打造世界级 3D 产业基地。滨海高新区将以此为契机，加大创新力度，加强国际合作，促进国家"未来科技城"的进一步发展和繁荣。

五、更好地保障新区群众文化权益

文化产业是满足人民群众多样化、多层次、多方面精神文化需求的主要途径，是改善文化民生、提高人们生活质量和幸福指数的重要手段。利用文化产业加快推进民心工程，健全民生保障机制，努力做到提高群众文化水平，保障群众文化权益。

2012年滨海新区实施的文化惠民工程包括：加快推进街镇文化站、居民书房与居民文化室、公共电子阅览室等基层文化设施、实施"2191"工程、举办滨海新区社区文化艺术节和滨海国际艺术节，形成全市具有重要影响力的社区文艺交流展示平台。继续组织专业艺术团深入"十大战役"现场巡回慰问演出，送图书、送电影、送文化活动进入蓝白领公寓；举办滨海新区市民文化讲堂活动；开展滨海新区广场文艺团队星级评比与奖励活动，提高文化广场群众活动水平；鼓励和加强文艺创作，推出一批具有新区元素的高水平作品。新区还继续加大文物保护和监管工作力度，加强滨海新区重点文物保护规划与利用研究，落实滨海新区促进民办博物馆发展的意见，引导民办博物馆良性发展。滨海新区的文化产业在满足群众精神需求、维护群众文化权益、引导群众文化消费的基础上，使新区文化事业和文化产业获得了快速发展，大大提升了滨海新区群众的幸福指数，为新区实现经济水平更好更快发展凝聚精神动力。

第五节　加快推进滨海新区文化产业发展的新举措

经过多年的发展，滨海新区已经成为我国文化大发展大繁荣的主力军，为了深入贯彻"十八大"报告提出的扎实推进社会主义文化强国建设目标，新区努力把文化产业发展成为支柱性产业，建设面向现代化、面向世界的具有滨海新区特色的文化产业。

一、努力探索统筹兼顾、和谐共赢的文化产业发展模式

滨海新区在推进文化产业可持续发展的过程中，始终坚持统筹兼顾和谐发展的思路。首先，统筹好各项规划，抓紧做好滨海新区文化产业中长期规划，引导各功能区的产业布局，避免恶性竞争，加强各功能区的融合，抓紧引进建设一批国际水准的文化精品项目和产业基地；其次，统筹好大项目建设工作，协调各功能区按照大文化、大交通、大规划的思路，加快文化项目和景点的综

合服务设施建设，努力使滨海新区文化硬件水平大幅提高。再次，统筹好文化管理工作，健全文化法规，积极出台促进文化产业发展的政策，为更好地服务于文化企业，实现新区文化产业可持续发展提供保证。预计"十二五"期间，滨海新区将建成 1 个综合型文化产业园区，15 个以上专业型文化产业园区，到2015 年，全区形成资产过 10 亿元的骨干文化企业总数超过 30 家，文化产业增加值力争占地区生产总值 6%。

二、坚持大项目拉动，探索国际化发展路线

"大项目带动"战略是滨海新区文化产业发展的引擎，2013 年滨海新区再投资 340 亿元建设 95 个具有重大示范效应和产业拉动作用的文化产业项目，其中投资超亿元项目达 29 个，不仅有国家级海洋博物馆、天津国际游艇城、影视动漫实训基地，还包括天津妈祖经贸文化园、中国智造 e 谷创意产业园等项目，为产业发展积蓄强大的后劲。今后在继续贯彻大项目拉动前提下，还将大项目与文化产业的"引进来"与"走出去"相结合，努力探索国际化发展路线，希望在建设一批国际化文化产业大项目上有更多突破。成功落户于滨海新区的卡梅隆—佩斯集团中国总部，联手天津高新区、天影集团共同打造世界级 3D 产业基地，将于 2013 年投入生产制作；北塘经济区管委会与阳光红岩投资事业集团签署合作框架协议，共同建设中国坞环球影视服务总部基地项目；博纳影业集团落户生态城国家动漫园，将通过与动漫园的合作推出更多的优秀作品。这些重大国际项目的发展将对新区 3D 影视的发展起到巨大的推动作用，滨海新区将围绕这些新建大项目以及中国天津 3D 影视创意园区等在建项目，打造中国 3D 影视产业高地。滨海新区将紧紧抓住卡梅隆—佩斯集团总部落户高新区这一历史机遇，大力发展文化科技产业，进一步强化科技金融创新，优化产业环境，着力打造民族性原创动漫产业集群、立体影视、3D 渲染技术产业集群、智能手机平台游戏产业集群、新媒体文化产业集群、广播影视文化产业集群等五大科技型文化产业集群，推动天津滨海新区文化科技产业走在全国前列。

三、催生新兴产业崛起，着力发展文化创意产业

文化创意产业不仅具有高文化价值、高附加值和高经济价值，还具有环保、低碳等优势。文化与科技融合既是文化产业发展的目标，又是文化产业发展的手段，是转变文化产业发展方式的关键所在。将现代信息手段和时代元素融入

文化产业发展，广泛借助新技术、新媒体搭建新的传播平台，采用先进信息手段拓展文化服务领域和渠道，提升文化服务水平，拓展文化服务的空间，增强文化服务的效果，必将进一步增强文化发展的改革创新，从而更好地发挥文化建设对推动经济社会发展的积极作用。滨海新区先后出台了一系列促进新兴文化产业发展的文件，特别是引导资金政策，有力地保障了文化创意产业又好又快地发展；同时发展载体不断完善。以国家级文化产业示范区为龙头，以滨海国家科技创意创业产业园等专业聚集园为基础，为文化创意产业持续发展搭建了有效载体、提供了广阔空间；近年新区开始评选文化创意产业十大领军人物，表彰文化创意产业方面作出突出贡献的人物。在发展文化创意产业的过程中，滨海新区要注意与文化科技市场平台的实质性对接。文化科技创新要以需求为导向，应用为驱动，市场为牵引，结合文化科技发展的特点，注重对文化各重点领域、重大科技需求的分析凝炼，结合实际应用，开展技术创新，真正解决文化发展遇到的实际技术难点问题，实现科技创新与文化发展的有机融合。要注重文化科技研发成果的转化与应用，包括综合利用高新技术，创新各类文化内容和艺术的表现形式和表现手段；利用高新技术建立起文化基础资源的信息采集、转换、记录、保存的应用技术体系。

四、坚持政府全方位扶持，解决文化产业融资难题

滨海新区持续出台了文化产业发展系列指导性文件，开发适合文化产业特点的信贷产品，加大有效的信贷投放；完善授信模式，加强和改进对文化产业的金融服务；大力发展多层次资本市场，扩大文化企业的直接融资规模；积极培育和发展文化产业保险市场；建立健全有利于金融支持文化产业发展的配套机制。同时，国家财政部和商务部也已批复了滨海新区现代服务业试点方案，每年支持新区试点专项资金 3 亿元，对动漫创意、科技服务、现代物流产业 3 大领域的一批重点项目给予支持。利用逐年增加的文化产业发展引导资金，重点培育新区文化创意产业的龙头企业和品牌企业。依托滨海高新区文化产业信托融资管理平台，即将启动发行 1.5 亿元的"天津信托·文化产业（滨海高新区文创 1 号）中小集合资金信托计划"，试图破解科技中小型文化企业融资难题，这一次滨海新区再一次走在了文化产业发展的全国前列。滨海新区还创建了投融资平台，进一步推动海泰担保投资公司进入新区文化产业领域，并制定"一企一策"的文化金融工作思路，推出多项举措。除了政策和资金方面的保障，

新区还不断完善公共服务和环境，为企业提供"保姆式"服务。新区加快生态城动漫技术服务平台、开发区动漫与影视超级渲染云计算公共服务平台、天津国家影视网络动漫实验园公共服务平台等的建设，为驻区动漫企业提供高端技术支持。

参考文献：

[1] 郝寿义，吴敬华，曹达宝. 滨海新区开发开放与产业发展 [M]. 天津：南开大学出版社，2012.

[2] 新华社.推动滨海新区文化产业发展. http://www.gov.cn. 2012-10-20.

[3] 邢宝华.天津滨海新区倾力打造文化航母 [J]. 香港商报，2011.

[4] 王琳. 战略创新背景下的中国文化创意产业发展研究 [J]. 天津师范大学学报，2010（5）.

[5] 马国柱，孟庆艳.文化产业发展的思考与对策 [N]. 光明日报. 2012-11-28.

[6] 天津市滨海新区委员会宣传部.2010 年度滨海新区文化产业发展概况. http://www.bh.gov.cn/html/wgj/WGGL22402/2012-04-25/Detail_528370.htm.201.

[7] "三驾马车"拉动天津滨海新区文化产业.天津日报.2011-9-7.

[8] 2011 年度滨海新区文化产业发展概况. http://www.bh.gov.cn/html/WGJ/WGGL22402/2012-04-25/Detail_528373.htm.

[9] 邓乐平，冉易. 文化与金融研究评述 [J]. 经济学动态，2012（6）.

[10] 河北省社会科学基金项目课题组.促进文化产业加快发展 [N]. 人民日报，2012-11-26.

[11] 天津市文化产业发展"十二五"规划. http://www.sdpc.gov.cn/xxfw/qyyb/t20111114_444353.htm.

[12] 刘予丰.着力提高文化创意产业发展水平 [N]. 人民日报，2012-12-25.

第四篇

发展定位与区域合作

第十六章　京津冀区域一体化中滨海
新区的地位

京津冀区域经历区域竞争合作、区域协调发展，并逐步进入了区域一体化的新阶段。未来京津冀区域一体化战略将更强调区域间政策协调、收入差距缩小、生产要素自由流动、环境质量得以改善等更为核心的问题。"北京—滨海新区"成为北方地区的轴线型增长极，滨海新区作为增长极点，其在区域一体化中将更多承担"引领区域发展、区域创新和对外开放平台"的重要功能。

第一节　滨海新区的功能定位

根据"十二五"规划，滨海新区的经济社会总体发展目标是，"中国北方对外开放的门户功能显著增强，现代制造和研发转化基地基本建立，北方国际航运中心和国际物流中心地位基本确立，经济繁荣、社会和谐、环境优美的宜居生态型新城区框架基本形成"。

一、北方国际航运中心和国际物流中心

滨海新区天津港地处京津城市带和环渤海经济圈的交汇点，是北京的海上门户，是我国北方最大的综合性港口，是滨海新区发展的核心资源，也是滨海新区建设成为北方航运中心和国际物流中心的重要载体。建设中国北方国际航运中心和国际物流中心已成为滨海新区的重要发展目标定位之一。

天津港地处京津冀经济圈的出海口位置，是我国沿海主枢纽港口和综合运输体系的重要枢纽，也是京津冀的综合交通网络的重要节点和对外贸易的主要口岸，是华北、西北地区能源物资和原材料运输的主要中转港，也是北方地区集装箱干线和发展现代物流的重要港口。截止到 2011 年底，天津港货物吞吐量超过 4.5 亿元，同比增长 9%，位居世界港口吞吐量排名第四位。

天津港对内陆腹地的辐射能力和影响力不断增强，天津通过内陆地区建设 21 个"无水港"，已经辐射到 14 个省、自治区、直辖市，实现 70% 的货物吞吐量和 50% 以上的口岸进出货值来自腹地省市，腹地面积近 500 万平方公里，占我国面积的 52%，并与阿拉山口、二连浩特和满洲里等形成三条亚欧大通道，逐步成为覆盖中西部地区的综合航运中心。东疆港保税区是中国北方最大的自由贸易港，是提升天津港贸易功能的重要途径，为滨海新区及整个京津冀经济圈参与国际竞争提供了有利条件。

天津交通运输条件齐备，港口、铁路、公路、机场、管道交通条件发展迅速，拥有较强的综合运输能力，为打造国际物流中心奠定了基础。截止到 2010 年底，飞机旅客吞吐量达到 727.7 万人；公路网络建设达到 14832 公里，高速 982 公里，全社会公路货运量达到 2.09 亿吨，货物周转量 231 亿吨公里，公路客运量达到 21822 万人次；铁路完成客运量 2654 万人，旅客周转量 14066 万人公里。

天津市规划最大、规划面积达到 7000 亩的现代物流综合服务基地——滨海新区综合物流园区已启动建设，加上天津港散货、集装箱物流中心、空港国际物流区、泰达普洛斯国际报税物流园的快速发展，滨海新区以初步具备建设中国北方国际物流中心的能力。

天津港初步具备运输组织、装卸仓储、中转换装、临港工业、现代物流、口岸商贸、保税加工及配送、航运及市场信息、综合服务等功能，逐步显现出规模大、功能广、腹地资源整合能力较强等特点；此外，天津港依托强大的城市群的腹地优势，具备完善的口岸基础设施和完备的口岸运作系统，采用国际通用的管理模式，口岸信息化水平较高，具有庞大的临港产业集群，这也奠定了滨海新区成为国际一流口岸的基础，为滨海新区成为国际航运中心和物流中心奠定基础。

二、现代制造业和研发转化基地

《国务院关于推进天津滨海新区开发开放有关问题的意见》中明确提出，要将滨海新区打造成为我国北方经济中心并成为先进制造业基地和研发转化基地。滨海新区现代制造业基地包含东疆港保税区、空港物流加工区、开发区西区、滨海高新区、临港工业区等产业集聚区，涉及航空航天、汽车及装备制造、新一代信息技术、现代生物医药、新能源新材料等高技术产业和战略性新兴产业。其主要特点是，技术、工艺、装备、材料等高技术化，产品科技含量和附加值高、高技术产业聚集程度较高、产业链条较长。

滨海新区现代研发转化基地的定位在于依靠强大的发展平台，致力于打造全国竞争力的研发转化基地：建立以企业为主体、市场为导向、产学研结合的技术创新体系，并以改造产业技术为突破口，引导促进海内外高校、企业、科研院所、行业协会等相互结合；建立应用性基础研究与技术研发于一体的城市研发中心；突破先进制造业的核心关键技术，广泛消化、吸收新技术，增强高新技术在制造业发展中的影响力和渗透力。目前滨海新区已经建立包括国家生物医药国际创新园、生物医药研究院、民航客机产业化基地、工业生物研发转化中心等12个国家级研发平台，20个省部级的工程中心，10个传统行业改造研发专心，56个重大高新技术产业化项目。

三、北方经济中心

滨海新区位于环渤海地区的中心地位，是连接京津冀的中心，并辐射"三北"。滨海新区引领的环渤海地区的发展是与中国大陆东部中端的长江三角洲、中国南部的珠江三角洲共同带动我国经济发展的增长极。因此，从战略上讲，滨海新区的开发承担着"激活"环渤海地区的经济活力的功能，并成为辐射和驱动中国北部地区、东北地区的经济发展的中心；滨海新区的开发开放，承担着解决"南开北慢"、"东高西低"等区域不平衡问题的重要功能。

同时，滨海新区作为连接欧亚大陆桥东部的主要起点，地处路桥经济带与东北亚经济圈两大国际经济区域的结合部分。滨海新区承担着环渤海区域对外开放的出口，承担国际航运中心和国际物流中心的功能，海港、空港、信息港的作用更加突出。因此，滨海新区承担着打造国际竞争平台，探索对外开放新路径的功能。

滨海新区作为综合改革配套试验区，承担着探索新型经济发展模式和改革的功能。一是以"高质、高新、高端"项目聚集带动产业创新发展，成为全国乃至世界的高端制造业基地；二是培育技术研发转化基地，聚集各种科技资源，建成具备先进水平的科技创新体系，成为先进技术的承接地和扩散地；三是推进金融产业创新改革，成立产业基金、OTC 场外交易、贵金属交易平台等，推动滨海金融创新引领国内发展。

第二节　京津冀区域一体化的发展脉络

一、京津冀区域发展的新特点

1. 区域一体、合作共赢、对外开放将成为区域发展的立足点

北京将进一步强化其作为首都的"人文、科技和绿色"的新特点，天津将继续依托滨海新区扩大开发开放、发展国际港口城市和北方经济中心，河北则积极对接"首都经济圈"和"中原经济区"建设，以"产业结构调整转型"和"城乡一体化"为抓手。

北京市提出，已进入了"国际大都市"的全面建设时期，主要任务是着眼建设"世界城市"。一方面，北京将推进"人文北京、科技北京、绿色北京"的建设，"科技创新、文化创新"将成为北京"双轮驱动"发展的重要内容，"城市功能、生态环境"将成为北京发展"两大动力"；另一方面，北京需要寻求区域腹地支撑，需要通过与津冀的合作以实现自身环境治理、产业升级、服务功能提升的要求，这将进一步推进北京构建"首都经济圈"，以通过合作整合区域资源、共同治理环境、构造合理产业布局。

天津继续依托滨海新区开发开放，通过打造"具备国际竞争力的高端制造业与研发转化基地"、"现代化国际港口城市"和"生态环境建设"等举措，构筑高端产业、自主创新、生态宜居三个高地，推动落实与北京形成在产业、科技、环境、人才、交通、教育等方面的框架协议，实现建成国际港口城市、北方经济中心和生态城市的目标定位。

河北战略则呈现"沿海化"和"环首都经济圈与中原经济区"的格局，并积极推进贫困地区跨越发展。主动承接京津两地产业转移及要素辐射，建设"13 县 1 圈 4 区 6 基地"，促进京津冀形成交通、产业、资源、环境等互联共建，推进一体化建设；依托邯郸、邢台地理优势，形成与中原经济区融合对接的新格局，打造邯郸国际陆港，联通黄骅等沿海港口城市。

由此可见，从定位上讲，京津冀整体发展战略更趋向于构建兼具"国际港口能力的泛首都经济圈"，而京津冀三省市将以"错位发展"、"功能互补"、"资源共享"为主要原则，定位产业、人才、交通、环境、科技等资源和要素的合理化分配。

2. 京津"轴线"成为区域强中心、两地成为驱动京津冀一体化的"双核"

北京借助天津以"现代国际港口和高端制造业中心"力量实现对外开放型经济腹地的建设，天津则借助北京"服务经济中心和国际城市"驱动科技、创新及产业的发展。

从合作形式看，京津冀区域合作已进入合作主体构架与规划阶段，区域合作进入实质性阶段，京津两地除了继续推进交通、旅游等合作外，更进一步落实两地在环境建设、产业合作、园区共建、人才基地等合作机制和方式；从合作主体看，京津合作也逐渐由政府拓展到市场主体，企业、商会、民间组织跨区域合作日益密切，京津合作促进产业集聚和产业链条延长，进一步促进京津冀区域市场拓展、要素流动。

区域内经济增长和发展的基本态势将打破城市"单极增长"、"一点引领突破"的局面，而是借助合作项目、合作基地等形成的"轴线"型增长空间。京津将借助相邻重点地区要素集聚作为发展空间再造的突破口，以"科技新干线"、"交通新干线"、"科教共同体"、"人才流动站"等形式实现资源、要素的均衡分配，形成引领京津冀区域发展的"轴线"。

京津协作聚集效应与扩散效应并存。一方面，北京将驱动区域"科技、创新、文化"的发展，而天津借助滨海新区的力量将支撑北京作为国际城市，支撑首都经济圈发展高端产业及对外开发，形成"聚集"能力更强的"大北方经济中心"；另一方面，其扩散效应也不仅是京津一般产业的区际平移，而是京津冀区域间环境治理机制、交通网络的构建和协同，是产业的延伸、扩张、协作、合作和大生产网络的构建，乃至在环渤海经济圈内形成更大产业网络、人才网络和市场网络。如河北为北京形成现代农业生产基地等。

3. 京津冀产业合作逐渐由"竞争合作"向"合作互促"转型

三省市的合作领域和合作形式趋于宽泛，共建产业园区、共建重点区域成为战略重点，并形成产业集聚、拉开区域间产业梯度、产业合理布局成为引导区域产业发展的重要内容。

从产业定位上看，省市间产业发展梯度正在拉开，产业的空间架构正在形成，这为一体化创造了良好条件。北京定位为"创新驱动""高端优质""战略新兴"；天津则定位为"国际港口"、"研发转化基地"、"高端制造"、"改革先行区"；河北则定位为"产业结构调整"、"城镇化建设"、"区域统筹"。总体上看，北京、天津、河北在产业布局中，可能在"优质服务与创新"、"高端制造与港口"、"现代农业与生产"等主导产业形成梯度布局和相互促进、相互支撑的互动合作模式。

京津冀酝酿物流、旅游、交通等产业间的新合作，从总量上提升首都经济圈产业发展水平、影响力和辐射能力。京津冀"海、陆、空"（即港口、高铁和航运）便捷的交通条件成为产业密切合作、要素流动的基础，依托天津港为北京打造便捷的出海通道，形成北京"空港"与天津"海港"密切连接、双港互动的新局势；依托河北将利用分流北京航运优势，推进开发石家庄机场、临空经济区和航空产业。京津冀区域进一步推进旅游、物流等产业协作，以构筑文化、会展、旅游等一体化"大旅游圈"概念，形成航运、海运、陆运等一体化"大交通"趋势。

京津合作，将借助天津滨海新区开放以及武清作为京津走廊的产业和地理优势，在金融、高技术产业、高端制造业、科教产业等方面展开合作，合作的主要形式是聚集人才、技术、科教、信息等，促进生产要素在京津合作区域内自由流动，促进一体化进程。例如，借助北京中关村创新与科研资源，依托天津滨海新区、武清、宁河等产业优势，京津共建多家高新技术产业园区，包括武清经济科技谷、宁河京津合作园等，进一步建立从中关村到天津滨海新区的科技新干线，推进生命科学、集成电路设计等高技术与战略性新兴产业发展。

京冀合作，主要依托"13县1圈4区6基地"建立围绕北京的特色新城和特色功能区（如滦平、固安、燕郊、涿州、怀来），对接北京总部经济、发展特色制造业，如精品钢铁、装备制造、石油化工、新型建材和高新技术产业等；拉大城镇化框架，推动贫困区县发展，鼓励特色农业和特色服务业。

京津冀区域一体化正在推进过程中，总体上看，产业空间布局较为合理、产业梯度一定程度拉开，基本属于错位发展态势，但也存在劣质竞争隐患。如天津滨海新区与曹妃甸港口建设，京津共建与京冀共建高新技术园区等等。

4. 生产要素自由流动成为一体化发展的重要支撑

各省市重新规划区域经济合作布局，对于京津冀一体化赋予了新的内涵并提升至前所未有的高度。京津推出实质性合作协议，河北主动对接京津，交通、旅游、金融、物流、生态农业等产业战略及规划等普遍放在一体化格局下审视，人才、智力、技术、资金等生产要素自由流动也成为内在要求。区域合作机制、共建科技园区、共建金融示范基地、共同招商引资、建立联合教育科研机构与人才合作市场等成为区域间生产要素流动的载体。

对于京津两地，通过"共建"金融一体化综合改革试验区、科技产业园、联合教育科研机构、合作人才市场等，促进生产要素的"双向"流动，提升两省市间生产要素的补偿和更新空间。

对于河北来讲，更多的是利用首都经济圈优势，以引入项目、合作工业园区等方式，引入技术、资金、优质劳动力等生产要素作为"增长点"和"扩散源"，以带动原有生产要素效用，由原来低层次产业均衡状态进入高层次均衡态发展，达到其产业结构升级的目的。

5. 更加重视统筹协调区域沿海与腹地、城镇与农村之间的关系

城镇化与区域一体化是个互动过程，区域一体化带来产业聚集效应和规模经济也将推动城镇化的发展，城镇化发展带来的产业分工格局与区位比较优势的重构将会促进区域一体化。

未来五年，区域内城镇化将逐渐形成"三改一化"、"三区联动"的新模式，天津已形成"三区联动"、"三改一化"联动发展的思路和发展格局，实现了滨海新区、中心城区、涉农区县三个层面联动，在涉农区县，全面推进农民居住社区、示范工业园区、农业产业园区三区统筹联动发展；北京落实城镇化的重点在于提升中心城区功能、增建副中心和新城，并推动农业农村建设发展，实现城乡间统筹协调；河北加大城镇化框架和发展现代农业、农村，"城乡一体化"、"县域经济"和"现代农业"成为城镇化发展的重点，发展特色农业。

京津冀城镇化建设趋势将带来区域产业、资源的重新分配和重组，也同时将均衡协调城镇与农村的发展质量和关系，并将"沿海化"发展转向"沿海与腹地协调"发展。

天津以沿海、港口优势对接首都经济圈，将服务首都经济圈、环渤海等纳入发展规划，并将通过金融、高技术、物流等产业可能形成引领、带动、辐射周边地区发展的趋势。京津合作建设"中关村—滨海新区"科技新干线将带动武清、北辰、宁河等地科技产业园区的建立；京津将于大兴、武清等地合作建立金融改革示范基地，则将带来武清等地区加快城乡一体化进程、实现资源的优化配置和经济发展，这将引致"京津轴线"与沿海经济带共同发展、相互促

进的新局面。

6. 北京、滨海形成国家自主创新互动的"科技新干线"

以北京中关村"一区多园"构成的国家自主创新示范区，形成了以电子信息、生物医药、航空航天、新材料、新能源与环保、高技术服务等为主的产业集群，聚集了 30 多所国家重点高等院校和 100 多家国家骨干科研院所，60 多家国家重点实验室，60 多家国家工程中心，80 多家跨国公司研发机构，并创新开发满足国家战略需求的关键技术和满足市场需求的技术和产品，由此形成开放创新引领区、高端要素聚集区、创业创新聚集地、战略产业策源地。

截止到 2010 年，天津市从事科技成果转化服务机构近 4000 家，科技服务总收入达到 30 亿元，从业人数约占 7 万人，已形成科技转化服务多样性、公共机构与民间机构、服务机构与中介结构、质量认证与标准认证等功能完善的科技成果转化服务体系。主要包括，机构培育、技术转化服务、融资服务、中介服务机构等，主要承担创业中心、技术交易、产权交易、科技咨询、知识产权、科技贷款、投资担保、上市融资等功能。

二、京津冀区域一体化的发展趋势

京津冀经济与社会合作框架方案不断出台，这也标志着京津冀区域合作有了进一步的推进，区域经济发展经历了区域竞争合作、区域协调发展，并逐步呈现出区域一体化的新阶段。随着"北京—河北"、"北京—天津"和"天津—河北"合作框架协议的颁布，北京、天津、河北的合作关系将进一步依托"首都经济圈"的概念展开，并突出各自的定位重点，如表 16-1 所示。

表 16-1 京津冀合作框架内容

京津全方位合作框架协议	北京与河北合作框架协议	天津河北深化经济与社会发展框架协议
金融改革试验区（滨海、武清）	金融改革试验区（京冀交汇处）	金融合作（推进交汇处金融试验区、金融组织场外合作）
共同治理环境（空气、水污染及减排）	共同治理环境（在河北建立环首都绿化圈）	提高水资源保护能力（引黄、引滦）
公路、港口、机场等交通设施建设	交通（铁路、高速、轻轨、城际）	完善交通网络建设（津冀间高速、铁路、公路）
共建科技园（京津新干线）	高科技园区（产业转移、科技转化）	加强科技合作（滨海新区与曹妃甸、唐山—沧州等建立科技联盟）

京津全方位合作框架协议	北京与河北合作框架协议	天津河北深化经济与社会发展框架协议
互动式人才交流合作	人力资源与教育（劳务培养对接）	推动产业转移升级（推进汽车、钢铁等产业转移，人力资本对接）
国际港口和物流基地（滨海新区）	物流港口（河北环首都物流园）	港口物流合作（物流和公共服务信息对接）
旅游合作（京津冀互联）	旅游合作（一体化）	加快旅游合作（一体化合作）
科教一体化（共建实验室、科研平台）		推进一体化（共建城乡统筹示范区）
产业合作（以科研转化平台为基础的高技术产业合作，滨海、武清）	新兴产业（建立北京的文化产业延伸链）	
	农副食品（对接北京）	加强农副产品对接
	商贸会展（周边转移）	
高层建立协商合作机制		推进津冀区域发展规划和政策（无水港、国际航运）

资料来源：《京津联合推出十个方面一揽子计划，开展全方位合作》、《天津市与河北省签署深化经济与社会发展合作框架协议》、《北京—河北合作框架协议》。

第一，交通、旅游、共同治理环境成为一体化的切入点，区域内呈现出承载能力更强网络更密布的区域交通网络体系，智能化和网络化的旅游体系，以及区域环境监测机制和补偿机制。

共建旅游产业强调区域间共同的"规划、市场、信息、标准和服务"功能，强调以"旅游加会展"引领区域旅游线路，强调"智能旅游"和"海陆空"的旅游新业态。北京可能以其独特地理优势成为旅游管理中心和信息集散基地，天津则将借助滨海新区港口成为"海陆空"旅游线路的重要支点。

共建交通产业强调形成"公路、铁路、城际、机场"间快速便捷的交通网络，尤其将注重建设"机场—机场"、"腹地—港口"等"点对点"、"网对网"的立体式交通结构。北京将成为立体交通的中心，滨海新区将成为区域的重要港口交通重点，河北可能快速构建连通京、津两地的高铁、快速，也将成为的交通网络中较大的受益者。

共建环境治理机制。京津冀已从追求经济合作转向追求经济发展与生态环境的双赢。"大气、水、污染物排放"等成为京津冀联合治理的重点，减少每单位经济活动造成的环境压力成为目标，建立检测京津冀区域整体环境的预警信息共享机制成为未来一阶段的新目标。河北可能承担区域资源输出压力，京、津两地将可能将为河北提供环境资源补偿支撑，从而形成环境保护与经济协调发展双赢的新局面。

第二，金融、科技和港口物流将成为京津冀共同发展的重点产业，区域内跨省市产业合作和共建成为区域产业发展的重要取向。金融合作区、科技园区、港口物流平台成为共建的基础。

京津冀区域将以北京和天津为中心建立具有国际影响力的区域金融中心，北京承担金融总部功能，滨海新区则承担金融创新功能，并呈现多个"次级"金融合作区域的形成。京冀交汇处设立金融实验区、利用天津的金融改革创新示范基地的功能，发挥天津场外交易、商品交易所等金融创新产品，共建一体化金融实验区；建立北京大兴、武清等金融一体化改革试验区。

京津冀区域将依托中关村科技产业园区优势和滨海作为研发转化基地成为全国科技创新中心。北京中关村到天津滨海新区将成立京津科技新干线，构建高技术、战略性新兴产业示范区，打造京津产业新城；天津将依托滨海新区与河北共建科技产业带、科技企业孵化创新平台等，实现研发转化基地和农业科技示范基地等功能；北京将带动河北建立科技产业园，鼓励双方高校共建重点实验室等。

京津冀区域将成为我国北方对外开放的平台。将依托津、冀港口形成京津冀区域的对外开放平台主要载体，并实现京津冀三省市企业物流信息和公共服务信息的服务平台网络。北京将借助平谷国际陆港的功能，推进京津冀区域陆、海、空口岸的货物直通合作。

第三，人力资本成为继"投资拉动"后新的生产要素，并成为京津冀一体化过程中重要的推力。

京津冀区域可能将更强调人力资源的教育培养、社会保障和自由流动。区域可能将以提升人力资源水平作为区域竞争力之一。因此，合作教育、高端培训、跨区办学等将成为区域提升人力资源水平的重要途径，科研共同体、国际联合研究基地、技术创新等高端平台将成为吸引高端人才服务京津冀区域的重要吸引力。共建医疗保障体系、社会保障体系、服务权益保障体系也将成为吸引人才服务的重要保障性因素。北京与天津将主要承担高端人才的吸引和配套功能，河北将受到京津两地高端优质的教育资源的辐射。

第四，区域统一政策布局的能力提升，政策引导与规划成为促成一体化的重要引导因素。

区域合作进入统一布局阶段，区域统一政策布局的能力提高，区域内将可能实现以高层领导协调、省市部门对接、行业协会、区域合作产业园区等形式建立区域间政府、产业和企业间的合作。京津冀统一布局政策可能进一步落实，其重要程度有可能上升为国家战略，并成为新的区域发展格局中重要部分。京津冀区域统一的政策布局可能首先在环境治理、交通网络建设、旅游网络和人才培养等方面有所实现，构建科技园区、金融园区、物流港口等统一建设布局可能以某"试点"的形式展开。总体来看，"统一布局"+"重点突破"的政策引导模式，可能成为快速推进区域一体化建设的重要措施。

第三节　滨海新区在京津冀一体化中的作用

一、京津冀区域内增长极由点向线转变

京津冀区域增长极的变化实质是实现了增长极由"点"向"轴"再向"群"的转化，是北京、滨海等增长单极具备更大的影响范围和对经济发展的带动力作用更强的表现，是极点间联系和影响等交互作用加强的表现。这一新的增长极模型，可能为京津冀带来新的经济发展格局变化，区域内围绕"北京—滨海"轴线型增长极，可能形成新的产业分工、新的产业协同、新的规模效应和新的要素分配模式等。

北京承担着京津冀经济圈政治、文化中心和服务经济中心，在高端服务、文化教育、高新技术等产业具备优势，具备人文创新、科技创新的基础；滨海新区主要承担京津冀经济圈高端制造业和研发转化中心、国际港口和物流、高端生态基地等。北京借助天津以"现代国际港口和高端制造业中心"力量实现对外开放型经济腹地的建设，天津则借助北京"服务经济中心和国际城市"驱动科技、创新及产业的发展，从而形成"研发—转化—生产"、"国际城市—国际港口"、"高端制造—高端服务"的新的分工格局。

1. 研发—转化—生产

以北京作为研发中心，滨海作为转化和生产基地。借助北京"开放创新引领区、高端要素聚集区、创业创新聚集地、战略产业策源地"的重要功能，借助天津"创业中心、技术交易、产权交易、科技咨询、知识产权、科技贷款、投资担保、上市融资"等研发转化功能，以"北京—滨海"作为"研发—转化—生产"高技术产业发展主轴，带动沿线武清、廊坊、保定等地区共建科技产业园区，承担电子信息、生物医药、航空航天、新材料、新能源与环保、高技术服务等产业的研发、转化和生产模块。

2. 国际城市—国际港口

利用北京作为对外开放中心，利用北京与天津交通网络便利的优势，形成"北京—滨海"沿线的对外开放共同体，北京聚集总部经济、政治文化中心、交通网络中心等优势，借助天津港为国际港口年吞吐量全球第四的优势。"北京—滨海"将作为主轴建立陆、海、空口岸的货物直通合作，互开口岸直通公路航班，推广海陆空航运物流合作，将天津港作为北京的便捷出海通道，将北京作为天津港口的腹地。"北京—滨海"国际港口群落将带动河北黄骅、曹妃甸等，形成港口集群优势。

3. 高端制造—高端服务

借助"北京作为国际金融中心、科技研发中心、全国政治文化中心"的定位，借助"滨海作为高端制造业、金融改革创新基地、生产性服务业和生态宜居基地"的定位，"北京—滨海"增长极可能带动区域在"金融产业合作"、"高技术产业合作"、"旅游合作"，并形成区域内新的增长空间和产业分布。

"金融产业合作"：利用北京作为国际金融中心，总部经济聚集的发展特点，利用天津金融改革创新示范基地的作用，可能在沿线的"北京大兴"、"天津武清"等再建金融示范中心，可能涉及大宗商品交易等金融创新产品。沿此增长轴线，河北部分省市可能也将参与其中，形成农村金融、商品交易、村镇银行等。

"旅游产业合作"：利用交通便利，北京全国交通枢纽、文化中心、政治中心，滨海作为沿海区域、生产性服务业、会展业等，形成"海陆空高端旅游"、"京津冀旅游信息交互"等，建立沿线旅游，体验生态环境，如武清、保定、廊坊等。

二、"滨海—北京"和沿海经济带形成的引领作用凸显

"滨海—北京"沿线，滨海新区呈现"高端极化"和"优质资源扩散"，滨海新区将相对较为集中的对"天津武清、宝坻、河北廊坊、唐山、北京大兴、延庆、河北张家口"沿线，以滨海新区高端制造业基地和研发转化基地等特征，通过聚集优质要素和高端产业，通过聚集来构筑研发转化基地与生态宜居高地；同时，借助新的京津冀区域增长轴线，滨海新区的扩散也不是传统意义上的扩散，而是国际港口、航空航天、装备制造等高端产业及优势产业的延伸、扩张、协作和合作。

"山东半岛—滨海—河北沿海—辽宁半岛"沿线：滨海新区借助"北京—滨海"轴线增长极的作用，滨海新区对于外部资源的"极化扩散"作用进一步加强。滨海新区对于秦皇岛、曹妃甸、黄骅等综合港口等以"扩散"效应为主，主要将通过信息化平台建设、电子口岸、检疫检测等平台建设与公共服务发挥滨海新区对河北沿海的辐射作用，以形成京津冀国际港口、物流等产业群落。

而山东、辽宁沿海城市拥有沿黄海、渤海湾的双重优势，且拥有"黄河三角洲"、"沈阳经济区"等国家战略，并形成"山东蓝色经济区"、"辽宁沿海经济带"等沿海经济带，是对接日韩、东北亚等国家的重要国际港口群落的重要部分。

滨海新区借助京津冀作为腹地，将初步形成"港口+腹地"模式，利用国际港口、物流产业优势，形成京津冀港口群、山东半岛港口群、辽宁半岛港口群间"竞争大于合作"的局势。京津冀港口群可能借助京津冀海、陆、空等交通网络，借助北京作为国际城市的定位，从而提高其影响力和竞争力，从而促成京津冀港口群落对于辽宁半岛、山东半岛港口群落的"极化"作用大于"扩散"作用。

三、滨海新区综合改革配套试验新一轮改革发展的突破口

京津冀一体化发展路径与"珠三角"、"长三角"不同，"国际城市"、"首都经济圈"、"国家自主创新示范基地"、"国家综合改革示范基地"等概念，可能将京津冀一体化定位于"首都"、"创新"、"改革"等。滨海新区作为增长极点之一，主要承担创新任务。滨海新区以产业创新、管理创新、科技创新和服务创新等实现对于京津冀区域"创新"功能的引领。

产业创新：产业创新包括金融产业创新、高端制造业、物流产业等产业技术创新、业务创新、管理模式等，例如金融，滨海新区承担金融创新功能，开展"资本金结算管理"、"跨境人民币业务"、"货物贸易外汇管理"、"融资租赁等特色金融业务"等业务。

管理创新：借助作为国家行政体制改革示范基地的定位，滨海新区由可能将积极以增长极点的身份参与京津冀一体化的协商机制、政策规划中，从而形成对于京津冀一体化的发展与推进步骤的主导权。滨海新区是深化行政体制改革的试点，是整合政府职能、强化政府在建设国家创新型城区中的主导作用的关键一步。具体来讲，滨海新区很有可能以推进具体产业合作、园区共建等形式，构建推进京津冀区域一体化的发展规划和政策，例如津冀间无水港、国际航运的相关政策规划。

科技创新：滨海新区将与中关村形成"错位发展、互动合作"的科技创新模式，以"共建合作基地"的形式，推动滨海新区"京津科技新干线、战略性新兴产业和高技术产业共建园区"等；从科技创新层次来看，滨海新区可能将从范围上实现从技术到产品再到产权层次的一体化科技研发转化基地，以"转化"促"研发"；此外，从科技创新主体上看，滨海新区可能将以"优势高技术产业和科技型中小企业"为重点，促进创新型产业网络聚集形成等。

服务创新：滨海新区作为国际港口优势，可能将重点探索作为国际合作平台，将重点构建企业服务平台，将协同"金融体制创新"、"科技政策创新"、"人才引进和培养机制"、"创新型政策体制"等，将聚合"政府"、"高校和科研院所"及"中介结构"的作用，实现滨海新区本身对于企业、产业的扶持，并将引导京津冀技术、人才等要素实现互动交流。

参考文献：

[1] 范恒山. 关于深化区域合作的若干思考 [J]. 经济社会体制比较，2013.

[2] 崔东初，宋之节. 京津冀区域经济一体化中存在的问题及对策 [J]. 经济纵横，2012（5）.

[3] 张梅青，左迎年. 首都圈经济一体化发展进程研究 [J]. 北京交通大学学报，2012（12）.

[4] 李景元. 对接京津与都市区经济一体化——构建环首都经济圈与京津走廊的崛起 [M]. 北京：中国经济出版社，2011.

[5] 张敏，苗润莲，胥艳玲，李梅. 京津冀都市圈生态休闲农业的功能定位及关键问题探析[J]. 安徽农业科学，2013.

[6] 周立群，王金杰. 环渤海五省市"十二五"发展新动向 [J]. 中国经济报告，2010（11）.

[7] 颜鹏飞，孙波. 中观经济研究：增长极与区域经济发展理论的再思考 [J]. 经济评论，2003（3）.

[8] 李家祥，肖雅楠. 天津滨海新区参与环渤海区域合作的思考 [J]. 天津师范大学学报（社会科学版），2013（1）.

[9] 肖磊，黄金川，孙贵艳. 京津冀都市圈城镇体系演化时空特征 [J]. 地理科学进展，2011（2）.

[10] 易志云. 首都经济圈与天津国际化港口都市发展定位 [J]. 天津师范大学学报（社会科学版），2013（1）.

[11] 江曼琦. 首都经济圈与天津北方经济中心假设 [J]. 天津师范大学学报（社会科学版），2013（1）.

第十七章　全面提升滨海新区对外开放水平

对外开放是我国经济建设的重要战略举措。全面推进滨海新区开发开放，将其建设成为我国北方对外开放门户，是党中央、国务院从新世纪新阶段我国经济社会发展全局做出的重大战略部署，对提升京津冀及环渤海地区的国际竞争力，促进全国区域协调发展有重大意义。

第一节　对外开放发展现状分析

一、各项对外经济合作指标迅速增长

1. 外商直接投资规模大，质量高

第一，吸引外资规模逐年扩大。

滨海新区全面对外开放以来，吸引外资规模逐年扩大，合同利用外资额和实际利用外资额都保持着良好的增长势头。2006年~2011年，外资合同金额和实际利用外资金额分别增长1.1倍和1.52倍，平均每年增长21.9%和30.8%。2011年，全年新批外资项目353个，累计完成合同外资额129.53亿美元，同比增长10.7%；实际直接利用外资85.02亿美元，增长20.8%。

从签订合同数量来看，2006年~2011年，外商直接投资签订合同数量从500个下降到353个，而利用外资总额却不断增加，说明单个合同的投资额扩大，外商直接投资中大项目好项目数量增多。如图17-1所示，实际利用外资单个合同平均投资额从2006年的669万美元上升到2011年的2408.6万美元，年均增速达29.2%。2011年，滨海新区新建续建投资额达五千万以上项目925个，德国巴斯夫聚氨酯工厂、英国道达尔石油集团等纷纷落户滨海新区，住友商事、

美国迪尔、三星电子、荷兰壳牌等世界 500 强企业也加大在滨海新区投资额。

单位：万美元

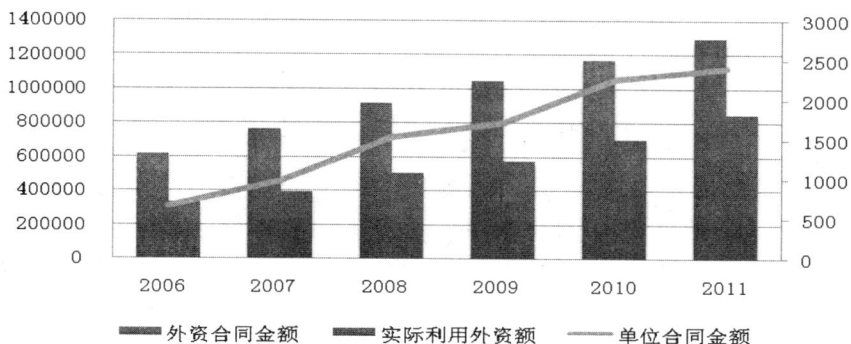

图 17-1　滨海新区利用外资总体变化趋势图

资料来源：滨海新区统计年鉴 2007-2012 年。

第二，外商投资行业分布比较集中，金融、科技型企业增长明显。

滨海新区外商直接投资行业主要集中在制造业、租赁和商务服务业，其次是房地产业、交通运输仓储和邮政业以及批发零售业，对农业投资较少。2011年，以上前五个行业实际利用外资之和占全部利用外资比重的 84.4%。依托滨海新区"先行先试"的政策优势，融资租赁、私募股权基金、创业投资等领域外商直接投资逐渐增多。2011 年，新区全年共审批设立 25 家外商投资融资租赁公司，合同外资 6.54 亿美元；外商投资私募股权、创业投资等股权投资企业28 家，合同外资 2.07 亿美元；审批设立近 60 家科技型企业，约占新批企业家总数的 17%左右。

表 17-1　滨海新区外商直接投资行业分布

行业	利用外资合同数	外资合同金额 （万美元）	实际利用外资金额 （万美元）
农、林、牧、渔业	0	705	731
采矿业	1	2900	4524
制造业	28	309296	307923
电力、燃气及水的生产 和供应业	0	0	5278
建筑业	2	15538	8771
交通运输、仓储和邮政业	49	158485	68888

行业	利用外资合同数	外资合同金额（万美元）	实际利用外资金额（万美元）
信息传输、计算机服务和软件业	6	9359	7628
批发和零售业	44	65970	44905
住宿和餐饮业	1	13	25
金融业	25	70931	27387
房地产业	5	69175	95903
租赁和商务服务业	121	397576	199917
其他	70	195021	78348

资料来源：2012 年滨海新区统计年鉴。

第三，投资来源地较为集中，中国香港比重近六成。

滨海新区吸引外资主要来源于中国香港、中国台湾、韩国、日本、美国、新加坡、英国、德国、法国、意大利以及英属维尔京群岛等国家和地区，其中，中国香港外商直接投资多占比重最高，增速也最快。2006 年～2011 年，中国香港对滨海新区直接投资增长 6.07 倍，年均增速高达 43.4%，主要投资领域为房地产、装备制造业、金融服务、消费业等产业。新加坡对滨海新区投资的增长来自于中心生态城等项目的合作。2006 年，韩国和日本对滨海新区直接投资所占比重较高，但由于受到金融危机等因素影响，近年来对滨海新区投资逐渐呈现放缓趋势。2011 年数据显示，滨海新区吸引外资来源地比例在 5%以上的国家和地区分别为中国香港（59.4%）、英属维尔京群岛（9.6%）、美国（8.5%）、新加坡（7.9%）、日本（6.2%）、中国台湾（5.8%）。

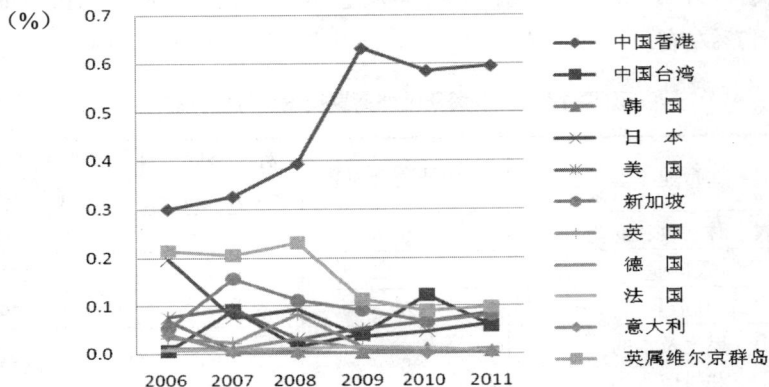

图 17-2 滨海新区外商直接投资来源地分布

资料来源：2012 年滨海新区统计年鉴。

第四，外商直接投资方式依然以独资企业为主。

从外商直接投资方式来看，2006 年以来，独资企业一直是外商直接投资的主要形式，独资企业金额和所占比重都呈现上升趋势，合作企业金额和所占比重下降最快，合资企业金额起伏变化比较大，但是所占比重比较稳定，保持在 21% 以上。2006 年～2011 年，实际利用外资中，独资企业投资增速最快，年均增速达 30.3%，2011 年，独资企业投资占全部外资比重达 76.3%，合作企业仅占 1.8%，这一方面说明滨海新区投资环境逐渐宽松，外商直接投资减少了对本土企业依赖程度降低，更有利于其投资战略的实施和技术领先优势的保持；但是，另一方面，独资企业单一投资形式的强化，意味着滨海新区对外商独资企业的依赖性增大，新区经济发展将承担更多投资企业的母国经济风险和国际经济风险，同时，减少了跨国公司先进技术的技术扩散，限制了本地企业学习和模仿外资企业先进技术和管理方法的途径。

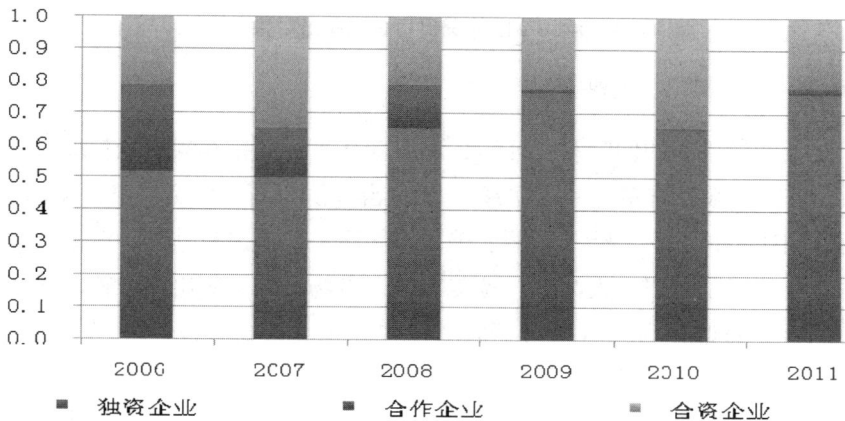

图 17-3　按投资方式分滨海新区吸引外资情况

资料来源：滨海新区统计年鉴 2007-2012 年。

2. 进出口贸易逆境创新高

对外贸易一直是滨海新区经济发展的重要动力。自滨海新区建立以来，出口贸易总额从 1994 年的 5.9 亿美元增加到 2011 年的 276.76 亿美元，18 年间增长了 45.9 倍，年均增速达 25.4%。受 2008 年金融危机的影响，2009 年滨海新区对外出口额出现短暂下滑，2010 年迅速回暖，2011 年再创历史新高。

2006 年以来，滨海新区出口依存度一直处于下降趋势，从 2006 年的 90.9%

下降到 2011 年 28.8%，年均下降 12.4 个百分点，这一方面因为金融危机爆发以来出口增速有所下滑，而滨海新区经济结构调整、拉动投资和消费成果显著，地区经济仍然保持了高速发展；另一方面，由于 2006 年以来人民币兑换美元汇率不断升值，以美元计值的出口额比以人民币计值的地区生产总值相对下降。

单位：亿美元、%

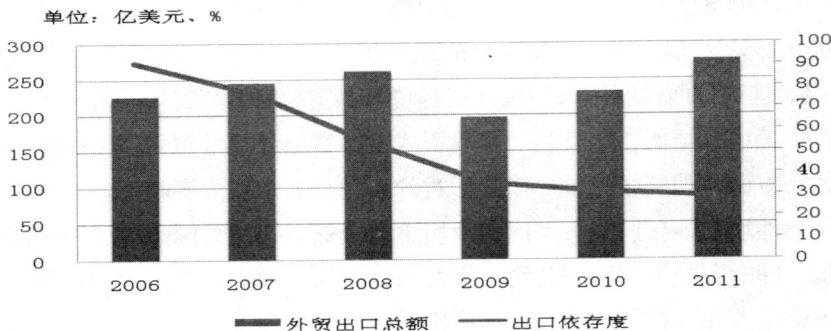

图 17-4　滨海新区外贸出口总额和出口依存度

资料来源：滨海新区统计年鉴 2007-2012 年。

面对金融危机期的国际多变环境，滨海新区不断开拓新兴市场，取得了显著成效，进出口服务体系进一步完善。2011 年，滨海新区外贸进出口总额 700 亿美元，同比增长 26%，除了欧盟、美国等新区主要进出口地外，滨海新区积极组织企业开拓了东盟、大洋洲、拉美等新兴市场，外贸进出口取得了显著增长。前 10 个月数据显示，滨海新区对东盟和拉美市场出口，分别同比增长 54.3% 和 33.9%。

2011 年，滨海新区致力于完善和创新对外经贸企业服务平台，推出了服务外经贸企业的滨海新区贸易通平台、出口通平台、中小企业风险保障平台和外经贸企业服务平台，完善了发展政策和资金综合促进体系、外经外贸联动发展体系，各银行等金融机构也积极探索适合外经贸企业需求特点的金融产品，特别针对中小企业实施金融服务差异化监管，审批效率不断提高，推动新区外经贸平稳较快增长。

3. 对外直接投资增长迅速

对外投资不仅是新时期对外开放的重要战略举措，也是顺应经济全球化、实现经济可持续发展的必然趋势。滨海新区企业主动"走出去"积极性显著提高，对外投资迅速增长。截至 2011 年，新区累计登记境外投资项目 114 个，其中新设项目 98 个，并购项目 1 个；境内投资者协议投资额 26.20 亿美元，境内投资者累计实际支付投资额 19.81 亿美元。2011 年，滨海新区登记境内投资者协议投资额 3.73 亿美元，同比增长 72.01%；境内投资者累计实际支付投资额 1.74 亿美元，同比增长 1.07 倍。

滨海新区对外投资目的地涵盖印尼、墨西哥、美国、英国、荷兰、百慕大、开曼群岛、菲律宾、英属维尔京群岛和中国澳门、香港、台湾等 12 个国家和地区。从地区投资结构来看，滨海新区境外投资地区集中度很高，全球分布不均衡。2011 年境内投资者协议投资额显示，亚洲区域占比超过八成，其中香港特别行政区占比高达 69.1%。

滨海新区境外投资产业结构不尽合理，对外投资主要集中于资源开发、初级加工制造和传统服务业，对技术密集型产业和现代服务业投资比重严重偏小，对外产业投资结构亟需优化。2011 年境内投资者协议投资额数据显示，投融资、咨询等商务服务业、石油及黑色金属等资源勘探开采加工行业、基础设施配套等建筑业、贸易批发业以及各类制造业等行业对外投资占全部投资额的 90%以上，而与专业技术服务业、废弃资源和废旧材料回收加工业、研究与试验发展三项主要高新技术相关产业投资合计占比仅为 0.13%。

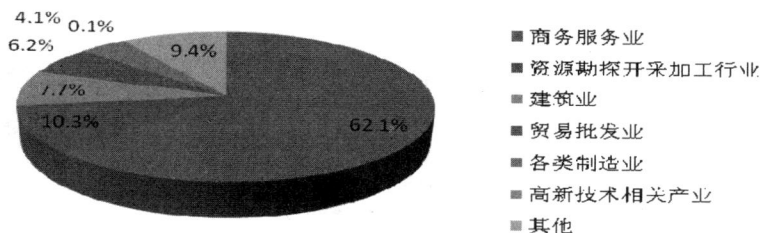

图 17-5　滨海新区对外直接投资行业分布

资料来源：天津滨海新区境外投资发展情况调查与分析。

二、多层次开放平台竞相发展

1. 东疆保税港区：产业集聚与功能扩展

东疆保税港区位于天津东疆港区内，是天津港的重要组成部分。东疆保税港区开港以来，基础设施建设发展迅猛，码头作业区、物流加工区、配套功能区投资服务环境迅速提升，固定资产投资、区内 GDP、税收、招商引资等各项指标快速增长，已经成为滨海新区和天津市发展最为迅速的地区之一。2011年，天津东疆保税港区实现地区生产总值 14 亿元人民币、税收收入 5.37 亿元人民币、外贸进出口 23 亿美元，分别比 2008 年增长了 20 倍、19.9 倍、53.8倍。

首先，产业集聚效应显现，五大特色产业集群初具规模。随着港区功能的逐步完善和政策优势的不断释放，东疆保税港区大项目好项目迅速集聚，形成了航运物流要素汇聚、金融创新领跑全国、高端产业相继落户、国际贸易企业云集的良好发展态势。截至 2011 年底，东疆保税港区共注册企业 886 家，累计注册资本达 619 亿元，企业平均规模近 7000 万元人民币，航运、物流、租赁、结算、市场交易等具有航运中心特色的现代服务业企业占总比达 80% 以上，初步形成了航运物流、租赁、交易市场、贸易结算、旅游等五大特色产业集群。

东疆港区航运物流产业不断聚集，上下游体系逐步完善。随着全球最大的散货运输船公司中远散运集团落户东疆，天津中铁联合、天津两江海运、天津西南海运和天津紫海航运也相继落户。截至 2011 年港区内共注册航运类企业 41 家，全年新增物流类企业 50 家，出口集拼、进境分拨优势明显。

东疆保税港区依托飞机与船舶租赁，金融租赁产业发展迅速。租赁业完成了中国单机公司运作模式的"第一单"，填补了国内金融租赁公司在境内开展飞机租赁业务的空白。到 2011 年，东疆保税港区达到 100 家单机单船公司的规模，租赁资产经营规模超过 100 亿元。多家大型设备租赁公司、基础设施租赁公司、创新型融资租赁公司也先后落户东疆，东疆融资租赁产业业态不断丰富。融资租赁项目税收超过 1 亿元，占东疆全部税收的 20%，对区域 GDP 的贡献率超过 30%，东疆保税港区已发展成为我国最大最主要的飞机、船舶融资租赁集聚地。

随着进口规模的不断扩大，东疆保税港区国际商品交易市场量速齐增，交易平台搭建顺利。东疆已注册船舶、航运、红酒、工程机械、乳品、冻品、贵稀金属等 18 家现货交易市场公司，形成了以进口红酒、游艇、房车、私人飞机等为代表的高档消费品交易平台，以工程机械、医疗设备、船舶、汽车等为代表的机电设备交易平台，以矿产、乳品、冻品、农产品等为代表的大宗商品交易平台。其中，高银红酒中心项目将成为全球最大的红酒批发、存储和集散配送中心，年销售额将达 30 亿元人民币；东疆国际游艇交易市场将建成集交易、金融、担保、保税物流服务于一体的国际游艇交易平台。

贸易结算产业项目集聚迅速，中建材、中煤、中储等一批"中"字头央企和行业龙头企业投资的结算项目相继落户。高银、英利等知名企业在东疆建立进出口基地。远大汽车等汽车进出口贸易项目在东疆开始运营并初具规模。

其次，政策创新和功能扩展不断深入。2011 年《天津北方国际航运中心核心功能区建设方案》的批复，东疆保税港区正式获得船舶登记制度、国际航运税收、离岸金融业务和租赁业务等四个方面的政策支持，为国际航运业和租赁业发展指明了政策创新方向。2011 年 8 月，中国财政部、国家税务总局下发通知，明确在东疆保税港区内注册的航运、仓储、物流企业可享受的税收优惠政策。目前，融资租赁出口退税试点、国际船舶登记制度试点方案、船舶出口租赁退税试点方案以及简化离岸账户审批、开展资本项目意愿结汇等方案已经上报主管部门，东疆保税港区四大政策创新稳步推进。

在功能扩展上，东疆保税港区除了全面提升国际中转、国际配送、国际采购、国际转口贸易和出口加工五大核心功能以外，离岸金融中心建设最引人瞩目。东疆保税港区提出要致力于打造国内首个离岸金融中心，计划用 5-10 年时间，逐步建立与自由贸易港区相适应的人民币离岸金融市场。目前，东疆港保税区比照国际惯例，实行"境内关外"管理模式，离岸金融业务顺利展开，招商、浦发等具有办理离岸业务资格的银行已经入驻东疆，为非居民提供境外货币借贷或投资、贸易结算等金融业务和服务。此外，东疆保税港区还将加快培育航运融资担保机构、发展航运保险市场、股权投资类企业等与航运相关的金融衍生品，打破国外公司对这一领域的垄断。

2. 综合保税区：大项目好项目带动效应明显

滨海新区综合保税区位于天津港保税区空港物流加工区，规划面积 195.63公顷，2008 年 4 月由国务院批准设立，集保税区、保税物流园区和出口加工区功能于一身，享受保税区、出口加工区相关的税收和外汇管理政策。综合保税区设立的最初目的是配合空客 A320 系列飞机总装线项目的顺利实施，促进滨海新区北方航空货运中心建设和航空产业项目的集聚。

综合保税区设立以来，大项目好项目带动效应明显，航空产业实现"从无到有"的飞跃。空中客车（天津）总装有限公司生产能力不断提升，对机翼等配套部件需求量逐渐增加。目前，已有古德里奇飞机发动机维修项目、法国SDV等国际国内知名航空制造商和物流服务商相继落户，并有数十家空客配套供应企业入区为空客项目提供服务。2011年上半年，综合保税区企业向天津海关申报进出口报关单2859票，进出区货物9556.3吨，货值33亿美元，同比分别增长1.4倍，56.5%和52.1%。

2011年11月18日，空中客车在亚洲设立的首个物流中心——空客（天津）物流公司暨空客（天津）物流中心在综合保税区正式启用，其主要功能是优化空中客车公司及其母公司欧洲宇航防务集团在中国现有及未来工业合作项目的物流及运输管理，统一协调这些工业合作项目所涉及的进出境货物的运输和物流管理。这是空客支持与中国工业合作项目发展的又一重大举措，将进一步促进航空制造产业的发展和航运物流产业的优化。

3. 天津港：吞吐量连创新高、服务功能稳步拓展

天津港是中国北方最大的综合性港口，现有水陆域面积336平方公里，陆域面积131平方公里，拥有各类泊位总数159个，其中万吨级以上泊位102个。天津港在对外开放发展中发挥着重要的作用，尤其是滨海新区全面开发开放以来，天津港依托区位优势和政策优势，进入全速发展期，港口生产能力不断提升、综合设施建设逐步完善、对外联系更加广泛。

首先，货物吞吐量连创新高，港口货物种类齐全。2010年，天津港货物吞吐量突破4亿吨大关，实现三年内增长1亿吨的飞跃，集装箱吞吐量也突破1000万标准箱，跻身世界一流大港行列。2011年，天津港完成货物吞吐量4.53亿吨，世界排名第四位；完成集装箱吞吐量1159万标准箱，世界排名第十一位。目前，天津港已经成为货物种类齐全的综合性国际大港，是我国第一大焦炭出口港、第二大铁矿石进口港和中国北方集装箱干线港，形成了以集装箱、原油及制品、矿石、煤炭为"四大支柱"、以钢材、粮食等为"一群重点"的货源结构。2011年，煤炭及其制成品吞吐量破亿，外贸钢材、原木等货类吞吐量实现较大幅度增长，汽车、有色矿等高附加值货类吞吐量皆创新高。

单位：万标准箱、亿吨

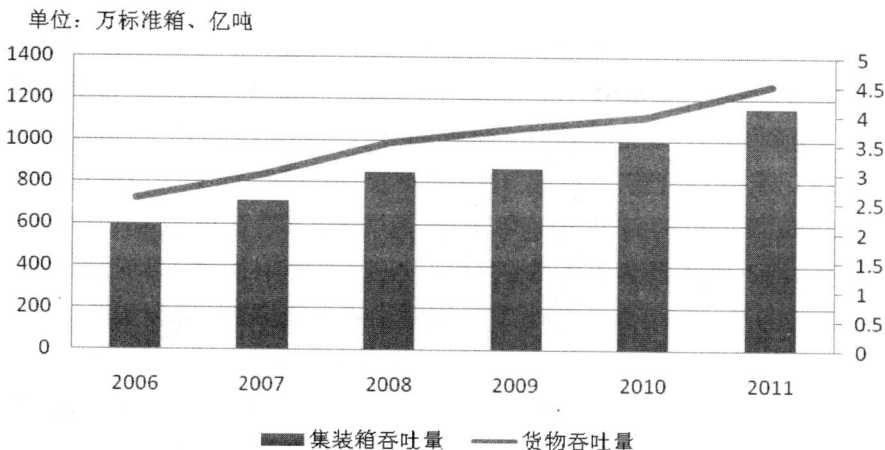

图 17-6　天津港货物吞吐量和集装箱吞吐量

资料来源：滨海新区统计年鉴 2007-2012 年。

　　其次，港口基础设施建设和服务功能稳步拓展。完备的港口设施是滨海新区发展现代航运物流的重要依托，也是建设北方国际航运中心和国际物流中心的坚实保障。近几年来，天津港不断加大固定资产投资力度。2011 年，天津港全年完成固定资产投资高达 135 亿元，完成金岸重工项目投产、南疆南部路桥工程通车等重大项目，30 万吨级航道、老码头改造、中航油码头、东疆、散货物流中心和临港经济区南部区域基础设施项目进展顺利，为港口能力提升、功能拓展和招商引资提供了有力的保证。天津港还大力加强物流网络、区域营销中心和无水港的建设力度，积极开发各类班轮航线，扩大铁路班列运输的覆盖面，确保环渤海运量、铁路班列运量和无水港操作量稳步增长。开发集装箱航线 13 条，海铁联运通道和运量实现新的突破，班列线路达 15 条。此外，天津港还积极拓展物流金融、国际过境汽车等港口服务功能，加快汽车、粮食、木材、新兴建材等专业化物流基地建设，拓展有色矿等货类的交易功能，并推进保税、全程物流、水水中转等业务的发展。

三、国际交流与合作日益活跃

1. 借力会展经济促进国际交流与合作

会展经济不仅能为企业提供信息、资金和技术支撑，还能增强滨海新区对外交流与合作，让更多的人认识滨海、了解滨海，提升滨海新区国际影响力。高端高质的产业集群是滨海新区会展经济发展的基础。目前，滨海新区拥有百余家世界 500 强企业，涉及生物医药、装备制造、航空航天、邮轮游艇等高端产业，企业对原材料、设备和配套器件等大量采购、产品销售以及上下游配套产业链服务需求，推动滨海新区会展经济高速发展。

2011 年，新区推出了首届天津国际直升机博览会、第九届国际手机产业展览会暨论坛等十大品牌展会，并且成功举办了第二届中国天津滨海国际生态城市论坛暨博览会、中国国际直升机博览会等一系列高水平国际交流活动。据新区商务委员会数据统计，2011 年，滨海新区共举办各类大中型展览 23 个，展览面积超过 40 万平方米，观众达 68 万人次，其中面积超过 1 万平方米的大型展会 11 个，同时举办具有影响力的大中型论坛 20 余个，展会和论坛的档次规模、出席嘉宾层次、观众人数等均创历年之最。

滨海新区会展经济对相关服务业的拉动作用开始显现。2011 年，新区旅游、交通、餐饮、商品零售、交通运输等行业收益都出现了明显增长。2011 年9 月，滨海新区成功举办了中国（天津）滨海国际游艇展示交易大会，由此开启了滨海新区游艇产业的发展历程。目前，滨海新区已经确定了建设中国北方最大的游艇产业发展基地的发展目标，并着手打造集游艇设计、制造、维修、展示、交易、休闲、商务旅游为一体的游艇产业链条。为此，东疆保税港区已经规划建设了 2.46 万平方米的景区，目前已有 75 个游艇泊位投入使用，未来还将建设 700 多个泊位，届时，东疆将拥有亚洲顶级游艇俱乐部，并成为国内唯一能够携带顶级游艇的区域。

2. 全力推进国际人才、智力引进和交流

实现产业结构优化升级，打造高水平现代制造业和研发转化基地，人才支持是关键。滨海新区一方面通过举办大型国际论坛和展会，吸引国内外更多精英人士及文化名流会聚新区，为滨海新区经济、社会及文化全面发展提供智力支持。另一方面，通过开展海外人才智力交流会、海外高层次人才引进计划等活动，吸引高层次海外人才落户滨海。滨海新区通过成立海外人才引进专项基金、为归国创业提供税收等政策优惠、为海外归国人才落户、住房、子女上学等设置绿色服务通道等方式，全力吸引海外人才落户滨海新区。截止到 2011年，天津滨海新区吸纳海外留学人才 3600 多人，外聘专家学者 2100 多人，"千人计划"人选达 45 人。

滨海新区还通过推行高中国际化建设等项目，加强与国外知名院校的交流，提升新区内教育国际化水平。2011年，滨海新区首批确立塘沽一中、泰达枫叶国际学校等6所学校为国际交流实践校，开展与海外访问团组、留学生的交流活动，与海外学校建立长期合作关系等活动，并逐步带动其他高中校参与到国际化交流中。

第二节　加大对外开放的战略举措

一、加快东疆保税港区向自由贸易区转型

保税港区是我国海关特殊监管区域，在一定程度上效仿了自由贸易区的发展模式，但是，我国保税港区在设立条件、政策设计、管理体制等方面与国际普遍意义上的自由贸易区还有较大的差距。突破现有体制约束，建立真正意义上的自由贸易区是我国保税港区的发展方向，也是东疆保税港区在设立之初就确立的发展目标。

在滨海新区综合配套改革的重大战略部署下，中央政府不断给予东疆保税区政策优惠，鼓励和支持其在自由贸易区建设方面"先行先试"。尤其是2011年，随着《天津北方国际航运中心核心功能区建设方案》的批复，东疆保税港区正式获得了在船舶登记、国际航运税收、航运金融和租赁业务四大方面创新试点的政策支持，这是当时我国在支持国际航运业和租赁业发展中，支持力度最大、政策覆盖面最广、系统性最强的方案。之后，滨海新区正式出台了《东疆保税港区综合配套改革实施方案》，确立了国际船舶登记制度、国际航运税收、航运金融、租赁业务等4个大项21个小项重点改革项目的改革方案，力争使东疆实现融资租赁业务集聚地，国际船舶登记制度创新"窗口"，东北亚物流、分拨中心，国际航运税收政策"高地"、北方离岸金融服务基地，实现离境购物退税目标及其他免税购物模式的探索。东疆保税港区在贸易自由区建设方面迈出了实质性的一步，走在了全国的前列。为进一步加快自由贸易区建设，东疆保税港区还要继续按照重点突破与整体创新相结合的原则，在顺应国家口岸管理体制改革趋势和走向的同时，继续发挥先行先试的政策优势，从管理体

制、立法保障、监管方式等方面实现创新突破，与国际通行做法接轨。

首先，在管理体制上实现创新突破。国际上自由贸易区的管理方式主要有三种：政府主导、企业主导、政府和企业共同管理。目前，东疆保税港区采取的是第三种管理模式，即"东疆保税港区管委会负责东疆港区的行政管理；由天津港集团作为港区开发经营主体，享有区域开发建设权及对所投资项目的使用权、经营权和收益权"。今后，东疆保税港区要继续深化管理体制创新改革，一方面，管委会要继续提高政府管理效率，改革审批制度，营造宽松的营商环境，规范区域发展环境，支持企业健康发展；另一方面，天津港要进一步创新口岸监管模式、提升通关效率。

其次，建立和完善法规保障体系。先立法、后设区，是世界上许多国家自由贸易区发展的成功经验，也是自由贸易区规范运作和管理的基础。我国自由贸易区建设是在中央政府政策允许下"先行先试"。东疆保税港区可以考虑地方立法层面制定当前急需的法规，然后推动中央层面的立法，并在国家立法的指导下，完善地方立法，最终形成有关自由贸易区的法律、法规、规章等协调配合的法律体系。

最后，统筹区域内保税区发展，实现政策叠加优势。加强东疆保税港区与周边的保税区、出口加工区、保税物流园区等各种海关特殊监管区沟通合作、整合管理、多区联动，实现政策、资源、产业和功能的互补，增强集聚效应，凸显政策叠加优势。

二、着力加快北方国际航运中心建设

建设北方国际航运中心，是滨海新区功能定位的重要内容，也是实现北方对外开放门户和国际物流中心功能定位的基础条件。2006 年以来，滨海新区依托政策优势、交通和产业优势，通过天津港规划建设、构建东疆自由贸易港区、推进内陆"无水港"建设、积极探索航运税收体制、船舶登记制度改革，全面推进北方国际航运中心，为全面对外开放提供了有力的支撑。

滨海新区加快推进北方国际航运中心建设，首先要加强以天津港为中心的综合交通基础设施建设。国际化大型港口，是建设国际航运中心和物流中心的核心资源和赖以生存的基础。作为国际航运中心所在港口，必须具有功能齐全的大小泊位、先进高效的装卸设施、现代化的导航系统和通信设施，以及相当规模的修造船场所以及充裕的生活娱乐设施和完善的后勤补给基地等，这是天津港的差距所在，也是天津港今后建设的努力方向。此外，还要建设四通八达的集疏运交通网络。加强以滨海国际机场为中心的空港建设，完善周边高速公路、铁路网建设，形成海港、航空、铁路、公路、水路等各种运输方式相互配合、便捷顺畅的立体集疏运系统。

其次，壮大金融和贸易产业体系，加快综合服务体系建设。强大的金融和贸易产业体系是国际航运中心和物流中心发展的重要支撑。目前，东疆保税港区的离岸金融业务、与航运相关的保险、租赁业务等已经顺利展开，并将加快培育航运融资担保机构、在壮大船舶产业基金规模，争取设立航运和物流产业基金，推进区域性国际航运和国际物流交易、融资、结算中心建设。此外，滨海新区要做好国际贸易和航运服务区规划建设，吸引金融、贸易企业集聚，打造国际一流水平的航运服务环境。

最后，构建完善的法律政策体系。充分借鉴国际知名航运中心法制建设经验，研究制定涉及船舶购置及租赁、船舶检验和咨询、航运物流金融服务、保险等的法律法规，营造有利于港航发展的制度环境；支持完善航运诉讼案件审理机制，建设和完善海事相关的法律法规体系。

三、着力加快国际物流中心建设

现代物流业发展水平是衡量一个国家或地区综合竞争力的重要标志之一。近年来滨海新区围绕国际物流中心建设，不断加大物流基础设施建设投资，促进跨国高端物流企业集聚，构筑专业化配套服务体系，已经具备建设国际物流中心的发展环境和基础条件。2011年，滨海新区提出要以港航物流服务系统为核心，以大宗商品交易为主要平台，以金融及信息服务为保障，构建"交易+物流+金融及信息服务""三位一体"的国际型港航物流服务体系，进一步推动国际物流中心建设。

建设国际物流中心，首先要完善物流业基础设施网络建设。国际物流中心要求配备完善的物流基础设施网络，形成物流配送系统。滨海新区要建立多维综合交通运输体系，充分利用基础设施网络开展物流服务，实现国际物流配送基地、物流中心和配送中心相配套的物流服务。

其次，完善物流业制度建设。完善的法律法规和政策是物流业不断壮大和长远发展的保障，滨海新区应该尽快出台促进物流发展的政策法规，为物流业及相关企业发展提供良好的制度环境。

再次，要建设公共物流信息平台，构建现代化物流信息体系。信息技术是现代物流赖以形成和发展的技术基础，也是国际航运中心发展的依托。滨海新区要下大力气整合物流信息资源，统筹区内各种物流园区综合发展，建设集中综合物流信息的公共物流信息平台；推进各行业尽快形成运行有效的物流信息子系统，与公共物流平台互联互通，有效运行；支持、鼓励重点物流企业加快信息化建设；积极推进第三方物流发展。

最后，加大政策扶持力度，优化市场环境。政府要加大对物流企业的政策支持力度，通过增加专项扶持基金、税费减免等方式，扶持培育一批运营规范、国内外知名的物流企业；同时，要创造公平竞争、规范有序的市场环境，以充分发挥大型物流企业市场集聚和带动作用。

四、实现引进外资从"量"到"质"的提升

吸引外资是滨海新区作为北方对外开放先导极地的基础功能。滨海新区全面开发开放以来，吸引外资一直保持良好的发展势头，吸引外资总量和增速都位居全国前列。然而，虽然近几年很多外资企业不断加大对滨海新区投资，与之配套的本地企业有所增加，但大多仍以加工装配为主，处于价值链和产业链的低端，完整的产业链中核心部件和技术掌握在外资企业手中，滨海新区产业整体仍处于世界产业价值链的低端环节。因此，提升吸引外资质量，引导外资向高端高质高新产业转变，对于提高滨海新区自主创新能力、优化和调整产业结构有重要的意义。

首先，调整外资结构，提升吸引外资产业层次。一方面，要引导外资企业加大在本地的生产和研发，提高本地化程度，加强技术扩散效应，使得当地企业融入到全球分工体系中。另一方面，引导外资向第三产业转移。第三产业的发展，是产业结构升级的重点。提高服务业吸引外资的比重，就要广泛吸纳和集聚各类生产要素，加大现代金融、港口航运、商贸物流、旅游会展、文化创意、服务外包等高端服务业招商引资力度。

其次，调整引资理念，完成从"行政引资"到"市场引资"的转变。行政引资会带来外资效率的扭曲和异化，因此，要优化引资结构、提高引资质量，就必须改变以前行政引资方式，严格按照市场化运作，按市场规律来招商引资。

最后，调整引资优惠政策。政府出台的众多吸引外资优惠政策，能对吸引外资起到很好的推动作用，但是，也会扩大本土产业和外资企业之间的差距，

加剧资源配置的不平衡，不利于市场经济的培育。因此，要调整引资优惠政策，逐步形成内外资企业政策一致、公平竞争的市场经济环境。

五、加速本土企业"走出去"步伐

对外直接投资是衡量一个地区经济对外开放程度和国际化水平的重要指标。近几年滨海新区对外直接投资发展迅速，对外直接投资额逐年扩大，企业投资目的、投资地区和行业更加多元化，但是，也面临投资主体单一化、缺乏有效的境外投资风险的规避手段、政策及金融服务不完备等问题。今后，滨海新区应当充分利用"先行先试"的政策优势，在对外投资政策方面大胆突破，全力促进企业"走出去"。

首先，政府要加大对境外投资的支持力度。政府行政管理改革和政策支持是加快企业"走出去"的重要手段。政府应当对企业特别是民营企业境外投资逐步"松绑"，放松企业对外投资的政策审批程序，提高审批效率，降低审批成本；充分发挥政府、行业协会的作用，为企业对境外直接投资提供外交、人员、文化、安全等方面的服务；在融资、税收、科技、法律等方面，为企业提供政策和资金支持；建立海外投资风险预警机制，保障海外投资安全等。

其次，完善外汇管理政策。滨海新区应当充分利用"先行先试"的政策优势，积极探索在外汇管理中的政策突破。比如，将部分外汇储备用于设立对外投资专项基金；对大型对外投资项目采取财政贴息等支持措施，降低国内银行在境外竞争的资金成本；改进中小企业外汇管理政策，支持中小企业购汇对外投资等。

再次，推进跨境人民币结算试点。企业在境外投资中使用跨境人民币结算，具有规避汇率风险、减少汇兑损失、突破融资障碍、简化外汇审批环节等多种优势。滨海新区应当将推动资本项下的跨境人民币结算业务与人民币国际化进程相结合，完善直接投资人民币结算试点政策，提高人民币在境外的可接受程度，并鼓励银行向境内机构在境外投资的企业和项目发放人民币贷款，支持中资银行在境外为当地企业提供人民币的融资服务。

最后，通过跨国并购等方式，培育跨国公司。支持企业开展跨国并购，继续探索绿地投资、股权置换、境外上市、创办研发中心等多种投资形式，提高企业在研发、生产、营销等方面的国际化水平，稳步发展境外加工贸易，从政策、资金、配套服务等方面支持有条件的企业"走出去"，培育一批有代表性的跨国公司。此外，还要积极发展境外能源资源合作开发、国际技术合作、工程承包和劳务合作等项目，运作一批大项目"走出国门"。

参考文献：

[1] 郭孟珂．滨海新区国际物流中心建设研究[J]．中国市场，2011（49）：43-44．

[2] 郝寿义，吴敬华，曹达宝．滨海新区开发开放与涉外经济[M]．天津：南开大学出版社，2012．

[3] 温庭莉，王淼．外商直接投资对天津滨海新区经济增长的影响分析[J]．商业文化，2012（3）：219-222．

[4] 徐翠娥，黄伟，王维．天津滨海新区境外投资发展情况调查与分析[J]．华北融，2012（6）：15-17．

[5] 杨钊，李晅煜，孙洋．天津滨海新区加快建设北方国际物流中心对策建议[J]．港口经济，2012（5）：8-11．

[6] 张爱国，刘旭，刘平，汪家祺．东疆保税港区实现航运中心功能要素聚集的思考与探索[J]．天津经济，2012（8）：10-12．

[7] 张继明，王庆生．天津滨海新区应继续当好改革开放排头兵[J]．求知，2009（6）：40-41．

2011 年滨海新区大事记

1 月

1 月 1 日　滨海新区国家金库正式启用。

1 月 8 日　滨海新区实行财政统一发放工资制度。

1 月 10 日　盛亿、民峰两家水产养殖企业在海洋产业科技成果对接会成功签约。

1 月 12 日　于家堡金融区力勤投资集团项目第二次合作签约。

　　　　　滨海新区人民政府与鸥瑞智诺能源科技（北京）有限公司签署投资协议。

1 月 13 日　于家堡建设者之家举行揭牌仪式。

　　　　　滨海新区表彰 2009 年～2010 年度千名"优秀外来建设者"。

　　　　　香港瑞泷港湾公司排水板项目落户滨海新区轻纺经济区。

1 月 18 日　滨海新区质监局被评为首届中国（天津滨海）国际生态城市博览会先进单位。

　　　　　资源节约型 PVC 复合料粒生产项目落户轻纺经济区。

1 月 20 日　首届中国（天津滨海）国际生态城市博览会总结表彰大会举行。

　　　　　副区长阳世昊、区商务委主任徐大彤出席会议。

1 月 21 日　滨海新区人民政府与广东珠江投资股份有限公司签署战略合作框架协议。

　　　　　中国天津国家家纺城项目落户轻纺经济区。

　　　　　美国多肽科技有限公司多肽化学合成仪项目落户轻纺经济区。

1 月 24 日　我国首支飞机租赁基金落户东疆。

　　　　　天津绿博特环保设备制造股份公司在天交所成功挂牌。

　　　　　国家环保部核查组对新区"十一五"减排项目进行核查。

1 月 27 日　中石油新项目落户中心渔港。

新区政府公物仓正式启用。

2月

2月1日　滨海新区召开"调结构、增活力、上水平"动员大会暨新一批重大项目建设现场推动会。何立峰做重要讲话，宗国英做具体部署。

2月9日　天津滨海新区公共交通集团有限公司成立。

2月11日　大港创意科技产业园项目奠基。

2月11日　中共天津滨海新区纪委一届三次全体会议召开，何立峰出席并讲话。

2月16日　阿联酋阿布扎比经济发展局主席苏维迪一行参观考察东疆保税港区。

2月21日　天津滨海阳光培训中心、天津滨海蓝天教育基地举行揭牌仪式。

2月23日　滨海新区港东新城限价商品住房项目正式启动。

2月25日　滨海新区5项工程获2010年度中国建设工程"鲁班奖"和"国家优质工程奖"。

　　　　厦翔化工管材物流中心项目落户滨海新区轻纺经济区。

3月

3月1日　国家教育部教育督导团办公室主任何秀超一行应邀来新区调研新区教育督导工作。

3月15日　招商银行滨海分行在天津开发区正式开业。

3月15日　滨海新区召开2011年节能降耗工作会。

3月22日　滨海新区开展纪念2011年世界水日主题宣传活动。

3月23日　国家质检总局党组成员纪正昆到滨海新区调研。

3月24日　世界最大的水动力研究平台在天津滨海新区动建。

3月28日　新区神界漫画有限公司推出国内首份手机漫画杂志。

3月29日　滨海新区举行创建全国双拥模范城迎检考核汇报会。

3月30日　滨海新区女法律志愿者联谊会成立。

4月

4月1日　2011年公用公房修缮工程全面启动。

　　　　天津万瑞达股权投资基金管理有限公司等六家投资五千万元以上企业落户新港街道。

　　　　腾讯科技（深圳）有限公司在开发区举行建设亚洲最大数据储备

处理服务中心合作签字仪式。市委书记张高丽会见腾讯首席执行官陈一丹一行。

4月2日	"天河一号"超级计算机研发团队获颁"影响世界华人大奖"。
4月6日	永生鑫和管桩项目一期正式建成投产。
4月15日	泰达科技发展集团与天津股权交易所举行了合作签约仪式。
4月19日	新区云计算产业基地和云计算中心揭牌,首批企业签约入驻。
4月20日	天津波音复合材料有限公司二期扩建项目竣工投产。
	全球最大基因测序企业深圳华大基因科技有限公司与保税区管委会签署合作协议。何立峰会见了华大公司董事长汪建一行。
	滨海新区首个院士工作站在开发区举行成立揭牌仪式。
4月22日	滨海新区"创新药物孵化基地"获国家科技立项。
4月25日	《2011年度天津高新区小巨人企业成长(倍增)计划实施方案》正式出台。
	高新区科技领军人才创新创业项目启动。
4月27日	交通部水科院大型水动力实验室在临港经济区启动建设。
4月29日	由天津药物研究院申报的企业国家重点实验室——"释药技术与药代动力学国家重点实验室"获得科技部批准建设,填补了天津市企业国家重点实验室的空白。

5月

5月9日	华翼蓝天与麦克尼斯公司在高新区合作建设模拟生产基地。
5月13日	壳牌（天津）石油化工有限公司扩建项目竣工投产。
	三项高水平科技成果通过鉴定。与国外同类产品相比,为国家节约资金4935.81万元。
5月16日	天津远洋洪彬光伏玻璃有限公司的生产线正式投产。
5月18日	人民日报等40余家中外新闻媒体齐聚临港深入报道。
5月23日	天津鸥特力机械制造项目落户临港经济区。
	"滨海一洋"综合项目体在东疆港区举行揭幕仪式。张继和、蔡云鹏、阳世昊等出席。
5月24日	文峰集团总部大厦项目落户海洋高新区。
	鑫正海工设备项目落户临港经济区。
5月28日	新加坡第一家企业集团食品工业园项目在中心渔港开工。

5 月 30 日   渤海钢铁中际装备制造基地项目正式启动。

6 月

6 月 1 日   天津永丰食品加工及冷藏物流项目落户中心渔港。
中澳皇家游艇城 2011 年三项目开工。
蒙古国最大对外投资项目—阿尔法彩钢板和钢结构加工项目落户临港经济区。

6 月 6 日   诺贝尔化学奖得主罗伯特·休伯受聘联合研究院。

6 月 13 日   亚洲首家第三方风能技术中心在开发区投入运营。

6 月 14 日   泽西财经事务发展局首席执行官杰夫·库克先生及其代表团一行抵津访问，市委常委崔津渡副市长会见代表团一行。

6 月 15 日   天津首家数字版权交易服务中心天津海泰数字版权交易服务中心举行揭牌仪式，投入正式运营。

6 月 17 日   龙源风电场项目落户临港经济区。
滨海新区参加第五届中国生物产业大会取得积极成果。

6 月 20 日   中国科学院过程工程研究所成功利用"天河一号"运行了分子动力学模拟项目，创下全球分子模拟计算速度的世界纪录。
中科院专家深入中新生态农业发展公司调研。就"节能型日光温室环境智能综合调控关键技术与技术合成"项目达成初步合作意向。

6 月 21 日   中恩（天津）营养品有限公司举行合作签约暨奠基仪式。中科院副院长张亚平，中科院生物局局长张知彬，滨海新区副书记袁桐利，天津市政协副主席饶子和等领导出席。

6 月 27 日   新区商务委接待中国驻也门、叙利亚前大使、中阿交流协会副会长时延春一行，向客人介绍新区开发开放最新情况，并就组织阿拉伯企业来新区投资考察事宜进行了洽谈。

6 月 28 日   首届中国天津滨海新区国际作家写作营开营，共有来自美国、德国、荷兰、俄罗斯、加拿大等 10 位境外和 12 位国内的知名作家参加。

6 月 29 日   全国双拥工作领导小组第二检查组，到滨海新区检查创建全国双拥模范城工作情况。

7 月

7 月 6 日 东疆保税港区管委会与招商银行股份有限公司签署建设天津北方国际航运中心核心功能区战略合作框架协议。

7 月 8 日 高新区两家企业成为国家级"企业创新药物孵化基地"。

滨海湖路建设项目全面展开。

7 月 13 日 大港石化产业生产力促进中心通过 ISO9001 质量管理体系认证。

7 月 14 日 国家创建文明城区检查组莅临新村街道检查创建文明城区工作。

中国环境监测总站组织专家组对新区直排海污染源及入海河流断面进行检查。

7 月 17 日 展讯通信北方研发生产基地入驻滨海新区。

7 月 18 日 新区商务委率招商队伍访达因集团推动项目取得实质性进展。

新区商务委率队赴厦门开展系列招商活动。

7 月 19 日 滨海新区云计算产业联盟正式成立。

7 月 28 日 中港路、葛万路沿路立面改造工程启动。

7 月 30 日 天津芯硕精密机械有限公司落户开发区。

8 月

8 月 1 日 滨海新区商务委接待澳大利亚国际海洋出口集团主席、澳大利亚荣斯坦集团公司董事总经理 Alistair Murray 一行。Alistair Murray 就在滨海新区设厂的具体问题与商务委和功能区的负责同志交换了意见。

8 月 2 日 滨海新区现代服务业综合试点方案获国家财政部、商务部批准。

8 月 8 日 新区商务委设立新建功能区外资审批服务绿色通道。

新区商务委组织首批低碳试点省市参加第二届生态城市论坛暨博览会。

8 月 9 日 东疆保税港区管委会与中国飞机租赁有限公司签署战略合作协议。

中粮可乐项目落户东疆保税港。

8 月 10 日 商务委接待菲律宾顶峰集团房地产开发有限公司总经理吴诗泽一行并陪同考察了北塘经济区和空港经济区。

宁波市考察团到新村街道参观考察。

8 月 22 日 财政部、国家税务总局批复天津北方国际航运中心核心功能区营业税政。

"天河—酷卡"超级计算 CG 渲染云平台启动建设。

8 月 23 日　东大桥重建工程动工。

8 月 26 日　天津临港经济区工业港区口岸开放顺利通过国家级验收。

8 月 27 日　国家发改委体改司调研组到新区调研考察立峰书记与调研组专家研讨新区综合配套改革。

8 月 31 日　华北地区最大的造修船基地首制船出坞。

9 月

9 月 1 日　中创孵化器项目进驻塘沽海洋园区。

中新天津生态城动漫园投资开发有限公司与国家超级计算天津中心签署协议，进一步加强技术领域合作。

9 月 2 日　华蓬 HAN 阻隔防爆橇装式加油（气）装置生产项目落户临港经济区。

9 月 7 日　滨海新区与深圳科技企业专场对接会在深圳市举行。

9 月 8 日　中心商务区行政服务中心对外运营。

8 月 10 日和 9 月 21 日　厦门象屿集团总经理张水利，董事长王龙雏分别带队到东疆保税港区考察。

9 月 23 日　京津沪渝粤五省市司法行政代表团 70 余人到滨海新区考察参观。

9 月 26 日　滨海新区与中科院合作举办新能源、新材料领域科技成果对接会。

滨海新区促进循环经济和低碳经济发展政策解读会在天津滨海国际会展中心召开。

9 月 30 日　蓝孚电子加速器项目竣工投产。

10 月

10 月 11 日　北塘规划建设两座湿地公园，其中一座将具有净化水系及收集雨水的作用，为天津市首座功能性湿地公园。

新区新建功能区首个工会组织：生态城总工会成立。

国家环保部华北督查中心一行到我区检查排海企业污染治理情况。

10 月 12 日　创富新盈（天津）网络有限公司院士工作站成立。

中心渔港通过港口综合验收。

10 月 13 日　新区出台实施方案推进食品药品监管体制机制改革。

第二届国际生物医药外包研讨会开幕。

10 月 15 日—16 日　2011 中国国际第九届现代救援医学高峰论坛暨首届中国国际救援产业展览会在滨海新区国际会展中心举行。

10 月 16 日　天津中心渔港经济区举行开港仪式。

10 月 18 日　国家超级计算天津中心和南开大学签署战略合作协议。

2011 中国冷链物流供应链管理高峰论坛在中心渔港举行。

10 月 19 日　首届中国（天津）北方水产品订货洽谈会在中心渔港经济区举行。

10 月 20 日　天津市滨海新区首家外来建设者人民调解委员会成立。

10 月 24 日　完美世界北方研发制作及结算中心项目落户滨海高新区。

10 月 26 日　美国佛罗里达国际大学教务长、执行副校长、最高营运官 Douglas Wartzok 博士代表佛罗里达大学与高新区管委会、海泰控股集团签署谅解备忘录，双方共建天津佛罗里达科技创新孵化园。

"中外媒体走进'十大战役'"暨百名记者"走基层、转作风、改文风"活动正式启动。

10 月 27 日　中国铁物（天津）钢铁综合服务基地项目落户临港经济区。

锌空气电池项目落户临港经济区。

滨海新区科技进步监测指标体系通过专家论证。

10 月 28 日　全国劳动人事争议仲裁机构办案质量检查组来塘检查指导工作。

11 月

11 月 1 日　华北最大奔驰物流园区试车场在东疆投用。

国家七部委到滨海新区检查陆源溢油风险防范工作。

11 月 4 日　天津滨海新区中心商务区行政许可大厅在响螺湾指挥部挂牌成立。

11 月 7 日　"中心商务区行政服务中心"举行揭牌仪式。

中心商务区特邀国务院发展研究中心专家认真学习金融区建设经验。

11 月 9 日　天津北塘经济区工商所成立完善一条龙服务链。

南京江海集团有限公司与东疆保税港区管委会正式签署项目合作协议书。

11 月 11 日　天津东疆保税港区管委会与英利集团签署融资租赁项目合作协议。

11 月 16 日	中铁二十二局天津大厦项目在海洋高新区奠基。
11 月 17 日	全国新一代大型航标首制船在滨海新区正式投用。
11 月 21 日	"滨海精神"表述语发布：开放创新 引领未来。
11 月 25 日	40 多名海外博士携 80 余个优质项目来新区考察洽谈。
11 月 26 日	首届天津滨海国际版画邀请展在滨海新区天津港博览馆举行。
11 月 28 日	滨海新区联合推动职工素质创新发展工程签约暨滨海新区职工素质培训基地揭牌仪式举行。区委副书记张继和出席并揭牌。
11 月 30 日	滨海新区新海河大桥竣工通车。滨海新区区委书记何立峰出席。
	新区首次集中拆解销毁 4 艘"三无"船舶。
	全国人大内务司法委员会领导来汉调研机构养老工作。

12 月

12 月 1 日	天津滨海新区最大的果蔬基地汉沽果蔬产业园区正式投入使用。
12 月 2 日	第二届滨海国际创意设计展交会开幕。
	天津机场与裕廊国际工程（苏州）有限公司签署合同。
	新区工会代表团赴台湾进行交流访问。
12 月 3 日	滨海创意展开幕，全国最大立体球幕影院落户天津。
	天津市首个大型工业设计园区——天津滨海国际工业设计园项目落户滨海。
	ADM 食品综合加工和贸易项目落户临港经济区。
12 月 6 日	新区首个"青年事务联络站"成立。
12 月 7 日	教育事业"十二五"规划确定。
	塘沽 10 家消费维权服务站挂牌。
12 月 8 日	临港经济区 1A 码头配套工程顺利通过验收。
12 月 9 日	新区第二届国际贸易洽谈会举行，25 家外商参加。
	新区商务委接待江苏省商务厅考察团一行。
	中心商务区美国铁狮门金融广场项目开工。
	临港经济区 1A 码头配套工程顺利通过验收。
12 月 11 日	《关于推进滨海新区文化体制改革的实施方案》出台。
	国家"十一五"863 计划重大项目"千万亿次高效能计算机系统研制"课题在新区国家超级计算天津中心通过验收。
12 月 13 日	新区超三千亩应急蔬菜基地建成。

12月14日　天津大学与航天一院签署合作协议，助力新区火箭基地。

孚宝临港仓储灌区一期项目主体竣工。

斯瑞特项目主体建筑基本完成。

龙净环保项目基本竣工。

中际装备项目主体建成。

天津为尔客石油化工有限公司正式投产。

12月15日　首届"国际创新创业孵化论坛"举行。

2011年滨海新区与中科院先进制造业产业科技成果对接会召开。

首届中国（天津滨海）红色文化展交会开幕。

《天津滨海新区》特种邮票—国务院批准设立天津滨海新区两周年之际首发。

12月16日　滨海新区质量协会正式成立。

12月17日　北方港航石化码头改造工程通过竣工验收。

12月19日　新区出台《关于加强滨海新区安全生产工作若干意见》，多层面统筹安全监管。

12月20日　杨家泊水产科技园区开建。

北方最大耙吸挖泥船"海上巨无霸"在新区下水。

12月22日　天津仲裁委员会出台八项措施为新区开发开放保驾护航。

2011年滨海新区船舶及海洋工程产业论坛举行。

全球首家航母西餐厅亮相，航母酒店也将推出。

首届滨海岁末汽车展开幕。

12月23日　新区启动首个蔬菜生产预险保障金账户。

北方航运商务俱乐部在东疆保税港区正式注册登记，标志着天津首家以航运为主题的会员制俱乐部正式成立。

12月25日　新区首届花卉展开展。

12月26日　第二届天津港湾旅游文化节闭幕。

12月27日　滨海新区家庭签约责任医生试点工作正式启动。

12月28日　新区科学技术奖励大会召开。

20个科技企业与成果转化项目落户集体签约仪式在滨海新区举行。

英利集团位于东疆保税港区的7500吨橄榄油分装生产线正式启

动。

12 月 29 日　滨海航母旅游集团有限公司顺利挂牌。

12 月 30 日　滨海新区公共交通集团有限公司与中国海洋石油渤海公司签定协议，正式启动渤海油田公共交通社会化建设。新区副区长蔡云鹏出席签约仪式。

12 月 31 日　双威天津生态城项目开工建设。

2012 年滨海新区大事记

1 月

1 月 5 日　天津经济技术开发区与霍尼韦尔签署协议，共同开展中国首个智能电网需求响应项目，任学锋出席。

1 月 9 日　张高丽参加滨海新区代表团审议，推动新区改革发展。

1 月 14 日　全国"巾帼建功"示范区在新区揭牌。

1 月 16 日　58 同城项目落户开发区。

1 月 19 日　何立峰会见新加坡国家发展部副常任秘书郑锦宝，就进一步加强合作深入交谈。

　　　　　　中心渔港经济区与北京鑫辉源发公司签署投资协议。

　　　　　　中科招商产业金融创新基地落户北塘经济区。

2 月

2 月 10 日　三星电子与开发区签署投资合作协议。

　　　　　　天津钜宝电子在滨海高新区投产。

2 月 11 日　滨海新区与海河教育园区开展人才培训对接活动。

2 月 12 日　雪地马球世界杯闭幕。

2 月 20 日　搜狐视频总部落户滨海新区。

　　　　　　市委常委、市委组织部部长尹德明深入滨海新区调研。

2 月 22 日　国务院参事考察团到新区调研。

2 月 23 日　3 月 1 日起天津市向滨海新区下放 65 项审批权限。

2 月 24 日　一汽集团整车生产项目落户空港。

2 月 28 日　新加坡三达国际集团在滨海高新区建中国北方总部。

2 月 29 日　仁创科技北方研发及产业化基地落新区。

　　　　　　浮式 LNG 接收终端项目落户南疆港。

3月

3月7日　温家宝参加在人民大会堂天津厅举行的天津代表团全体会议，审议《政府工作报告》，强调发挥滨海新区先行先试重要作用。
国家超级计算天津中心与国家测绘局基础地理信息中心签订战略合作协议。

3月9日　突破电气全国研发总部及产业化基地落户滨海高新区。

3月19日　中国银监会主席尚福林一行到滨海新区考察。

3月23日　瑞典伟伦万特（天津）公司落户新区。

3月24日　中兴能源光能业务总部落户新区。
黄兴国深入滨海新区未来科技城和国家会展中心项目调研。

3月27日　中新天津生态城低碳体验中心开工。

3月30日　新区召开"十大改革"重点项目推动会。
罗莱家纺北方总部基地落户轻纺经济区。

4月

4月1日　中国国际商会租赁专业委员会在新区挂牌成立。

4月3日　中沙（天津）石化聚碳酸酯项目开工。
沙特基础工业公司代表团到滨海新区参观访问，何立峰与萨乌德亲王会谈。

4月5日　滨海新区与北京银行和鑫桥租赁公司签署战略合作协议。

4月11日　久益环球大型采矿机械项目空港开工。

4月13日　东疆保税港区、天津港集团与象屿集团签署战略合作框架协议。

4月15日　新区被评为天津市普法依法治理工作先进示范区。

4月18日　印尼春金集团棕榈油项目临港开建。

4月19日　滨海新区与国银金融租赁有限公司签署战略合作协议。
抗肿瘤一类新药 PTS 及衍生成果产业化项目落户滨海新区。

4月25日　张高丽深入滨海新区调研。

4月26日　京磁全国研发总部及产业化基地落户高新区。

4月28日　北塘经济区与阳光红岩投资事业集团签署合作框架协议。

5月

5月3日　何立峰会见国家发改委副主任连维良一行。

5月4日　博纳主营业务运营中心落户生态城。

　　　　　　天津未来科技城创新创业基地授牌仪式举行。

5月8日　　星巴克正式入驻北塘总部基地。

　　　　　　龙净环保北方制造基地一期投产。

　　　　　　玖龙纸业四家公司落户东疆。

5月9日　　纳通医疗器械生产基地落户空港。

5月10日　　臧献甫到新区调研。

　　　　　　VECTURA公司哮喘药生产基地落户新区。

5月12日　　国际行动理事会第30届年会滨海新区主题午宴举行。

5月13日　　中粮投资东疆。

　　　　　　高灵能源全国总部及蓄能研发生产基地落户滨海新区。

5月15日　　天津开发区举办构建人才高地工作推动会。

　　　　　　区领导会见欧盟客人　推动"智慧滨海"建设。

　　　　　　金光集团临港粮油食品加工基地投产。

5月17日　　万达信息北方总部落户北塘。

5月18日　　中国劳动保障科学研究院创新实践基地落户滨海新区。

　　　　　　光大滨海产业投资管理公司落户高新区。

　　　　　　大众汽车变速箱项目落户新区。

5月19日　　第八届世界方便面峰会在滨海新区举行。

6月

6月5日　　天津三星电子公司新工厂开工。

6月6日　　美国江森自控天津生产基地落户开发区。

6月8日　　富士通天中国区总部落户开发区。

　　　　　　天津航空"大运号"彩绘飞机首航成功。

6月15日　　开发区与联想控股有限公司签订战略合作协议。

6月17日　　联想之星创业孵化基地落户滨海新区。

6月18日　　日本森精机数控机床项目落户滨海新区。

6月19日　　中国天津国际航空航天峰会暨产品展洽会开幕。

6月21日　　中恩（天津）营养品公司生产基地空港开工。

6月26日　　纪念天津港东疆港区开发建设十周年活动举行。

7月

7月2日　　滨海新区召开区委工作会议暨上半年经济形势分析会。

7月3日	2012亚洲冷链物流高峰论坛举行。
7月4日	一汽华北备件分拨中心落户天津开发区。
7月5日	台新融资租赁（天津）有限公司揭牌。
7月6日	滨海新区出台方案完善国资监管体制。
7月11日	中共滨海新区委员会获"全国创先争优先进"荣誉称号。

8月

8月3日	华信实业集团全国总部及北方生产基地落户滨海高新区。
	京粮集团天津临港油脂项目在滨海新区投产运营。
8月7日	卡梅隆—佩斯集团中国总部在滨海高新区正式成立。
8月8日	华能临港燃气热电联产项目启动。
8月9日	临港经济区管委会与渤海银行签署全面合作协议。
8月12日	东疆国际商品展销中心投入运营。
8月16日	壳牌润滑油生产基地南港开工，总投资2亿美元。
8月18日	中电(天津)新能源总部基地落户东疆保税港区。
8月31日	大众汽车自动变速器项目在开发区西区开工建设。
	空客天津总装线第100架A320飞机下线。

9月

9月1日	第六届汉沽葡萄文化旅游节开幕。
9月5日	新加坡总理李显龙访津，张高丽会见，黄兴国何立峰陪同参观考察。
	滨海国际艺术节暨"走进滨海"旅游摄影展开幕。
9月6日	第二届中国(天津)北方水产品订货洽谈会在中心渔港举行。
9月7日	载人空间站总装测试试验中心在新区开工。
9月10日	美国陶氏化学项目落户开发区，研发生产高端化学产品。
9月14日	远洋渔业基地项目落户中心渔港。
9月20日	中部新城开发投资公司揭牌。
9月21日	第三届天津滨海国际生态城市论坛暨博览会开幕。
9月23日	国际生物医药联合研究院与盛智医药公司签署合作协议。
9月29日	壹人壹本信息产业联盟基地落户保税区。

10月

10月13日	中国·天津未来科技城16个落户项目集体签约。

10 月 17 日　环渤海十城市政协书画联谊会开幕，弘扬渤海文化。

　　　　　　天津新港重新开港 60 周年纪念活动举行。

10 月 24 日　海泰控股与美国安泰在医疗卫生信息化领域开展合作。

10 月 25 日　东疆保税港区航空金融重点合作企业集体签约。

　　　　　　通用电气医疗天津生产基地空港开工。

　　　　　　金力控股企业总部落户空港。

11 月

11 月 2 日　全国副省级城市食品药品监督管理局局长座谈会在新区召开。

11 月 7 日　埃克森美孚天津增资扩产项目开工。

11 月 9 日　滨海新区召开企业经济运行座谈会，袁桐利主持并讲话。

11 月 16 日　滨海新区部署 2013 年度造林绿化工作，明年新建绿化 621 万平方。

　　　　　　新区召开第三届中国（天津滨海）国际生态城市论坛暨博览会表彰会。

　　　　　　滨海国际文化创意展交会开幕，14 个项目签约落户。

11 月 23 日　第九届中国制造业管理国际论坛在滨海新区开幕。

11 月 27 日　孙春兰深入滨海新区调研。

　　　　　　滨海新区构建和谐劳动关系综合试验区启动。

11 月 30 日　新区房地产登记中心和房管中心揭牌。

12 月

12 月 1 日　天津三五互联移动通讯落户高新区，投资智能移动互联网。

12 月 5 日　新区养老设施"三院一所"项目开工。

12 月 23 日　孙春兰深入滨海新区调研，指出努力实现新区功能定位。

12 月 25 日　中国中小企业总部基地落户北塘。

12 月 27 日　产业用纺织材料技术创新论坛在新区举办。

后 记

　　天津滨海新区的开发建设已显现出有别于深圳、浦东等地的独特性和创新性。在中国诸多新区、开发区中，滨海新区开发起步早、规模大、节奏较快、效果明显、项目前景好，并已形成现代制造业研发转化基地的框架雏形，她作为中国北方经济中心的地位已初步确立，经济繁荣、社会和谐、环境优美的宜居生态型新城区框架基本形成，对区域产业升级和科学发展的带动示范作用已开始显现。

　　为了更好地记载、展示和研究滨海新区经济社会发展历程，南开大学滨海开发研究院、天津师范大学滨海新区经济社会发展研究中心分别以滨海新区发展报告为题申报了教育部哲学社会科学发展报告项目，并均于 2011 年 10 月获批为培育项目。两友学术团队长期研究滨海新区开发开放实践并积累了撰写发展报告的经验。南开大学滨海开发研究院撰写的多份研究报告和咨政建议获国家和市领导的充分肯定，长期编写《环渤海区域经济发展报告》等，作为蓝皮书出版。天津师范大学滨海新区经济社会发展研究中心和经济学院的多位教授专家自 2001 年始每年承担滨海新区管委会或区政府的专项课题，撰写年度滨海新区发展报告，发挥了积极作用。为了进一步提升课题研究和发展报告质量，在教育部社会科学司的指导下，两个课题组按照协同创新的工作思路组建了联合课题组，组织两个学校及天津市社会科学界的有关研究人员开展了研究工作。

　　本报告是课题组的阶段性成果，也是课题组织和参加者对滨海新区开发开放这一国家战略实施长期关注和研究的一个延续性成果。笔者力求全面、及时地反映滨海新区的整体发展历程，并对其综合配套改革中的重要事件和探索进行科学记述和总结。

　　课题组是一支跨院校、跨学科的研究团队，参加研究和写作的有南开大学、天津师范大学、天津财经大学、中共天津市委党校、河北工业大学、天津外国语大学等高校和研究机构的专家教授和研究人员及博士研究生。他们在忙于本职工作的过程中积极撰写并修改稿件,显示了严谨的科学态度和团结协作精神。

作为年度发展报告,研究对象的现实性很强。为了能反映新区发展的最新动态和取向,研究人员在搜集、梳理资料和数据过程中,还分别到过滨海新区的相关部门、功能区和企业做实地调研。

需要说明的是,本报告在综述发展历程的基础上主要记载和分析了滨海新区 2011 年~2012 年的改革发展情况,由于资料来源和数据的可得性等原因,少数章节的数据不够详实。这一局限将在明年的发展报告中规范和统一。

本书的逻辑主线和章节构架由我们设计提出,经课题组讨论后分头写作。杜德瑞、史青协助主编对全书文字进行了梳理和校对,杨李娟、周隽舒、吴桐对部分章节的数据作了更新补充。作为国家教育部哲学社会科学发展报告两个项目的负责人,周立群设计了全书框架,组织了撰写队伍,并最后统纂全书。李家祥一起从事全书设计组织工作,统修了部分书稿。

本课题组在撰写报告过程中得到了教育部社会科学司、滨海新区领导和部门、天津市社会科学界联合会、南开大学和天津师范大学科研管理部门的大力支持和帮助,滨海新区宣传部为本书的出版给予了支持,南开大学出版社开展了大量工作,在此一并表示感谢。

周立群　李家祥
2013 年 10 月于天津

南开大学出版社网址：http://www.nkup.com.cn

投稿电话及邮箱：　022-23504636　　QQ：1760493289
　　　　　　　　　　　　　　　　　　QQ：2046170045(对外合作)
邮购部：　　　　022-23507092
发行部：　　　　022-23508339　　Fax：022-23508542

南开教育云：http://www.nkcloud.org

App：南开书店 app

　　南开教育云由南开大学出版社、国家数字出版基地、天津市多媒体教育技术研究会共同开发，主要包括数字出版、数字书店、数字图书馆、数字课堂及数字虚拟校园等内容平台。数字书店提供图书、电子音像产品的在线销售；虚拟校园提供 360 校园实景；数字课堂提供网络多媒体课程及课件、远程双向互动教室和网络会议系统。在线购书可免费使用学习平台，视频教室等扩展功能。